新元史

第四册

志（二）

柯劭忞 撰

張京華 黄曙輝 總校

上海古籍出版社

新元史卷之五十二　志第十九

河渠志一

至元十七年，世祖以學士都實爲招討使，佩虎符，尋河源於萬里之外。都實既受命，道河州，至州東六十里之寧河驛。驛西南有山，曰殺馬關，行一日至巔。西上愈高，四閱月始抵河源。是冬，還報，並圖其城傳位置以聞。其後，翰林學士潘昂霄從都實之弟曰闊闊出者，得其說，撰爲《河源志》。臨川朱思本又從八里吉思家，得帝師所藏梵字書，而以華文譯之，與昂霄所志，互有詳略。舊史採《河源志》，而以思本之說注其下，參差不一。

按河源在吐蕃朵甘思西鄙，有泉百餘泓，沮洳散渙，弗可逼視，方可七八十里，履高山下瞰，燦若列星，故名火敦淖爾。「火敦」，譯言星宿；「淖爾」，譯言海子也。思本曰：「河源在中州西南，直四川馬湖蠻部之正西三千餘里，雲南麗江宣撫司之西北千五百餘里，帝師撒思如地之西南二千餘里。水從地湧出如井。其井百餘，東北流百餘里，匯爲大澤，曰火敦淖爾。」羣流奔輳，近五七里，匯二巨澤，名阿剌淖爾。自西而東，連屬吞噬。行一日，迤邐東匯成川，號赤賓河。又二三日，有水西南來，名亦里出水，與赤賓河合。又三四日，有水南來，名忽闌水。又有水東南來，名耶里朮水。合流入赤賓河，其流寖大，始名黃河，然水猶清。思本曰：「忽闌河源，出自南山，其地大山峻嶺，綿亘千里，水流五百餘里，注耶里出河。耶里出河源，亦出自南山，西北流五百餘里，始與黃河合。」又一二日，歧爲八九股，名耶孫斡倫，譯言九渡。通廣五七里，可度馬。又四五日，水渾濁，土人抱革囊，騎過之。自是兩山夾束，廣可一里、二里或半里，其深叵測。朵甘思東北有大雪山，最高，番語騰乞里塔，即崑崙，山腹至頂皆雪，冬夏不消。自九渡水至崑崙，行二十日。思本曰：「自渾水東北流二百餘里，與懷里火圖河合。懷里火圖河源自南山，水正北偏西流八百餘里，與黃河合。又東北流百餘里，過郎麻哈地。又正北流百餘里，乃折而西北流二百餘里，又折而正北流百餘里，又折而東流，過崑崙山下。番名亦耳麻不剌山。其山高峻非常，山麓綿亘五百餘里，河隨山足東流，過撒思加、闊即、闊提地。」

河行雪山南半日，又四五日，至地名闊即及闊提，二地相屬。又三日，地名哈剌別里赤爾，四達之衝也，多寇盜，有官兵鎮之。近北二日，河水過之。思本曰：「河過闊提，與亦西八思今河合。亦西八思今河源自鐵豹嶺之北，正北流凡五百餘里，與黃河合。」雪山以西，人鮮少，吐番部落多處山南。山不穹峻，水亦散漫，獸有髦牛、野馬、狼、狍、羱羊之類。其東，山益高，地益漸下，岸狹處，狐可越而過之。行五六日，有水西南來，名納鄰哈剌河，譯言細黃河也。思本曰：「哈剌河自白狗嶺之北，水西北流五百餘里，與黃河合。」又兩日，有水南來，名乞里馬出河。二水合流入河。思本曰：「自哈剌河與黃河合，正北流二百餘里，過阿以伯站，折而西北流，經崑崙之北二百餘里，與乞里馬出河合。乞里馬出河源自威、茂州之西北，岷山之北，水北流，即古當州境，正北流四百餘里，折而西北流，又五百餘里，與黃河合。」

河水北行，轉西流，過雪山北，一向東北流，約行半月，至貴德州，地名必赤里，始有州治官府。州隸吐蕃等處宣慰司，司治河州。又四五日，至積石州，即後世所誤認之小積石山，非《禹貢》導河之積石。五日，至河州安鄉關。一日，至打羅坑。東北行一日，洮河水南來入河。思本曰：「自乞里馬出河與黃河合，又西北流，與鵬贇河合。折而西北流三百餘里，又折而東北流，過西寧州、貴德州、馬嶺，凡八百餘里，與邈水合。又東北流，過土橋站古積石州來羌城、廓州構米站界都城，凡五百餘里，過河州與野龐河合。又東北流百餘里，過踏白城銀川站，與湟水、浩亹河合。又東北流百餘里，與洮河合。以上皆番地。」

又一日，至蘭州，過北卜渡，至鳴沙河，過應吉里州。正東行，至寧夏府南。東行，即東勝州，隸大同路。自發源至漢地，南北澗溪，細流旁貫，莫知紀極。山皆石，至小積石方林木暢茂。世言河九折，彼地有二折，乞里馬出河一折也，貴德州二折也，過此始入小積石。思本曰：「自是逕蘭州，又東北流，至寧夏府。出塞過游牧地，凡八百餘里。過豐州西受降城，折而正東流，過游牧地古天德軍中受降城、東受降城，凡七百餘里。折而正南流，過大同路雲內州、東勝州，與黑河合。又正南流，過保德州、葭州及興州境，又過臨州，凡千餘里，與保德州乞那河合。又南流三百里，與延安河合。又南流三百里，與汾河合。又南流二百里，過河中府，遇潼關與太華大山綿亘，水勢不可復南，乃折而東流。大概河源東北流，所歷皆西番地，至蘭州凡四千五百餘里，始入中國。又東北流過沙漠地，凡二千五百餘里，始入河東境內。又南流至河中，凡千八百餘里。

通計九千餘里。」蓋舊史所述如此。

至我大清乾隆間平西域，始知葱嶺爲河之初源，都實所訪星宿海乃重出之源耳。然河爲中國患千有餘年，世祖欲窮其源委，以施疏導之方，勤民之至意也。今撮其大要，載於篇首，以備一代之掌故云。

河防

自河徙而南，衝決之患，至元而日甚。其治河之法，凡物料工程輪運，以至疊埽修堤之事，皆沿襲宋、金舊法，承用百年，著爲條格者也。

河防之令九：

一，每歲選舊部官一員，沿河上下，兼行户、工部事，督令分治都水監及京府州縣守漲，從實規措，修固堤岸。如所行事務，有可久爲例者，即關移本部，仍候安流，就便檢覆。次年春，工物料訖，即行還職。

一，分治都水監及勾當河防事務，並馳驛。

一，州縣提舉管勾河防官，每六月一日至八月終，各輪一員守漲，九月一日還職。

一，沿河兼帶河防知縣官，雖非漲月，亦輪上提控。一應沿河州縣，若規措有方，能禦大患，及守護不謹，以致堤岸疏虞者，具以奏聞。

一，河橋埽兵，遇天壽聖節及元日，清明、冬至、立春俱給假一日；祖父母、父母吉凶二事，並自身婚娶，俱給假三日；妻子吉凶二事，給假二日；其河水平安月分，每月朔給假一日。若水勢危險，不用此令。

一，沿河州府遇河防危險之際，若兵力不足，勸率水手人户協濟救護，至有幹濟，或難迭辦，須當時暫差夫役者，州府提控官與都水監及巡河官同爲計度，移下司縣，以遠近量數差遣。

一，河防軍疾疫須醫治者，都水監移文近京州縣，約取所須藥物，並從官給。

一，河埽堤岸遇霖雨水漲暴變時，分都水司與都巡河官往來提控，官兵多方用心固護，無致爲害，仍每月具河埽平安申覆尚書省工部呈閲。

一，除滹沱、漳、沁等河有埽兵守護外，其餘大川巨浸如有卧著衝刷危險等事，並仰所管官事約量差夫作急救護。其蘆溝河行流去處，每遇汎漲，當該縣官與崇福埽官司一同協濟防護，差官一員係監勾之職或提控巡檢。

每歲守漲河防之制六：

一，開河。宜於上流相視地形，審度水性，測望斜高，於冬月記料，至次年春興役開挑，須漲月前終畢。待漲水發，隨勢去隔，堰水入新河，又須審勢疏導。假如河勢丁字正撞堤岸，剪灘截觜，撩淺開挑，費功不便，但可解目前之急，亦有久而成河者。如相地形，取直開挑，先須鈐𠯗下謂上下平岸口也。分水勢，以解堤岸之危。若欲全奪大勢，更於對岸抛下木石修刺，於刺影水勢漸以木石鈐固河口，因復填實，損而復修，至堅固不摧塌，則新河迤邐暢流，舊河自然淤實。

一，閉河。先行檢視舊河岸口，兩岸植立表杆，次繫影水浮橋，使役夫得於兩岸通過。於上口下撒星樁，抛下木石鎮壓狂瀾，然後兩岸各進草紝三道、土紝兩道，又於中心拖下席袋土包。若兩岸進紝，至近合龍門時，得用手持土袋土包抛下，兼鳴鑼鼓以敵河勢。既閉後，於紝前捲攔頭壓埽於紝上，修壓口堤。若紝眼水出，再以膠土填塞牢固，仍設邊檢以防滲漏。

一，定平。先正四方位置，於四角各立一表，當心安置水平。其制長二尺四寸，廣二寸五分，高二寸。先立樁於下，高四尺，纂在内，樁上横坐水平，兩頭各開小池，方一寸七分，深一寸三分，注水於中以取平。或中心又開池者，方深同，身内開槽子，廣深各五分，令水通過兩頭池子内，各用水浮子一枚，方一寸五分，高一寸二分，刻上頭，側薄袛厚一分，浮於池内，望兩頭水浮之首，參直遥對立表處，於表身畫記，即知地形高下。

一，修砌石岸。先開掘檻子嵌坑，若用闊二尺，深二丈，開與地平。順河先鋪綫道板一，次立簽樁八，各長二丈，内打釘五尺入地，外有一丈五尺。於簽樁上，安跨塌木板六，每留三板，每板鑿二孔中間。撒子木六，於撒子木上匀鋪稈草束。先用整石修砌，修及一丈，後用荒石再砌一丈，一例高五尺。第二層，除就簽樁外，依前鋪塌木板、撒子木、稈草，再用石段修砌，高五尺。第三層，亦如之，高一丈。功就，通高二丈。

一，捲埽。其制亦昉於竹楗石菑，今則布薪芻以捲之，環竹絙以固之，絆木以係之，掛石以墜之，舉其一二以稱之，則曰奈音混。奈既下，又填以薪芻，謂之盤簟。兩奈之交，或不相接，則包以網子索，塞以稈草，謂之孔塞盤簟。孔塞之費，有過於埽奈者，蓋隨水去者太半故也。其奈最下者，謂之撲厓草，又謂之入水埽。奈之最上者，謂之争高埽。河勢向著，恐難固護，先於堤下掘坑捲埽以備之，謂之捲埽。疊二三四五而捲者，以沙壤疏惡，近水即潰，必借埽力以捍之也。下奈既朽，則水刷而去，上奈壓之，謂之實墊。又捲新埽以壓於上，俟定而後止。凡埽去水近者，謂之向著；去水遠者，謂之退背。水入埽下者，謂之緊刷。若暴水漲溢，下埽既去，上埽動摇，謂之埽喘。

一，築城。此非河事，以水圮近河，州縣亦或用之。城高四十尺，則加厚二十尺。其上斜收，減高之半。若高增一尺，則其下亦加厚一尺，上收亦減其半。若高減，則亦減之。開地深五尺，其廣視城之厚。每身一十五步，栽永定柱一，長視城之高，徑一尺至一尺二寸。夜叉柱各二。每築高二尺，横用經木一。甃城至馬面之類，准此。他如工程之限，輸運之直，與夫合用物料之多寡，皆綜覈詳密，品式粲然，爲都水司奉行之條例云。

世祖中統以前，河患無可考。至元九年七月，衛輝路新鄉縣河決北岸五十餘步。八月，北岸又決八十二步，去廣盈倉僅三十步。遣都水監丞馬良弼偕本路官相視，僉丁夫修築之。二十三年十月，河決開封、祥符、陳留、杞、太原、通許、鄢陵、扶溝、洧川、尉氏、陽武、延津、中牟、原武、睢州十五處，僉南京民夫二十萬四千三百二十三人分築堤防。二十五年正月，河決襄邑，又決太康、通許、杞三縣，陳、潁二州皆水，命本道宣慰司督修堤之役。二十九年三月，敕都水監，二十八年，丞相完澤奏置都水監於京師，歲以官一、令史二、奏差二、壕寨官二，分監於汴治決河。分視黄河河堤堰。

元貞二年九月，河決杞、封邱、祥符、寧陵、襄邑五縣。大德元年七月，河決杞縣蒲口，遣尚書耶懷、御史劉賡與廉訪使尚文相視，籌長久之計。文上言：「長河萬里，湍猛東注，盟津以下，地平土疏，蕩徙不常，失禹故道，流患中土。治得其當，則力省而患遲，失之則功費而患速。今陳留抵東西百有餘里，南岸故河口十一，已塞者二，自涸者六，通水者三，岸高於水六七尺或四五尺。北岸高於水，僅三四尺，或高下與水等。大較南高於北，約八九尺，堤安得不決，水安得不北也。蒲口今決千有餘步，迅快東行，得河舊瀆，行二百里，至歸德，復會正流。若强加湮遏，上決下潰，終究無成。揆之今日河北郡縣順水之性，遠築長堤以禦汎濫。歸德、徐、邳聽民避衝決，圖所安，量給淤田，俾爲永業。他決視此，即救患之良策也。蒲口不塞便。」議上，山東長吏争言，若不塞蒲口，河北良田必盡化魚鱉之區。廷議從之，命河南行省官董其役，凡修七隄二十有五處，總三萬九千九十二步，用葦東四十萬四千，徑尺椿二萬四千七百二十，役民夫七千九百餘人。明年，蒲口復決。自是，修築之役無歲無之。

至大二年七月，河決封邱縣。三年十一月，河北河南道廉訪司言：

黄河決溢，千里蒙害。浸城郭，漂室廬，壞禾稼，百姓已罹其毒，然後訪求修治之法。而且衆議紛紜，互陳利害，當事者疑惑不決，必須上請。比至議定，其害滋大，所謂不預已然之弊。大抵黄河伏槽之時，水勢似緩，觀之不足爲害。一遇霖潦，湍浪迅猛，自孟津以東，土性疏薄，崩潰決溢，可翹足而待。近歲潁、亳之民，幸河北徙，有司不能遠慮，失於規畫，使陂濼盡爲陸地，東至杞縣三汊口，播河爲三。官吏建言，相次湮塞南北二汊，使三河之水合而爲一。下流既不通暢，自然上溢。由是觀之，是自奪分泄之利也。故上下潰決，爲害日甚。今水勢趨下，有復入鉅野、梁山之意。苟不爲遠計，不出數年，曹、濮、濟、鄆，蒙害必矣。今之所謂治水者，議論雖多，並無良策。

水監之官，既非精選，知河之利害者，百無一二。雖每年累驛而至，名爲巡河，徒應故事。問地形之高下，則懵不知；訪水勢之利病，則非所習。乃或妄興事端，勞民動衆，阻違水性，翻爲後患。爲今之計，莫若於汴梁置都水分監，妙選廉幹、深知水患之人，專任其事。可疏者疏之，可增者增之，可防者防之。職掌既專，則事功可立。較之河已決溢，民已被害，然後鹵莽從事以勞民者，不可同日而語矣。

中書省下其議於都水監。先是，省臣奏升都水監爲正三品，添設二員，鑄分監印，巡視御河，就令提點黄河之事。至是，本監議：「爲御河添官鑄印，兼提點黄河，若分監在彼，則有妨御河公事。况黄河已有拘該官司正官提調，莫若使分監者以十月往，與各處官司巡視缺壞，會計工程，俟年終分監新官至，則交割代還，庶不相誤。」

工部言：「大德九年，黄河決徙，逼近汴梁，幾至浸没。本處官吏權宜開薰盆口，分入巴河，以殺其勢，遂使正河水緩，併趨支流。緣巴河舊隘，不足吞伏，明年急遣蕭都水等閉塞，而其勢愈大，卒無成功。致連年爲害，南至歸德，北至濟寧，盡患淪胥。欲爲經久之計，非用通知古今水利之人專任其事，終無補益。河南憲司所言詳悉，都水監止援舊例議擬未合。如量設專官，精選廉幹、深知地形水勢者，任以河防之職，往來巡視，以時疏塞，庶可除異日之患。」省議乃令都水分監專治河防，任滿交代云。

延祐元年八月，河南行省言：「黄河涸出之地，水泊汙地，多爲勢家所據，忽遇泛溢，水無所歸。由此觀之，非河侵人，人自侵水。擬差知水利都水監官偕行廉訪司相視，可以疏闢堤障，未至泛溢，先加修治，用力少而成功多。又汴梁路睢州諸處，決口數十，内開封縣小黄村計會月堤一道，所擬不一。宜委行省官與本道憲司、都水分監官及州縣正官，親歷按驗，從長講議。」

由是遣太常丞郭奉政、前都水監丞邊丞務、都水監卿朵兒只、河南行省石右丞、本道廉訪副使站木赤、汴梁路判官張承恩，上至河陰，下至陳州，與拘該州縣官沿河相視。開封縣小黄河口，測量比舊減六尺，陳留、通許、太康舊有蒲葦之地，後以塞西河、塔河諸口，以便種植，故他處連年潰決。

公議：「治水之道，惟當順其性之自然。黄河遷徙不常，每歲泛溢，兩岸時有衝決。强爲閉塞，已及農時。科樁僉，發丁夫，動至數萬，所費不可勝紀，民不堪命。蓋自治之法，惟宜順水疏泄。今相視上抵河陰，下抵歸德，夏水盛漲，甚於常年，以小黄河口分泄之故，並無衝決，此其明驗也。若將小黄村河口堵閉，必移患於鄰封。決上流南岸，則汴梁被害。決下流北岸，則山東可憂。事難兩全，當遺小就大。詳視陳州，最爲低窪被水之地。今歲麥禾不收，民饑特甚，請免陳州差税，賑其饑民。陳留、通許、太康縣被災之家，依例取勘賑恤。其小黄村河口仍舊通流，築月堤及障水堤以資抵扞。別難擬議。」中書省韙之，依議施行。

至五年正月，河北河南道廉訪副使奥屯言：「近年河決杞縣小黄村口，滔滔南流，莫能禦遏，陳、潁瀕河膏腴之地浸没大半，百姓流亡。今水迫汴城，遠無數里，倘值霖雨水溢，倉卒何以爲計？方今農隙，宜爲講究，使水歸故道，達於江、淮，不惟陳、潁之民得遂其生，亦可除汴梁異日之患。」

於是大司農下都水監移文分監修治，自六年十一月十一日興工，至七年三月九日工畢，北至槐疙疸兩舊堤，南至窰務汴堤，通長二十里二百四十三步。創修護城堤一道，長七千四百四十三步。堤下廣十六步，上廣四步，高一丈，六尺爲一工。計工二十五萬三千六百八十，用夫八千四百五十三。除風雨妨工，三十日畢。内流水河溝，南北闊二十步，水深五尺。修堤闊二十四步，上廣八步，高一丈五尺，積十二萬尺，取土稍遠，四十尺爲一工，計三萬工，用夫萬人。每步用大樁二，計四十，各長一丈三尺，徑四寸。每步草束千，計二萬束，簽樁四，計八十樁，各長八尺，徑三寸。大船二，梯钁繩索備焉。

是年七月，滎澤縣塔海莊河決，未幾，開封縣蘇村及七里寺復決二口。本省平章政事站馬赤親率本路官及都水分監併工修築。至治元年正月興工，條堤岸四十六處，計工一百二十五萬六千四百九十四，用夫三萬一千四百一十三。八年，河決原武縣，浸灌數屬，其工役案牘無徵，莫得而詳焉。

泰定二年，御史姚煒以河屢決，請立行都水監於汴梁，仍令沿河州縣知河防事。從之。是年，睢州河決。三年，鄭州陽武縣又決，漂民房一萬六千餘家。五年，蘭陽縣河又決。

至順元年六月，曹州濟陰縣魏家道口河決。先是，堤將潰，濟陰縣防河官與縣尹郝承務差募民夫創修護水月堤，又以水勢大，復築月堤於北。功未竟，水忽泛溢，新舊三堤俱決。明日，外堤復壞，湍流迅猛，有蛇出没於中，所上椿工，一埽無遺。缺口東西五百餘步，深二丈餘。外堤缺口，東西四百餘步，又磨子口護水堤，低薄不足禦水，東西長一千五百步。乃先築磨子口，七月十六日興工，二十八日工畢。郝承務言：「魏家道口塼堌等村缺口，累下椿土，衝決不存，堤周回皆泥淖，人不可居，又無取土之處。且沛郡安樂等堡，去歲旱災，今復水澇，民皆缺食，難於差僉。其不經水村堡，先已偏差補築黄家橋、磨子口諸處堤堰，似難重役。請俟秋涼水退，僉夫修理，庶蘇民力。計衝壞新舊堤七處，共一萬二千二百十六步，下廣十二步，上廣十四步，高一丈二尺。計用夫六千三百人，椿九百九十，葦箔一千三百二十，草束一萬六千五。六十尺爲一工，無風雨妨工，度五十日可畢。」

郝承務又言：「九月三日興工，連日風雨，辛馬頭、孫家道口堤又壞，計工役倍於元數，添差二千人同築。二十六日，元與武成、定陶二縣分築魏家道口八百二十步工竣。其辛馬頭、孫家道口之缺口，南北闊一百四十步，内水地五十步，深者二丈，淺者亦不下八九尺，補築七日工竣。又創築月堤一道，斜長一千六百二十七步，内武城、定陶分築一百五十步，實築一千四百七十七步。惟堌頭、魏家道口外堤未築，以冬寒土凍，俟來春補築焉。」

是年，遣太禧宗禋院都事蓋苗行視河道。苗還言：「河口淤塞，今不治，異日必爲中原大患。」都水監難之，事遂寢。不及十五年，而白茅堤之口決。

至正四年正月，河決曹州，雇民夫一萬五千八百人築之。五月，大霖雨，平地水深二丈，河暴溢，決白茅堤，曹、濮、濟、兖皆水。十月，議築黄河堤堰。六年，以河決，立河南、山東等處行都水監，專治河防。九年三月，河北決。五月，白茅河東注沛縣，遂成巨浸。是年冬，帝命集羣臣廷議，言人人殊。惟監察御史余闕言：「禹河自大伾而下，釃爲二渠，皆東北流。自周定王時，河始南徙。訖於漢，而禹之故道始失。自瓠子再決，而其流爲屯氏諸河。其後河入千乘，偶合於禹所治河，由是而訖東都，至唐，河不爲患者千數百年。趙宋時，河又南決。至於南渡，乃由彭城合汴、泗東南以入淮，而漢之故道又失。嘗考中國之地，西南高而東北下，故水至中國而入海者，一皆趨於東北。古河自龍門即穿西山，踵趾而入大陸，地之最下者也。河之行於冀州，北方也，數千年而徙千乘。自漢而後，千數百年而徙彭城。然南方之地，本高於北，故河之南徙也難，而其北徙也易。自宋南渡至今，殆二百年，而河旋北，乃地勢使然，非關人力也。比者河北破金堤，逾豐沛，曹、鄆諸郡大受其害，天子哀民之墊溺，乃疏柳河，欲引之南，工不就。今諸臣集議，多主濬河故道，復引河以南入彭城，築堤起曹南訖嘉祥，東西三百里，以障河之北流，則漸可以導之使南。嗟乎！諺有之曰：『不習爲吏，眂已成事。』今所謂南流故道者，非河之故道也。使反於大禹北流之故道，由漢之千乘以入海，則國家將無水患千餘年，如東漢與唐之時，而又何必障而排之使南乎？今廟堂之議，非以南爲壑也，其慮以爲河之北，則會通之漕廢。不知河即北，而會通之漕不廢。何也？漕以汶，而不以河也。河北流，則汶自彭城以下必微，微則吾有制而治之，亦可以行舟以漕粟，所謂『浮於汶，達於河』者是也。闞特欲防鉅野，而使河不妄行，俟河復千乘故道，然後復相水之宜而修治之。此千古之明鑒，非一人之私言也。」

十年四月，以軍士五百人修白茅河堤。十二月，命大司農禿魯、工部尚書成遵行視決河，議其疏塞之法以聞。十一年春，遵等自濟寧、曹、濮、大名行數千里，掘井以量地形之高下，測岸以究水勢之深淺，以爲河之故道不可復，其議有八。時右丞相脱脱復相，鋭於任事。都漕運使賈魯以治河二策進：其一，修築北堤，以制橫潰，則用工省；其一，疏塞並舉，挽河復故道，其功數倍。脱脱韙魯後策。及遵與禿魯至，力陳不可。脱脱不聽，以其事屬魯。遷魯爲工部尚書，總治河防使。發汴梁、大名十三路民夫十五萬，廬州等處十八翼軍二萬，自黄陵岡南達白茅，放於黄堌、哈只等口，又自黄陵西至楊青村合於故道，凡二百八十里百五十四步有奇。命中書右丞玉樞虎兒哈等率衛軍以鎮之。自四月興工，至十一月，水土工畢，諸埽諸堤成，河復故道，南匯於淮，又東入於海。帝遣使者報祭河伯，召魯還京師，論功超拜榮禄大夫、集賢大學士，賜脱脱世襲達剌罕，命翰林學士承旨歐陽元撰《河平碑》，以旌勞績。元治河三大役：曰蒲口，曰小黄村，曰白茅堤。當時名臣多謂宜順水勢，勿堙塞，其言率迂不可用。脱脱黜成遵，從賈魯，挽河復故道，尤爲不世之功。歐陽元作《至正河防記》，載其施功次第詳矣。用附著左方，俾治河者有考焉。

至正河防記

治河一也，有疏，有濬，有塞，三者異焉。釃河之流，因而導之，謂之疏。去河之淤，因而深之，謂之濬。抑河之暴[一]，因而扼之，謂之塞。疏濬之别，有四：曰生地，曰故道，曰河身，曰減水。河身地有直有紆，因直而鑿之，可就故道。故道有高有卑，高者平之以趨，卑高相就，則高不壅，卑不瀦，慮夫壅生潰，瀦生堙也。河身者，水雖通行，身有廣狹。狹難受水，水溢悍，故狹者，以計闢之。廣難爲岸，岸善崩，故廣者以計禦之。減水河者，水放曠，則以制其狂；水隳突，則以殺其怒。

治堤一也，有創築、修築、補築之名，有刺水堤，有截河堤，有護岸堤，有縷水堤，有石船堤。

治埽一也，有岸埽、水埽，有龍尾、欄頭、馬頭等埽。其爲埽臺及推卷、牽制、薶掛之法，有用土、用石、用鐵、用草、用木、用杙、用絙之方。

塞河一也，有缺口，有豁口，有龍口。缺口者，已成川。豁口者，舊常爲水所豁，水退則口下於堤，水漲則溢出於口。龍口者，水之所會，自新河入故道之潨也。

此外不能悉書，因其用功之次第而就述於其下焉。

其濬故道，深廣不等，通長二百八十里百五十四步而强。功始自白茅，長百八十二里。繼自黄陵岡至南白茅，生地十里。口初受，廣百八十步，深二丈有二尺，已下停廣百步，高下不等，相折深二丈及泉。曰停、曰折者，用古算法，因此推彼，知其勢之低昂，相準折而取匀停也。南白茅至劉莊村接入故道十里，通折墾廣八十步，深九尺。劉莊至專固百有二里二百八十步，通折廣六十步，深五尺。專固至黄固，墾生地八里，面廣百步，底廣九十步，高下相折，深丈有五尺。黄固至哈只口，長五十一里八十步，相折停廣塹六十步。深五尺。乃濬凹里減水河，通長九十八里百五十四步。凹里村缺河口生地，長三里四十步，面廣六十步，底廣四十步，深一丈四尺。自凹里生地以下舊河身至張贇店，長八十二里五十四步。上三十六里，塹廣二十步，深五尺。中三十五里，塹廣二十八步，深五尺。下十里二百四十步，塹廣二十六步，深五尺。張贇店至楊青村，接入故道，塹生地十有三里六十步，面廣六十步，底廣四十步，深一丈四尺。

其塞專固缺口，修堤三重，並補築凹里減水河南岸豁口，通長二十里三百十有七步。其創築河口前第一重西堤，南北長三百三十步，面廣二十五步，底廣三十三步，樹植樁橛，實以土牛、草葦、雜梢相兼，高丈有三尺。堤前置龍尾大埽。言龍尾者，伐大樹連梢繫之堤旁，隨水上下，以破嚙岸浪者也。築第二重正堤，並補兩端舊堤，通長十有一里三百步。缺口正堤長四里。兩堤相接舊堤，置樁堵閉河身，長百四十五步，用土牛、稍土、草葦相兼修築。底廣三十步，修高二丈。其岸上土工修築者，長三里二百十有五步有奇，高廣不等，通高一丈五尺。補築舊堤者，長七里三百步，表裏倍薄七步，增卑六尺，計高一丈。築第三重東後堤，並接修舊堤，高廣不等，通長八里。補築凹里減水河南岸豁口四處，置樁木、草土相兼，長四十七步。

於是塞黄陵全河，水中及岸上修堤，長三十六里百三十六步。其修大堤剌水者二，長十有四里七十步。其西復作大堤剌水者一，長十有六里百三十步。内創築岸上土堤，西北起李八宅西堤，東南至舊河岸，長十里百五十步，顛廣四步，趾廣三之，高丈有五尺。仍築舊河岸至入水堤，長四百三十步，趾廣三十步，顛殺其六之一，接修入水。

兩岸埽堤並行。作西埽者，夏人水工，徵自靈武。作東埽者，漢人水工，徵自近畿。其法以竹絡實以小石，每埽不等，以蒲葦綿腰索徑寸許者從鋪，廣可一二十步，長可二三十步。又以曳埽索綯徑三寸或四寸，長二百餘尺者衡鋪之相間。復以竹葦麻檾大綷，長三百尺者爲管心索，就繫綿腰索之端於其上，以草數千束，多至萬餘，匀布厚鋪於綿腰索之上，槖而納之。丁夫數千，以足踏實。推卷稍高，即以水工二人立其上，而號於衆，衆聲力舉，用小大推梯，推卷成埽，高下長短不等。大者高二丈，小者不下丈餘。又用大索，或互爲腰索，轉致河濱。選健丁操管心索，順埽臺立踏，或掛之臺中鐵貓大橛之上，以漸縋之下水。埽後掘地爲渠，陷管心索渠中，以散草厚覆，築之以土，其上覆以土牛、雜草、小埽梢土，多寡厚薄，先後隨宜。修疊爲埽臺，務使牽制上下，縝密堅壯，互爲犄角，埽不動搖。日力不足，火以繼之。積累既畢，復施前法，卷埽以厭先下之埽，量淺深，制埽厚薄，疊之多至四埽而止。兩埽之間，置竹絡，高二丈或三丈，圍四丈五尺，實以小石、土牛。既滿，繫以竹纜。其兩旁並埽，密下大樁，就以竹絡大竹腰索繫於樁上。東西兩埽及其中竹絡之上，以草土等築爲埽臺，約長五十步或百步。再下埽，即以竹索或麻索長八百尺或五百尺者一二，雜廁其餘管心索之間。俟埽入水之後，其餘管心索如前薶掛，隨以管心長索遠置五七十步之外，或鐵猫，或大樁，曳而繫之，通管束累日所下之埽，再以草土等物通修成堤。又以龍尾大埽，密掛於護堤大樁，分析水勢。其堤長二百七十步，北廣四十二步，中廣五十五步，南廣四十二步。自顛至趾，通高三丈八尺。

其截河大堤，高廣不等，長十有九里百七十七步。其在黃陵北岸者，長十里四十一步。築岸上土堤，西北起東西故堤，東南至河口，長七里九十七步，顛廣六步，趾倍之二强二步，高丈有五尺。接修入水，施土牛，小埽梢草雜土，多少厚薄，隨宜修疊。及下竹絡，安大樁，繫龍尾埽，如前兩堤法。唯修疊埽臺，增用白闌小石，並埽上及前洊修埽堤一，長百餘步，直抵龍口。稍北，欄頭三埽並行，大堤廣與刺水二堤不同。通前列四埽，間以竹絡，成一大堤，長二百八十步，北廣百一十步，其顛至水面高丈有五尺，水面至澤腹高二丈五尺，通高三丈五尺。中流廣八十步，其顛至水面高丈有五尺，水面至澤腹高五丈五尺，通高七丈。並創築縷水橫堤一，東起北截河大堤，西抵西刺水大堤，又一堤，東起中刺水大堤，西抵西刺水大堤，又一堤，東起中刺水大堤，西抵西刺水大堤。通長二里四十二步，亦顛廣四步，趾三之，高丈有二尺。修黃陵南岸，長九里六十步。內創岸土堤，東北起新補白茅故堤，西南至舊河口，高廣不等，長八里二百五十步。

乃入水作石船大堤。蓋由是秋八月二十九日乙巳，道故河流，先所修北岸西中刺水及截河三堤猶短，約水尚少，力未足恃。決河勢大，南北廣四百餘步，中流深三丈餘，益以秋漲，水多故河十之八，兩河争流，近故河口，水刷岸北行，洄漩湍急，難以下埽。且埽行或遲。恐水盡湧入決河，因淤故河，前功隨墮。魯乃精思入故河之方，以九月七日癸丑，逆流排大船二十七艘，前後連以大桅或長樁，用大麻索、竹絙絞縛，綴爲方舟。又用大麻索、竹絙，用船身繳繞上下，令牢不可破，乃以鐵猫於上流硾之水中。又以竹絙絶長七八百尺者，繫兩岸大橛上，每絙或硾二舟或三舟，使不得下，船腹略鋪散草，滿貯小石，以合子板釘合之。復以埽密布合子板上，或二重或三重，以大麻索縛之急。復縛橫木三道於頭桅，皆以索維之，用竹編笆，夾以草石，立之桅前，約長丈餘，名曰水簾桅。復以木榰拄，使簾不偃仆。然後選水工便捷者，每船各二人，執斧鑿，立船首尾，岸上搥鼓爲號，鼓鳴，一時齊鑿，須臾舟穴，水入，舟沉，遏決河。水怒溢，故河水暴增。即重樹水簾，令後復布小埽、土牛、白闌、長稍，雜以土草等物，隨以填垛。繼之以石船下詣實地，出水基趾漸高，復卷大埽以壓之。前船勢略定，尋用前法，沈餘船，以竟後功。昏曉百刻，役夫分番甚勞，無少間斷。船堤之後，草埽三道並舉，中置竹絡盛石，並埽置樁，繫纜四埽及絡，一如修北截水堤之法。第以中流水深數丈，用物之多，施工之大，倍他堤。距北岸纔四五十步，勢迫東河，流峻若自天降，深淺叵測。於是先卷下大埽約高二丈者，或四或五，始出水面。修至河口一二十步，用工尤艱。薄龍口，喧豗猛疾，勢撼埽基，陷裂欹傾，俄遠故所。衆議沸騰，以爲難合，然勢不容已。魯神色不動，機解捷出，進官吏工徒十餘萬人，日加獎諭，辭旨懇至，衆皆感激赴功。十一月十一日丁巳，龍口遂合，決河絶流，故道復通。

又於堤前通卷欄頭埽各一道，多者或三或四。前埽出水，管心大索繫前埽，硾後闌頭埽之後，後埽管心大索亦繫小埽，硾前欄頭埽之前，後先羈縻，以錮其勢。又於所交索上，及兩埽之間，壓以小石白闌土牛，草土相半，厚薄多寡，相勢措置。

埽堤之後，自南岸復修一堤，抵已閉之龍口，長二百七十步。船堤四道成堤，用農家場圃之具曰轆軸者，穴石立木如比櫛，薶前埽之旁。每步置一轆軸，以橫木貫其後，又穴石，以徑二寸餘麻索貫之，繫橫木上，密掛龍尾大埽，使夏秋潦水、冬春凌簰，不得肆力於岸。此堤接北岸截河大堤，長二百七十步，南廣百二十步，顛至水面高丈有七尺，水面至澤腹高四丈二尺。中流廣八十步，顛至水面高丈有五尺，水面至澤腹高五丈五尺，通高七丈。仍治南岸護堤埽一，通長一百三十步，南岸護岸馬頭埽三道，通長九十五步，修築北岸隈防，高廣不等，通長二百五十四里七十一步。白茅河口至板城，補築舊堤，長二十五里二百八十五步。曹州板城至英賢村等處，高廣不等，長一百三十三里二百步。稍岡至碭山縣，增培舊堤，長八十五里二十步。歸德府哈只口至徐州路三百餘里，修完缺口一百七十處，高廣不等，積修計三里二百五十六步。亦思剌店縷水月堤高廣不等，長六里三十步。

其用物之凡，椿木大者二萬七千，榆柳雜稍六十六萬六千，帶稍連根株者三千六百，藁秸蒲葦雜草以束計者七百三十三萬五千有奇，竹竿六十二萬五千，葦蓆十有七萬二千，小石二千艘，繩索小大不等五萬七千，所沈大船百有二十，鐵纜三十有二，鐵猫三百三十有四，竹篾以斤計者十有五萬，硾石三千塊，鐵鑽萬四千二百有奇，大釘三萬三千二百三十有二。其餘若木龍、蠶椽木、麥稭、扶椿、鐵叉、鐵吊、枝麻、搭火鉤，汲水、貯水等具，皆有成數。

官吏俸給，軍民衣糧、工錢，醫藥、祭祀、賑恤，驛置馬乘及運竹木、沈船、渡船、下椿等工，鐵、石、竹、木、繩索等匠傭貲，兼以和買民地爲河，併應用雜物等價，通計中統鈔百八十四萬五千六百三十六錠有奇。

魯嘗有言：「水工之功，視土工之功爲難；中流之功，視河濱之功爲難；決河口，視中流又難；北岸之功，視南岸爲難。用物之性，草雖至柔，柔能狎水，水漬之生泥，泥與草並，力重如碇。然維持夾輔，纜索之功實多。」蓋由魯習知河事，故其功之所就如此。

是役也，朝廷不惜重費，不吝高爵，爲民辟害。脱脱能體上意，不憚焦勞，不恤浮議，爲國拯民。魯能竭其心思智計之巧，乘其精神膽氣之壯，不惜劬瘁，不畏譏評，以報君相知人之明。宜悉書之，使職史氏者有所考證也。

【校勘記】

〔一〕「抑河之暴」，「河」原作「何」，據《元史》卷六六志第十七下《河渠三》改。

新元史卷之五十三　志第二十

河渠志二

通惠河皁通七壩　金水河　雙塔河　積水潭　白河　御河　會通河兗州牐　揚州運河　鎮江運河練湖

濟州河膠萊河

元之運河，自通州至京師爲通惠河，自通州至直沽爲白河，自臨清至直沽爲御河，自東昌須城縣至臨清爲會通河，自三汊口達會通河爲揚州運河，自鎮江至常州呂城堰爲鎮江運河。南逾江淮，北至京師，爲振古所無云。

通惠河。一名皁通河，又名壩河，上源出於白浮、甕山諸泉。先是，中統三年，郭守敬面奏：「中都舊漕河，東至通州，引玉泉水以通舟，歲可省僱車錢六萬緡。」從之。迨至元二十八年，守敬復建言：「疏鑿通州至都漕河，改引渾水溉田，於舊牐河蹤跡導清水，上自昌平縣白浮村引神山泉，西折而南，合雙塔、榆河、一畝、馬眼、玉泉諸水，繞出瓮山後，匯爲七里濼，東入西水門，貫積水潭，東南出文明門，東至通州高麗莊入白河，總長一百六十里一百四步。塞清水口二十處，牐壩十處，共二十座，節水以通漕運，誠爲便益。」帝覽奏，喜曰：「當速行之。」於是復置都水監，以守敬領之。首事於至元二十九年春，告成於三十年秋，賜名通惠河。凡役軍一萬九千二百二十八，工匠五百四十二，水手三百一十九，没官囚奴一百七十二，計二百八十五萬，用鈔一百五十二萬錠。工興之日，命丞相以下皆親操畚牐爲之倡。置牐之處，往往於地中得舊時磚石，人皆嘆服。船既通行，公私便之。

其壩牐之名曰廣源牐；西城牐二，上牐在和義門外西北一里〔一〕，下牐在水門西三步；海子牐，在都城内；文明牐二，上牐在麗正門外水門東南，下牐在文明門西南一里；魏村牐二，上牐在文明門東南一里，下牐西去上牐一里；籍東牐二，在都城東南王家莊；郊亭牐二，在都城東南二十五里銀王莊；通州牐二，上牐在通州西門外，下牐在通州南門外；楊尹牐二，在都城東南三十里；朝宗牐二，上牐在萬億庫南百步，下牐去上牐百步。又築阜通七壩，潭溝壩九，王村壩二，鄭村壩一，西陽壩三，郭村壩二，千斯壩一，通州石壩一。宋本《都水監廳事記》：通州新壩作常盧壩。以大都至通州地勢相懸高下四丈，故多爲牐壩，以資蓄泄焉。

元貞元年，工部言：「通惠河創造牐壩，所費不資，全在守者上下照看修治。今擬設提領三員，管領人員專巡護之事，其西城牐改名會川，海子牐改名澄清。魏村牐改名惠和，籍東牐改名慶豐，郊亭牐改名平津，通州牐改名通流，河門牐改名廣利，楊尹牐改名溥濟。」

大德六年，漕司言：「歲漕百萬，全藉船壩夫力。自冰開發運，至河凍時止，計二百四十日，日運糧四千六百餘石。所轄船夫一千三百餘人，壩夫七百二十人，占役晝夜不息。今年水漲決壩堤六十餘處，雖經修畢，恐霖雨衝圮，走泄運水。點視河堤，量加修築，計深溝壩一萬五千一百五十二工，王村壩七百十三工，鄭村壩一千一百二十五工，西陽壩一千二百六十二工，郭村壩一千九百八十七工，千斯壩下一處一萬工，總用工三萬二百四十。」議上，中書省如所請。

至大四年，中書省臣言：「通州至大都運糧河牐，始務速成，故皆用木，歲久木朽，一旦俱敗，然後致力，將恐不勝其勞。今爲永固計，宜用磚石，以次修治。」從之。至泰定四年，工始竣。

天曆三年，中書省臣言：「世祖時開挑通惠河，全籍上源白浮、一畝等泉之水以通漕運。今諸寺觀及權勢之家，私決堤堰，灌田安磑，致河淤淺，妨漕事，乞禁之。」詔：「白浮、甕山直抵大都運糧河堤堰，諸人毋挾勢偷決。大司農、都水監嚴禁之。」

凡通惠河之上源，曰金水河，出於宛平玉泉山，流至義陽門南水門入京城。至元二十九年，中書右丞馬忽速言：「金水河所經運石大河及高良河西河，俱有跨河跳槽，今已損壞，請新之。」從之。至大四年，敕引金水河注於光天殿西花園石山前舊池，置牐四，以節水勢工成，役夫匠二十九，工二千七百二十三。

曰雙塔河。出昌平縣孟村一畝泉，經雙塔店而東，至豐善村，合榆河，入通惠河。至元三年，巡河官言：「雙塔河時將泛溢，不早爲備，恐至潰決。」都水監乃差夫修治，凡合閉水口五處，用工二千一百五十五。

曰白浮、甕山。白浮泉水，在昌平縣界，西折而東，經甕山湖，自西水門入都城。大德七年，甕山等處看牐提領言：「自閏五月，晝夜雨不止。六月九日，山水暴發，漫流堤，衝上決水口。」都水監自九月二十一日興工，至十月工竣，實役軍夫九百九十三人。十一年三月，白浮、甕山河堤崩三十餘里，編荊笆爲水口，以泄水勢。計笆口十一處。四月興工，十月工竣。皇慶元年，都水監言：「白浮、甕山隄，多低薄崩陷處，宜修築。」來春二月入役，八月工竣，總修長三十七里二百十五步，計工七萬三千七百七十。延祐元年，都水監言：「自白浮、甕山下至廣源牐，堤堰多淤，源泉不能通流。」會計工程，差軍夫千人疏瀹之。泰定四年八月，山水泛溢，衝決甕山諸處笆口。自八月二十六日興工修築，九月十二日工竣。役軍夫二千人，實役九萬工，四十五日。

其西北諸泉之水匯於都城内者，爲積水潭，一名海子，以石甃其四圍。延祐六年，都水監計會，前後與舊石岸相接。用石三百五，各長四尺，寬二尺六寸，厚一尺，用工三百五，役丁夫五十，石工十九。至治三年，大都河道提舉司言：「海子南岸東西道路，當兩城要衝，金水河浸潤於上，海子衝嚙於下，且道狹，多泥淖，車馬難行。如以石砌之，實長久之計。」從之。

金水河。又謂之隆福宫前河。至治二年，敕：「金水河在世祖時濯手有禁，今則洗馬者有之。比至秋疏滌，禁諸人毋得污穢。」

白河。源出塞外，經漷州爲潮河川，南流至通州潞縣，合榆、渾諸水，亦名潞河，又東南至香河縣，又過武清縣，達於静海縣，至直沽入海。

至元三十年九月，漕司言：「通州運糧河，全仰白、榆、渾三河之水合流，舟楫之行有年矣。今歲新開牐河，分引渾、榆二河上源之水。故自李二寺至通州三十餘里，河道淺澀。今春夏天旱，有水深二尺處，糧船不通，改用小料船搬載，淹延歲月，致虧糧數。先是，都水監相視白河，自東岸吴家莊前，就大河西南，斜開小河二里許，引榆河合流至深溝壩下，以通漕舟。今丈量，自深溝、榆河上灣，至吴家莊龍王廟前白河，西南至壩河八百餘步。及巡視，知榆河上源築閉，其水盡趨通惠河，止有白佛、靈溝子母二小河水入榆河，水淺不能勝舟。擬自吴家莊就龍王廟前閉白河，於西南開小渠，引水自壩河上灣入榆河，庶可漕運。又深溝、樂歲五倉，積貯新舊糧七十餘萬石，站車輓運艱緩。訪視通州城北通惠河積水，至深溝村西水渠，去樂歲、廣儲等倉甚近。擬自積水處由舊渠北開四百步，至樂歲倉西北，以小料船運載甚便。」中書省議，從之。

大德五年五月，中書省言：「自楊村至河西務河堤三十五處，用葦一萬九千一百四十束，軍夫二千六百四十人，度三十日工畢。」都水監言：「分官自濠寨至楊村歷視壞堤，督軍夫修築，以霖雨水溢，故工役倍元料，自寺洵口北至蔡村、清口、孫家務、辛莊、河西務堤，就用元料葦草，修補卑薄，創築月堤。其楊村兩岸相對出水河口四處，葦草不敷，令軍夫採刈，至九月工竣。惟楊村堤岸隨修隨圮，蓋爲用力不固，徒煩工役。其未修者，俟來春水涸興工。」

延祐六年十月，中書省言：「漕運糧儲及南來商賈舟楫，皆由直沽達通惠河。今岸崩泥淺，不早疏濬，有礙舟行，必致物價騰貴。都水監職專水利，宜分官一員以時巡視，遇有頽圮淺澀，隨宜修築。如功力不敷，有司差夫助役，怠事者究治。」敕下都水監施行。

至治元年正月，漕司言：「夏運海糧一百八十九萬餘石，轉漕往返，全藉河道通便。今小直沽汊河口潮汐往來，淤泥壅積七十餘處，漕運不能通行。宜移文都水監疏濬。」工部議：「農作方興，兼民多艱食，若不差軍助役，民力有所不逮。」樞密院言：「軍人不敷。」省議：「方東作之時，若差民丁，恐妨歲事。其令大都募民夫三千人，日給傭鈔一兩、糙粳米一升，委正官驗日支給，令都水監及漕司督其役。」從之。

泰定三年三月，都水監言：「河西務菜市灣水勢衝嚙，與倉相近，將來爲患。宜於劉二總管營相對河東岸，截河築堤，改水道與舊河合，可杜水患。」四年正月，省臣奏准，樞府差軍五千，大都路募夫五千人，日支糙粳米五升、中統鈔一兩，都水監工部委官與前衛董指揮同監役。三月十八日興工，六月十一日工竣。

天曆二年三月，漕司言：「元開劉二總管營相對河北舊河，運糧過遠，乞復浚舊河便。」四月，遣兵部員外郎鄧衡、都水監丞阿里、漕使太不花等督軍七千浚治。三年，又募民夫三千人助役，兵部改委辛侍郎監之。是年，濬滑州運河，至入通惠河。

衛河，出輝州蘇門山，經新鄉汲縣而東，至大名路濬州淇水入之，名爲御河。經凡城縣東北，流入濟寧路館陶縣西，與漳水合，又東北至臨清縣，與會通河合。從河間路交河縣北入清池縣界永濟河入之。又北至清州静海縣，會白河入於海。

至元三年七月，都水監言：「運河二千餘里，漕公私物貨，爲利甚大。自兵興以來，失於修治。清州之南、景州之北，頹缺岸口三十餘處，河流淤塞。至癸巳年，朝廷役夫四千修築，乃復行舟。今又三十餘年，無官主領。滄州地分，水面高於平地，全藉堤防。其園圃之家掘堤作井，深至丈餘或二丈，引水灌園。復有瀕河居民，就堤取土，漸至缺壞，走泄水勢，不惟有妨糧運，或致漂没田廬。其長蘆以北、索家馬頭以南，水内暗藏樁橛，尤爲行舟之患。」工部議以濱河州縣佐貳之官兼河防事，沿河巡視，修補堤堰，拔去樁橛，仍禁居民毋穿堤作井七年，武清縣河溢，僉民夫濬之，歷八十日工竣。

至大元年六月，左翼屯田萬户府言：「五月十八日，水決會川縣孫家口岸約二十餘步，南流灌本管屯田。已移河間路、武清縣、清州有司，發丁夫修築。」於是樞密院亦檄河間路左翊屯田萬户府，差軍並工築塞。十月，大名路濬州言：「七月十一日連雨至十七日，清、石二水溢李家道口。詢之社長，稱水源自衛輝路汲縣東北，連本州淇門西舊黑蕩泊，溢流出岸，漫黄河古堤，東北流入本州齊賈泊，復入御河。竊計今歲水施逆行，乃下流漳水漲溢遏絶，以致如此，實非人力可勝。又七月十二日，御河水驟漲三尺，十八日復添四尺，其水逆流，明是下流壅遏，乞差官巡治。」

延祐二年七月，滄州言：「往年景州吴橋縣御河水溢，衝決堤岸。萬户千奴恐傷淇河屯田，差軍築塞舊洩水郎兒口，故水無所洩，浸民廬及已熟田數萬頃。及七月四口，河決吴橋縣柳斜口東岸三十餘步，千户移僧又遣軍堵塞郎兒口，水壅不洩，必致漂蕩張管、許河、孟村三十餘村。本州摘官相視，移文約會開放。」不從。四年五月，都水監始遣官與河間路官相視郎兒口下流故河，至滄州約三十餘里，乃減水故道名曰盤河。應增濬故河，決積水，由滄州城北達滹沱河以入於海。泰定元年九月，都水遣官督丁夫五千八百九十一人，是月興工，至十月工竣。

會通河。起東昌路須城縣安民山之西南，由壽張西北至東昌，又西北至臨清，達於御河。

至元十七年，江南平，置汶泗都漕運司，控引江、淮，以供億京師。自東阿至臨清二百里，舍舟而陸，車運至御河，役民一萬三千二百七十六户。經茌平縣，地勢卑，夏秋霖潦，道路不通，公私病之。於是壽張縣尹韓仲暉、太史院令史邊源相繼言開河置牐，引汶水達於御河，較陸運利相什佰。詔廷臣議之。二十五年，遣都漕運副使馬之貞偕源按視地勢，之貞等圖上可開之狀。丞相桑哥奏言：「安民山至臨清，爲渠二百六十五里。若開濬之，爲工三百萬，當用鈔三萬錠，米四萬石，鹽五萬斤。其陸運夫一萬三千户復罷爲民，其賦入及芻粟之估，爲鈔六萬八千錠，費略相當。然渠成，亦萬世之利，請來春濬之。」從之。二十六年春正月，詔出楮幣一百五十萬緡，米四百石，鹽五萬斤，以爲傭直，徵旁縣丁夫三萬，以斷事官忙哥速兒、禮部尚書張孔孫、兵部郎中李處選等董其役。建牐三十有一，度高低，分遠邇，以節蓄泄，以六月辛亥工竣，凡用工二百五十一萬七百四十有八，賜名會通河，置提舉司職河渠事。元初，遏汶入洸，以益漕，汶始與洸、泗、沂合，猶未分於北。至元二十年，自濟寧新開河，分汶、泗諸水西北流至須城之安民山，入濟水故瀆以達於海，而猶未通於御河。至是，又自安民山西南開河直達臨清，而泗、汶諸水始通於御河焉。

二十七年，以霖雨岸崩，河淤淺，中書省臣奏，撥放罷輸運站户三千，專供挑濬之役。是後，歲委都水監官一人，佩分監印，率令史、奏差、濠寨官巡視，且督工。易石牐，以工之緩急爲先後。至泰定二年，始克畢事云。

會通鎮牐三、土壩二，在臨清北。頭牐，至元三十年建。中牐，南至隘船牐三里，元貞二年至大德二年建。隘船，南至李海務牐一百五十二里，延祐元年建。李海務，南至周家店牐十二里，元貞二年建。周家店，南至七級牐十二里，大德四年建。

七級牐二：北牐，至南牐三里，大德元年建；南牐，至阿城牐十二里，元貞二年建。

阿城牐二：北牐，至南牐三里，大德三年建；南牐，至荆門北牐十里，大德二年建。

荆門牐二：北牐，至荆門南牐二里半，大德二年建；南牐，至壽張牐六十三里，大德六年建。

壽張牐，南至安山牐八里，至元三十一年建。安山牐，南至開河牐八十五里，至元二十六年建。開河牐，南至濟州牐一百二十四里。

濟州牐三：上牐，南至中牐三里，大德元年建；中牐，南至下牐二里，至治元年建；下牐，南至趙村鋪六里，大德七年建。

趙村牐，南至石佛牐七里，泰定四年建。石佛牐，南至辛店十三里，延祐六年建。辛店牐，南至師家店牐二十四里，大德元年建。師家店牐，南至棗林牐十五里，大德二年建。棗林牐，南至孟陽泊牐九十五里，延祐五年建。孟陽泊牐，南至金溝牐九十里，大德八年建。金溝牐，南至隘船牐十二里，大德十年建。

沽頭牐二：北隘船牐，南至大牐二里，延祐二年建。南牐至徐州一百二十里，大德十一年建。徐州三汊口牐入鹽河，南至土山牐十八里，泰定三年建。

然惠通河以汶、泗二水爲上源，故又於兖州立牐堰約泗水西流，堽城立牐堰，分汶水入河南，會於濟州，以六牐撙節水勢。

至元二十七年，運副馬之貞言：「至元十二年，丞相伯顔訪問自江淮達於大都河道，之貞乃言宋、金以來汶、泗相通河道。郭都水按視，可以通漕。二十年，中書省奉委兵部李尚書等開鑿擬修石牐十四。二十一年，省委之貞與尚監察等同相視，擬修石牐八、石堰二。除已修畢外，有石牐一、石堰一、堽城石堰一，至今未修。」之貞又言：「據汶河堽城二牐、一堰，泗河兖州牐堰，濟州城南牐，乃會通河上源之喉襟。去歲堽城汶河土堰、兖州泗河土堰衝決，宜移文兖州、泰安州僉夫修築。又被水衝壞梁山一帶堤堰，走洩水勢，通入舊河，致新河水小，糧船滯澀，乞移文斷事等官轉下東平路修築，上流撥屬江淮漕司，下流屬之貞管領。若已後新河水小，直下濟州監牐官並泰安、兖州、東平修理。據兖州石牐一、石堰一、堽城石牐一，合用材物已行措置完備，乞移文江淮漕司修築。其泰安州、梁山一帶堤岸，濟州牐等處，雖撥屬江淮漕司，今後如水漲衝決堤堰，仍乞照會東平、濟寧、泰安，如承文字，亦仰奉行。」中書省依所議行之。

延祐元年二月，中書省言：「江南行省起運諸物，皆由會通河以達於都，爲其河淺澀，大船充塞於中，阻礙餘船不得往來。每歲臺、省差人巡視。據差官言，始開河時，止許行百五十料船，近年權勢之人並富商大賈貪嗜貨利，造三四五料或五百料船，以致阻滯官民舟楫。如於沽頭置小石牐一，止許行百五十料船便。臣等議：宜依所言，中書及都水監差官於沽頭置小牐一，又於臨清相視宜置牐處，亦置小牐一，禁約二百料之上船，不許入河行運。」從之。

至治三年四月，都水分監言：「會通河沛縣東金溝、沽頭諸處，地形高峻，旱則水淺舟澀。省部已准置二滾水壩。近延祐二年，沽頭牐上增置隘牐一，以限巨舟，每經霖雨，則三牐月河、截河土堰，盡爲衝決。自秋摘夫刈薪，至冬水落，或來歲春初修治，工夫浩大，動用丁夫千百，束薪十萬有餘，數月方完，勞費萬倍。又況延祐六年雨多水溢，月河、土堰及石牐雁翅日被衝嚙，土石相離，深及數丈，其工倍多，至今未完。若運金溝、沽頭並隘牐三處現有之石，於沽頭月河内修一所堰牐，更將隘牐移置金溝牐月河或沽頭牐月河内，水大則大牐俱開，使水道動流，小則閉金溝大牐，上開隘牐，沽頭則閉隘牐，而啟正牐行舟。如此歲省修治之費，又可免丁夫冬寒入水之苦，誠爲一勞永逸。」會驗，監察御史亦言：「延祐初，元省臣嘗請置隘牐以限巨舟，臣等議從之。至棱板等船，乃御河、江、淮行駛之物，宜遣出任其所之，於金溝、沽頭兩牐中置隘牐二，各闊一丈，以限大船。若欲於通惠、會通河行運者，止許一百五十料，違者罪之，仍没其船。其大都、江南紅頭花船，一體不許來往。」部議從之。

泰定四年，御史臺臣言：「巡視河道，自通州至真、揚，會集都水分監及沿河州縣官民，詢考利弊，不出兩端：一曰壅決，一曰經行。自世祖屈羣策，濟萬民，疏河渠，引清、濟、汶、泗，立牐節水，以通江、淮、燕薊，實萬古無窮之利也。惟水性流變不常，久廢不修，舊規漸壞，雖有智者，不能善後。輒有管見，倘蒙採録，責任都水監謹守勿失，能事畢矣。不窮利病之源，頻歲差人巡視，徒爲煩擾，無益。於是都水監元立南北隘牐，各闊九尺，二百料下船梁頭八尺五寸，可以入牐。愚民嗜利無厭，爲隘牐所限，改造減舷添倉長船至八九十尺，甚至百尺，皆五六百料，入至牐內，不能回轉，動輒淺閣，蓋緣隘牐之法，不能限其長短。宜於隘牐下岸立石則，遇船入牐，必須驗量，長不過則，然後放入，違者罪之。」中書省下都水監，委濠寨官與濟寧路、東昌路委官相視，如所議行之。

揚州運河。亦名鹽河，北至三汊口，達於會通河。至元二十七年，江淮行省奏加疏濬。

延祐四年，兩淮運司言：「鹽課甚重，運河淺澀無源，請濬之。」明年，中書省移河南行省，委都事張奉政及宣慰司、運司、州縣倉場官集議：「河長二千三百五十里，有司差瀕河有田户傭夫修一千八百六十九里，倉場鹽司協濟有司修四百八十二里。」運司言：「近歲課額增多，船竈户日貧，宜令有司通行修治，省減官錢。」中書省議准：「諸色户内顧覓丁夫萬人，日支鹽糧錢二兩，計用鈔二萬錠，以鹽司鹽課及減駁船款下協濟。」

練湖。在鎮江，爲運河之上源。運河自鎮江南至常州呂城壩。

至治三年，中書省臣言：「鎮江運河全藉練湖之水，官司漕運供億京師，及商賈販載、農民往來，其舟楫莫不由此。宋時專設人員，以時修濬。若運河淺阻，開放湖水一寸，則可添河水一尺。近年淤淺，舟楫不通，凡有官物，差民運遞，甚爲不便。鎮江至呂城壩，長百三十里，計役民萬五百十三人，六十日可畢。又用三千人濬練湖，九十日可畢。一夫日支糧三升、中統鈔一兩。行省、行臺分官監督。合行事宜，依江浙行省所擬。」敕從之。於是江浙行省委參政董中奉董其役。

董中奉言：「練湖、運河非一事也。宜仿假山諸湖農民取泥之法，用船千艘，船三人，以竹箣撈泥，日可三載，月計九萬載，三月計通取二十七萬載。就用其泥增築湖堤。自鎮江城外程公壩至常州武進縣吕城壩，河長一百三十一里一百四十六步，河面闊五丈，底闊三丈，深四尺，與見有水二尺，共積深六尺。於鎮江、常州、江陰州、溧陽州田多上户内均差夫役。若濬湖與開河二役並興，卒難辦集。宜先開運河，工畢就濬練湖。」中書省議從之。泰定元年正月，各監工官沿湖相視，上湖沙岡黄土，下湖茭根叢雜，泥堅硬不可箣取，又兩役並興，相去三百餘里，往來監督勞費，甚願先開運河，期四十七日工畢，次濬練湖，期二十日工畢。

是年二月，省臣奏：「開濬運河、練湖，重役也，應依行省議，仍許便宜從事。」其後各監工官言：「分運河作三壩，依元料深闊丈尺開濬，已於三月七日積水行舟。」又任奉議指劃元料，增築湖壩，共增闊一丈二尺，平面至高底灘脚，共量斜高二丈五尺。依中堰西石碶東舊堤卧羊灘修築，如舊堤已及所料之上。中堰西石碶至五百婆堤西上增高土一尺，有缺補之。五百婆堤至馬林橋堤水勢稍緩，不須修治。歸勘任水監元料，開運河夫萬五百十三人，六十日畢，濬練湖夫三千人，九十日畢，人日支鈔一兩、米三升，共該鈔萬八千十四定二十兩，米二萬七千二十一石六斗，實徵夫萬三千五百十二人，共役三十二日，支鈔八千六百七十九定三十六兩，米萬三千十九石五斗八升，視原料省半焉。

運河開未久，旋廢不用者，曰濟州河，曰膠萊河。

濟州河。至元十七年，姚演建議開濟州泗河入大清河，至利津入海。阿合馬等議從之，命阿八赤董其役。十八年十二月，遣奥魯赤、劉都水及通算學者一人，給宣差印，往濟州，定開河夫役。令大名、衛州新軍助其工。然海口沙淤，船出入不便。既而右丞麥朮丁奏：「阿八赤所開河，益少損多，敕候漕司忙古觪至議之。海道便，則阿八赤河可廢。」未幾，忙古觪自海道運糧至，濟州河遂廢。

膠萊河。亦名膠東河，在膠州東北，分南北流，南流自膠州麻灣口入海，北流至掖縣海倉口入海。至元十七年，姚演建議開新河，鑿地三百餘里，起膠西縣陳村海口西北，至掖縣海倉口，以達直沽。然海沙易壅，又水潦積淤，功訖不就。二十二年，以勞費不貲，罷之。

【校勘記】

〔一〕「上牐」，原作「上閘」，據上下文及《元史》卷六四志第十六《河渠一》改。

新元史卷之五十四　志第二十一

河渠志三

渾河　滹沱河 冶河　灤河　吴松江 澱山湖　四川江堰　鹽官州海塘　諸路水利

渾河。又名盧溝河，其上流爲桑乾河。發源於太原之天池，伏流至朔州馬邑縣，渾泉湧出，曰桑乾泉。東流自奉聖州入宛平界，至都城四十里東麻峪，分爲二派：一自通州高麗莊入白河，一南流至武清縣合御河入於海。

太宗七年八月，河決牙梳口，劉冲禄言：「率水夫二百餘人已依期修築，恐水漲不時衝決，或貪利之人盜決溉灌，請禁之。」廷議命冲禄提領其事，盜決者以違制論，如遇修築之役，其丁夫物料於應差處調發。

至大二年十月，河決左都威衛營西大堤，没左右二衛及後衛屯田麥。三年二月，中書省下左右衛後衛及大都路督修，至五月工畢。

皇慶元年二月，東安州言：「河決黄堝堤十七所。」同知樞密院塔失帖木兒奏：「渾河決壞屯田，已發軍士五百人築決口。臣等議：治水，有司事也，宜命中書省檄所屬董其事。」從之。是年六月，霖雨，渾河堤決二百餘步，發民丁刈雜草築之。

延祐元年六月，河決武清縣劉家莊左衛，差軍士七百人與東安州民夫同修決口。二年正月，大雨，河決。三年，中書省議：「渾河決堤堰，没田禾，軍民蒙害。既已奏聞，差官相視，上自石徑山金口，下至武清縣界舊堤，長三百四十八里，中間因舊堤修築者四十九處，應修補者十九處，創修者八處，宜疏通者二處。計工三十八萬一百，役夫三萬五千，九十六日可畢。如通築則勞費太甚，宜分三年築之。」從之。七年四月，營田提舉司言：「去歲十二月，屯户巡視廣賦屯北河堤二百餘步將崩，恐來春水漲，浸漫爲患。」都水監委濠寨官，會營田提舉司、武清縣，督民夫築之，凡用工五百萬三千七百二十二。

至治元年五月，運河再決。泰定元年七月，河又決。

金口河者，金時自大都之西麻峪村，分引渾河，穿南山而出，謂之金口河。

至元二年，都水少監郭守敬言：「其水可以溉田。兵興，典守者懼有所失，因以大石塞之。若按視故道，使水得通流，上可以致西山之利，下可以廣京畿之漕。」又言：「當於金口西，預開減水口，西南還大河，令其深廣，以防漲水突入之患。」朝廷韙其議而未行。二十八年，有言渾河自麻峪口行舟可至尋麻林，遣守敬相視，回奏不能通舟楫。

大德二年，渾河水發，都水監閉金口牐板以防之。五年，河溢，水勢洶湧，守敬恐衝没南北二城，又將金口以上河身，用土石盡塞之。蓋守敬已知前議之不可用矣。至正二年正月，中書參議孛羅帖木兒、都水監傅佐建言：「起自通州南高麗莊，直至西山石峽鐵板，開古金水口一百二十里，鑿新河一道，深五丈，廣二十丈，放西山金口東流，合御河，接引海運至大都城內輸納。」是時，脱脱爲右丞相，奏而行之。廷臣多言其不可，右丞許有壬言尤力。脱脱排羣議不納，遂以正月興工，至四月工畢，起牐放金口水，流湍迅急，須臾衝決二十餘里，都人大駭。脱脱急令塞之。是役也，毁民廬舍墳墓無算，又勞費不貲，卒以無功。御史糾孛羅帖木兒、傅佐之罪，俱論死。

滹沱河。出山西繁畤縣泰戲山，東流經真定路真定、藁城，平山諸縣，又東北抵寧晉縣境，入衛河。

延祐七年十一月，真定路言：「真定縣城南滹沱河，北決，寖近城。聞其源本微，與冶河不相通，後二水合，勢遂迅猛，屢壞大金堤爲患。本路達魯花赤哈散於至元三十年奏准，引冶河自爲一流〔一〕，滹沱水勢十減三四。至大元年七月，水溢，漂南關百餘家，冶河口淤塞，復入滹沱。自後，歲有衝決之患。略舉大德十年至皇慶元年，節次修堤，用卷埽葦草二百餘萬，官備傭直百餘萬錠。及延祐元年三月至五月，修堤二百七十餘步。近年米價翔貴，民匱於食，有丁夫正身應役，單丁須募人代替，傭直日不下三五貫，前工未畢，後役迭至。延祐二年，本路總管馬思忽嘗開治河，已復湮塞。今歲霖雨，水溢北岸數處，浸没田廬。其河元經康家村南流，後徙於村北。數年修築，皆於堤北取土，故南高北低，水愈趨下侵齧。西至木方村，東至護城堤，約二千餘步，比來春修治，田樁梢築土堤，亦非經久之計。若濬木方村南枯河引水南流，牐閉北岸河口，下至合頭村北與本河合，如此去城稍遠，庶無水患。都水監議截河築堤，闊千餘步，新開之岸，止闊六十步，恐不能禦千步之勢。莫若於北岸闕壞低薄處，比元料增夫力，葦草卷埽補築，便擬均料各州縣上中户，價鈔及倉米於官錢内支給。」中書省依所議行之。

至治元年三月，本路又申前議，濬木方村南舊瀆，導水東南流，至合頭村入本河。都水監言：「治水者，行其無事也。截河築堤一千餘步，開掘老岸，闊六十步，長三十里，霖雨之時，水拍兩岸，所開河止闊六十步，焉能容納？上嚥下滯，必致潰決，徒糜官錢，勞民力，非善策也。若順其自然，增添物料、如法卷埽，修築堅固，誠爲官民便宜。」省議從之。泰定四年八月，中書省奏：「本路言滹沱源自五台諸山，至平山縣王母村山口下，與平定州娘子廟石泉冶河合，夏秋霖雨水漲，瀰漫城郭。宜自王子村、平安村開河，長四里餘，接魯家灣舊澗，復開二百餘步，合入冶河，以分其勢。又木方村南岸故道，疏濬三十里，北岸下樁卷埽，築堤捍水東流。今歲儲材，九月興工，十一月工竣。物料傭值，官爲供給，庶幾力省工多，永免異日之患。」工部議：「二河並治，役重民勞，應先開冶河。如本路民夫不敷，可於順德路差募。如侵礙民田，官酬其直。」後真定路又言：「閏九月以後，天寒地凍，難於興工，宜俟來春開濬。」奏上，詔如所請。

冶河。出井陘縣山中，經平山縣西門外，又東北流十里入滹沱河。

元貞元年正月，丞相完澤等言：「往年先帝嘗命開真定冶河，已發丁夫。適先帝升遐，以聚衆罷之。今宜遵舊制，卒其事。」從之。

皇慶元年七月，冶河龍花、判官莊諸處堤壞，都水監與本路官議：「自平山縣西北，改修滾水石堤，下修龍塘堤，東南至水碾村，開河道一里，又至蒲吾橋西，開河道一里，疏其淤澱，築堤分上流入舊河，以殺水勢。」又議：「於欒城縣北聖母堂冶河東岸，開減水河，以去真定水患。」省議俱從之。

灤河。源出金蓮川，由松亭北，經遷安東、平州西，至灤州入海。

至元二十八年，敕姚演濬灤河，挽舟而上，漕運上都。尋遣郭守敬相視，以難於施工而罷。大德五年六月，大霖雨，灤河與肥、洳二水並溢，水入城，官民廬舍漂蕩殆盡。中書省委吏部員外郎馬之貞與都水監官修之。東西二堤，計用工三十一萬一千五百，鈔八千八十七錠十五兩，樁木等價鈔二百十四錠二十六兩。

延祐四年六月，上都留守司言：「城南御河西北岸爲河水衝囓，漸至頹壞，恐水漲漂没民居。請調軍供役，庶可速成。」敕曰：「今維其時，宜發軍速爲之。」於是虎賁司發三百人供其役。

泰定三年七月，右丞相塔失帖木兒等奏：「斡耳朵思住人營盤，爲灤河走凌衝壞，應築護水堤，請敕樞密院發軍一千二百人修之。」從之。

吴松江。受太湖諸水，東匯澱山湖以入海，潮汐淤沙，湮塞河口。宋人置撩洗軍以疏導之。世祖取江南，罷散軍人，又任勢豪租占田蕩，淤墊益甚。

至治三年，江浙行省言：「嘉興路高治中、湖州路丁知事同本管正官體究舊濬通海故道，及新生沙漲應開河道五十處，内常熟州九處，崑山州十處，嘉定州三十五處。其松江府各屬應濬河渠，華亭縣九處，上海縣十四處。上海、嘉定連年旱澇，皆緣河口淤塞，旱則無以灌溉，澇則不能流洩，累致凶歉，官民俱困。至元三十年以後，兩經疏濬，稍獲豐稔。比年又復壅塞，勢家租占愈多。上海縣歲收官糧十七萬石，民糧三萬餘石，延祐七年災傷五萬八千七百餘石，至治元年災傷四萬九千餘石，二年十萬七千餘石，水旱連年，殆無虚歲。近委人相視，講求疏濬之法，其通海大江，未易遽治，舊有河港聯絡官民田土之間藉以灌溉者，今皆填塞，必須疏通，以利耕稼。欲令有田民户自爲整治，而工役浩大，民力不能獨舉。由是議：上海、嘉定河港，宜令本處管軍、民、官、站、竈、僧、道諸色有田者，以多寡出人，備糧修治，州縣正官督役。其豪勢租占田蕩者，並當除闢。民間糧税權免一年，官租減半。華亭、崑山、常熟州河港，比上海、嘉定緩急不同，從各處正官督有田之家，備糧併工修治。既陰陽家言：癸亥年通土有忌。預爲咨呈可否。」

至泰定元年十月興工，旭邁傑等奏請依所議行之，命脱顔答剌罕諸臣同提調，監察左丞朵兒只班及前都水少監董其役。

澱山湖。與太湖相通，東流入海。

至元末，參知政事梁德珪言：「忙古䚟請疏治澱山湖，因受曹總管金而止。張參議等相隨言之，識者咸以爲便。臣等議：此事可行無疑。請選委巡行官相視，會計合同軍夫。」帝從之。既而平章政事帖哥言：「民夫足用，不須調軍。」帝曰：「有損有益，其均齊並科之。」

未幾，世祖崩，成宗即位。帖哥又言其事，且建議用湖田糧三萬石，以募民夫四千、軍四千隸於都水防田使司，職掌收捕海賊，修治河渠等事。帝命伯顔察兒與樞密院同議，並召宋降臣范文虎及朱清、張瑄詢之。瑄等言：「亡宋屯守河道，用手號軍，大處千人，小處不下三四百人，隸巡檢司管領。」文虎言：「差夫四千，非動摇四十萬户不可。若令五千軍屯守，就委萬户一員，事或可行。」樞府韙文虎言，奏行之。

四川江堰。凡一百三十有二處，歲治堤防役民兵多者萬餘人，少者猶千人，或數百人。役例七十日，不及七十日，雖竣不得休息。不役者，日出鈔三貫爲傭直。歲費不下七萬貫，官民俱困。

元統二年，四川肅政廉訪司僉事吉當普巡視，得要害之處三十有二，餘悉罷之。與灌州州判張弘議，甃以石。弘出私錢，試爲小堰。堰成，水暴漲而堰不動，遂決計行之。

至元元年七月興工，先從事於都江堰。少東爲大小釣魚，又東跨二江爲石門，以節北江之水，又東爲利民臺，又東南爲侍郎、楊柳二堰，其水自離堆分流入於南江。

南江東至鹹角，又東至金馬口，又東過大安橋，入於成都，俗名大皂江，江之正源也。又東爲虎頭山、鬬雞臺。臺有水則，以尺晝之，凡十有一。水及其九，其民喜，過則憂，没則困。又書「深淘灘，高作堰」，相傳爲秦守李冰所教云。又東爲離堆，又東至三石洞，釃爲二渠。其一自上馬騎東流入成都，古之外江也。

南江自利民臺有支流，東南出萬工堰，又東爲駱駝堰，又東爲碓口堰，鹿角之北涯有渠曰馬壩，東流至成都，入於南江。渠東行二十餘里，水決其南涯四十有九處。乃自其北湃鑿二渠，與楊柳渠合，又東與馬灞渠合，自金馬口之西鑿二渠，合金馬渠，東南入於新津江，罷藍淀、黄水、千金、白水、新興至三利十二堰。

北江三石洞之東爲外應、顔上、五斗諸堰，其水皆東北流於外江。外江東至崇寧，亦爲萬工堰。堰之支流，自北而東，爲三十六洞，過清白堰，東入彭、漢之間。而清白堰水潰其南湃，乃疏其北湃舊渠，直流而東，罷南湃之堰及三十六洞之役。

他如嘉定之青神，有堰曰鴻化，則授成於長吏，應期功畢。成都之九里堤，崇寧之萬工堰，彰之堋口、豐洞諸堰，未及施功，則使長吏於農隙爲之。諸堰，都江及利民臺之役最大，侍郎、楊柳、外應、顔上、五斗次之，鹿角、萬工、駱駝、碓口、三利又次之。都江居大江中流，故以鐵萬六千斤鑄大龜，貫以鐵柱，置堰下以鎮之。諸堰皆甃以石，範鐵以關其中，取桐油，和石灰，雜麻枲，而擣之使熟，以苴罅漏。岸善崩者，密築碎石以護之。所至或疏舊渠以導其流，或鑿新渠以分其勢。遇水之會，則爲石門，以時啟閉。五越月，工竣。吉當普以監察御史召，省臺上其功，詔學士揭奚斯撰碑文以旌之。

鹽官州海塘。去海岸三十里，舊有捍海塘二，後又添築鹹塘。大德三年，塘岸崩，中書省遣禮部郎中游中順，與本省官相視，以虛沙難於施力，議築石塘。又以勞費甚，不果。延祐中，鹽官州海溢，累壞民居，陷地三十餘里，行臺、行省官共議於州城北門外添築土塘，再築石塘，東西長四十三里，又以潮汐河漲而止。

泰定四年六月，海溢，鹽官州告災，乃遣使祀海神，與有司視形勢所便，復議築石塘捍海。詔曰：「築塘是重勞吾民也，其增石囤捍禦，庶天其相之。」

先是，致和元年，江浙行省建議作篷篨，實以石，鱗次疊之，以禦海潮。已而皆淪於海。乃改造石囤，以救一時之急焉。未幾，杭州路又言：「八月以來，秋潮洶湧，水勢愈大，見築沙地塘岸，東西八十餘步，造木櫃石囤以塞其要處。本省左丞相脱歡等議，安置石囤四千九百六十，以資抵禦。計工、物用鈔七十九萬四千餘錠，糧四千餘石，接續興修。」中書省議遣户部尚書李家奴、工部尚書李嘉賓、樞密院屬衛指揮青山、副使洪灝、宣政院僉事南哥班與行省左丞相脱歡及行臺、行宣政院、庸田使司，會議修治之策。合用軍夫，除戍守州縣關津外，酌量差撥，從便支給口糧。合役丁力，附近有田之民及僧，道、也里可温、答迭兒等户内點僉。凡工役之時，諸人毋或沮壞，違者罪之。既而李家奴等以已置石囤，不曾崩陷，是已略見成效，乃東西接壘十里，其六十里塘下舊河，就取土築塘，以備崩壞焉。

天曆元年，都水庸田司言：「八月十四日，祈請天妃入廟。十五日至十九日，海岸浮沙東西長七里餘，南北廣或三十步，或數十百步，漸見南北相接。西至石囤，已及五都，修築捍海塘與鹽塘相接。石囤東至十一都六十里塘，東至大尖山嘉興、平湖三路所修海口。自八月一日，探海二丈五尺。至十九日探之，先二丈者今一丈五尺，先一丈五尺者今一丈。西自六都仁和縣界赭山、雷山爲首，添漲沙塗，已過五都四都，鹽官州廊東西二都，沙土流行，水勢俱淺。二十七日至九月四日大汛，本州嶽廟東西，水勢俱淺，漲沙東過錢家橋海岸，元下石囤木植，並無頹圮，水息民安。」詔改鹽官州曰海寧州。

諸路水利之可考者：

中統三年，中書左丞張文謙薦邢臺郭守敬習水利，徵詣行在。守敬面陳六事：其一，引玉泉水及開藺榆河，已見前。其二，順德達活泉引爲三渠，灌城東之地。其三，順德澧河東至古任城，失其故道，没民田一千三百餘頃。若開河，自小王村合滹沱入御河，可通舟楫，其田亦可耕種。其四，磁州東北滏、漳二水合流處，開引河，由滏陽、邯鄲、洺州、永年，下經雞澤，入澧河，可溉田三千餘頃。其五，懷孟沁河雖已通渠灌溉，尚有漏堰餘水，與舟河相合，開引東流，至武陟縣，北合御河，可溉田千餘頃。其六，黄河自孟州西，開引河，經新舊孟州中間，順河古岸下至温縣，南入大河，其間亦可溉田二千餘頃。帝喜曰：「成吾國家之務者，其斯人乎！」並依所奏行之。

至元元年，守敬從文謙行省西夏。其瀕河五州，皆有古渠。在中興州者，一名唐東渠，長袤四百里，一名漫延渠，長袤二百五十里。他州渠十，長袤各二百里，支渠大小六十有八。計溉田可九萬餘頃。兵亂後，皆淤廢。守敬因古道疏濬之，更立閘堰，役不逾時，諸渠皆通利。

二年，守敬入爲都水少監，奏言：「臣向自中興還，順河而下，四晝夜至東勝，可通漕運。又查泊兀郎海，古渠甚多，皆應修理。」帝並韙之。元一代治水利者，咸推服守敬，以爲不可及云。

其後，學士虞集建畿輔水利議，謂：「京師之東，瀕海數千里，北極遼海，南濱青徐，萑葦之場也，海潮日至，淤爲沃壤。用浙人之法，築堤扞水爲田，聽富民願得官者，合其衆分授以地。官定其畔以爲限制。能以萬夫耕者，授以萬夫之田，爲萬夫之長，千夫、百夫亦如之，察其惰者而易之。一年勿征也，三年視其成，以地之高下定額於朝廷，以次漸征之。五年有積蓄，命以官，就所儲給以祿。十年佩之符印，以傳子孫，如軍管之法，則東西民兵數萬，可以近衛京師，外禦島夷；寬東邊之運，以行疲民；遂富民得官之志，而獲其用；江海游食盜賊之類，亦有所歸。」

至正十二年，丞相脱脱當國，遂仿集之議，奏：「京圻近水地，召募江南人耕種，歲可收粟麥百餘萬石。不煩海運，京師足。」上從之。於是西自西山，南自保定、河間，北抵檀、順，東至遷民鎮，凡係官地及原管各處屯田，悉從分司農司立法佃種。合用工價、牛具、農器、穀種，給鈔五百萬錠。命悟良合台、烏古孫良楨並爲大司農卿。又於江南召募能種水田及修築圍堰之人各一千，爲農卿降空名，添設職事敕牒十二道，募農夫一百名者，授正九品；二百名，正八品；三百名，正七品；就令管領所募之人。所募農夫，每名給鈔十錠。未幾，中原盜起，脱脱亦罷斥，其建置卒無成效。

後至元五年，洺磁路言：「洺州城内井泉鹹苦，居民飲之多疾，有死者。請疏濬舊渠，置牐壩，引滏水。分灌洺州城濠，以濟民用。計會渠東西長九百步，闊六尺，深三尺，役四百七十五工，民自備器用。歲二次放牐，不妨漕事。」中書省議，從之。

廣濟渠者，在懷孟路，引沁水以達於河。先是，中統二年，提舉王允中、大使楊端仁奉詔開渠。修石堰長一百餘步，高一丈三尺。石斗門橋，高二丈，長十四步，闊六步。渠四道，計六百七十里，經濟源、河内、河陽、温、武陟五縣。渠成，民甚利之，賜名廣濟渠。三年八月，中書省臣忽魯不花等奏：「廣濟渠司言：沁水渠成，今已驗工分水，恐久遠權豪侵奪。」乃下詔依本司所定水分，已後毋許侵奪。

至大三年，懷慶路同知阿合馬言：「天久旱，秋穀種不入土。近訪問耆老，咸稱：丹水澆灌山田，居民深得其利。有沁水亦可溉田，中統間王學士亦爲天旱，奉詔開此渠，募自願人户於沁口古蹟，置分水渠口，開渠四道，歷温、陟入河，約五百餘里，渠成，名曰廣濟渠。設官提調，遇旱則官爲斟酌，驗工多寡，分水澆灌，濟源等處五縣民田三千餘頃咸受其賜。二十餘年後，因豪家截河起堰，立碾磨，壅水勢。又經霖雨，渠口淤塞。河渠司旋亦革罷，有司不爲整頓，因致廢壞。今五十餘年，分水渠口及舊渠蹟，均尚可考。若蒙依前浚治，引水溉田，於民大便。」尋據孟州等處申言：「舊日沁水築土堰，遮水入廣濟渠，岸北雖有減水河道，不能吞伏，後值霖雨，蕩没田禾，以此堵閉。今若枋口上連土岸，置立石堰，復還本河，又從減水河分殺其勢，如此庶不爲害。」工部牒都水監相視施行。

三白渠，在京兆路。太宗十一年，梁泰奏請修三白渠堰，比之旱地，其收數倍。帝從之，仍敕泰佩元降金符，充宣差，規措三白渠，以郭時中副之，置司於雲陽縣。所用田户及牛畜，敕塔海紺不於軍前應副。

洪口，在奉元路。至治元年十月，陝西屯田府言：「年例八月差水户，自涇陽縣西仲山下截河築堰，改涇水入白渠，下至涇陽縣北白公斗，分爲三限，並平石限，蓋五縣分水之要所。北限入三原、櫟陽、雲陽，中限入高陵，南限入涇陽，澆官民田七萬餘畝。近至大三年，陝西行臺御史王琚言：涇陽洪口展修石渠，爲萬世之利。計展修八十五步，用石十二萬七千五百尺，石工二百人，丁夫三百人，金火匠二人，火焚水淬，日鑿石五百尺，二百五十日工畢。延祐元年二月興工，石性堅厚，鑿至一丈，水泉湧出。乃續展十七步，石積二萬五千五百尺，增夫匠百人，日鑿六百尺，一百四十二日工畢。」天曆二年六月，涇水溢，洪口堰及小龍堆盡圮。水入涇，白渠内水淺。屯田府以爲言。陝西行省議：「洪口自秦漢至宋，一百二十激，經由三限，分澆五縣民田七萬餘頃。驗田出夫千六百人，自八月一日修堰，至十月放水溉田，以爲年例。近奉元亢旱，人相食，流亡疫死者十七八，差役不能辦集。今修堰，除見在户依例差役，其逃亡之家合出夫數，宜令涇陽縣近限水利户添差一人，官日給米一升，併工修築。」中書省依所議行之。

涇渠，宋名豐利渠，移古白渠口上五十餘步。元至元中，立屯田府。大德八年，涇水暴漲，渠堰壞，屯田總管府夾谷伯顏帖木兒與涇源尹王琚疏導之。編荊作囤，貯之以石，復填以草，疊爲堰，歲時修築，未嘗廢圮。至大元年，王琚爲西臺御史，建言於豐利渠上移北二百餘步，更開石渠五十一丈，闊一丈，深五尺，方一尺爲一工，用十五萬三千工。自延祐元年興工，五年渠成，名爲御史渠。至正三年，御史宋秉元言：「渠積年坎取淤土，疊於岸，岸益高，送土不易，請開鹿巷以便夫役。」廷議從之。三十年，行省左丞相帖里帖木兒遣都事楊欽修治，凡溉田四萬五千餘頃。

古鄭渠，東北行，合治谷、清谷、濁谷諸水，逕富平、蒲城以注於洛白渠；東南行，循涇水，逕高陵、臨潼以注於渭。鄭渠湮已久，後世所謂白渠者，引水出中山口，亦非漢白渠之舊。元渠本宋之豐利渠，更移北二百餘步，愈非舊白渠矣。

【校勘記】

〔一〕「治河」，原作「治河」，據下文及《元史》卷六四志第十六《河渠一》改。

新元史卷之五十五　志第二十二

百官志一

世祖命劉秉忠、許衡定官制，以中書省管政事，樞密院管兵，御史臺司糾劾，又設行省、行臺，使内外均其輕重，以相維繫，立法之善，殆爲唐宋所不及。然上自中書省，下逮郡縣親民之吏，必以蒙古人爲之長，漢人、南人貳之。終元之世，奸臣恣睢於上，貪吏掊克於下，痛民蠹國，卒爲召亂之階。甚矣！王天下者，不可以有所私也。至一事而分數官，一官而置數員，秩位濫於遥授，事權隳於添設，率大德以後之所增益，不盡爲世祖舊制也。《元典章》之内外文武職品，與舊史互有異同，今亦附著下方，備參考云。

太師、太傅、太保爲三公。正一品。太祖十二年，以木華黎爲太師，後又以耶律秃花爲太傅。太宗時，耶律阿海爲太師，耶律秃花爲太傅，石抹明安爲太保，皆崇以位號，無專職。世祖至元元年，以劉秉忠爲太保。至成宗以後，始三公並建。《元典章》：太師府、太傅府、太保府參軍，俱正五品。又有太尉、大司徒、司徒，大司徒，秩從一品。餘品秩無考。至元十九年，罷司徒府。或置或不置；其置者，或開府或不開府。大德十一年，又置太子太師、少師、太傅、少傅、太保、少保，尋並罷。

中書省：中書令一員。太宗二年，立中書省，以耶律楚材爲中書令。自世祖以後，爲皇太子兼官。中統三年，以皇子燕王守中書令。至元十年，立燕王爲皇太子，仍兼中書令。大德十一年，以皇太子領中書令。延祐三年，以皇太子行中書令。至正十三年，命皇太子領中書令。

右丞相、左丞相各一員。正一品。《元典章》：中書左、右丞相均從一品，未詳何時改正一品。元初官制，中書令正一品，左、右丞相從一品。居令之次，令缺則總省事，佐天子理萬機。

平章政事四員。從一品。貳丞相，凡軍國重事，無不由之。

右丞、左丞各一員。正二品。副丞相裁成庶務，號左右轄。

參知政事二員。從二品。參決大政，其職亞於丞。

參議中書省事。正四品。典左右司文牘，爲六曹之管轄。

左司：郎中二員。正五品。員外郎二員。正六品。都事二員。正七品。掌吏、禮房之科有九，一曰南吏，二曰北吏，三曰帖黄，四曰保舉，五曰禮，六曰時政記，七曰封贈，八曰牌印，九曰好事。知除房之科有五，一曰次品，二曰常選，三曰臺院選，四曰見缺選，五曰别里哥選。户雜房之科有七，一曰定俸，二曰衣裝，三曰羊馬，四曰置計，五曰田土，六曰太府監，七曰會總科。糧房之科有六，一曰海運，二曰攢運，三曰邊遠，四曰賑濟，五曰事故，六曰軍匠。銀鈔房之科有二，一曰鈔法，二曰課程。應辦房之科有二。一曰飲膳，二曰草料。

右司：郎中二員，員外郎二員。都事二員。品秩同前。掌兵房之科有五，一曰邊關，二曰站赤，三曰鋪馬，四曰屯田，五曰牧地。刑房之科有六。一曰法令，二曰弭盜，三曰功賞，四曰禁治，五曰枉勘，六曰鬬訟。工房之科有六。一曰攢造軍器，二曰常課段匹，三曰歲賜，四曰營造，五曰應辦，六曰河道。

照磨一員，正八品。掌磨勘左右司錢穀出納、營繕料例，凡數計、簿籍之事，皆領之。

管勾一員，正八品。掌納四方文移，郵遞之程期，曹司之承受。

架閣庫管勾二員，正八品。掌皮藏省府帳籍案牘。

至正元年，吏、兵、刑分爲二庫，户、工分爲二庫，各設管勾一員。

又蒙古架閣庫管勾一員，回回架閣庫管勾一員。品秩同前。

太宗二年始置左、右丞相，以粘合重山、鎮海爲之。

世祖中統元年，立行中書省於燕京，置中書丞相一員，平章政事二員，參知政事一員。

二年，增置右丞相二員，左丞相二員，平章政事四員，右丞一員，左丞二員，參知政事二員。

三年，增左右丞爲四員。

至元二年，增置丞相五員，不分左右。四年，復省爲右丞相一員，左丞相一員。七年，立尚書省，中書省增置左丞相一員，平章政事以下如故；尚書省置平章政事一員，同平章事一員，參知政事三員。九年，罷尚書省，左丞相仍省爲一員，平章政事三員，左、右丞各一員，參知政事二員。二十三年，定省臺院部官，中書省除令外，左、右丞相各一員，平章政事二員，左右丞各一員，參知政事二員。二十四年，復立尚書省，置尚書平章政事二員，尚書右丞、左丞各一員，參知政事二員；中書省左、右丞缺不置。二十五年，尚書省置右丞相一員，中書省罷左丞相不置。二十八年，罷尚書省，專任一相，增中書平章政事爲五員，一員爲商議省事。三十年，又增平章政事一員，置右丞二員，一員爲商議省事。

元貞元年，改商議省事爲平章軍國重事。從一品。

大德三年，復置左丞相。七年，詔中書省設官，自左右丞相以下，平章二員，左右丞各一員，參知政事二員，定爲八府。

至大二年，再立尚書省，置尚書省左、右丞相各一員，平章政事三員，左、右丞各一員，參知政事二員。中書省增平章政事爲五員，右丞二員，左丞三員。四年，尚書省併入中書省，尚書省丞相以下諸官並罷。中書省左、右丞相爲四員，參知政事三員。

至順元年，定平章政事爲四員，右丞一員，左丞一員，參知政事二員。三年，以燕鐵木兒顓權，專任一相，不設左丞相。自後，左丞相或置或不置。

元統三年，命右丞相伯顏獨長臺司。

後至元五年，加右丞相伯顏爲大丞相。八年，命脱脱爲右丞相，復置左丞相。

至正七年，置議事平章四員。十二年，以賈魯爲添設左丞，悟良合台爲添設參知政事，又以杜秉彝爲添設參政，哈麻爲添設右丞。十四年，以吕思誠爲添設左丞。二十七年，以鑾子爲添設第三平章，帖里帖木兒爲添設左丞相。

參議中書省事，中統元年始置一員，至元二十二年累增至六員，大德元年省爲四員。其治曰參議府。左右司，中統元年置，後改給事中、中書舍人，校正等官。至元九年，仍設左右司，併爲一司。十五年，分置兩司。至大二年，併左右司爲一。四年，仍分置如舊制。

照磨，中統元年置二員，至元八年省爲一員。

管勾，中統元年置二員，至元三年省爲一員。

架閣庫管勾，至元三年始置二員，其後增置員數不一，至順初定爲二員。

斷事官。正三品。元初職任最重，以御位下及中宫、東宫諸王各投下怯薛丹等人爲之。中統元年，十六位下置三十一員。至元六年，十七位下置三十四員。七年，十八位下置三十五員。二十八年，分立兩省斷事官，隨省並置。二十九年，十八位下置三十六員，併入中書省。三十一年，復增二員。後定置，自御位下及諸王位下共四十一員。

經歷一員。從七品。

知事一員。從八品。

客省使。正五品。使四員，正五品。副使二員，正六品。掌直省舍人、宣使等選舉差遣之事。

檢校官四員，正七品。掌檢校左右司、六部公事程期、文牘稽失之事。至元九年，置客省使二員，一員兼通使，一員不兼。二十八年，置中書省檢校官二員，考覈户工部文案疏緩者。大德元年，增置使四員，副使二員，檢校官四員。至元七年，置直省舍人二員，後增置三十三員，掌給使差遣之役，無品級，與宣使等。至大二年，置尚書客省使、副各一員，尚書省罷，應與同罷。

詳定使司。正三品。使二員，正三品。副使二員，正四品。掌書記二員。正七品。掌詳定四方獻言，擇其善者以聞於上。至正十七年置，以中書官提調之。

吏部：尚書三員，正三品。侍郎二員，正四品。郎中二員，從五品。員外郎二員。從六品。掌官吏選授調補之政令，及勳封爵邑之制，考課殿最之法。中統三年，以吏、户、禮爲左三部，尚書二員，侍郎二員，郎中四員，員外郎六員。至元二年，吏禮自爲一部，尚書三員，侍郎仍二員，郎中仍四員，員外郎三員。三年，復爲左三部，吏部仍設考功郎中、員外郎〔一〕、主事，正七品。各一員。五年，又合爲吏禮部，尚書仍二員，侍郎、郎中、員外郎各一員。七年，始分六部，吏部尚書一員，侍郎一員，郎中二員，員外郎二員。八年，復爲吏禮部，尚書，侍郎、郎中各一員，員外郎二員。十三年，分置吏部，尚書增置七員，侍郎三員，郎中二員，員外郎四員。十九年，尚書減爲二員，侍郎一員，郎中一員，員外郎二員。二十一年，增尚書一員。案舊史本紀：二十一年，升六部尚書爲二品，未知何時復降三品。二十三年，定六部尚書、侍郎、郎中、員外郎各二員。二十八年，增尚書爲三員，主事三員。大德元年，增吏部尚書一員。至大二年，增郎中、員外郎、主事各一員。四年，罷增置之員，如舊制。後至元三年，考功郎中、員外郎、主事各設一員。至正元年，置司績一員。正七品。掌考察百官行止，以憑叙用。

户部：尚書三員，侍郎二員，郎中二員，員外郎三員。品秩同前。掌天下户口、錢糧、田土之政令，及貢賦之出納，金幣之轉通，府藏之委積。中統元年，以吏、户、禮爲左三部尚書。至元二年，分立户部，尚書三員，侍郎、郎中四員，員外郎三員。三年，復爲左三部。五年又分爲户部，尚書一員，侍郎、郎中各一員，員外郎二員。七年，增尚書一員，侍郎、郎中一員。十三年，又增尚書一員。十九年，郎中、員外郎俱增至四員。二十一年，省泉府司入户部。至元十六年，置泉府司。《元典章》：泉府大卿，從二品；泉府司富藏庫使，從七品。二十三年，六部尚書、侍郎、郎中、員外郎定以二員爲額。明年，以户部所掌繁劇，增尚書二員。大德五年，省尚書一員、員外郎一員，置主事八員，至大二年。增侍郎、員外郎各一員。四年，罷增置之員，如舊制。至正元年，設司計官四員，依至元二十八年例添設二員。正七品。其屬附見於後。《元典章》：户部尚書規措應昌運糧事，正三品。

都提舉萬億寶源庫，掌寶鈔、玉器。都提舉一員，正四品。提舉一員，正五品。同提舉一員，從五品。副提舉一員，從六品。知事一員，從八品。提控案牘一員。《元典章》寶源總庫有達魯花赤一員，從五品。至元二十五年，置分萬億庫爲四庫，曰寶源、廣源、綺源、賦源。

都提舉萬億廣源庫，掌香藥、紙劄等物。置官同上。提控案牘二員。

都提舉萬億綺源庫，掌諸色段匹。置官品秩同前，惟提舉增一員。提控案牘三員，後省二員。《元典章》：萬億儲支納一員，從七品。

都提舉萬億賦源庫，掌絲綿、布帛等物。置官品秩同前。提控案牘二員，後省一員。

四庫照磨兼架閣庫。管勾一員，從九品。至元二十八年置。

提舉富寧庫，掌萬億寶源庫出納金銀之事。提舉一員，從五品。同提舉一員，從六品。副提舉一員，從七品。至元二十七年置。

諸路寶鈔都提舉司，掌交鈔公事。達魯花赤一員，（正四品。）都提舉一員，（正四品。）副達魯花赤一員，（正五品。）提舉一員，（正五品。）同提舉一員，（從五品。）副提舉二員，（從六品。）知事一員，（從八品。）照磨一員。（從九品。）至元七年，（案舊紀：憲宗癸丑，立交鈔提舉司，與志不合。）立交鈔提舉司，（正五品。）至元八年罷。十三年，又置行户部於大名，掌印造交鈔。二十四年，改諸路寶鈔都提舉司，升正四品，增副達魯花赤、提控案牘各一員。後定置各員，又增提控案牘一員。

寶鈔總庫，達魯花赤一員，（從五品。）大使一員，（從五品。）副使三員。（正七品。）至元二十五年，改元寶庫爲寶鈔庫。（正六品。）二十六年，升從五品。（本紀：二十五年，升寶鈔總庫永盈庫爲從五品。未詳孰誤。永盈庫，二十六年罷，以所領幣帛入太府監及萬億庫，）增大使、副使諸員。

印造寶鈔庫，達魯花赤一員，（正七品。）大使一員，（從七品。）副使二員。（正八品。）中統四年，始置大使。（從八品。）至元二十四年，升從七品，增達魯花赤一員。後定置諸員。

燒鈔東、西二庫，達魯花赤各一員，（正八品。）大使各一員，（從八品。《元典章》作正八品。）副使各一員。（從九品。）至元元年，昏鈔庫始置監鈔昏鈔官，用正九品印。二十四年，分立燒鈔東、西二庫，置達魯花赤等員。（二十八年，罷大都燒鈔庫，各路昏鈔令行省官監燒。《元典章》：行省燒鈔庫大使，正九品。）

諸路寶泉都提舉司，至正十年置，其屬曰鼓鑄局，秩正七品。曰永利庫，秩從七品。掌鼓鑄銅錢、印造寶鈔。

行用六庫。中統元年，立中都行用庫，提領一員，從七品。大使一員，從八品。副使一員，從九品。《元典章》：大都平準十行用庫大使，從九品。至元二十四年，大都改置庫者三：曰光熙，曰文明，曰順承。二十六年，又置三庫：曰健德，曰和義，曰崇仁。皆因城門之名爲名。

大都宣課提舉司，掌諸色課程，並領京城各市，提舉二員，從五品。同提舉一員，從六品。副提舉一員，從七品。提控案牘一員。至元十九年，併大都舊城兩税務爲大都税課提舉。《元典章》：大都税課提舉，從五品，乃至大以前官制。至大元年，改宣課提舉司。其屬曰：

馬市豬羊市，提領一員，從七品。大使一員，從八品。副使一員，從九品。至元三十年置。

牛驢市、果木市。設官同前。

魚蟹市。大使一員，副使二員。至大元年置。

煤炭所。提領一員，從八品。大使一員，從九品。副使一員，至元二十二年置。

大都酒課提舉司，掌酒醋榷酤之事。提舉一員，從五品。同提舉二員，從六品。副提舉一員，從七品。提控案牘二員，至元八年置。廿八年，省同提舉一員、副提舉一員。《元典章》：鴛鴦泊倉糧酒務，從五品；泥河倉糧酒務大使，龍興酒務大使，俱從九品。

鈔紙坊。提領一員，正八品。大使一員，從八品。副使二員。從九品。中統四年置，用九品印，止設大使、副使各一員。至元二十七年，升正八品，增提領、副使各員。

印造鹽茶等引局。掌印造腹裏行省鹽、茶、礬、鐵等引，大使一員，從八品。副使一員，從九品。至元二十四年置。

京畿都漕運使司。秩正三品。運使二員，正三品。《元典章》：京畿都漕運使司達魯花赤，正三品。同知二員，正四品。副使二員，正五品。判官二員，正六品。經歷一員，正七品。知事一員，從八品。提控案牘兼照磨一員。正九品。掌凡漕運之事。中統元年，立軍儲所。至元二十七年，改儲峙提舉司爲軍儲所，乃別立一官，非中統元年所置者。四年，改漕運河渠司。舊紀：至元元年立漕運司，十五年罷，以其事隸行中書省。與志彼此互異，未詳孰誤。至元二年，改漕運司。十二年，改都漕運司。秩正五品。十九年，改京畿都漕運使司。秩正三品。二十四年，内外分立兩運司。京畿都漕運司之額如舊，止領京倉出納糧斛及新運糧提舉司攢運公事，省同知、判官、知事各一員。延祐六年，增同知、副使、判官各一員。後定置正官各二員，首領官四員。後至元二年，增提調官、運副、運判各一員。九年，增海道巡防官二員，經正七品印，相副官二員。

新運糧提舉司。秩正五品。達魯花赤一員，正五品。都提舉一員，正五品。同提舉二員，從六品。副提舉一員，從七品。吏目一員，管站車二百五十一輛。至元十六年置。延祐三年，改爲京畿運糧提舉司。

京師二十二倉：秩正七品。萬斯北倉，中統二年置。萬斯南倉，至元二十四年置。千斯倉，中統二年置。永平倉，至元十六年置。永濟倉，至元四年置。惟億倉，既盈倉，大有倉，並皇慶元年置。屢豐倉，積貯倉。並皇慶元年增置。以上十倉，各倉置監支納一員，正七品。大使二員，從七品。副使二員。正八品。豐穰倉，廣濟倉，並皇慶元年置。廣衍倉，至元二十九年置。大積倉，至元二十八年置。既積倉，盈衍倉，並至元二十六年置。相因倉，中統二年置。順濟倉。至元二十九年置。以上八倉，各置監支納一員，大使二員，副使二員。通濟倉，中統二年置。慶貯倉，至元四年置。豐實倉。置年缺。以上三倉，各置監支納一員，大使一員，副使一員。

通惠河運糧千户所。秩正五品。中千户一員，正五品。中副千户二員。正六品。至元三十一年置。

都漕運使司。秩正三品。運使二員，正三品。同知二員，正四品。副使二員，正五品。運判三員，正六品。經歷一員，從七品。知事一員，從八品。提控案牘二員，内一員兼照磨。正九品。掌御河上下至直沽、河西務、李二寺、通州等處漕運。至元二十四年，立置總司於河西務，置分司於臨清。其屬倉七十有五。

河西務十四倉：秩正七品。永備南倉，永備北倉，廣盈南倉，廣盈北倉，充溢倉。以上五倉，各置監支納一員，正六品。《元典章》：永備倉提點，從五品。大使二員，從六品。副使二員。正七品。崇墉倉，大盈倉，大京倉，大稔倉，足用倉，豐儲倉，豐積倉，恒足倉，既備倉。以上九倉，各置監支納一員，大使一員，副使一員。《元典章》：萬盈、廣積、永備、景運、平盈五倉，副使俱正七品。永盈倉副使，從七品。大有、忙安、廣盈、和糴、新城、豐州、廣盈，平地縣平濟，雲内州廣貯八倉，監支納俱正八品。大有，和糴、忙安、豐州、廣盈，雲内州廣貯，静州廣貯，新州廣盈，東勝州大盈，平地縣平濟十倉，大使俱正九品。豐儲倉大使，從九品。

通州十三倉：秩正七品。有年倉，富有倉，廣儲倉，盈止倉，及秭倉，迺積倉，樂歲倉，慶豐倉，延豐倉。以上九倉，各置監支納一員，大使二員，副使二員。足食倉，富儲倉，富衍倉，及衍倉。以上四倉，各置監支納一員。大使二員。副使一員。

河倉十七，用從七品印。館陶倉，舊縣倉，陵州倉，傅家池倉。以上四倉，各置監支納一員，從七品。大使一員，從八品。副使一員。秦家渡倉，尖塚西倉，尖塚東倉，長蘆倉，武强倉，夾馬營倉，上口倉，唐宋倉，唐村倉，安陵倉，四柳樹倉，淇門倉，伏恩倉。以上十三倉，各置監支納一員，從八品。大使一員，從九品。副使一員。

直沽廣通倉，秩正七品。大使一員。從七品。滎陽等綱凡三十，曰濟源、陵州、獻州，白馬、滏陽、完州、河内、南宫、沂莒，霸州、東明、獲嘉、鹽山、武强、膠水、東昌、武安、汝寧、修武、安陽、開封、儀封、蒲臺、鄒平、中牟、膠西、衛輝、浚州、曹濮州。每綱皆設押綱官二員，計六十員，秩正八品。每編船三十隻爲一綱。船九百餘隻，運糧三百餘萬石。

綱官以常選正八品爲之〔二二〕。

檀景等處採金鐵冶都提舉司。秩正四品。提舉一員，正四品。同提舉一員，正五品。副提舉一員，從六品。《元典章》作從七品。掌各冶採金煉鐵之榷稅。中統初，置景州提舉司，管景州、灤陽、新匠三冶。至元十四年，又置檀州提舉司，《元典章》：檀州採金都提舉司達魯花赤，正五品。管雙峰、暗峪、大峪、五峰等冶。大德五年，併爲檀景等處都提舉司。大德元年，罷順德、彰德、廣平等路五提舉司，立都提舉司二，升正四品，設官四員，直隸中書户部。衛輝路提舉司隸於廣平彰德都提舉司，真定鐵冶隸於順德都提舉司。事見本紀，舊志遺之。河東、山西、濟南、萊蕪等處鐵冶提舉司及益都淘金總管府，其設置省併均不可考。又至元十九年立鐵冶總管府，罷提舉司，是否由總管府改都提舉司，簡册無徵，不能臆斷矣。《元典章》宣德雲州等處、銀冶等場都提舉正四品，檀州採金都提舉司達魯花赤正五品，綦陽、彰德、濟南、高山、汴梁等處，太原、大同、徐邳州、景州、灤陽等處、順德等處、檀州等處、泰安州萊蕪等處、廣平等處、衛輝倉谷遼陽路安平山等處、易州紫荆關十七鐵冶提舉司提舉，俱從五品；以上同提舉，俱從六品。宣德雲州等處銀冶提舉司，提舉從六品。

大都河間等路都轉運鹽使司。秩正三品。使二員，正三品。同知一員，正四品。副使一員，正五品。運判二員，正六品。經歷一員，從七品。知事一員，從八品。照磨一員。從九品。掌榷辦場竈鹽貨。太宗二年，始立河間稅課所。六年，改鹽運司。十二年，改提舉鹽榷所。六皇后稱制二年，又改提舉滄清鹽課使所。定宗四年。又改提舉鹽榷滄清鹽使所。憲宗二年，改河間課程所爲提舉滄清深鹽使所。中統元年，改立宣撫司，提領滄清深鹽使所。四年，改爲轉運司。至元二年，以刑部侍郎右三部郎中兼滄清深鹽使司。尋改立河間都轉運鹽使司，又立滄清深三鹽司。十二年，改爲都轉運使司。十九年，以户部尚書行河間等路都轉運使司事。尋罷，立大都蘆臺、越支、三叉沽鹽使司。二十三年，改爲河間等路都轉運使司。二十五年，復立蘆臺、越支、三叉三鹽使司。二十七年。改令户部尚書行河間等路都轉運使司事。二十八年，改河間等路都轉運司。大德五年，併大都三鹽運司入河間。延祐六年，頒分司印。

鹽場二十二所，曰利國場、利民場、海豐場、阜民場、阜財場、益民場、潤國場、海阜場、海盈場、海潤場、嚴鎮場、富國場、興國場、厚財場、豐財場、三叉沽場、蘆臺場、越支場、石碑場、濟民場、惠民場。每場置司令一員，從七品。司丞一員。從八品。

山東東路都轉運鹽使司。使二員，同知一員，副使一員，運判一員，經歷一員，知事一員，照磨一員。太宗二年，立益都課税所。六年，改山東鹽運司。中統三年，命課税隸山東都轉運司。四年，詔以中書左右部兼諸路都轉運司。至元二年，改立山東轉運司。十二年，改山東都轉運使司。按舊紀：山東鹽課都轉運爲都轉運鹽使司在八年，改山東轉運使司爲都轉運使司兼濟南酒税醋課在二十五年，與志互異。《元典章》各處轉運鹽使司正四品，乃大德以前之官制。延祐五年，頒分司印，罷膠萊鹽司所屬各場。至元十九年，立山東濱樂安及膠萊莒密鹽使司。

鹽場十九所：永利場、寧海場、官臺場、豐國場、新鎮場、豐民場、富國場、高家港場、永阜場、利國場、固堤場、王家岡場、信陽場、濤洛場、石河場、海滄場、行村場、登寧場、西由場。各場設司令一員，司丞一員，管勾一員。

河東陝西等處都轉運鹽使司。使二員，同知一員，副使一員，運判二員，經歷一員，知事一員，照磨一員。太宗二年，立平陽府徵收税課所。中統二年，改置轉運司及提舉解鹽司。至元二年，罷運司，命赴制國用使司輸課，尋復置轉運司。二十二年，改立陝西都轉運司，兼辦諸色税課。二十九年，置鹽運司，專掌鹽課，解鹽司亦罷。延祐六年，更爲河東陝西等處都轉鹽運使司，案舊紀，改陝西鹽課都轉運司爲都轉鹽使司在至元八年，與志互異。直隸省部，頒分司印二。其屬：

解鹽場。管勾一員，正九品。同管勾一員。從九品。

河東等處解鹽管民提領所。正提領一員，從八品。副提領一員。從九品。

安邑等處解鹽管民提領所。正提領一員，副提領一員。二提領所，均延祐六年置。至元四年，立開元等路轉運司，其省罷年分未詳。《元典章》：廣東鹽課都提舉，正五品。

禮部：尚書三員，侍郎二員，郎中二員，員外郎二員。品秩同前。掌禮樂、祭祀、朝會、燕享、貢舉之政，及符印、簡册之制。中統元年，以吏、户、禮爲左三部尚書。至元二年，分立吏禮部，尚書三員，侍郎二員，郎中四員，員外郎四員。七年，别立禮部，尚書三員，侍郎一員，郎中二員，員外郎四員。明年，又合爲吏禮部。十三年，又别爲禮部。二十三年，定尚書、侍郎、郎中、員外郎各二員。元貞元年，復增尚書一員，會同館主事二員。至大二年，增侍郎、郎中各一員。其屬附見於後。

左三部照磨所。秩正八品。照磨一員，正八品。掌左三部錢穀計帳之事。

侍儀司。秩正三品。使四員，正三品。引進使知侍儀事二員，正四品。典簿一員。從七品。掌朝會、即位、册后、建儲、上尊號及外國朝覲之禮。至元八年，置左右侍儀奉御二員，禮部侍郎知侍儀事一員。引進使知侍儀事一員，左右侍儀使二員，左右直侍儀使二員。副使二員，僉事二員，引進副使，侍儀令、丞，奉班都知，《元典章》：侍儀司丞、奉班都知，俱正七品。尚衣局大使各一員。十二年，省左侍儀奉御，通曰左右侍儀，省引進副使及侍儀令、尚衣局等。十三年，併侍儀司入太常寺。二十年，復置。大德十一年，升秩正三品。至大二年，增典簿一員。延祐七年，定置侍儀使四員。《元典章》：左右侍儀副使，正六品。後又定置引進使、知侍儀事二員。屬官：承奉班都知一員，正七品。通事舍人十六員，從七品。侍儀舍人十四員。從七品。

法物庫。秩從五品。掌大禮法物。提點一員，從五品。大使一員，從六品。副使一員，從七品。直長二員。正八品。

拱衛直都指揮使司。正三品。達魯花赤一員，正三品。都指揮使四員，正三品。副指揮使二員，從三品。僉事二員，正四品。經歷一員，從七品。知事一員。從八品。掌控鶴六百餘户及儀衛之事。至元三年，立拱衛司，置都指揮使一員，副使一員，鈐轄一員，正六品。提控案牘一員。九年，升拱衛司爲拱衛直都指揮使司。舊紀：至元十七年，改拱衛司爲都指揮使，疑誤。十六年，升正三品，降虎符，增置達魯花赤，隸宣徽院。十九年，降正四品。仍收其虎符。二十五年，改隸禮部。元貞元年，復升正三品。案舊紀：至元五年，隸宣徽院。九年，升拱衛司爲拱衛直都指揮使司。大德九年，升正三品。俱與志互異。皇慶元年，置經歷一員。二年，改鈐轄爲僉事。至順元年，撥隸侍正府，定置諸員。其屬：

控鶴百户所。秩正七品。色目百户十三員，漢百户十三員，總十三所。

儀從庫。秩從七品。掌收儀仗。大使一員，從七品。副使一員。從八品。

儀鳳司。秩從三品。大使五員，從三品。副使四員，從四品。《元典章》作正五品。經歷一員，從七品。知事一員。從八品。掌供奉祭饗之樂工。中統元年，立仙音院，復改爲玉宸院。置樂長，正四品。樂副，正五品。樂判，正六品。各一員。八年，改隸宣徽院。二十年，改儀鳳司，仍隸宣徽院。置大使、副使各一員，判官三員。按舊紀：二十一年，以儀鳳司隸衛尉院，志不載。二十五年，改隸禮部，省判官。三十一年，置達魯花赤一員，副使一員。大德十一年，升玉宸樂院。秩從三品。置院使、副使、僉事、同僉、院判。至大四年，復爲儀鳳司。秩正三品。延祐七年，降從三品，改儀鳳卿爲儀鳳大使，定置諸員。其屬：

雲和署。秩從五品。署令二員，署丞二員，管勾二員，協音一員，協律一員。掌樂工調音律及部籍更番之事。至元十二年置。秩正七品。按舊紀：二十三年，省入教坊司，不知何時復置。至大二年，撥隸玉宸樂院。皇慶元年，升從六品。二年，升從五品。署令以下品秩，舊志缺。置令當爲從五品，丞從七品。管勾從八品。《元典章》僅載安和署令從七品，丞從八品，當是皇慶以前之官制。皇慶二年，令、丞皆升秩矣。

安和署。秩從七品。署令二員，從七品。署丞二員，從八品。管勾二員，協音一員，協律一員。至元十三年置。秩正七品。二十五年罷。二十七年，復置。皇慶二年，升從五品。

常和署。秩正六品。管回回樂工。皇慶元年，置管勾司。秩正七品。延祐三年，改常和署。署令一員，署丞二員，管勾二員。

天樂署。秩從五品。管河西樂工。至元十七年，置昭和署。從六品。大德十一年，升正六品。至大四年。改天樂署。皇慶元年，升從五品。署令二員，署丞二員，管勾二員，協音一員，協律一員。

廣樂庫。秩從九品。掌樂器。皇慶元年，置大使一員，副使一員。

教坊司。秩正四品。達魯花赤一員，正四品。大使三員，正四品。副使四員，正五品。知事一員，從八品。《元典章》：教坊司判，從八品；管勾，從九品。掌承應樂人及管領興和等署五百户，中統二年置。秩從五品。五年，隸宣徽院。至元十二年，升正五品。十六年，併入拱衛司，後復置。十七年，改提點教坊司。秩正四品。二十五年，改隸禮部。大德八年，升正三品。延祐元年，改提點教坊司事爲大使。七年，復降正四品。其屬：

興和署。秩從六品。署令二員，署丞二員，管勾二員。

祥和署。至大四年，增置官屬。同。

廣樂庫。秩從九品。大使一員，副使一員。

會同館。秩從四品。禮部尚書領會同館事一員，正三品。大使二員，從四品。副使二員，從六品。提控案牘一員。掌引見諸番蠻夷峒官之來朝者，至元九年置。二十五年，罷爲四賓庫。二十九年，改四賓庫復爲會同館。元貞元年，以禮部尚書領館事，遂爲定制。其屬：

收支諸物庫。從九品。大使一員，副使一員。至元二十九年，以四賓庫改置。

鑄印局。秩正八品。掌凡刻印、銷印之事。大使一員，副使一員，直長一員。至元五年置白紙坊，秩從八品。掌造詔旨、宣敕紙劄。大使一員，從八品；副使一員。至元九年，置掌薪司。秩正七品。司令一員，正七品；司丞二員，正八品。大德八年置。

兵部：尚書三員，侍郎二員，郎中二員，員外郎二員。品秩同前。掌郡邑、郵傳、屯牧之政，凡兵站、屯田之籍，官私芻牧之場，及遠人之歸化者，悉以任之。中統元年，以兵、刑、工爲右三部，置尚書二員，侍郎二員，郎中五員，員外郎五員。至元元年，兵刑自爲一部，尚書四員，侍郎三員，郎中五員，員外郎五員。三年，併爲右三部。五年，復析爲兵刑部，尚書二員，省侍郎二員，郎中如故，員外郎一員。七年，分六部，刑部尚書一員，侍郎一員。郎中、員外郎各一員。明年，又合爲兵刑部。十三年，復析爲兵部。二十三年，定尚書、侍郎、郎中、員外郎以二員爲額。至大四年，罷通政院，以其事歸兵部，增尚書一員、員外郎一員。十一月，又增置侍郎、郎中各一員。其屬附見於後。

陸運提舉司。秩從五品。提舉二員，從五品。副提舉一員，從七品。吏目一員。掌兩都陸運糧斛之事。至元十六年，置運糧提舉司。《元典章》：新舊運糧提舉司，俱從五品。延祐四年，改今名。海王莊、魏家莊、七里莊、臈八莊四所，各設提領一員，用從九品印。

管領隨路打捕鷹房民匠總管府。秩從三品。達魯花赤一員，從三品。總管一員，從三品。副總管二員，正四品。經歷、從七品。知事從八品。各一員，提控案牘一員。初，太祖以隨路打捕鷹房民户七千餘户撥隸旭烈兀大王位下，中統二年置總管府，至元十二年阿八合大王奏歸朝廷，隸兵部。

管領本投下大都等路打捕鷹房諸色人匠都總管府。秩正三品。達魯花赤一員，正三品。總管一員，正三品。同知一員，正五品。副總管一員，從五品。知事一員，從八品。提控案牘一員。掌哈贊大王位下事。大德八年，置官吏皆王選用。至大四年，省併衙門，以哈兒班答大王別無官屬，存總管府不廢。其屬：

東局織染提舉司。秩從五品。達魯花赤一員，從五品。提舉一員，從五品。副達魯花赤一員，從七品。副提舉一員，從七品。提控案牘一員。

隨路諸色民匠打捕鷹房等户都總管府。秩正三品。達魯花赤一員，正三品。總管一員，正三品。同知一員，正五品。經歷一員，知事一員，提控案牘兼照磨一員，掌別吉大營盤事及管領大都路打捕鷹房等户，至元三十年置。秩從三品。延祐四年，升正三品。

管領本位下打捕鷹房民匠等户都總管府。秩正三品。達魯花赤一員，總管一員，副達魯花赤一員，同知一員，副總管一員，判官一員，從六品。經歷一員，知事一員，提控案牘兼照磨一員，掌別吉大營盤城池阿哈探馬兒一應差發、薛徹干定王位下事。泰定元年置。

刑部：尚書三員，侍郎二員，郎中二員，員外郎二員。品秩同前。掌刑名法律，凡大辟之按覆，繫囚之詳讞，孥收產没之籍，捕獲功賞之格，悉以任之。中統元年，以兵、刑、工爲右三部，別置郎中、員外郎各一員，專署刑部。至元二年，析置兵刑部，尚書四員，侍郎二員，郎中四員，員外郎五員。三年，復爲右三部。七年，始置刑部，尚書一員，侍郎一員，郎中一員，員外郎二員。八年，改爲兵刑部。十三年，又爲刑部。二十三年，定六部尚書、侍郎，郎中、員外郎各二員。大德四年〔三〕，增尚書一員。主事三員。至正十二年，增尚書侍郎、郎中、員外郎各一員。其屬：

司獄司。司獄一員，正八品。獄丞二員。正九品。初，以右三部照磨兼管刑部獄。大德七年，始置專官。

司籍所。提領一員，同提領一員。至元二十年，改大都等路斷沒提領所爲司籍所，隸刑部。

工部：尚書三員，侍郎二員，郎中二員，員外郎二員。品秩同前。掌百工之政，凡營造之程式，材物之給受，銓注局院司匠之官，悉以任之。中統元年，置右三部，尚書、郎中五員，員外郎五員，内二員專置工部事。至元二年，分立工部，尚書四員，侍郎三員，郎中四員，員外郎五員。三年，復爲右三部。七年，始置工部，尚書二員，侍郎二員，郎中三員，員外郎五員。二十三年，定工部尚書、侍郎、郎中、員外郎各二員。明年，又增尚書二員。二十八年，省尚書一員，增主事五員，置司程官四員。正七品。其屬附見於後。

右三部照磨一員。從七品。

左右部架閣庫。秩正八品。管勾二員，正八品。掌六部文卷簿籍架閣之事。中統元年，左右部各置。二十三年，併爲左右部架閣庫。

諸色人匠總管府。秩正三品。達魯花赤一員，正三品。總管一員，正三品。同知二員，正五品。副總管二員，從五品。經歷一員，從七品。知事一員，從八品。《元典章》：諸色人匠總管府，照磨兼管勾承發架閣，正九品。提控案牘一員。掌百工之技藝。至元十二年，置總管、同知、副總管各一員。十六年，置達魯花赤一員，增同知、副總管各一員。二十八年，省同知。三十年，省副總管。後定置諸員，其屬：

梵像提舉司。秩從五品。提舉一員，從五品。《元典章》：工部大倉提舉，從五品。同提舉一員，從六品。吏目一員。掌繪佛像及土木刻削之工。至元十二年，置梵像局。從七品。延祐三年，升提舉司。

出蠟局提舉司。秩從五品。提舉一員，同提舉一員，副提舉一員，從七品。吏目一員。掌出蠟鑄造之工。至元十二年，置局。從七品。延祐三年，升提舉司。

鑄瀉等銅局。秩從七品。大使一員，從七品。副使一員。從八品。掌鑄瀉之工。至元十年，置官三員。二十八年，省管勾一員。

銀局。秩從七品。大使一員，從七品。直長一員。正八品。掌金銀之工。至元十二年置。

鑌鐵局。秩從七品。大使一員。掌鏤鐵之工。至元十二年置。

瑪瑙玉局。秩從八品。直長一員。從八品。掌琢磨之工。至元十二年置。

石局。秩從七品。大使一員，管勾一員。掌攻石之工。至元十二年置。

木局。秩從七品。大使一員，直長一員。掌攻木之工。至元十二年置。

油漆局。副使一員，用從七品印。掌髹漆之工。至元十二年置。《元典章》：怯憐口皮局、貂鼠局、羊山瑪瑙局提舉，俱從五品。

諸物庫。提領一員，從七品。副使一員。從八品。掌諸物之出納。至元十二年置。

管領隨路人匠都提領所。提領一員，從七品。大使一員，從七品。俱受省檄掌工匠之詞訟。至元十二年置。

諸司局人匠總管府。秩正三品。達魯花赤一員，總管一員，副達魯花赤一員，同知一員，副總管一員，經歷一員，知事一員，提控案牘一員。掌兩都金銀器皿及符牌等十四局事。至元十四年置。二十四年，以八局隸工部及金玉府，止領五局、一庫，掌氈毯等事。《元典章》：儀鸞器物、金絲子、犀象牙、木，大都金銀器皿局大使，俱從五品。上都諸色人匠金銀器皿，宣德等處打碼磁，保定、雲南、南宮三織染局提舉，俱正六品。其屬：

收支庫。秩正九品。大使一員。掌出納之事。

大都氈局。秩正七品。大使、正七品。副使正九品。各一員。管人匠一百二十五户。

大都染局。秩正九品。大使一員。管人匠六十三户。

上都氈局。秩正七品。大使、副使各一員，管人匠九十七户。

隆興氈局。大使、副使各一員。管人匠一百户。

剪毛花毯臘布局。大使、副使各一員。管人匠一百十八户。

提舉右八作司。秩正六品。提舉一員。同提舉一員，副提舉一員，吏目一員。掌出納内府漆器、紅瓮、捎隻等，並都城局院造作鑌鐵、銅、鋼、鍮石，東南簡鐵，兩都支持皮毛、雜色羊毛、生熟斜皮，馬牛等皮，鬃尾、雜行沙里陀等物。中統元年，置提領八作司。秩正九品。至元二十五年，改提舉八作司，升正六品。二十九年，分左右兩司。大德二年，以八作司舊制八員，令分左右二司，減去二員。上都八作提舉司注品秩與大都八作司同。據此知左右八作司直隸大都留守司，不應隸上都也。

提舉左八作司。秩正六品。置官同上。掌出納内府氈貨、柳器等物。《元典章》：諸路金玉人匠總管府達魯花赤、總管，俱正三品；副達魯花赤、副總管，俱正四品；同知，正五品。

諸路雜造總管府。秩正三品。達魯花赤一員，總管一員。同知一員，副總管一員，知事一員，提控案牘一員。至元元年，改提領所爲提舉司。十四年，又改工部尚書行諸路雜造局總管府。其屬：

簾綱局。大使、副使各一員。受省劄。至元元年置。

收支庫。大使、副使各一員。至元三十年置。

茶迭兒局總管府。秩正三品。達魯花赤一員，總管一員，同知一員，知事一員，提控案牘一員。掌諸色人匠造作等事。憲宗置。至元十六年，設總管一員。二十七年，設同知一員後定置諸員，其屬諸司局。用從七品印。提領一員，相副官二員。中統三年置。

收支庫。提領一員，大使、副使各一員。掌造作出納之物。

大都人匠總管府。秩從三品。達魯花赤一員，總管一員，同知一員，經歷一員，提控案牘一員。至元六年置。其屬：

繡局。用從七品印，大使、副使各一員。掌繡造段匹。

紋錦總院。提領一員，大使、副使各一員。掌織造段匹。

涿州羅局。提領一員，大使一員。掌織造紗羅段匹。

尚方庫。提領一員，大使、副使各一員。掌出納絲金顔料等物。《元典章》：異樣、文錦兩局，鈔局，羅綾錦織染兩局，提舉俱從五品。

隨路諸色民匠都總管府。秩正三品。達魯花赤一員，總管一員，同知一員，副總管一員，經歷一員，知事一員，提控案牘一員，照磨一員。掌仁宗潛邸諸色人匠。延祐六年，撥隸崇祥院，後又屬將作院。至順三年，改隸工部。其屬：

織染人匠提舉司。秩從七品。達魯花赤一員，從五品。提舉一員，從五品。同提舉、從六品。副提舉從六品。各一員，吏目一員。至大二年置。

雜造人匠提舉司。秩從七品。置官同上。

大都諸色人匠提舉司。秩從五品。達魯花赤一員，提舉一員，同提舉、副提舉各一員，吏目一員。

大都等處織染提舉司。秩從五品。達魯花赤一員，提舉一員，副提舉一員，吏目一員。

管阿難答王位下人匠一千三百九十八户。

收支諸物庫。秩從七品。提領一員。大使、副使各一員。

提舉都城所。秩從五品。《元典章》：都城所有達魯花赤一員，從五品。提舉二員，從五品。同提舉、從六品。副提舉從七品。各二員，照磨一員，吏目一員。掌修繕都城内外倉庫等事。至元三年置。其屬：

左右廂。官四員，用從九品印。至元十三年置。

受給庫。秩正八品。提領一員，大使、副使各一員。掌京城内外營造木石等事。至元十三年置。

符牌局。秩正八品。大使一員，正七品。副使一員，正八品。直長一員。掌造虎符等。至元十七年置。

旋匠提舉司。秩從五品。提舉一員，從五品。副提舉一員。從七品。至元九年置。

撒答剌欺提舉司。秩正七品。提舉一員，從七品。副提舉一員，正八品。提控案牘一員。初爲組練人匠提舉司。至元二十四年，以札馬剌丁率匠人成造撒答剌欺與絲紬，同局造作，改爲撒答剌欺提舉司。

別失八里局。秩從七品。大使一員，秩從七品。副使一員。從八品。掌織造御用領袖納失失等段。至元十三年置。

忽丹八里局。大使一員。給從七品印。至元三年置。

平則門窰場。提領一員，大使、副使各一員。給從六品印。至元十三年置。

光熙門窰場。提領一員，大使、副使各一員。給從八品印。至元二十五年置。

大都皮貨所。提領一員，大使、副使各一員。用從九品印。至元二十九年置。

通州皮貨所。提領一員，大使、副使各一員。用從九品印。延祐六年置。

晉寧路織染提舉司。秩正六品。提舉一員，正六品。照略案牘一員。其屬：

提領所一，係官織染人匠局一，雲内人匠東西局二，本路人匠局一。河中府、襄陵、翼城、潞州、隰州、澤州、雲州等局七。每局設提領、從七品。副提領從八品。各一員，雲州、澤州止設提領一員。

冀寧路織染提舉司。秩正六品。提舉一員，正六品。同提舉、正七品。副提舉各一員，照略案牘一員。

真定路織染提舉司。品秩置官同上。其屬：

開除局。大使、副使各一員，照略案牘一員。

真定路紗羅兼雜造局。大使一員，從七品。副使一員。從八品。

南宫、中山織染提舉司。各設提舉、同提舉、副提舉一員，照略案牘一員。

中山劉元帥局。大使一員，從七品。副使一員。從八品。

中山察魯局，大使一員，副使一員。

深州織染局。大使一員，副使一員，照略案牘一員。

深州趙良局。大使一員，副使一員。

弘州人匠提舉司。提舉一員，同提舉，副提舉各一員，照略案牘一員。《元典章》：弘州尋麻林人匠提舉司，同提舉正七品。

納失失〔四〕、毛段二局。院長一員。按：納失失、毛子旋二局，《元典章》均有大使、副使，與舊志不同。

雲内州織染局。大使一員，副使一員，照略案牘一員。

大同織染局。大使一員，副使一員，照略案牘一員。

朔州毛子局。大使一員。

恩州織染局。大使、副使各一員，照略案牘一員。

恩州東昌局。提領一員。

保定織染提舉司。提舉一員，同提舉、副提舉各一員，照略案牘一員。

大名人匠提舉司。提舉一員，同提舉、副提舉各一員，照略案牘一員。《元典章》：大名織染局提舉司達魯花赤，正六品。

永平路紋綿等局提舉司。提舉一員，同提舉、副提舉各一員，照略案牘一員。

大寧路織染局。大使一員，副使一員，照略案牘一員。

雲州織染提舉司。提舉一員，同提舉、副提舉各一員，照略案牘一員。

順德路織染局。大使、副使各一員，照略案牘一員。

彰德路織染人匠局。大使一員，副使一員，照略案牘一員。

懷慶路織染局。大使、副使各一員，照略案牘一員。

宣德府織染提舉司。提舉一員，同提舉、副提舉各一員，照略案牘一員。

東聖州織染局。院長一員，局副一員。

宣德八魯局。提領一員，副使一員。

東平路疃局。直長一員。

興和路尋麻林人匠提舉司。提舉一員，同提舉、副提舉各一員，照略案牘一員。

陽城天城織染局。提領一員，副使一員，照略案牘一員。

巡河提領所。提領二員，副提領一員。《元典章》：綾錦紋繡、大同織染、弘州錦院、瑪瑙、朔州毛子鑌鐵、雲内州織染、唐像、出臘、石局、銅局、大都氈局，别失八里人匠、彰德熟皮甸皮人匠、銀局、塑局，大都染局，中山真定雜造等，麻納失失、縉山毛子旋正局，各局大使三百户下，一百户上，俱從七品。織染局、紋繡局，將作院、簾綾錦雜造别失八里人匠、平陽係官雜造、尋麻林納失失、弘州錦院、上和大都中山真定鐵局、懷孟深州大名路恩州織染局，各局副使俱從八品。上都氈、出臘、彰德人匠、大同織染、順德織染、浮梁磁、唐像各局，副使俱正九品。

中書分省。至正十一年，置中書分省於濟寧，以松壽爲參知政事。十二年，中書右丞玉樞虎兒吐華等開分省於彰德。十四年，升濟寧分省參政爲平章政事。是後，嘗置右丞。十五年，彰德分省增左右丞二員。十七年，以平章答蘭等分省陵州，平章臧卜分省冀寧。二十三年，罷冀寧分省。二十七年，以添設平章蠻子分省保定，左丞相也速分省山東，沙藍答里仍中書左丞相分省大同。又置分省於冀寧、真定二處。

行中書省。秩從一品。國初，有征伐之事，皆稱行省，未有定制。至元元年，始分立行中書省，皆以省官出領其事。其後嫌於外重，改爲行中書省。凡軍國重事，無不領之，與都省相爲表裏。至元二十四年，改行尚書省，尋如舊。至大二年，又改行尚書省。二年，復如舊。凡十省，每省丞相一員，從一品。平章二員。從一品。右丞一員，左丞一員。俱正二品。參知政事二員，從二品。甘肅、嶺北二省各減一員。郎中二員，從五品。員外郎二員，從六品。都事二員。從七品。舊制：參知政事之下，有僉省、同僉。大德九年，罷，不置。丞相或置或不置。以慎於擇人，故往往缺焉。其屬：

檢校所。檢校一員。正七品。

照磨所。照磨一員。從八品。

架閣庫。管勾一員。正八品。

理問所。理問二員。正四品。副理問二員，從五品。知事一員，提控案牘一員。

都鎮撫司。都鎮撫一員，副都鎮撫一員。

河南江北等處行中書省。至元五年，詔參政阿里僉行省事於河南等路，立省。二十八年，以河南江北係要衝之地，宜於汴梁立省，以控治之，遂移行省於汴梁路。

江浙等處行中書省。至元十三年，置江淮行省，治揚州。二十一年，遷於杭州。二十二年，割江北諸路隸河南，改江浙行省。

江西等處行中書省。至元十四年置。十五年，併入福建行省。十七年，仍置省於龍興府，福建自爲行省。二十年，併泉州行省入福建，治泉州。二十二年，併福建於江西。二十三年，又以福建併入江浙。

湖廣等處行中書省。至元十一年，伯顔伐宋，行中書省事於襄陽。尋以别將分省鄂州。爲荆湖等路行中書省。十三年，徙治潭州。十八年，復徙鄂州。

陝西等處行中書省。中統元年，以商挺領秦蜀五路四川行省事。三年。改立陝西四川行中書省，治京兆。至元三年，移利州。十七年。復還京兆。十八年，分省四川。二十一年，仍合爲陝西四川行省。二十三年，四川置行省，本省所轄惟陝西諸路。

四川等處行中書省。至元三年置，治成都。十年罷，二十三年復置。

遼陽等處行中書省。至元二十四年置，治遼陽路。

甘肅等處行中書省。中統二年，立行省於中興。十年罷，十八年復立，二十二年復罷。二十三年，置甘肅行省於甘州。三十一年，分省按治寧夏，尋併之。

嶺北等處行中書省〔五〕。大德十一年，置和林等處行中書省。皇慶元年，改嶺北行省，治和寧路。

雲南等處行中書省。至元十一年置，治中慶路。

征東等處行中書省。至元二十年，命高麗王置省，典征日本軍事，師還而罷。大德三年，復置。既而王言其不便，罷之。至治元年，復置。以高麗王領行省丞相，得奏選屬官，治瀋陽府。

淮南江北等處行中書省。至正十二年置，治揚州，設平章二員，右丞、左丞各一員，參知政事二員，及首領屬官共二十五員。平章一員兼提調淮南王府事。至正中置行省凡六，其設置惟淮南江北一省可考，餘並無徵。

福建等處行中書省。至正十六年置，治福州。十八年，右丞朵歹分省建寧，參政訥都赤分省泉州。二十八年，又置福建江西等處行中書省，山東行中書省。至正十七年，置廣西行中書省。至正二十三年，置膠東行省。二十三年置，治萊陽。

【校勘記】

〔一〕「員外郎」，「郎」字原脱，據《元史》卷三九本紀第三十九《順帝二》補。

〔二〕「常」，原作「掌」，據《元史》卷八五志第三十五《百官一》改。

〔三〕「大德四年」，「年」原作「員」，據上下文意改。

〔四〕「納失失」，原作「納納失」，據下注文改。

〔五〕「行中書省」，「行」原作「置」，據《元史》卷九一志第四十一《百官七》改。

新元史卷之五十六　志第二十三

百官志二

樞密院。秩從一品。掌兵事之機密及宮禁宿衛、軍官選授簡閱之政令。知院六員，從一品。同知四員，正二品。副使二員，從二品。僉院二員，正三品。同僉二員，正四品。院判二員，正五品。參議二員，正五品。經歷二員，從五品。都事四員，正七品。承發兼照磨二員，正八品。架閣庫管勾一員，正九品。同管勾一員。從九品。中統四年，置樞密副使二員，僉書院事一員。至元七年，置同知院事一員，院判一員。二十三年，定臺、省、部、院官，樞密院除樞密院使外，同知樞密院事一員，副使、僉樞密院事各一員，院判一員。二十八年，置知院一員，增院判一員，又以中書平章商量院事。大德十年，增知院二員，同知五員，副使五員，僉院五員，同僉三員，院判二員。至大三年，增知院至七員，同知二員，副使二員，僉院二員，同僉一員，院判二員，罷議事平章。延祐四年，以分鎮北邊，增知院一員。五年，增同知一員。後定置諸員如上。至正七年，置議事平章二員。十五年，添置僉院一員、院判一員。

客省使。秩從五品。大使二員，從五品。副使二員。從六品。掌選舉差遣之事。至元十四年，置大使一員。十六年，增一員。二十一年，置副使一員。延祐五年，增一員。天曆元年，又增一員。尋定置大使、副使各二員。

斷事官。秩正三品。掌決軍府之獄訟。至元元年，置斷事官二員，尋省。八年，復置，增二員。十九年，又增一員。二十年，又增二員。大德十一年，又增四員。後定置斷事官八員、經歷一員。從七品。《元典章》：樞密院斷事官知事，從八品。

右衛。秩正三品。掌宿衛扈從兼屯田。都指揮使三員，正三品。副使二員，從三品。僉事二員，正四品。經歷二員，從七品。知事二員，照磨一員。俱從八品。中統三年，置武衛。至元元年，改爲侍衛親軍，分左右翼，置都指揮使。八年，改爲左、右、中三衛。二十年，增都指揮使一員，副使一員。二十一年，置僉事二員。大德十一年，增都指揮使二員，副使一員。至大元年，增都指揮使三員，副使一員。四年，省都指揮使五員，副使二員。後定置諸員如上。《元典章》：各衛奧魯官從五品，副官正六品。其屬：

鎮撫所。鎮撫二員。正五品。

行軍千户所十。秩正五品。達魯花赤十員，正五品。副達魯花赤十員，從五品。千户十員，正五品。副千户十員，從五品。彈壓二十員，正八品。百户二百員，正七品。知事一員。從八品。

弩軍千户所一。達魯花赤一員，千户一員，彈壓二員，百户十員。

屯田左右千户所二。達魯花赤二員，千户二員，彈壓二員，百户四十員，教官二，無品級。蒙古字教授一員，儒學教授一員。掌屯衛行伍。耕戰之暇，使學習國文，通曉書記。初由樞府選舉，後歸吏部。

左衛。品秩同前。都指揮使二員，副使二員，僉事二員，經歷二員，知事二員，照磨一員。至元八年，置副指揮使一員。十六年，增副都指揮使一員。二十年，置僉事一員。二十二年，增僉事一員。二十四年，增都指揮使、副都指揮使一員。大德十一年，增都指揮使五員，副使二員，僉事二員。至大四年，省都指揮使六員，副都指揮使二員。後定置諸員。其屬：

鎮撫所。鎮撫二員。

行軍千户所十。達魯花赤十員，千户十員，副千户十員，彈壓二十員，百户二百員，知事十員。

弩軍千户所一。達魯花赤一員，千户一員，彈壓二員，百户十員。

屯田左右千户所二。達魯花赤一員，千户二員，彈壓二員，百户四十員，教官二，蒙古字教授一員，儒學教授一員。

中衛。品秩同前。都指揮使三員，副都指揮使二員，僉事二員，經歷二員，知事二員，承發架閣照磨一員。至元八年，置都指揮使一員，副都指揮使一員。二十年，增副使一員。二十一年，置僉事二員。二十三年，增都指揮使一員。大德十一年，增都指揮使二員，副使三員。至大元年，增都指揮使三員。後定置諸員如上。其屬：

鎮撫所。鎮撫二員。

行軍千户所十。達魯花赤十員，副達魯花赤十員，千户十員，彈壓二員，百户二百員，知事十員。

弩軍千户一。達魯花赤一員，千户一員，彈壓二員，百户十員。

屯田左右千户所二。達魯花赤二員，千户二員，彈壓二員，百户四十員，教官二，蒙古字教授一員，儒學教授一員。

前衛。品秩同前。都指揮使三員，副使二員。僉事二員，經歷一員，知事二員，承發架閣照磨一員。至元十六年，以侍衛親軍置前、後二衛。是年，置都指揮使一員，副都指揮使二員。十八年，增都指揮使二員。二十年，置僉事一員。大德十一年，增都指揮使五員，副使一員，僉事三員。至大四年，省都指揮使五員，副使一員，僉事三員。後定置諸員如上。其屬：

鎮撫所。鎮撫二員。

行軍千户所十。達魯花赤十員，副達魯花赤十員，千户十員，副千户十員，彈壓二十員，百户二百員。

弩軍千户一。達魯花赤一員，千户一員，彈壓二員，百户十員。

屯田千户所二。達魯花赤二員，千户二員，彈壓二員，百户四十員。

門尉二。正六品。平則門尉一員，順承門尉一員。教官二，蒙古字教授一員，儒學教授一員。

後衛。品秩同前。都指揮使三員，副都指揮使二員，僉事二員，經歷二員，知事一員，照磨一員。至元十六年，置都指揮使二員，副使二員。後又增副使一員。十八年，增都指揮使二員。二十年，置僉事二員。大德十一年，增都指揮使五員，副使一員，僉事二員。至大四年，省都指揮使五員，副使二員，僉事二員。後定置諸員如上。其屬：

鎮撫所。鎮撫二員。

行軍千户所十。達魯花赤十員，副達魯花赤十員，千户十員，副千户十員。彈壓二十員，百户百二員。

弩軍千户所一。達魯花赤一員，千户一員，彈壓二員，百户十員。

屯田千户所一。達魯花赤一員，千户一員，彈壓二員，百户四十員，教官二，蒙古字教授一員，儒學教授一員。

武衛親軍都指揮使司。秩正三品。掌修治城隍及京師内外工役，兼大都屯田。達魯花赤一員，正三品。都指揮使三員〔一〕，副使二員，僉事二員，經歷二員，知事二員，照磨一員。至元二十六年，樞密院官暗伯奏：以六衛六千人，塔剌海、孛可所鎮大都屯田三千人，近路迤南萬户府一千人，總一萬人，立武衛，設官五員。按：中統二年有武衛親軍都指揮使，似非至元時始置此官。二十五年，改虎賁司爲武衛司，又似别爲一官。均無從考訂。元貞、大德間，累增都指揮使四員。至大三年，省都指揮使四員，副都指揮使一員。後定置諸員如上。其屬：

鎮撫所。鎮撫二員。

行軍千户所七。達魯花赤七員，副達魯花赤七員，千户七員，副千户七員，百户一百四十員，彈壓一十四員。

屯田千户所六。達魯花赤六員，千户六員，百户六十員，彈壓六員。教官二，蒙古字教授一員，儒學教授一員。

隆鎮衛親軍都指揮司。品秩同前。掌屯軍徼巡盜賊於居庸關南、北口。都指揮使三員，副使二員，僉事二員，經歷二員，知事二員，承發兼照磨一員。睿宗在潛邸，立南、北口屯軍徼巡盜賊，各設千户所。至元二十五年，以南、北口上千户領之。至大四年，升萬户府，分欽察、唐兀、貴赤、西域、左右阿速諸衛軍三千人并南北口、太和嶺舊隘漢軍六百九十三人屯駐東西四十三處，置隆鎮上萬户府以領之。皇慶元年，升萬户府爲隆鎮衛。置都指揮使三員，副使二員，僉事二員。延祐二年，又以哈兒魯軍千户所併隸之。四年，置色目經歷一員。至治二年，置愛馬知事一員。後定置諸員如上。其屬：

鎮撫所。鎮撫二員。

北口千户所。秩正五品。達魯花赤一員，正五品。千户一員，正五品。百户七員。從六品。

南口千户所。達魯花赤一員，千户一員，百户一員，彈壓一員。

白羊口千户所。達魯花赤一員，千户一員，百户二員，彈壓一員。

碑樓口千户所。達魯花赤一員，千户一員，百户一員，彈壓一員。

古北口千户所。達魯花赤一員，千户一員，百户六員，彈壓一員。

遷民鎮千户所。達魯花赤一員，千户一員，百户六員，彈壓一員。

黄花鎮千户所。達魯花赤一員，千户一員，百户六員，彈壓一員。

蘆兒嶺千户所。達魯花赤一員，千户一員，百户六員，彈壓一員。

太和嶺千户所。達魯花赤一員，千户一員，百户六員，彈壓一員。

紫荆關千户所。達魯花赤一員，千户一員，百户六員，彈壓一員。

隆鎮千户所。達魯花赤一員，千户一員，百户六員，彈壓一員。

左、右翼屯田萬户府二。秩從三品。分掌斡端、别十八里遣歸漢軍及大名、衛輝之新附軍并迤東回軍，合爲屯田萬户府。達魯花赤各一員，從三品。萬户各一員，從三品。副萬户各一員，正四品。經歷各一員，知事各一員，提控案牘各一員。至元二十六年置。延祐五年，隸詹事院，并入衛率府。後改隸樞密院。其屬：

鎮撫所。鎮撫各二員。從五品。

千户所八。達魯花赤八員，千户八員，副千户八員，百户五十九員，彈壓十六員。

千户所四。達魯花赤四員，千户四員，副千户四員，百户五十二員，彈壓八員。

左衛率府。秩正三品。率使三員，正三品。副使二員，從三品。僉事二員，正四品。經歷一員，從七品。知事一員，從八品。照磨一員。從八品。至大元年，撥河南行省萬户府精鋭漢軍爲東宫衛軍，立衛率府，設官十一員。延祐五年，改爲中翊府。又改爲御臨親軍指揮司。又以御臨，古無此官，改爲羽林。六年，復隸東宫，仍爲左衛率府。其屬：

鎮撫所。鎮撫二員。

行軍千户所十。達魯花赤一員，千户十員，副千户十員，百户二百員，彈壓二十員。

弩軍千户所一。達魯花赤一員，千户一員，百户十員，彈壓一員。

屯田千户所三。達魯花赤三員，千户三員，百户六十員，彈壓三員，教官三員，蒙古文教授一員，儒學教授一員，陰陽教授一員。

右衛率府。品秩同前。率使二員，副使二員，僉事二員，經歷二員，知事二員，照磨一員。延祐六年，以詹事秃滿迭兒所管速怯那兒萬户府，及迤東女真兩萬户府、右翼屯田萬户府兵，合爲右衛率府。其屬：

鎮撫所。鎮撫二員。

千户所五。千户五員，百户四十五員，彈壓二員，教官一，儒學教授一員。

河南淮北蒙古軍都萬户府。秩正三品。都萬户一員，正三品。副都萬户一員，從三品。經歷一員，知事一員，提控案牘一員。至元二十四年，以四萬户奥魯赤改爲蒙古軍都萬户府，設府官四員，奥魯官四員。大德七年，改爲河南淮北蒙古軍都萬户府。延祐四年，罷奥魯官，副鎮撫等員，定置諸員如上。其屬：

鎮撫二員。從五品。

元貞元年，立西川蒙古軍都元帥府，隸樞密院，未知何時裁併。

八撒兒萬户府。秩從三品。萬户一員，從三品。副萬户一員，正四品。經歷、知事、提控案牘各一員。其屬：

鎮撫一員。

千户所十翼。達魯花赤十員，千户十員，副千户十員，百户七十二員，彈壓十員。

札忽兒台萬户府。萬户一員，副萬户一員，經歷、知事、提控案牘各一員。其屬：

鎮撫一員。

千户所七翼。千户七員，百户三十八員，彈壓七員。

脱烈都萬户府。萬户一員，副萬户一員，經歷、知事、提控案牘各一員。其屬：

鎮撫一員。

千户所九翼。千户九員，百户六十二員，彈壓九員。

和尚萬户府。萬户一員，副萬户一員，經歷、知事、提控案牘各一員。其屬：

鎮撫一員。

千户所六翼。達魯花赤四員，千户六員，副千户四員，百户四十七員，彈壓六員。

礮手千户所一翼。千户一員，百户六員，彈壓一員。

哨馬千户所一翼。達魯花赤一員，千户一員，副千户一員，彈壓二員，百户九員，奥魯官二員。從五品。

右阿速衛親軍都指揮使司。掌宿衛城禁，兼管潮河、蘇沽兩川屯田，供給軍儲。達魯花赤一員，都指揮使三員，副使二員，僉事二員，經歷二員，知事二員，承發架閣照磨一員。至元九年，初立阿速拔都達魯花赤。二十三年，遂名爲阿速軍。至大三年，改立右阿速衛親軍都指揮司，置達魯花赤三員，都指揮使三員，副使二員，僉事二員。四年，省達魯花赤三員。後定置諸員如上。其屬：

行軍千户所。千户七員，百户九員。

把門千户一員，門尉一員。從六品。

本投下達魯花赤二員，長官一員，副長官一員。

廬江縣達魯花赤一員，從六品。主簿一員。正九品。

教官：儒學教授一員。

左阿速衛親軍都指揮使司。達魯花赤一員，都指揮使三員，副使二員，僉事一員，經歷二員，知事二員，照磨一員。其屬：

鎮撫二員。

本投下達魯花赤二員，長官二員。

鎮巢縣達魯花赤二員，主簿一員。

圍宿把門千户所十三翼。千户二十六員，百户一百三十員，彈壓十三員。教官：儒學教授一員。

回回礮手軍匠上萬户府。秩正三品。達魯花赤一員，正三品。萬户一員，正三品。副萬户一員，從三品。經歷、知事、提控案牘各一員。至元十一年，置礮手總管府。十八年，立爲都元帥府。二十一年，改爲萬户府。後定置諸員如上。其屬：

鎮撫二員。

千户三翼。達魯花赤三員，千户三員，副千户三員，百户三十二員，彈壓三員。

唐兀衛親軍都指揮使司。總領河西軍三千人，以備征討。都指揮使三員，副使二員，僉事二員，經歷、知事、照磨各一員。至元十八年，置都指揮使二員。副使二員。二十二年，增都指揮使一員，僉事一員。大德五年，增都指揮使二員。至大元年，增都指揮使一員。四年，省都指揮使三員，副使一員。後定置諸員如上。其屬：

鎮撫二員，奥魯官一員，正五品。副奥魯官一員。正六品。

二千户所九翼。千户九員，副千户九員，百户七十五員，彈壓九員，奥魯官正、副各九員。門尉三：建德門一，和義門一，肅清門一。教官二：蒙古文教授一員，儒學教授一員。

貴赤衛親軍都指揮使司。達魯花赤一員，都指揮使二員，副使二員，僉事二員，經歷、知事各二員，照磨一員。至元二十四年，置都指揮使二員，副使二員，僉事二員。二十九年，置達魯花赤一員，都指揮使四員，副使三員。至元三十一年，罷貴赤衛屯田總管府，當是改都指揮司爲總管府，後又改爲都指揮司，其年分不可知矣。後定置諸員如上。其屬：

鎮撫所。鎮撫二員。

千户所八翼。達魯花赤八員，千户十六員，百户八十員。彈壓八員，門尉二員。

延安屯田打捕總管府。秩從三品。管析居、放良人户，并兀里吉思田地蒙古人户。達魯花赤一員，從三品。總管一員，從三品。同知一員，從四品。經歷、知事各一員。至元十八年置。二十五年，改隸安西省。後復隸樞密院。其屬：

打捕屯田官十二員。正九品。

大寧、海陽等處屯田打捕所。秩從七品。掌北京、平灤等路析居、放良、不蘭奚等户。達魯花赤一員，從七品。長官一員。至元二十二年，置總管府。元貞元年，罷爲屯田打捕所。教官：蒙古文教授一員，儒學教授一員。

忠翊侍衛親軍都指揮使司。都指揮使三員，副使三員，僉事二員，經歷、知事各二員，照磨一員。至元二十九年，始立屯田府。大德十一年，立爲大同等處指揮使司。至大四年，皇太后修五臺寺，改隸徽政院。延祐元年，改中都威衛使司。至治元年，改爲忠翊侍衛親軍都指揮使司，改隸樞密院。後定置諸員如上。其屬：

鎮撫二員。

行軍千户所十翼，達魯花赤十員，副達魯花赤十員，千户十員，副千户十員，百户二百六員，彈壓二十員。

弩軍千户所一翼。達魯花赤一員，千户一員，百户十員，彈壓十員。

屯田左右手千户所二翼。達魯花赤二員，千户二員，百户四十員，彈壓四員。

西城親軍都指揮使司。達魯花赤一員，都指揮使二員，副使二員，僉事二員，經歷、知事各二員，承發架閣兼照磨一員。元貞元年立，設官十一員。大德十一年，增都指揮使二員，又增指揮使三員，副都指揮使二員，僉事二員。至大四年，省都指揮使五員、副使二員、僉事二員。後定置諸員如上。其屬：

鎮撫二員。

行軍千户所。千户十三員，百户二十九員。

把門千户二員，百户八員，門尉一員。教官：儒學教授一員。

宗仁蒙古侍衛親軍都指揮使司。都指揮使三員，副使二員，僉事二員，經歷、知事各二員，照磨一員。至治二年，右丞相拜住奏：先脱別鐵木叛時，没入亦乞列思人一百户，與今所收蒙古子女三千户、清州徹匠二千户，合爲行軍五千，請立宗仁衛以統之。其屬：

鎮撫二員。

蒙古軍千户所十翼。千户二十員，百户一百員，彈壓十員。

屯田千户所。千户四員，百户四十員，彈壓四員。教官二：儒學教授一員，蒙古教授一員。

山東河北蒙古軍大都督府。秩從二品。掌各路軍民科差征進及調遣總攝軍馬公事。大都督三員，從二品。同知一員，從三品。副都督一員，從四品。經歷一員，從六品。都事二員，從七品。承發兼照磨一員。正八品。至元二十一年，罷統軍司，立蒙古軍都萬户府。大德七年，改山東河北蒙古軍都萬户府。延祐五年罷。天曆二年，改立爲大都督府。定置諸員如上。其屬：

鎮撫二員。元貞元年，立蒙古軍都元帥府於西川，徑隸樞密院。當是因兵事暫置。

左手萬户府。萬户一員，從三品。副萬户一員，正四品。經歷一員，從七品。知事一員，從八品。提控案牘一員。從八品。其屬：

鎮撫一員。從五品。

千户九翼。千户十一員，百户七十四員，彈壓十一員。
右手萬户府。萬户一員，副萬户一員，經歷一員，知事一員，提控案牘一員。其屬：
鎮撫一員。
千户九翼。千户九員，百户六十三員，彈壓九員。
拔都萬户府。達魯花赤一員，萬户一員，副萬户一員，經歷一員，知事一員，提控案牘一員。其屬：
鎮撫一員。
千户六翼。千户七，百户四十一員，彈壓五員。
哈達萬户府。達魯花赤一員，萬户一員，經歷一員，知事一員，提控案牘一員。
其屬：
鎮撫一員。
千户八翼。千户八員，百户二十四員，彈壓八員。
蒙古回回水軍萬户府。達魯花赤一員，萬户一員，副萬户一員，經歷、知事、提控案牘各一員。其屬：
鎮撫二員。

千户八翼。達魯花赤二員，千户六員，百户四十六員，彈壓九員。

玘都哥萬户府。達魯花赤一員，萬户一員，副萬户一員，經歷、知事、提控案牘各一員。初隸都府七千户翼，延祐三年，樞密院奏改立萬户府。屬官：

鎮撫二員。

千户七翼。千户九員，百户三十五員，彈壓八員。哈必赤千户翼。千户一員，百户四員，彈壓一員，直隸大都督府。

洪澤屯田千户趙國宏翼。達魯花赤一員，千户一員，副千户一員，百户十四員，彈壓二員。直隸大都督府。

左翊蒙古侍衛親軍都指揮使司。都指揮使三員，副使二員，僉事二員，經歷、知事各二員，承發架閣兼照磨一員。至元十八年，以蒙古侍衛總管府依五衛之例爲指揮使司。設官十二員，奥魯官二員。大德七年，奏改爲左翼蒙古侍衛親軍都指揮使司。至大四年，增置指揮使一員。延祐五年，罷奥魯官。其屬：

鎮撫二員。

千户所七翼。千户七員，副千户七員，知事七員，彈壓七員，百户六十二員。教官二：蒙古文教授一員，儒學教授一員。

右翊蒙古侍衛親軍都指揮使司。都指揮使三員，副使二員，僉事二員，經歷、知事各二員。承發架閣兼照磨一員。至元十七年，以蒙古侍衛總管府依五衛例爲指揮使司，設官十二員，奥魯官二員。大德七年，奏改爲右翊蒙古侍衛親軍都指揮使司。至大四年，增置指揮使一員。延祐五年，罷奥魯官。後定置諸員如上。屬官：

鎮撫二員。

千户所十二翼。千户十二員，副千户十二員，知事十二員，彈壓十二員，百户一百九員。教官二：蒙古文教授一員，儒學教授一員。

虎賁親軍都指揮使司。管上都路元籍軍人兼奥魯事。都指揮使三員，副使二員，僉事二員，經歷、知事、照磨兼承發各一員。至元十六年，立虎賁軍，設官二員。舊紀：至元二十五年立，又改爲武衛司。與志不合。十七年，置都指揮使二員〔二〕，副使一員。又增置副使一員。元貞元年，改爲虎賁親軍都指揮使司。十一年，增都指揮使六員。至大四年，省都指揮使九員。後定置諸員如上。屬官：

鎮撫二員。

撒的赤千户翼。正達魯花赤一員，副達魯花赤一員，正千户一員，副千户一員，百户二十員，彈壓二員。

不花千户翼。正達魯花赤一員，副達魯花赤一員，正千户一員，副千户一員，百户二十二員，彈壓二員。

脱脱不千户翼。正達魯花赤一員，副達魯花赤一員，正千户一員，副千户一員，知事一員，百户二十八員，彈壓二員。

大忽都魯千户翼。正達魯花赤一員，副達魯花赤一員，正千户一員，副千户一員，知事一員，百户二十四員，彈壓二員。

楊千户翼。正達魯花赤一員，副達魯花赤一員，正千户一員，副千户一員，知事一員，百户二十二員，彈壓二員。

迷里火者千户翼。正達魯花赤一員，副達魯花赤一員，正千户一員，副千户一員，知事一員，百户二十員，彈壓二員。

宣忠斡羅思扈衛親軍都指揮使司。秩正三品。至順元年置宣忠扈衛親軍都萬户府，總斡羅思軍士，隸樞密院。二年，改今名。

大都督府。秩正二品。管領左右欽察兩衛、龍翊侍御東路軍元帥府、東路軍蒙古萬户府。舊紀：至順元年，改東路蒙古軍元帥府爲東路欽察軍萬户府。二年，改東路蒙古軍萬户府爲東路蒙古侍衛親軍指揮使司。

哈剌魯萬户府。大都督三員，正二品。同知三員，正三品。副都督三員，從三品。僉都都事二員，正四品。經歷二員，從六品。都事二員，從七品。管勾一員、照磨一員。俱正八品。天曆二年，始立欽察親軍都督府。秩從二品，後改大都督府。

右欽察衛親軍都指揮使司。秩正三品。達魯花赤一員，正三品。都指揮使二員，正三品。副使二員，從三品。僉事二員，正四品。經歷二員，從七品。知事二員，照磨二員。俱從八品。至元二十三年，依河西衛等例立欽察衛，設官十員。二十八年，增欽察衛經歷一員。至治二年，分爲左、右衛。天曆二年，撥隸大都督府。屬官：

鎮撫二員。

行軍千户所十八所。達魯花赤各一員，千户三十六員，百户一百八十員，彈壓十八員。

屯田千户所。達魯花赤二員，千户二員，百户二十員，彈壓二員。

左欽察衛親軍都指揮使司。都指揮使三員。副使二員，僉事二員，經歷二員，知事二員，照磨一員。屬官：

鎮撫二員。

行軍千户所十翼。千户十員，百户八十二員，彈壓二員，奥魯官四員。

守城千户所一翼。達魯花赤一員，千户一員，百户九員。

屯田千户所一翼。達魯花赤一員，千户一員，百户十員，彈壓一員。教官：儒學教授一員。

龍翊侍衛親軍都指揮使司。都指揮使三員，副使二員，僉事二員，經歷一員，知事二員，照磨一員。天曆元年始立，設官十四員。二年，又置愛馬知事一員。屬官：

鎮撫二員。

行軍千户所六翼。達魯花赤一員，千户六員，副千户一員，百户四十五員，彈壓五員。

屯田一翼欽察千户所。達魯花赤一員，千户一員，百户二十二員，彈壓二員。教官二：蒙古文教授一員，儒學教授一員。

哈剌魯萬户府。掌守禁門等處，應直宿衛。達魯花赤一員，萬户一員，經歷、知事各一員，提控案牘一員。至元二十四年，招集哈剌魯軍人，立萬户府。尋移屯襄陽，後征交趾。大德二年，置司南陽。天曆二年，奏隸大都督府。屬官：

鎮撫一員，吏目一員。

千户所三翼。千户三員，百户九員，彈壓三員。

樞密分院。至正十五年，置分院於衛輝，又添設彰德分院同知、副樞各一員，直沽分院副樞一員，都事一員。十六年，又置分院於沂州，以指揮使司隸之。十八年，以參知政事崔敬爲山東等處行樞密副使，分院於滕州，兼屯田事。

行樞密院。有大征伐之事則置之，止曰行院。爲一方之事而設，則稱某處行樞密院事，已則罷。

西川行樞密院。中統四年置，設官二員，管四川軍民課税、交鈔、打捕鷹房人匠及各投下應管公事，節制官吏諸色人等并軍官遷授、征進等事。至元十年，又別置東川行樞密院，增同僉樞密院事一員。十三年，省東川行樞密院入西院。十五年，西川行院亦罷。二十一年，復立四川行院於成都。二十八年，徙於嘉定。八月，復徙成都。

荆湖等路行院。至元八年，改山東東路都元帥府爲山東行樞密院。十一年罷山東行院及河南行中書省，置荆湖等路行院，設官三員，又置淮西等路行院，設官四員。十一年俱罷。二十一年，復立江淮、荆湖、江西、四川行院，各設官五員。二十八年，徙岳州行院於鄂州，江淮行院於建康。其後，行院俱併歸行省。

甘肅行樞密院。至大四年，置於甘州，設官四員，提調西路軍馬。後罷。

河南行樞密院。致和元年分置。天曆元年罷。至正十九年，以河南行省平章察罕帖木兒爲河南山東行樞密院知院。

嶺北行樞密院。天曆二年置，知院一員，同知二員，副使一員，僉院二員，同僉一員，院判二員，經歷一員，都事二員，品秩同樞密院。掌北邊軍務，凡大小事宜，悉從裁決。至正十三年，添設斷事官二員。又立鎮撫司，鎮撫二員。管勾所，管勾一員，兼照磨。又添設僉院二員，都事一員。

四川、湖廣、江西三處行樞密院，均後至元三年置。每處知院一員，同知、僉院、院判各一員。湖廣、江西二省，添同僉一員。各院經歷一員，都事二員，照磨一員，客省副使一員，斷事官一員。至元四年俱罷。

淮南江北等處行樞密院。至正十五年，置於揚州。

江浙等處行樞密院。至正十六年，置於杭州。知院二員，同知二員，副樞二員，僉院二員，同僉二員，院判二員，經歷、知事各一員，斷事官二員。

福建、江西等處行樞密院。至正二十六年置。

【校勘記】

〔一〕「都指揮使」，「使」原作「吏」，據上下文改。

〔二〕「都指揮使」，「揮」原作「軍」，據《元史》卷八六志第三十六《百官二》改。

新元史卷之五十七　志第二十四

百官志三

御史臺。從一品。掌糾察百官善惡、政治得失。至元五年，定御史臺合行條畫：一，彈劾中書省、樞密院、制國用使司等內外百官奸非，刷磨諸司案牘，並監察祭祀及出使之事。一，中書省、樞密院、制國用使司，凡有奏稟公事，與臺官同奏。一，訴訟冤抑人等，民户經左右部，軍户經樞密院，錢穀經制國用使司，如理斷不當，赴中書省陳告。若省官看徇或理斷不當，許臺官糾彈。一，諸官司刑名違錯，賦役不均及造作不如法者，委監察糾察。一，諸官員如任滿不行遷轉，或遷轉不依格者，委監察糾察。一，不奉朝命擅補注官品者，委監察糾察。一，隨路總管府諸官及大府監應管財物文帳，委監察，每季照刷。一，和買如不依時價，冒支官錢或剋減給散不實者，委監察糾察。一，諸官侵使官物或移易借貸者，委監察糾察。一，辦課程官除正額外，若有增羨不盡實到官者，委監察糾察。一，營造役工匠之處，委監察隨事彈糾。一，諸衙門繫囚及不合考訊之人，如實係冤枉，即行移元問官歸結改正。若元問官違錯，許糾察。一，諸囚禁非理死損者，委監察隨事推糾。一，諸承追取合審重刑及應照刷文案，若有透漏者，委監察糾察。一，諸鞫勘罪囚皆連職官同問，不得專委本廳及典史推問。如違，仰監察糾察。一，職官有老病不勝任者，委監察體察。一，諸官吏有廉能公正者，具姓名聞奏，污濫者亦行糾察。一，諸公事行下有枉錯者，承受官司即須執申，若再申不從不報者，委監察糾察。一，應禁貨物及盜賊藏匿處所，若官吏禁斷不嚴、緝捕怠慢者，委監察隨事糾察。一，阻壞鈔法者，委監察糾察。一，蟲蝻生發飛落，不即打捕申報，及檢視部内災傷不實，委監察糾察。一，諸貧窮孤老幼疾應養濟，而官不收養，或不如法者，委監察糾察。一，户口流散、藉帳隱没、農桑不勤、倉廩減耗、黠吏豪家兼併縱暴，及貧苦不能自申者，委監察糾察。一，諸求仕及訴訟人，於官員私第謁托者，委監察糾察。一諸官府如書呈來往者，委監察糾察。一，諸官吏入茶坊酒肆者，委監察糾察。一，在都司獄司直隸本臺，一，私放軍人還籍及冒名相替，委監察糾察。一，軍官申報俘馘不實，或將功賞增減隱漏者，委監察糾劾。一，邊境但有聲息，不即申報者，委監察糾劾。一，邊城不完，衣甲器仗不整，委監察糾劾。一，監臨官如不舉劾犯法者，減罪人罪五等，臺官知而不舉劾，亦減罪人罪五等。一，諸違御史臺指揮及訴不以實，或咆哮陵忽者，並行斷罪。一，應有合奏稟事理，仰本臺就便聞奏。一，該載不盡、應合糾察事，理委監察並行糾察。

大夫二員，從一品。中丞二員，正二品。侍御史二員，從二品。治書侍御史二員，從二品。經歷一員，從五品。都事二員，正七品。照磨一員，正八品。承發管勾兼獄丞，正八品。架閣庫管勾兼承發一員。正九品。

至元五年，始立御史臺，設官七員：大夫，從二品。中丞，從三品。侍御史，從五品。治書侍御史，從六品。典事，從七品。檢法二員，從八品。獄丞一員。從九品。七年，大夫升，正二品，改典事爲都事。十九年，裁檢法、獄丞。二十一年，中丞，從三品。侍御史，正五品。治書。正六品。二十七年，侍御史升，正四品。治書，正五品。增蒙古經歷一員。從五品。大德十一年，大夫升，從一品。中丞升，正二品。侍御史，從二品。治書侍御史。正三品。皇慶元年，增中丞爲三員。二年，又減一員。至治二年，增大夫一員。後定置諸員如上。統山東東西、河東山西、燕南河北、江北河南、山南江北、淮西江北、江北淮東、山北遼東十道肅政廉訪司。

殿中司，殿中侍御史二員。正四品。凡大朝會，百官班序，其失儀失列，則糾罰之。在京百官到任假告事故，出三日不報者，則糾舉之。大臣入內奏事，則隨以入，凡不可與聞之人，則糾避之。至元五年置。正七品。大德三年升，正五品，後升。正四品。

察院。秩正七品。監察御史三十二員，正七品。任刺舉之事。至元五年，置御史十二員，以漢人爲之。八年，增六員。十九年，增十六員，始參用蒙古人。至元二十二年，參用南人二員。元貞二年，增置御史二員。

山東東西道肅政廉訪司。秩正三品。廉訪使二員，正三品。副使二員，正四品。僉事四員，正五品。經歷一員，從七品。知事一員，正八品。照磨兼管勾一員。正九品。置司濟南路。至元六年置，初爲提刑按察司。十三年，以省併衙門，罷按察司。十四年復置。山北東西道、河東山西道、陝西四川道、燕南河北道並同。十六年，各道按察司增副使、僉事各一員。二十七年，增僉事二員。二十八年，改肅政廉訪司。諸道並同。

河東山西道肅政廉訪司。廉訪使三員，副使二員，僉事四員，經歷一員，知事一員，照磨兼管勾一員。置司冀寧路。至元六年，置河東陝西道。八年，分爲河東山西道、陝西四川道。

燕南河北道肅政廉訪司。廉訪使二員，副使二員，僉事四員，經歷、知事、照磨兼管勾各一員。置司真定路。至元十二年置。

江北河南道肅政廉訪司，廉訪使二員，副使二員，僉事四員，經歷、知事、照磨兼管勾各一員。置司汴梁路。至元七年置。

山南江北道肅政廉訪司。廉訪使二員，副使二員，僉事四員，經歷、知事、照磨兼管勾各一員。置司中興路。至元十四年置，初隸江南行御史臺。二十三年，撥隸内臺。

淮西江北道肅政廉訪司。廉訪使二員，副使二員，僉事四員，經歷、知事、照磨兼管勾各一員。置司廬州路。十四年置，初隸江南行御史臺。二十三年，撥隸内臺。

江北淮東道肅政廉訪司。廉訪使二員，副使二員，僉事四員，經歷、知事、照磨兼管勾各一員。置司揚州路。至元十四年置，初隸江南行臺。二十三年，撥隸内臺。

山北遼東道肅政廉訪司。廉訪使二員，副使二員，僉事四員，經歷、知事、照磨兼管勾各一員。置司大寧路。至元六年置，初爲山北東西道。八年，改山北遼東道。二十年，以女真之地置海西遼東道，二十五年罷。

江南諸道行御史臺。至元十四年，定行御史臺合行條畫：一，彈劾行中書省、宣慰司及以諸官奸非，磨刷案牘，行省、宣慰司委行臺監察，其餘官府委提刑按察司。一，察到諸職官贓罪追問是實，若罪至停罷，咨臺聞奏。一，諸官司刑名違錯，賦役不均，户口流亡，擅科差發及侵欺盜用，移易借貸官錢，一切不公等事，並仰糾察。一，大兵渡江以來，不無搔動，今已撫定，宜安本業，仰各處正官每歲勸課，如無成效者糾察。一，邊境有聲息，不即申報者，糾察。一，隨處鎮戍若約束不嚴，甲仗不整，或管軍官受賄放軍離役，並虛申逃亡、冒私代替及私使販運或作佃户，一切不公，並仰糾察。一，管軍官不約束軍人，致令掠賣歸附人口，或誘良爲驅，一切搔擾百姓者糾察。一，諸色官吏，私使係官船隻諸物者糾察。一，管軍官申報軍功不實者糾察。一，官吏權豪佔據山林川澤之利，及恐喝小民、侵奪田宅諸物者糾察。一，諸官員占使軍民者糾察。一，守土田火禁不嚴者糾察。一，管屯營田官不爲用心措置者糾察。一，把軍官起補逃亡軍人，搔擾軍户，致軍前不得實用者，糾察。一，枉被囚禁及不合拷訊之人，並從初不應受理之事糾察。一，罪囚稱冤，按驗得實，開坐事因，行移元問官，即行改正。一，朝廷政令，承受官司稽緩不行，或已行而不復檢舉，致有弛廢者糾察。一，蝗蝻生發，不即打捕申報，及報災不實者，糾察。一，監臨官知所部有犯法，不舉劾者，減罪人罪五等，糾彈之。官知而不舉劾者，亦減罪人罪五等。一，鞫罪囚連職官同問，不得專委本廳人等推問，違者糾察。一，諸罪囚干連人不關利害，及雖正犯而罪輕者，召保聽候，毋致非理死損，違者糾察。一，刑名詞訟，若審聽不明，及擬斷不當或受財故，有出入者，糾察。一司獄司直隸本臺，非官府不得私置牢獄。一，諸承追取令審重囚及應照刷文卷漏報者，糾察。一，諸訴訟人如有冤抑，經行中書省理斷不當者，仰糾察。一，各處官員爲治有方，即聽保舉，其有貪暴蠹政害民，及老病不稱職者，並行糾察。一，諸公事行下所屬，而有枉錯，若承受官司再申，不從不報者，糾察。一，提刑按察司任滿，行臺考按，以官政肅清、民無冤滯爲稱職，以苛細生事、闇於大體、所按不實爲不稱職，皆咨臺呈省。一，上訴不實或訴訟咆哮陵忽者，並行斷罪。一，凡可興利除害及一切不便於民，必當更張者，咨臺呈省聞奏。其餘該載不盡、應合糾彈事理，比附已降條畫斟酌，就便施行。大夫一員，中丞二員，侍御史二員，治書侍御史二員，經歷一員，都事二員，照磨一員，架閣庫管勾一員，承發管勾兼獄丞一員，品秩同内臺。

至元十四年，置江南行御史臺於揚州。二十一年，徙杭州。二十二年二月，徙江州。五月，復徙杭州，罷，以其所屬隸御史臺。未幾，復置於杭州。二十三年，又徙於建康。初置大夫、中丞、侍御史、治書侍御史各一員，統淮東、淮西、湖北、浙東、浙西、江東、江西、湖南八道。十五年，增江南湖北、嶺南廣西、福建廣東三道。二十二年，以淮東、淮西、山南三道撥隸内臺。二十四年，復隸行臺。三十年，增海北海南一道。大德元年，定爲江南諸道行御史臺，監江浙、江西、湖廣三省，統江東、江西、浙東、浙西、湖南、湖北、廣東、廣西、福建、海南十道。至正十六年，移行臺於紹興，增河南道廉訪司。二十二年〔一〕，權置山北道廉訪司於惠州。二十三年，復置濟南道廉訪司。二十五年，置河東道廉訪司於冀寧。

察院。至元十四年，置監察御史十員。二十三年，增蒙古御史十四員。按本紀：十五年，增設御史四員。廿年，增蒙古御史六員。二十三年，增色目御史，員數與志不合，未詳孰是。又增漢人御史四員。定置御史二十八員。

江東建康道肅政廉訪司。廉訪使二員，副使二員，僉事四員，經歷、知事、照磨兼管勾各一員。置司寧國路。至元十四年置。

江西湖東道肅政廉訪司。廉訪使二員，副使二員，僉事四員，經歷、知事、照磨兼管勾各一員。置司龍興路。至元十四年置。至正二十五年，置分臺於福建。

江南浙西道肅政廉訪司。廉訪使二員，副使二員，僉事四員，經歷、知事、照磨兼管勾各一員。置司杭州路。至元十四年置。

浙東海右道肅政廉訪司。廉訪使二員，副使二員，僉事四員，經歷、知事、照磨兼管勾各一員。置司婺州路。至元十四年置。

江南湖北道肅政廉訪司。廉訪使二員，副使二員，僉事四員，經歷、知事、照磨兼管勾各一員。置司武昌路。至元十五年置。

嶺北湖南道肅政廉訪司。廉訪使二員，副使二員，僉事四員，經歷、知事、照磨兼管勾各一員。置司天臨路。至元十四年置。

嶺南廣西道肅政廉訪司。廉訪使一員，副使二員，僉事二員，經歷、知事、照磨兼管勾各一員。置司静江路。至元十五年置。

海北廣東道肅政廉訪司。廉訪使二員，副使二員，僉事二員，經歷、知事、照磨各一員。置司廣州路，初爲廣東道。至元二十年，改海北廣東道。

海北海南道肅政廉訪司。廉訪使二員，副使二員，僉事二員，經歷、知事各一員。置司雷州路。至元三十年置。

福建閩海道肅政廉訪司。廉訪使二員，副使二員，僉事四員，經歷、知事、照磨兼管勾各一員。置司福州路。至元十五年，置福建廣東道。二十年，改福建閩海道。

陝西諸道行御史臺。大夫一員，御史中丞二員，侍御史二員，治書侍御史二員，經歷一員，都事二員，照磨一員，架閣庫管勾一員，承發司管勾兼獄丞一員。至元初，置河西諸道行御史臺。二十年罷。二十七年，置雲南諸路行御史臺，設臺官四員。二十九年，罷雲南行臺，徙於四川。三十年，復立雲南行臺。大德元年，移雲南行臺於京兆，爲陝西諸道行臺。延祐元年罷。二年復置，統漢中、隴北、四川、雲南四道。至元十五年，復立提刑按察司於畏兀兒，其初置及省罷年分均不可考。

察院。監察御史二十員。

陝西漢中道肅政廉訪司。廉訪使二員，副使二員，僉事四員，經歷、知事、照磨兼管勾各一員，置司鳳翔府。至元八年，置陝西四川道。後改陝西漢中道。

河西隴北肅政廉訪司。廉訪使二員，副使二員，僉事四員，經歷、知事、照磨兼管勾各一員。置司甘州路。初爲鞏昌道，後改中興道。至元二十年，改河西隴北道。至元十一年，改西夏中興道爲隴右河西道。二十四年省。

西蜀四川道肅政廉訪司。廉訪使二員，副使二員，僉事四員，經歷、知事、照磨兼管勾各一員。置司成都路。至元十九年置。本紀作十六年。

雲南諸路道肅政廉訪司。廉訪使二員，副使二員，僉事四員，經歷、知事、照磨各一員。置司中慶路。至元二十年置。二十四年罷。二十七年，立雲南行御史臺。大德元年，從雲南行臺於陝西，復立雲南道。至元二十年，各道按察司增判官二員。其裁罷年分未詳。

大宗正府。秩從一品。札魯忽赤四十二員，從一品。郎中二員，從五品。員外郎二員，從六品。都事二員，從七品。承發架閣庫管勾一員，從八品。司獄二員。從八品。

太祖稱尊號，首置斷事官曰札魯忽赤，會決庶務。凡諸王、駙馬投下蒙古、色目人等應犯一切公事，及漢人輕重罪囚，每歲從駕分司上都存留住冬諸事，悉掌之。

至元二年，置十員。三年，省爲八員。九年，定爲從一品，銀印。詔：札魯忽赤乃太祖所置，宜居百僚之右。止理蒙古公事，以諸王爲府長，餘悉御位不及諸王之有國封者，又有怯薛人員奉旨署事，別無頒受宣命。是年，置左右司。十四年，置十四員。十五年，置十三員。十七年，從阿合馬請，立大宗正府，以前止札魯忽赤署事，至是始定官名。二十一年，增至二十一員。二十二年，又增至三十四員。二十八年，增至四十六員。大德四年，省五員。至大四年，裁爲二十八員。皇慶元年，省二員，以漢人刑名歸刑部。泰定元年，復命兼理，定置四十二員，令史改爲掾史。致和元年，以上都、大都所屬蒙古人并怯薛、軍站、色目與漢人相犯者，歸宗正府處斷，其餘路府州縣漢人、蒙古、色目人詞訟悉歸有司及刑部管理。後至元元年，中書省奏：「大宗正府，仁宗時減去『大』字。今宜遵世祖舊制，仍爲大宗正府。」至正十年，增掌判二員。

大司農司。秩從一品。掌農桑、水利、學校之事。大司農四員，從一品。大司農卿二員，正二品。少卿二員，從二品。丞二員，從三品。經歷一員，從五品。都事二員，從七品。架閣庫管勾一員，正八品。照磨一員。正八品。至元七年，立司農司。是年，又改司農司爲大司農司，添設巡行勸農使、副使各四員。按：中統二年，姚樞爲大司農，不始於至元七年，或舊紀誤也。十二年罷，以按察司兼領勸農事。十八年，改立農政院。十九年，復罷。二十年，又改立務農司。秩從三品。掌官田邸舍人民，置達魯花赤一員，務農使一員，同知二員。是年，又改司農寺。達魯花赤一員，司農卿二員，司丞一員。二十三年，仍爲大司農司。秩正二品。大德元年增領大司農事一員。皇慶元年，升從一品，定置諸員如上。

籍田署。秩從六品。掌耕籍田以奉宗廟祭祀。署令一員，從六品。丞一員。從七品。至元七年立，隸大司農司。十四年，改隸太常寺。二十三年，復隸大司農司。

供膳司。秩從五品。掌供給應需貨買百色生料，并桑哥籍入貲產。達魯花赤一員，從五品。《元典章》：供膳庫達魯花赤，從五品。提點一員，從五品。司令一員，正六品。丞一員。正七品。至元二十二年置，隸大司農司。其屬輔用庫，秩正九品。掌規運息錢以給供需。大使一員，正九品。副使一員。

興中州等處油户提領所。秩從九品。歲辦油十萬斤以供内庖。提領一員，從九品。大使一員，副使一員。至元二十九年置。蔚州麵户提領所。掌辦白麵、葱、菜以給應辦，歲計十餘萬斤。提領一員，副使一員。《元典章》：弘州種田納麪提舉，正六品。

永平屯田總管府。秩從三品。達魯花赤一員，從三品。總管一員，從三品。同知一員，從五品。知事一員。正八品。至元二十四年，立於永平路南舊馬城縣，以北京採木三千人隸之。所轄昌國、濟民、豐贍三署，各置署令一員，從五品。署丞一員。從七品。

分司農司。至正十三年，命中書右丞悟良合台、左丞烏古孫良楨兼大司農卿，給分司農司印。西自西山，南至保定、河間，北至檀、順等州，東至遷民鎮，凡係官地及各處屯田，悉歸分司募民佃種。

行大司農司。至元二十九年，升江淮行大司農司，秩正一品。設營田司六員。秩正四品。其建置省罷年分均不可考。

大兵農司。至正十五年，置大兵農司四，曰保定等處、河間等處、武清等處、景薊等處。其屬有兵農千户所二十四處，百户所四十八處，鎮撫司各一。

大都督兵農司。至正十九年。置於西京，仍置分司十道，掌屯種之事。

翰林兼國史院。秩從一品。承旨六員，從一品。學士六員，正二品。侍讀學士二員，從二品。侍講學士二員，從二品。直學士二員，從三品。待制二員，正五品。修撰三員，從六品。應奉翰林文字五員，從七品。編修官十員，正八品。檢閱四員，正八品。典籍二員，從八品。經歷一員，從五品。都事一員。從七品。《元典章》：翰林院典簿、翰林國史院典簿，均從七品。

中統二年，立翰林國史院，秩正三品。以王鶚爲翰林學士。《元典章》：翰林學士、知制誥、監修國史，正三品。監修國史參軍，正五品。監修國史長史，正六品。皆中統初立國史院之官制。至元六年，置承旨三員，學士二員，侍讀學士二員，侍講學士二員，直學士二員。八年，升從二品。十四年，增承旨一員。十六年，增侍讀學士一員。十七年，增承旨二員。二十年，併集賢院爲翰林國史集賢院。二十一年，增學士二員。二十二年，復分立集賢院。二十三年，增侍講學士一員。二十六年，置官吏五員，掌教習亦思替非文字。《元典章》：教習亦思替非博士，正七品。二十七年，又增承旨一員。大德九年，升正二品。改典簿爲司直，置都事一員。按舊紀：置都事在皇慶元年，未詳孰誤。至大元年，置承旨九員。四年，制定承旨五員，學士、侍讀、侍講、直學士各二員。皇慶元年，升從一品，改司直爲經歷，置經歷、都事各一員。延祐五年，置承旨八員。後定置諸員如上。

蒙古翰林院。秩從一品。掌譯寫一切文字及頒降璽書，並用蒙古字，仍各以其國字副之。承旨七員，學士二員，侍讀學士二員，侍講學士二員，直學士二員，待制四員，修撰二員，應奉文字五員，經歷一員，都事一員，品秩並同翰林國史院。承發架閣庫管勾一員。正九品。

至元八年，始置新字學士於國史院。十二年，別立蒙古翰林院，置承旨一員，直學士一員，待制二員，修撰一員，應奉四員。十八年，增承旨一員，學士三員。二十九年，增承旨一員，侍講學士一員。三十年，增管勾一員。大德五年，升正二品。九年，置司直一員，都事一員。皇慶元年，升從一品，設官二十有八。延祐二年，改司直爲經歷。後定置諸員如上。

内八府宰相。掌諸王朝覲儐價之事，遇有詔令則與蒙古翰林院官同譯寫而潤色之。以其職貴近，似古之侍中，故寵以宰相之名。然無授受宣命，品秩則視二品云。天曆元年，改爲内八府宰。

集賢院。秩從一品。掌提調學校、徵召賢良，凡國子監、玄門道教、陰陽祭祀、占卜之事，悉隸焉。大學士五員，從一品。學士二員，正二品。侍讀學士二員，從二品。侍講學士二員，從二品。直學士二員，從三品。經歷一員，從五品。都事二員，從七品。待制一員，正五品。修撰一員，從六品。兼管勾承發架閣庫一員。正八品。

元初，集賢與翰林國史院同署。至元二十二年，始分兩院。置大學士三員，《元典章》：昭文館大學士，從二品，亦至元時所置，其何時裁省無考。學士一員，直學士二員，典簿一員。二十四年，增置學士一員，侍讀學士一員，待制一員，尋升正二品，置院使一員，正二品。大學士二員，從二品。學士三員，從二品。侍讀學士一員，從三品。侍講學士二員，從三品。直學士一員，從四品。司直一員，從五品。待制一員。正五品。二十五年，增都事一員，從七品。修撰一員。從六品。元貞元年，增院使一員。大德十一年，升從一品，置院使六員，經歷二員。至大四年，省院使六員。皇慶二年，省漢經歷一員。後定置諸員如上。

國子監。秩從三品。掌國之教令，以德尊望重者爲之。祭酒一員，從三品。司業二員，正五品。監丞一員，正六品。專領監務典簿一員。從七品。至元二年，以許衡爲集賢館大學士、國子祭酒，教國子與蒙古四怯薛人員，選七品以上朝官子弟爲國子生，隨朝三品以上官得舉凡民之俊秀者，入學爲陪堂生伴讀。至元二十四年，定置諸員如上。至大元年，升正三品。延祐七年，降從三品。是年，復升爲正三品。後復降從三品。

國子學。秩正七品。博士二員。正七品。掌教授生徒、考較儒人著述、教官所業文字。助教四員，正八品。分教各齋生員。至元六年置。大德八年，爲分職上都，增助教二員，學正二員，學録二員，督習課業。典給一員，掌生員飲膳。至元二十四年，定置生員額二百人，先設一百二十人，蒙古五十人，諸色目、漢人五十人，伴讀二十人。大德四年，增生員額三百人。延祐二年，又增置一百人，伴讀二十人。

蒙古國子監。秩從三品。祭酒一員，從三品。司業二員，正五品。監丞一員。正六品。至元十四年，始置司業一員。二十九年，准漢人國學例，置祭酒、司業、監丞。延祐四年，升正三品。七年，復降爲從三品。是年四月，又復正三品。皇慶二年，立回回國子監。延祐七年罷。

蒙古國子學。秩正七品。掌教習諸生，於隨朝百官、怯薛歹、蒙古漢人官員子弟選俊秀者入學。博士二員，正七品。助教二員，正八品。教授二員，正八品。學正、學録各二員。至元八年，置官五員。後以每歲從駕上都，教習事繁，增學正、學録各二員。三十一年，增助教一員。後定置諸員如上。

興文署。秩從六品。署令一員。從六品。以翰林修撰兼之。署丞一員，從七品。以翰林應奉兼之。至元四年，改經籍署爲弘文院。院罷，立興文署。復罷。二十七年，復置。掌經籍板及江南學田錢穀。至治二年罷，置典簿一員，從七品。掌提調諸生飲膳。

【校勘記】

〔一〕「二十二年」，開明書店鑄版誤作「三十二年」。按下文有「二十三年」、「二十五年」，又同書《本紀·惠宗四》：二十二年，九月，「甲辰，權置山北道廉訪司於惠州」。《元史》卷九二志第四十二《百官八》：「二十二年九月，權置山北廉訪司於惠州。二十三年六月，濟南路復置肅政廉訪司。」二十五年，「十一月，仍置河東廉訪司於冀寧」，均可證應作「二十二年」。

新元史卷之五十八　志第二十五

百官志四

宣政院。秩從一品。掌釋教僧徒及吐蕃諸族之事，遇吐蕃有事，則設分院往涖之，有大征伐，則會樞密院議之。院使十員，從一品。同知二員，正二品。副使二員，從二品。僉院二員，正三品。同僉三員，正四品。院判三員，正五品。參議二員，正五品。經歷二員，從五品。都事三員，從七品。照磨一員，正八品。管勾一員。正八品。至元初，立總制院，以國師領之。《元典章》：總制院使正二品，同知總制院事正三品。二十五年，因唐制吐蕃來朝見於宣政殿故事，更名宣政院。置院使二員，同知二員，副使二員，參議二員，經歷二員，都事四員，管勾一員，照磨一員。二十六年，置斷事官四員。二十八年，增僉院、同僉各一員。元貞元年，增院判一員。大德四年，罷斷事官。至大初，省院使一員。至治三年，置院使六員。天曆二年，定置諸員如上。其屬八：斷事官四員，從三品。經歷一員，從五品。知事一員，從八品。至元二十五年置。

客省使。秩從五品。大使二員，從五品。副使一員。從六品。至元二十五年置。

大都規運提點所。秩正四品。達魯花赤一員，正四品。提點一員，正四品。大使一員，副使一員，知事一員。至元二十八年置。

上都規運提點所。達魯花赤一員，提點一員，大使一員，副使一員，知事一員。至元二十八年置。

大都提點資善庫。秩從五品。掌錢帛之事。達魯花赤一員，從五品。提舉一員，從五品。同提舉一員，從六品。副提舉一員。從七品。至元二十六年置。

上都利貞庫。秩從七品。掌飲膳及金銀諸物。提領一員，從七品。副使一員。從八品。元貞元年置。

大濟倉。監支納一員，從七品。大使一員。從七品。

興教寺。管房提領一員。

行宣政院。元統二年，罷廣教總管府十六處，置行宣政院於杭州。院使二員，同知二員，副使二員，同僉、院判各一員，經歷二員，都事、知事、照磨各一員。至正二年，增設崇教所，秩正四品。以理僧俗之事。至元二年，西番寇起，置行宣政院，以也先帖木兒爲院使討之，事平即罷。

宣徽院。秩從一品。掌供玉食及燕享宗戚賓客，及諸王宿衛怯憐口糧食，蒙古萬户千户合納差發，係官抽分，羊馬價值芻粟，收受闌遺等事。院事六員，從一品。同知二員，正二品。副使二員，從二品。僉院二員，正三品。同僉二員，正四品。院判五員，正五品。經歷二員，從五品。都事三員，從七品。照磨一員，正八品。承發架閣庫一員。正八品。

至元四年，置宣徽院，以線真爲使。七年，改宣徽院爲光禄司。秩正三品。後仍爲宣徽院。十五年，置院使一員，同知、同僉各二員，主事二員，照磨一員。二十年，升從二品，增院使一員，置經歷二員，典簿三員。二十三年，升正二品。置院判二員，省典簿，置都事三員。三十一年，增院使四員。大德二年，增同知二員。三年，升從一品。四年，置副使二員。至大四年，省本院參議、斷事官。皇慶元年，增院使三員。始定怯薛歹萬人，本院掌其給授。後定置諸員如上。其屬十二。

光禄寺。秩正三品。掌起運米麯諸事。領尚飲、尚醖局沿路酒坊，各路布種事。卿四員，正三品。少卿二員，從四品。丞二員，從五品。主事二員。從七品。至元十五年，改都提點爲光禄寺，置卿一員，少卿三員，主事一員，照磨一員，管勾一員。二十年，改尚醖監。正四品。《元典章》：監令正五品，提點從五品，丞正六品，知事正八品。二十三年，復爲光禄寺，置卿二員，少卿、丞各一員。二十四年，增少卿一員。二十五年，改隸省部。三十一年，復隸宣徽院。延祐三年，降從三品。泰定二年，復升正三品。定置諸員如上。

大都尚飲局。秩從五品。掌造上用細酒。提點一員，從五品。大使一員，正六品。副使一員。正七品。中統四年，置大使、副使各一員，俱帶金符。至元十二年，增副使一員。十五年，由從六品升從五品，置提點一員。後定置諸員如上。

上都尚飲局。皇慶中始置。提點一員，大使、副使各一員。

大都尚醞局。秩從五品。掌造諸王、百官酒醴。提點一員，從五品。大使一員，正六品。副使二員，正七品。直長一員。正八品。中統四年，立御酒庫，設金符宣差。至元十一年，置提點。十六年，改尚醞局，定置諸員如上。

上都尚醞局。提點一員，大使一員，副使一員，直長一員。至元二十九年置。

大都醴源倉。秩從六品。掌受香莎蘇門等酒材糯米，鄉貢麴藥，以供上醞。提舉一員，從六品。大使一員，從七品。副使一員。正八品。至元二十五年置。

上都醴源倉。秩從九品。掌受大都轉輸米麴，並造車駕臨幸供給之酒。大使一員，從九品。副使一員。至元二十五年置。

尚珍署。秩正五品。置於濟寧路，掌收濟寧等處子粒以供酒材。達魯花赤一員。從五品。令一員，從五品。丞二員，從七品。吏目二員。至元十三年置，十五年罷入有司，二十三年復置。

安豐懷遠等處稻田提領所。秩從九品。提領二員。從九品。掌收稻田子粒，轉輸醴源倉。

尚舍寺。秩正四品。掌行在帷帳之陳設，及牧養駱駝供愛蘭乳酪。太監二員，正四品。少監二員，正五品。監丞二員，從六品。知事二員。從八品。至元三十一年置。初爲尚舍署，至元十七年升。秩正三品。三十一年，改爲寺。大德十一年，改爲監。秩正三品。至大元年，改爲寺。四年，仍爲監。尋復爲寺。延祐三年，復降，正四品。按舊紀：至元十七年升尚舍監，延祐七年降正四品，與志不合，未詳孰誤。定置諸員如上。

諸物庫。秩從七品。掌出納。提領一員，從七品。大使一員，從八品。副使一員。正九品。

大德四年置。

闌遺監。秩正四品。掌不闌奚人口、頭疋諸物。太監一員，正四品。少監二員，正五品。監丞二員，正六品。知事一員，從八品。提控案牘一員。從九品。至元二十年，初立闌遺所。秩正五品。二十五年，改爲監，升正四品。大德十一年，升正三品。至大四年，復正四品。尋又升正三品。延祐七年，復爲正四品。定置諸員如上。

尚食局。掌御膳及出納油麪酥蜜諸物。秩從五品。提點一員，從五品。大使一員，正六品。副使二員，正七品。直長一員。正八品。中統二年，立尚食監。秩正四品。至元二年，改爲局，置提點一員。《元典章》：尚食太監正四品，少監正五品，丞從六品，提舉正七品。當是中統二年所置，舊志誤監爲局，至元二年始改爲局也。大德八年，置掌薪司，以供尚食，命宣徽院掌其事。二十年，省併尚藥局，尚藥局亦置於中統二年。別置生料庫。本局定置諸員如上。

大都生料庫。秩從五品。提點二員，從五品。大使二員，正六品。副使三員。正七品。至元十一年，置生料野物庫。二十年，別置庫，擬內藏庫例，置諸員如上。

上都生料庫。掌受宏州、大同虎賁、司農等歲辦油麪，大都起運諸物，供奉內府，放支宮人宦者飲膳。提點一員，大使一員，副使二員，直長一員。

大都大倉、上都大倉。秩正六品。掌內府支持米豆及酒材米麴藥物。二倉各設提舉一員，正六品。大使各一員，從六品。副使各一員。從七品。至元五年立，設官三員，俱受制國用使司劄札。十二年，改提舉大倉，按舊紀：至元十七年立太倉提舉司，與志不合。設官三員，隸宣徽院。二十五年，升正六品。

大都、上都柴炭局。秩正七品。達魯花赤各一員，正七品。大都大使一員，上都大使三員，從七品。副使各二員。正八品。至元十二年置。秩從六品。十六年，改提舉司，升從五品。大德八年，仍爲局，降正七品。

尚牧所。秩從五品。掌大官羊。提舉二員，從五品。同提舉一員，從六品。副提舉一員，從七品。吏目一員。至元十二年，立尚牧監，後省。至大四年，復立尚牧所，定置諸員如上。

沙糖局。秩從五品。掌沙糖蜂蜜煎造及方貢果木。提點一員，從五品。大使一員，正六品。副使一員。正七品。至元十三年置。秩從六品。《元典章》：沙糖局達魯花赤從五品。十七年，置提點一員。十九年，升從五品。

永備倉。秩從五品。掌受兩部倉庫，起運省部，計置油麵諸物及雲需府所辦羊，以備臨幸膳羞。提點一員，從五品。大使一員，正六品。副使一員。正七品。至元十四年置，給從九品印。二十四年，升從五品。

豐儲倉。秩從九品。掌出納車駕行幸膳羞。大使一員。從九品。

淮東淮西屯田打捕總管府。秩正三品。掌獻歲入以供內府，及湖泊山場漁獵以供內膳。達魯花赤一員，正三品。總管一員，正三品。同知一員，正五品。府判一員，正六品。經歷一員，從七品。知事一員，從八品。提控案牘一員。從九品。至元十四年，立總管府，並管漣海高郵河泊提舉司、沂州等處提舉司事。十六年，置揚州鷹房打捕達魯花赤總管府。二十二年，併爲淮東淮西屯田打捕總管府。後至元四年，升兩淮屯田打捕總管府爲正三品。疑本爲從三品，至惠宗時始升秩正。二十五年，以兩淮新附手號軍千户所隸本府。

又置屯田打捕提舉司九處：曰淮安州，曰高郵，曰招泗，曰安東海州，曰揚州通泰，曰安豐廬州，曰蘄黄，曰鎮巢，凡八處。舊志脱蘄黄一處，據《元典章》補。屯田打捕提舉司，曰塔山徐邳沂州等處山場屯田提舉司。俱秩從五品。每司達魯花赤一員，提舉一員，從五品。同提舉一員，從六品。副提舉一員。從七品。

又抽分場提領所凡十處：曰柴墟東西口，曰海州新壩，曰北砂太倉，曰安河桃源，曰大湖東西口，曰時堡興化，曰高郵寶應，曰汶湖等處，曰雲山白水，曰安東州。每所各設提領一員，同提領一員，副提領一員，俱受宣徽院劄付。

滿浦倉，秩正八品。掌收受子粒米麪等物，以待轉輸京師。大使一員，正八品。副使一員。正九品。至元二十五年置。《元典章》：滿浦倉監支納從七品。

圓米棋子局、軟皮局，各置提領一員，副提領一員，俱受宣徽院劄付。

手號軍人打捕千户所。秩從四品。管軍人打捕野物皮貨。達魯花赤一員，從四品。上千户一員，從四品。上副千户一員，正五品。彈壓一員。從八品。至元二十五年置。

龍慶栽種提舉司。秩從五品。管縉山歲輸粱米〔一〕，及易州、龍門、浄邊官園瓜果等物，以奉上供。達魯花赤一員，從五品。提舉一員，從五品。同提舉一員，從六品。副提舉一員。從七品。至元十七年，置提舉司。《元典章》：縉山栽種副提舉從七品。延祐七年，改縉山爲龍慶州，因以名之。

弘州種田提舉司。秩正六品。掌輸納麥麪，以供内府。達魯花赤一員，正六品。提舉一員，正六品。同提舉一員，正七品。副提舉一員，正八品。直長一員。

豐潤署。秩從五品。掌歲入芻粟，以飼駞馬。達魯花赤一員，從五品。令一員，從五品。丞一員，從六品。直長一員。正八品。

常、湖等處茶園都提舉司。秩正四品。掌常、湖二路茶園户二萬三千有奇，採摘茶芽以貢内府。達魯花赤一員，從五品。按：都提舉司正四品，達魯花赤亦當爲正四品。志作從五品，恐是併平江提舉司時降都提舉司爲提舉司也。舊志簡略，無從補訂，姑仍之。提舉一員，從五品。同提舉一員，從六品。副提舉一員，從七品。提控案牘一員，從八品。都目一員。至元十三年，置統提領所十三處。十六年，升都提舉司。又別置平江等處榷茶提舉司，掌歲貢御茶。二十四年，罷平江提舉司，併掌之。統提領所七處，曰烏程，曰武康德清，曰長興，曰安吉，曰歸安，曰湖汶，曰宜興。《元典章》：榷茶提舉有杭州、寧國、龍興、建寧、廬州、岳州、鄂州、常州、湖州、潭州、静江、臨江、興國、常德府、古田、建安十六處。各設正、同、副提領一員，受宣徽院劄付，掌九品印。

建寧北苑武夷茶場提領所。提領一員，受宣徽院劄，直隸宣徽。

太禧宗禋院。秩從一品。掌神御殿朔望歲時諱忌日辰禋祀典禮。院使都典制神御殿事六員，秩從一品。同知兼佐儀神御殿事二員，正二品。副使兼奉贊神御殿事二員，從二品。僉院兼祇承神御殿事二員，正三品。同僉兼肅治神御殿事二員，正四品。院判供應神御殿事二員，正五品。參議二員，正五品。經歷二員，從七品。都事二員，從七品。管勾一員，從八品。照磨一員，從八品。斷事官四員，從三品。客省使大使四員，從五品。副使二員。從六品。天曆元年，罷會福、殊祥二院，改置太禧院以總制之。秩正二品。是年，升從一品，置參議二員。二年，改太禧宗禋院，立四總管府、一司爲之屬。定置諸員如上。至順元年，命所隸總管府，各置副達魯花赤一員。後至元六年罷。

隆禧總管府。秩正三品。達魯花赤一員，正三品。總管一員，正三品。副達魯花赤一員，正四品。同知一員，從四品。治中一員，從五品。判官一員，正六品。經歷一員，從七品。知事一員，正八品。照磨一員。從八品。至大元年，建南鎮國寺，初立規運提點所。三年，改規運都總管府，領大崇恩福元寺錢糧。十一月，改大崇恩福元寺規運總管府爲隆禧院。秩從二品。天曆元年，罷殊祥院，以隆禧、殊祥併立殊祥總管府。尋又改隆禧總管府。後至元六年，罷太禧宗禋院，隆禧總管府改爲規運提點所，秩正五品。隸宣政院。其屬七：

曰福元營繕司。秩正五品。達魯花赤一員，正五品。司令一員，正五品。大使一員，正六品。副使一員。正七品。天曆元年，以南鎮國寺所立怯憐口事產提舉司改爲崇恩福元提點所。三年，又改爲福元營繕司。

曰普安智全營繕司。達魯花赤一員，司令一員，大使、副使各一員。天曆元年，以太玉山普安寺、大智全寺兩規運提點所併爲一，置提點二員。三年，又改爲營繕司。

曰祐國營繕都司。達魯花赤一員，司令一員，大使、副使各一員，知事一員，提控案牘一員。天曆元年，置萬聖祐國營繕提點所。三年，改營繕都司。

曰平松等處福元田賦提舉司。秩從五品。達魯花赤一員，從五品。提舉一員，從五品。同提舉一員，從六品。副提舉一員。從七品。

曰田賦提舉司。提舉一員，同、副提舉各一員。

曰資用庫。至大三年，立規運都總管府，以資用庫、大益倉隸之。大益倉，志無名。提領一員，從五品。大使一員，正六品。副使一員。正七品。

曰萬神庫。提領一員，大使一員，副使一員。

會福總管府。達魯花赤一員，總管一員，同知一員，治中一員，府判一員，經歷，知事、提控案牘各一員。至元十一年，建大護國仁王寺及昭應宮，置財用規運所。秩正四品。十六年，改規運所爲總管府。《元典章》：大護國仁王寺、昭應宮規運財賦都總管府，達魯花赤、總管，俱正三品。至大元年，改都總管府。秩從二品。尋升會福院，置院使五員。延祐三年，升正二品。天曆元年，改會福總管府，降正三品，定置諸員如上。後至元六年，改規運提點所。其屬五：

曰仁王營繕司。達魯花赤一員，司令一員，大使一員，副使一員。至元八年，立仁王寺鎮遏提舉司。十九年，改鎮遏所。二十八年，併三提領所爲諸色人匠提領所。天曆元年，改鎮遏民匠提領所。三年，改爲仁王營繕司。

曰襄陽營田提舉司。達魯花赤一員，提舉一員，同提舉一員，副提舉一員。初爲襄陽等處水陸地土人户提領所。設官四員。大德元年，改提舉司。天曆二年，仍爲襄陽營田提舉司。

曰江淮等處營田提舉司。達魯花赤一員，提舉一員，同提舉一員，副提舉各一員。至元二十七年置。

曰大都等路民佃提領所。秩從七品。提領一員，從七品。大使一員，從八品。副使一員。正九品。至元二十九年，以武清等十處，併立大都水陸地土種田人民提領所。十五年，又設隨路管民都提領所。天曆元年，併爲大都等路民佃提領所。

曰會福財用所。秩從七品。提領一員，從七品。大使一員，從八品。副使二員。正九品。至元十七年，立財用庫。二十六年，立盈益倉。天曆元年，併爲會福財用所。

崇祥總管府。達魯花赤一員，總管一員，副達魯花赤一員，同知、治中、府判各一員，經歷、知事、提控案牘兼照磨各一員。至大元年，立大承華普慶寺都總管府。二年，改延禧監。尋改崇祥監。皇慶元年，升崇祥院。秩正二品。延祐七年罷，後復置。泰定四年，改爲大承華普慶寺總管府。天曆元年，改崇祥總管府。後至元六年，改規運提點所。其屬九：

曰永福營繕司。達魯花赤一員，司令一員，大使、副使各一員，都目一員。延祐五年，置大永福寺都總管府。秩正三品。後降爲營繕提點所。天曆三年，改永福營繕司。

曰昭孝營繕司。達魯花赤一員，司令一員，大使、副使各一員。壽安山規運提點所，三年改昭孝營繕司，天曆元年立，舊隸大禧總管府。至順二年，改隸崇祥總管府。

曰普慶營繕司。達魯花赤一員，司令一員，大使、副使各一員。天曆二年，改普慶修寺人匠提舉司爲普慶營繕提點所。三年，改營繕司。

曰崇祥財用所。提領一員，大使、副使各一員。至大二年，置諸物庫。四年，置普贍倉。天曆二年，併爲崇祥財用所。曰：永福財用所。掌出納顏料諸物。提領一員，大使、副使各一員。延祐三年，置諸物庫，又置永積倉。天曆二年，併爲永福財用所。

曰鎮江稻田提舉司。達魯花赤一員，提舉、同提舉、副提舉各一員。

曰汴梁稻田提舉司。達魯花赤一員，提舉、同提舉、副提舉各一員。

曰平江等處田賦提舉司。達魯花赤一員，提舉、同提舉、副提舉各一員。

曰冀寧提領所。提領一員。

隆祥使司。從二品。司使四員，從二品。同知二員，正三品。副使二員，從三品。司丞二員，正五品。經歷一員，從五品。都事二員，正七品。照磨兼架閣一員。正八品。天曆二年，中宫建大承天護聖寺，立隆祥總管府，秩正三品。八員。至順二年，升隆祥使司，升從二品。定置各員如上。後至元六年，改爲規運提點所。其屬十一：

曰普明營繕都司。秩正四品。掌營造出納錢糧之事。達魯花赤一員，司令、大使、副使各一員，知事一員，提控案牘一員。天曆元年，創大龍興普明寺於海南，置規運提點所。二年，撥隸龍祥府。三年，改爲都司。

曰集慶萬壽營繕都司。達魯花赤一員，司令、大使、副使各一員，知事一員，提控案牘一員。天曆二年，建龍翔、萬壽兩寺於建康，立龍翔萬壽營繕提點所，屬隆祥總管府。三年，改爲營繕都司。

曰元興營繕都司。達魯花赤一員，司令、大使、副使各一員，知事一員，提控案牘一員。天曆元年，置大元興規運提點所。三年，改爲營繕都司。

曰宣農提舉司。秩從五品。達魯花赤一員，提舉、同提舉、副提舉各一員。天曆二年，以大都等處田賦提舉司隸隆祥總管府。三年，改提舉司。

曰護聖營繕司。秩正五品。掌營造工匠、僧衆衣糧、收徵房課諸事。達魯花赤一員，司令、大使、副使各一員。天曆二年，立大承天護聖營繕所。三年，改營繕司。

曰平江善農提舉司。秩從五品。達魯花赤一員，提舉、同提舉、副提舉各一員。天曆二年，立田賦提舉司。三年，改提舉司。

曰善盈庫。提領一員，大使、副使各一員。天曆二年置，隸隆祥總管府。

曰荆襄等處濟農香户提舉司。秩正五品。達魯花赤一員，司令一員，提舉、同提舉、副提舉各一員。天曆二年，以荆襄提舉司所領河南、湖廣田土爲大承天護聖寺常住，改爲荆襄濟農香户提舉司。

曰龍慶州田賦提領所。秩正九品。提領、同提領、副提領各一員。掌龍慶州所有田土歲賦。天曆二年置。

曰平江集慶崇禧田賦提領所。提領、同提領、副提領各一員。天曆三年置。

曰集慶崇禧財用所。大使、副使各一員。天曆三年置。至順元年，立益都廣農提舉司及益都般陽、寧海諸提領所，並隸隆祥總管府。二年，罷益都等處廣農提舉司，改立總管府，秩從三品，仍令隆祥總管府統之。

壽福總管府。掌祭供錢糧之事。達魯花赤一員，總管一員，副達魯花赤一員，同知一員，治中一員，府判一員，經歷、知事、案牘照磨各一員。至大四年，建大聖壽萬安寺，置萬安規運提點所。秩正五品。延祐二年，升都總管府。秩正三品。尋升壽福院。秩正二品。泰定元年，改立總管府。後至元六年，改規運提點所。其屬五：

曰萬安營繕司。達魯花赤一員，司令、大使、副使各一員。延祐三年，以萬安規運提點所既罷，復立萬安營繕司。

曰萬寧營繕司。達魯花赤一員，司令、大使、副使各一員。大德十年，置萬寧規運提點所。天曆元年，改營繕司。後至元六年，四總管府及隆祥使司俱改規運提點所，仍立萬寧提點所，直隸宣政院。

曰收支庫。提領一員，大使一員。

曰延聖營繕司。達魯花赤一員，司令、大使、副使各一員。初爲天源營繕提點所。天曆二年，改營繕司。

曰諸物庫。提領一員，大使一員。延祐三年，立廣貯庫，秩正七品，置官三員，隸壽福院。

【校勘記】

〔一〕「粱米」，原作「梁米」，據《元史》卷八七志第三十七《百官三》改。

新元史卷之五十九　志第二十六

百官志五

太常禮儀院　典瑞院　太史院
太醫院　奎章閣學士院　藝文監
侍正府　給事中　將作院
通政院　中政院　資政院

太常禮儀院，秩正二品。掌祭享宗廟社稷、封贈謚法等事。院使二員，正二品。同知二員，正三品。僉院二員，從三品。同僉二員，正四品。院判二員，正五品。經歷一員，從五品。都事一員，從七品。照磨兼管勾承發架閣一員。正八品。中統元年，中都立太常寺，設寺丞一員。《元典章》：太常寺卿，正三品。少卿，正四品。丞，正六品。至元八年，併太常寺入翰林院。十八年，復立太常寺，設卿一員，從三品。少卿以下五員。十四年，增博士一員。二十年，升。正三品。大德九年，設奉禮郎二員，協律郎一員，法物庫官二員。《元典章》：法物庫副使正七品。十一年，升太常禮儀院。秩正二品。設官十二員。至大四年，復爲寺，降。正三品。延祐元年，復改升院，以大司徒領之。七年，降。從二品。天曆元年，復升。正二品。定置諸院員如上。其屬：博士二員，正七品。奉禮郎二員，從八品。奉禮兼檢討一員，從八品。協律郎二員，從八品。太祝十員，從八品。禮直管勾一員。從九品。《元典章》：太常奉祀郎，從八品。

太廟署。秩從六品。掌宗廟行禮。令一員，從六品。丞一員，從七品。至元三年置。

郊祀署。秩從六品。掌郊祀行禮。令一員。從六品。丞一員，從七品。大德九年置。

廩犧署。秩從六品。掌太廟郊祀廩犧。令一員，從六品。丞一員，從七品。初，太廟、郊祀二署令兼廩犧署事，至大二年始置。

社稷署。令二員，丞一員，品秩同上。大德元年置。

大樂署。掌禮生、樂工四百七十九户。令二員，丞一員。品秩同上。中統五年置。

典瑞院。秩正二品。掌寶璽、金銀符牌。院使四員，正二品。同知二員，正三品。僉院二員，從三品。同僉二員，正四品。院判二員，正五品。經歷一員，從五品。都事二員，從七品。照磨兼管勾承發架閣庫一員。正八品。《元典章》：符牌局大使，正八品。當亦爲典瑞院屬官。中統元年，置符璽郎二員。至元十六年，立符寶局，給六品印。《元典章》：符寶郎，從五品。十七年，升正五品。十八年，改典瑞監。秩正三品。《元典章》：太監，從三品；少監，從四品；丞，從五品。又，典瑞監卿，正三品。

二十年，降，正四品。省卿二員。二十九年，復，正三品。仍置監卿二員。大德十一年，升典瑞院，正二品。定置諸員如上。至大四年，復典瑞院爲監。

太史院。秩正二品。掌天文、曆數。院使五員，正二品。同知一員，正三品。僉院二員，從三品。同僉二員，正四品。院判二員，正五品。經歷一員，從五品。都事一員，從七品。《元典章》：太史院照磨，從八品。管勾一員。從九品。《元典章》作從八品。至元十五年置院，設太史令等官。至大元年升，從二品。設官十員，延祐三年升，正二品。後定置諸員如上。其屬：

春官正兼夏官正一員，正五品。秋官正兼冬官正、中官正一員，正五品。保章正五員，正七品。保章副五員，正八品。《元典章》作從七品。掌曆二員，正八品。腹裏印曆管勾一員，從九品。各省司曆十二員。正九品。印曆管勾二員，從九品。《元典章》有江浙印曆局管勾、江西印曆局管勾，俱從九品。靈臺郎一員，正七品。監候六員，從八品。副監候六員，正九品。星曆生四十四員，無品秩。挈壺正一員，從八品。司辰郎二員，正九品。燈漏直長一員，無品秩。教授一員，從八品。學正一員。從九品。《元典章》：星曆教授、學正，均從八品。校書郎二員。正八品。

太醫院。秩正二品。掌製造奉御藥物，領各屬醫職。院使十二員，正二品。同知二員，正三品。僉院二員，從三品。同僉二員，正四品。院判二員，正五品。經歷二員，從七品。都事二員，從七品。照磨兼承發架閣庫一員。正八品。《元典章》：太醫院知事從八品，管勾正九品。中統元年，置宣差提點太醫院事，給銀印。至元五年，以太醫院隸宣徽院。二十二年，改爲尚醫監。秩正四品。《元典章》：尚醫監正四品，少監從五品，監丞正六品。二十二年，復爲太醫院，給銀印，置提點四員，《元典章》：尚藥提點正五品。院使，《元典章》：院使正四品。副使、判官各二員。大德五年，升正二品。設官十六員。十一年。增院使二員。皇慶元年，又增院使二員。二年，增院使一員。至治二年，定置諸員如上。其屬附見：

廣惠司。秩正三品。掌修製御用回回藥物及和劑，以療諸宿衛士及在京孤寒者。司卿四員，少卿二員。《元典章》：廣惠司令，從六品。按本司有丞必有令，舊志漏之。司丞二員，經歷、知事、照磨各一員。延祐六年升。正三品。其屬：

大都、上都回回藥物院二。秩從五品。掌回回藥事。達魯花赤一員，從五品。大使二員，從五品。副使一員，正七品。至元二十九年置。至治二年，撥隸廣惠司。

御藥院。秩從五品。掌受各路諸番進貢藥品。達魯花赤一員，從五品。大使二員，從五品。副使二員，正七品。直長一員，正八品。都監二員。正九品。至元六年置。

御藥局。秩從五品。達魯花赤一員，從五品。局使二員，從五品。副使二員。正七品。《元典章》：御藥局副提舉、同提舉，均從六品。行御藥局。掌兩都行篋藥品。達魯花赤一員，大使三員。品秩同上。大德九年置。

御香局。秩從五品。掌修合御用諸香。提點一員，從五品。司令一員。至大元年置。

大都惠民局。秩從五品。掌收官錢，出息修藥劑，以惠貧民。提點一員，從五品。司令一員。正七品。中統二年置，受太醫院劄。至元十四年定。秩從六品。二十一年升〔一〕。從五品。

上都惠民局。提點一員，司令一員。中統四年置。《元典章》：安西路惠民局提點，從五品。同知四川藥材醫局、惠民局，正五品。

醫學提舉司。掌考校諸路醫生課藝。試驗太醫教官，校勘名醫撰述文字，辨驗藥材。秩從五品。醫學提舉一員，從五品。副提舉一員。從七品。至元九年置，十三年罷，十四年復置。

官醫提舉司。秩從五品。掌醫戶差役詞訟。至元二十五年置。大都、保定、彰德、東平四路，設提舉、同提舉、副提舉各一員。河間、大名、晉寧、大同、冀寧、廣平、濟寧、濟南、遼陽、興和十路，設提舉、副提舉各一員。衛輝、懷孟、大寧三路，設提舉一員。此腹裏路分官醫提舉司，改隸於太醫院。其河南等五省各立一司，隸於本省。

奎章閣學士院。秩正二品。大學士四員，正二品。侍書學士二員，從二品。承制學士二員，正三品。供奉學士二員，正四品。參書二員，從五品。典籤二員，正七品。照磨一員，正八品。天曆二年，立於興聖殿西，命儒臣進經史之書，考帝王之治。置大學士二員，正三品。尋升爲學士院。至順二年，定置諸員如上。屬官：

授經郎二員，正七品。天曆二年置。後至元六年罷奎章閣。至正元年立宣文閣，不置學士，惟授經郎及鑒書博士以宣文閣繫銜。

羣玉内司。秩正三品。掌奎章閣圖書及常御之物。司監一員，正三品。司尉一員，從三品。亞尉一員，正四品。僉司一員，從四品。司丞一員。正五品。典簿一員，正七品。天曆二年，更司籍郎，爲秩正六品。羣玉署，至順元年升羣玉内司，後至元元年罷。

藝文監。秩從三品。掌以國語譯儒書及儒書之合校讎者。太監檢校書籍事二員，從三品。少監同檢校書籍二員，從四品。監丞參校書籍事二員，從五品。典簿一員，正七品。照磨一員。正八品。天曆二年置，至元六年改崇文監，至正元年改隸翰林國史院。

監書博士。秩正五品。掌品定書畫。博士二員。正五品。天曆二年置。

藝林庫。秩正六品。掌藏貯書籍。提點一員，正六品。大使一員，從六品。副使一員。正七品。天曆二年置。

廣成局。秩正七品。大使一員，從七品。副使二員，正八品。直長二員。正九品。掌傳刻經籍。天曆二年置。

侍正府。秩正二品。掌内廷近侍之事。侍正十四員，正二品。同知二員，正三品。參府二員，從三品。侍判二員，正四品。經歷一員，從六品。都事一員，從七品。照磨一員。從八品。至大元年，立尚服院。秩從二品。三年升，正二品。後省。至順二年，置侍正府，領速古兒赤四百人、奉御二十四員。後至元元年，以侍正府屬徽政院〔二〕。

奉御二十四員，秩從五品。尚冠二員，從五品。副奉御二員，從六品。尚衣奉御二員，副奉御二員，尚鞶奉御二員，副奉御二員，尚沐奉御二員，副奉御二員，尚飾兼尚韉奉御二員，正六品。副奉御二員，正七品。掌簿四員。從七品。以四怯薛之速古兒赤爲之。至大元年，設尚冠、尚衣、尚鞶、尚沐、尚韉、尚飾六奉御，秩從五品。凡四十八員，隸尚服院。天曆初，省爲二十四員，改隸侍正府。

給事中。秩正四品。掌隨朝省、臺、院諸司，凡奏聞之事，悉紀録之，如古左右史。給事中兼修起居注二員，正四品。右侍儀奉御同修起居注一員，左侍儀奉御同修起居注一員。

從五品。《元典章》：左、右侍儀奉御，正四品。至元六年。置起居注、左右補闕。十五年，改給事中兼修起居注，左右補闕改爲左右侍儀奉御兼修起居注。皇慶元年，升。正三品。延祐七年，仍詳定。正四品。後定置諸員如上。

將作院。秩從二品。掌造金玉珠翠、犀象、寶貝、冠佩、器皿，刺繡緞匹紗羅，異樣百色造作。院使七員，正二品。同知二員，正三品。同僉二員，正四品。院判五員，正五品。經歷一員，從五品。都事一員，從七品。照磨管勾一員，正八品。《元典章》：將作院收支庫大使，從九品。至元三十年，置院使一員，經歷、都事各一員。三十一年，增院使二員。元貞元年，又增二員。大德十一年，升將作院，秩從二品。延祐七年，省院使二員。後升。正二品。定置諸員如上。

諸路金玉人匠總管府。秩正三品。掌造金玉冠飾繫腰束帶、金銀器皿，并總諸司局事。達魯花赤二員，正三品。總管二員，正三品。副達魯花赤二員，正四品。同知二員，從四品。副總管二員，正五品。經歷一員，從七品。知事一員，從八品。照磨一員，正九品。管勾一員。正九品。中統二年，立金玉府。秩正五品。至元三年，改總管府，置總管一員，經歷、提控案牘各一員。十二年，又置同知、副總管各一員。二十五年，置達魯花赤一員。大德四年，又置副達魯花赤、副總管各一員。後定置諸員如上。其屬曰：

玉局提舉司。秩從五品。提舉一員，正七品。同提舉一員，從七品。副提舉一員。正八品。中統二年，以和林人匠置局，始設直長。至元三年，立玉匠局，用正七品印。十五年，改提舉司。

曰金銀器盒提舉司。提舉一員，同提舉一員，副提舉一員，品秩同上。吏目一員。至元十五年，置金銀局。秩從七品。二十四年，改提舉司。秩正六品。大德間升。從五品。按：玉局、金、銀、瑪瑙四提舉司，俱秩從五品，提舉亦當爲從五品，舊志作正七品。《元典章》：金銀器盒提舉正六品，陽山瑪瑙局提舉從五品，均參差不合。

曰瑪瑙提舉司。提舉一員，同提舉一員，品秩同上。吏目一員。至元九年，置大都等處瑪瑙局。秩從七品。管瑪瑙匠户五百有奇，置提舉三員，受金玉府劄。十五年，改立提舉司，領大都、宏州兩處造作，升。從五品。三十年，省副提舉一員。

曰陽山瑪瑙提舉司。提舉一員，同提舉一員，副提舉一員，品秩同上。至元十五年置。

曰金絲子局。秩從五品。大使一員，從五品。副使一員，正七品。直長一員。中統二年設二局，二十四年併爲一。

曰鞋帶斜皮局。秩從八品。大使一員，從八品。副使一員。至元十五年置。

曰瓘玉局。秩從八品。大使一員。從八品。至元十五年置。

曰浮梁磁局。秩正八品。掌燒造磁器并漆造馬尾椶藤笠帽等。大使一員，從八品。副使一員。正九品。至元十五年置。《元典章》：浮梁磁局副使正九品，則大使應爲從八品，磁局秩從八品，舊志作從九品，誤。

曰畫局。秩從八品。掌描畫諸色樣製。大使一員。從八品。至元十五年置。

曰管領珠子民匠官。正七品。掌採蛤珠於楊村、直沽等處。中統二年置。子孫世襲。

曰裝釘局。秩從八品。大使一員。從八品。《元典章》：裝釘局大使，從九品。至元十五年置。

曰大小雕木局。秩從八品。大使一員。從八品。至元十五年置。

曰宣德隆興等處瑪瑙人匠提舉司。秩正六品。至元十五年，提舉一員。從七品。副提舉一員。從八品。至元十五年置。

曰溫犀玳瑁局。秩從八品。大使一員。至元十五年置。

曰上都金銀器盒局。秩從六品。大使一員，從六品。副使一員，正七品。直長一員。至元十六年置。

曰漆紗冠冕局。大使、副使各一員。至元十五年置。

曰大同路採砂所。管領大同路撥到民一百六户，歲採磨玉夏水砂二百石，起運大都以給玉工。大使一員。至元十六年置。

曰管匠都提領所。秩從七品。掌金石府人匠詞訟。都提領一員。從七品。至元十三年置。

曰監造諸般寶貝官。秩正五品。達魯花赤二員。正五品。至元二十一年置。

曰收支諸物庫。秩從八品。大使一員，從八品。副使一員。正九品。至元十五年置。

行諸路金玉人匠總管府。秩從三品。達魯花赤一員。從三品。總管一員，從三品。同知一員，正五品。副總管一員，從五品。經歷一員，從七品。知事一員，從八品。提控案牘一員。從九品。世祖定江南，置浙西金玉人匠提舉司。至元十七年，又置浙西道金玉人匠總管府。至元二十七年，併提舉司入總管府，後罷之。至大間，復置總管府於杭州路。

異樣局總管府。秩正三品。達魯花赤一員，正三品。總管一員，正三品。同知一員。從四品。《元典章》作正五品。副總管一員，正五品。經歷一員，從七品。知事一員。正八品。中統二年，立異樣局提點所，掌御用織造。至元六年，改總管府，置總管一員。十四年，置同知、副總管各一員。二十一年，增總管一員。二十九年，置達魯花赤一員。三十年，省同知、副總管各一員。後定置諸員如上。其屬：

曰異樣文繡提舉司。秩從五品。提舉一員，從五品。同提舉一員，正七品。副提舉一員。正八品。中統二年立局，至元十四年改提舉司。

曰綾綿織染提舉司。提舉一員，同提舉一員，副提舉一員。品秩同上。至元二十四年，改局置提舉司。

曰紗羅提舉司。提舉一員，同提舉一員，副提舉一員。品秩同上。至元十二年改局置提舉司。

曰紗金顏料總庫。秩從九品。大使、副使各一員。從九品。中統二年置。至元二十九年，置織造段匹提舉司，其裁併年分不可考。《元典章》：犀象牙木局使，從五品。

大都等路民匠總管府。秩正三品。總管一員，從三品。同知一員，正五品。副總管一員，從五品。《元典章》作正五品。經歷一員，從七品。知事一員，從八品。《元典章》：大都等路人匠提舉，從五品。提控案牘一員。至元七年置。秩從三品。十四年升正三品。其屬：

曰備章總局。秩正六品。大使一員，正六品。副使一員。至元十三年省併楊薗等八局爲總局。

曰尚衣局。秩從五品。達魯花赤一員，從五品。提舉一員，從五品。同提舉一員，正七品。副提舉一員。正八品。至元二年置。

曰御衣局。達魯花赤一員，提舉、同提舉、副提舉各一員。品秩同上。中統四年置。

曰御衣史道安局。秩從五品。大使一員，從五品。副使一員。從六品。至元二年置，以史道安掌其職，因以名之。

曰高麗提舉司。秩從五品。提舉一員。至元二十二年置。按舊紀：二十一年，以高麗提舉司隸工部，未詳孰誤。

曰織佛像提舉司。秩從五品。提舉一員，從五品。副提舉二員。正八品。延祐三年，置織佛像工匠提領所。秩正七品。四年，改提領所爲提舉司。

通政院。秩從二品。大都院使四員，從二品。同知二員，正三品。副使二員，從三品。僉院一員，正四品。同僉一員，從四品。院判一員，正五品。經歷一員，從五品。都事一員，從七品。照磨兼管勾承發架閣一員。正八品。上都院使、同知、副使、僉院、判官各一員，經歷、知事各一員。品秩同上。元初，置驛以給使傳，設脱脱禾孫以辨奸僞。至元七年，初立諸站都統領司以總之。十三年，改通政院。十四年，分置大都、上都兩院。二十七年，置大都東西二驛，脱脱禾孫以通政院領之。二十九年，又置江南分院。大德七年罷。至大元年，復置，升。正二品。三年，省通政院六員，存十二員。四年罷，以其事歸兵部。是年，復置上都通政院，止管達達站赤。延祐七年，復。從二品。仍兼領漢人站赤，定置諸員如上。其屬：

廩給司。秩從七品。掌邊遠使客飲食供張。提領一員，從七品。司令一員，正八品。司丞一員。正九品。至元十九年置。

中政院。秩正二品。掌中宮財賦并番衛之士湯沐之邑。院使七員，正二品。同知二員，正三品。僉院二員，從三品。同僉二員，正四品。院判二員，正五品。幕職司議二員，從五品。長使二員，正六品。照磨兼管勾承發架閣一員。正八品。元貞二年，置中御府，秩正三品。卿二員。大德元年，增中御府官一員。四年，升中政院。秩正二品。至大元年，升。從一品。定置諸員如上。三年，改皇太子妃怯憐口都總管府爲典內司。四年，升爲院，併中政院入之。皇慶元年，升。正二品。二年，復爲中政院。其屬：

中瑞司。秩正三品。掌皇后寶册。卿五員，正三品。丞二員，正四品。典簿二員。從七品。至大三年置。

內正司。秩正三品。掌營繕之役，地產之儲，以供膳服，備賜予。卿四員，正三品。少卿二員，正四品。丞二員，從五品。典簿二員，從七品。照磨兼管勾一員。正九品。其屬：

曰尚工署。秩從五品。掌百工營繕之役。令一員。從五品。丞二員。從六品。皇慶元年置。領於尚工署者爲玉列赤局。秩從七品。掌裁縫之事，提領一員，大使、副使各一員，直長二員，延祐六年置。

曰贊儀署。秩正五品。掌乘輿之器備。提領一員，大使一員，副使一員，直長二員。皇慶二年置。

典飲局。秩正七品。大使二員，副使二員，典史一員。掌造酒醴以供内府。初置嘉醞局，秩從六品。隸家令。至大二年，改典飲局，兩都分置。皇慶元年，撥隸中宮。舊紀：至順二年，置典瑞司。秩正三品，掌中宮佛事。

管領六盤山等處怯憐口民匠都提舉司。秩正四品。達魯花赤一員，正四品。都提舉一員，正四品。同提舉一員。正六品。副提舉二員，從七品。知事一員，提控案牘一員。至大四年置。元初未有官署，賦無所稽，後遣使覈實著籍，設司領之。其屬：

曰奉元等路、平涼等處、開城等處、甘肅寧夏等路、察罕腦兒等處長官司。秩正五品。各設達魯花赤一員，長官一員，副長官一員，提控案牘一員，都目二員。延祐二年，以民匠提舉司所領地里闊遠，乃酌遠近衆寡，立長官司、提領所以分理之。提領所凡十：秩正七品。奉元等路、鳳翔等處、平涼寧環等處、開城等處、察罕腦兒等處、甘州等處、肅沙等路、永昌寧夏等路、長城等路，各設提領一員，同提領一員，副提領一員，隸於各長官司。

翊正司。秩正三品。掌怯憐口民匠五千餘户。歲辦錢糧造作。令五員，正三品。丞四員，正四品。典簿二員。從七品。至元三十一年，置御位下管領隨路民匠打捕鷹房納棉等户總管府，秩正三品。後隸正宫位下。至大元年省，四年復置。秩正三品。延祐六年，改翊正司，歲終會其出納以達於中政院。後至元元年罷。其屬：

曰管領上都等處諸色人匠提舉司。秩從五品。達魯花赤一員，從五品。提舉一員，從五品。同提舉一員，從六品。副提舉一員，從七品。直長一員，都目一員，吏目一員。元貞元年置，管户二千五百有奇。

曰管領隨路打捕鷹房納棉等户提舉司。達魯花赤一員，提舉一員，同提舉一員，副提舉一員。品秩同上。直長一員。都目一員，吏目一員。元貞元年置。

曰管領歸德、亳州等處管民提領所。秩從七品。提領一員，同提領一員，副提領一員，典史一員。元初收附歸德、楚州、通州等三百五十六户，令脱忽伯管領。大德二年置提領所。

管領大都等路打捕民匠等户總管府。秩正三品。達魯花赤一員，正三品。總管一員，正三品。同知一員，正四品。副總管一員，正五品。經歷一員，從七品。知事一員，從八品。提控案牘照磨一員。從九品。元初，收河南諸路民户一萬五千有奇，置官管領。至元八年，屬有司。二十年，改隸中尚監。二十六年，置總管府。其屬：

在京提舉司二，秩從五品。達魯花赤一員，從五品。提舉一員，從五品。同提舉一員，從六品。副提舉一員，從七品。都目一員。至元十六年，給從七品印。大德四年，省併京外爲十一處，改提舉司，升。從五品。

涿州、保定、真定、冀寧、河南、大名、東平、東昌、濟南等路提舉司，凡九處。設官品秩同上。

提領所凡二十五處：大都等路，東安州、濟寧州、曹州、祁州、完州、河間、濟南、濟陽、大同、元氏、冀寧、晉寧、歸德、南陽、懷孟、汝寧、衛輝、濬州、涿州、真定、中山、平山、大名、高唐等處。各設提領一員，同提領一員，副提領一員，典史一員。

江浙等處財賦都總管府。掌江南没入貲産。達魯花赤一員，都總管一員，同知一員，副總管一員，經歷一員，知事一員，照磨一員，提控案牘一員。品秩同上。至大元年置。舊紀：至大三年，立江浙等處財賦提舉司，隸章慶院，與志不合。其屬：

曰平江、松江、建康等處提舉司，凡三處，並秩正五品。每司各設達魯花赤一員，提舉、同提舉、副提舉各一員，都目一員。

曰豐盈庫。掌本府錢帛。提領一員，大使一員，副使一員。

曰織染局。掌織染歲造段匹。局使一員。

管領種田打捕鷹房民匠等處萬户府。秩正三品。掌歸德、亳州等處蒙古漢軍種田户差稅。萬户一員，正三品。經歷一員，從七品。知事一員，從八品。提控案牘一員。從九品。中統二年置，初隸塔察兒王位下。後改屬中宫，領司屬十處。舊志未載。

管領大名等處種田諸色户總管府。秩正五品。總管一員，副總管一員，都目一員。中統二年置。至元二十三年，置府大名。

管領本投下大都等處諸色户計都達魯花赤。秩正五品。達魯花赤一員，正五品。提控案牘一員，從九品。都目一員。中統三年置。至元十五年，置司大都。

管領大都、河間等路打捕鷹房總管府。秩正五品。總管一員，副總管一員，都目一員。中統二年置，三年給印。

管領東平等路管民官。秩正五品。總管一員，正五品。相副官一員，都目一員。中統二年置，至元二十二年給印。

管領大名等路宣撫司燕京路管民千户所。秩正七品。提領一員，副提領一員。中統二年置。

管領曹州等處本投下民户、管領東明等處本投下民户、管領蒲城等處本投下諸色户計、管領汴梁等路本投下種田打捕驅户四提領。秩正七品。提領各二員，同提領、副提領各一員，典史各一員。中統二年置，至元十四年頒印。

海西遼東哈思罕等處鷹房諸色人匠怯憐口萬户府。秩正三品。管領哈思罕等處、肇州、朵因温都兒諸色人匠四十户。達魯花赤一員，正三品。萬户一員，正三品。副萬户一員，正五品。經歷一員，從七品。知事一員，從八品。提控案牘兼照磨一員。從九品。延祐二年置。其屬：

曰鎮撫司。鎮撫一員。延祐四年置。

曰哈思罕等處打捕鷹房怯憐口千户所。秩從五品。達魯花赤一員，千户一員，副千户一員，吏目一員。至大二年置提舉司，延祐六年改千户所。

曰諸色人匠怯憐口千户所。秩從五品。達魯花赤一員，千户一員，副千户一員，都目一員。初爲提舉司，後爲千户所。

曰肇州等處女直千户所。達魯花赤一員，千户一員，副千户一員，吏目一員，延祐三年置。

曰朵因温都兒乃良哈千户所。延祐三年置。

曰灰亦兒等處怯憐口千户所。至治元年置。

曰開元等處怯憐口千户所。至治元年置。

曰石州等處怯憐口千户所。延祐七年置。

曰瀋陽等處怯憐口千户所。至治元年置。

曰遼陽等處怯憐口千户所。至治二年置。

曰蓋州等處怯憐口千户所。延祐五年置。

曰幹盤等處怯憐口千户所。至治元年置。

遼陽等處金銀鐵冶都提舉司。秩正四品。都提舉一員，正四品。同提舉一員，從五品，副提舉一員，提控案牘一員。延祐三年，立提舉司。秩從五品。後升都提舉司。初辦金銀碏鐵等課，分納中書省及中政院。七年，以其賦盡歸中宫。

管領本位下怯憐口隨路諸色民匠打捕鷹房都總管府。秩正三品。達魯花赤一員，正三品。都總管一員，正三品。同知一員，正五品。副總管一員，從五品。經歷一員，從七品。知事一員，從八品。照磨一員。從九品。掌怯憐口二萬九千户，田萬五千餘頃。中統二年置，大德十年隸詹事院，至大三年隸徽政院。延祐三年改善政司。七年復善政司爲都總管府。至治二年，徽政院及其屬盡罷，天曆二年復立府。

管領諸路打捕鷹房民匠等户總管府。達魯花赤一員，總管一員。同知一員，副總管一員，品秩同上。經歷一員，知事一員，提控案牘一員，照磨一員，大德三年置。其屬：

曰大都等路管民提舉司。達魯花赤一員，同提舉一員，副提舉一員，都目一員。
曰大都保定提領所。提領二員，同提領一員，副提領一員，典史一員。
曰河間真定提領所。提領二員，同提領一員，副提領一員，典史一員。
曰唐州提舉司。達魯花赤一員同，提舉一員，提舉一員副提舉一員，都目一員。
曰南陽鄧州提領所。提領二員，同提領一員，副提領一員，典史一員。
曰唐州泌陽提領所。提領二員，同提領一員，副提領一員，典史一員。
曰襄陽湖陽提領所。提領二員，同提領一員，副提領一員，典史一員。
曰汝寧陳州提領所。提領二員，同提領一員，副提領一員，典史一員。
曰河南提舉司。達魯花赤一員，提舉一員，同提舉一員，都目一員。
曰汴梁裕州提領所。提領二員，同提領一員，副提領一員，典史一員。
曰河南嵩汝提領所。提領二員，同提領一員，副提領一員，典史一員。
曰南陽唐州提領所。提領二員，同提領一員，副提領一員，典史一員。
曰濟寧提舉司。達魯花赤一員，提舉一員，都目一員。
曰冀寧提領所。提領二員，同提領一員，副提領一員，典史一員。
曰晉寧提領所。提領二員，同提領一員，副提領一員，典史一員。

寶昌庫。掌受金銀甜鐵之課，以待儲運。提領一員，大使一員。

金銀場提領所凡七。梁家寨銀場、明世銀場、寧務銀場、寶山銀場、燒炭峪銀場、胡寶峪銀場、七寶山甜灰場。俱從七品。每所設提領一員，從七品。同提領一員，副提領一員。

鐵冶管勾處二所。各設管勾一員，同管勾一員，副管勾一員。

奉宸庫。秩從五品。掌中藏寶貨錢帛給納之事。提點四員，從五品。副使二員，正七品。提控案牘一員。至元二十七年罷，大德二年復置。

廣禧庫。掌收支御膳野物，職視生料物。達魯花赤一員，提舉一員，從五品。大使一員，正六品。副使二員。正七品。大德八年置。

資政院。秩正二品。院使六員，同知、僉院、同僉、院判各二員，經歷、都事各一員，管勾、照磨各一員。至元六年，爲完者忽都皇后置。將昭功萬户府司屬，除已罷繕工司外，集慶路錢糧併入有司，撥付資政院。既而正宫皇后崩，册立完者忽都爲皇后，改爲崇政院。

【校勘記】

〔一〕「二十一年升」，「升」字原脱，據《元史》卷八八志第三十八《百官四》補。

〔二〕「侍正府」，「正」原作「政」，據上文改。

新元史卷之六十　志第二十七

百官志六

詹事院　大撫軍院　昭功萬户都總使司
内史府　周王常侍府　諸王傅等官
都護府　崇福司

詹事院。秩從一品。詹事三員，從一品。同知二員，正二品。副詹事二員，從二品。丞二員，正三品。中議二員，從五品。長史二員，正六品。照磨二員，正八品。管勾二員。正八品。至元十年立東宮宮師府，十九年改立詹事院。《元典章》：詹事院二品，副詹事正三品，丞正四品，又有左右詹事，正二品。備輔翼皇太子之任。置左右詹事各一員，副詹事、詹事丞、院判各二員。別置宮臣賓客二員，左右諭德、左右詹善各一員，校書郎二員，中庶子、中允各一員。三十一年皇太子卒，改詹事院爲徽政院，凡錢糧選法工役悉歸太后位下。大德九年，復立詹事院。尋罷。十一年，武宗即位，立仁宗爲皇太子，更置詹事院。秩從一品。置參議、斷事官。至大元年，改詹事院使爲詹事，副詹事爲少詹事，院判爲丞，置司議郎。正五品。三年，改少詹事爲副詹事，四年罷。延祐四年，立英宗爲皇太子，復置詹事院。秩從一品。詹事四員，副詹事、丞並二員。七年罷，仍爲徽政院。泰定元年，罷徽院，改立詹事如前。天曆元年，改爲儲慶使司。二年罷，復立詹事院，置斷事官。未幾，改儲政院。秩正二品。院使六員，正二品。同知二員，正三品。僉院二員，從三品。同僉二員，正四品。院判二員，正五品。司議二員，從五品。長史二員。正六品。後罷。至順三年，立徽政院。元統元年，置徽政院官屬。至正六年，置皇太子宮傅府，時皇太子猶未受册寶。九年，立端本堂，置諭德一員，正二品。贊善二員，正三品。文學二員，正五品。正字二員，正七品。司經二員。正七品。十三年，立皇太子，又置賓客二員，正二品，《元典章》作正三品。左右諭德各一員，從二品。左右贊善各一員，從二品。文學二員，從五品。中庶子、中允各一員。從六品。《元典章》：中庶子、左右諭德均正四品。未幾，罷宮傅府，復立詹事院。秩從一品。定置諸員如上。《元典章》詹事府司獄，從五品。其屬附見：

家令司。秩正三品。掌太子飲膳、供張、倉庫。家令二員，正三品。二員，正四品。家丞二員。正五品。《元典章》作從四品。典簿二員，正七品。照磨二員。正九品。至元二十年置。三十一年，改内宰司，《元典章》：内宰正三品，丞從四品。隸徽政院。大德十一年，復立。秩從二品。至大四年罷。延祐四年，復立。秩從三品。七年罷。泰定元年，復以内宰司爲家令司。天曆元年罷，未幾復立。舊紀：延祐七年，内宰司復爲正三品。天曆二年，復置家令司。與此俱不合。二年，又改内宰司，後罷。至正十三年，復立家令司，定置諸員如上。其屬《元典章》詹事：署典寶、典乘、典藏、典器四令，俱正五品。

曰典幄署。秩正五品。掌太子供張。令一員，丞一員。至大元年置。是年，置承和署，秩正五品。又改爲典染司。秩正三品。二年，改典樂司提典、大使等官爲卿、少卿、丞。

曰典膳署。秩正五品。掌東宫飲膳。令二員，丞二員。至元十九年立，三十一年改掌膳司，泰定元年復爲典膳。

曰柴炭局。秩從七品。掌薪炭之出納。提領一員，大使一員，副使一員。至元二十年立。

曰藏珍、文成、供須三庫。秩從五品。各設提點二員，大使二員，副使二員，分掌金銀、珠玉、寶貨、段匹、絲棉等物。至元二十七年置。

曰提舉備用庫。秩從五品。達魯花赤一員，從五品。提舉一員，從五品。大使一員。《元典章》：徽政院備用庫副使，從七品。提控案牘一員。掌一切錢糧規運等事。至元二十年置。二十二年設達魯花赤。

曰嘉醞局。秩從五品。提點二員，大使一員，副使二員。至元十七年，立掌醞局。大德十一年，改司，升正四品。延祐六年，仍爲局。至治三年罷。泰定四年，復立。天曆二年，改嘉醖局。

曰西山煤窰廠。領馬鞍山、大峪寺石灰煤窰辦課。提領一員，大使一員，副使二員。至元二十四年置。

曰保定等路打捕提領所。秩從七品。提領四員，典史一員。至元十一年，收集人户爲打捕户計，及招到管絲銀差發税糧等户，立提領所。

曰廣平、彰德課麥提領所。秩從七品。至元三十年，以二路渡江時駐蹕之地，召民種佃，置所官統之。

曰廣惠庫。大使一員，副使一員。至元三十年，以鈔本五千定立庫，放典收息，納於備用庫。

曰豐裕倉。秩從七品。監支納一員。倉使一員。至治二年，設提領等官。三年罷。天曆二年立儲政院，復給印。

曰備用庫。秩從七品。掌造作顔料及雜器物。大使二員，副使二員。至元二十五年置，大德元年給印，至治三年罷，泰定三年復立。

府正司。秩正三品。掌太子鞍轡弓矢等物。府正二員，正三品。府丞二員，正五品。《元典章》作從四品。典簿二員，正七品。照磨二員。正九品。至元二十年置，三十一年改宮正司，《元典章》：宮正正三品，丞從四品，照磨從八品。大德十一年，復爲府正司。至大二年，升，正二品。四年罷。延祐四年復立，七年罷。泰定元年，復立。天曆二年，增府正、府丞各二員，尋罷。至大十三年，復立。其屬：

曰資武庫。秩正五品。掌軍器。提點一員，正五品。大使一員。正五品。至大元年置。

曰驥用庫。品秩同上。掌鞍轡。提點一員，大使一員。至大元年置。

延慶司。秩正三品。掌修佛事。使二員，正三品。同知一員，正四品。副使二員，正五品。典簿二員，照磨一員。至元二十一年置，隸詹事院。三十一年，隸徽政院。大德十一年，別立延慶司，不屬於詹事院。品秩同上。至大四年。改延慶司爲都功德使。延祐四年，復置延慶司，設官四員，升正二品。七年，復爲正三品。泰定元年，仍隸詹事院。天曆元年罷。二年，復立，增丞二員。

典寶監。秩正三品。掌太子册寶。卿二員，正三品。太監二員，從三品。少監二員，從四品。監丞一員，正五品。經歷一員。從七品。知事一員，從八品。照磨一員。正九品。至元十九年，立典寶署。秩正五品。《元典章》：典寶令，正五品。二十年，升正五品。三十一年罷。大德十一年，復立監，升秩正三品。至大元年罷。延祐四年，復立。七年罷。泰定元年復立。天曆元年罷。至正十三年復置。

典用監。秩正三品。掌供須、文成、藏珍三庫，《元典章》：供須、文成、藏珍三庫大使，俱正六品。內府供給段匹寶貨。卿四員，正三品。太監二員，從三品。少監二員，從四品。監丞一員，從五品。經歷一員，從七品。知事一員，從八品。照磨一員。正九品。至大元年置。天曆二年，以三庫改隸內宰司。

典醫監。秩正三品。掌領東宮太醫修合藥餌。達魯花赤二員，正三品。卿三員，太監二員，少監二員，丞二員，經歷、知事各一員。品秩俱同上。至元十九年，置典醫署。秩正五品。三十一年，改掌醫署，尋罷。大德十一年，復立典醫監。秩正三品。至大四年罷。泰定三年，復立署。秩正五品。天曆二年，改監，定置諸員如上。其屬：

曰廣濟提舉司。達魯花赤一員。提舉、同提舉、副提舉各一員。掌製藥以施貧民。

曰行典藥局。達魯花赤一員，大使、副使各一員。

曰典藥局。達魯花赤一員，大使、副使各一員，並掌東宮藥劑。

典牧監。秩正三品。掌孳畜之事。卿二員，太監二員，少監二員，丞二員，經歷、知事各一員。品秩俱同上。大德十一年置，後省。天曆二年復置。

儲膳司。秩正三品。掌東宮飲膳。卿四員，少卿二員，丞二員，主事二員，照磨一員。

天曆二年置。《元典章》：掌謁、掌醫、掌膳、掌儀四署令，俱正五品。掌寶、掌膳、掌飯、掌醫、掌設、掌乘、掌藏、掌器八署丞，俱從六品。皆徽政院屬官。詹事院改徽政院，其屬官，曰掌謁司：至元三十一年，改典寶署爲掌謁司。大德十一年，定品秩如典寶監，設卿四員，丞二員，典簿二員。至治三年罷。曰甄用監：掌供須、文成、藏珍三庫，卿三員，太監、少監、丞各一員，經歷、知事、照磨各一員，品秩同典用監。至大元年立，至治三年罷。曰延福司：秩正三品，令、丞各四員。大德十一年置。後併入羣牧監。曰章慶使司：秩正三品，司使四員，同知、副使、司丞各二員。至大三年置，至治三年罷。曰奉徽庫：秩從五品，提點大使各二員，副使四員。至治三年罷。曰壽和四署：秩正五品，署令四員，丞六員。至治三年罷。曰上都掌設署：秩正五品，令五員，丞二員。至大四年置，至治三年罷。曰掌醫監：至元三十一年改典醫監爲署，至大元年升監，秩正三品，領監官一員、達魯花赤一員、卿四員、太卿五員、太監五員、少監六員、丞二員。至治三年罷。曰修合司、藥正司，曰行篋司、藥局：俱秩從五品，至治三年罷。曰羣牧監：秩正二品，卿三員，太卿、少卿、監丞各二員。至大四年置，至治三年罷。曰掌儀署，曰上都掌儀署：俱秩正五品，令、丞各二員。至治三年罷。曰江西財賦提舉司：秩從五品，達魯花赤一員，提舉、同提舉、副提舉各一員。至元二十七年置，至治三年罷。曰織染局：局使、副使、局副、同副官各一員。曰桑落娥眉洲管民提領所、封州等州管民提領所、龍興打捕提領所：提領、副提領各一員，均至治三年罷。曰鄂州等處民户水陸事産提舉司：達魯花赤一員，提舉、同提舉、副提舉各一員。至元二十一年置，至治三年罷。瑞州户計長官司：秩從五品，達魯花赤一員，長官、副長官各一員。至治三年罷。

左都威衛使司。秩正三品。使三員，正三品。副使二員，從三品。僉事二員。正四品。經歷、知事、照磨各一員。至元十六年，以侍衛親軍一萬户撥屬東宫，立侍衛都指揮使司。三十一年，改隆福宫左都威衛使司，隸中宫。至大三年，選造作軍士八百人，立千户所一、百户翼八，以領之，分局造作。至治三年，罷軍匠千户所。

鎮撫所。鎮撫二員，正五品。都目一員。

行軍千户所。千户二員，副千户二員，知事、彈壓各一員，百户二十員。

屯田左右千户二所。千户二員，都目一員，彈壓一員，百户每所二十員。

弩軍千户所。千户二員，都目一員，彈壓一員。

資食倉。大使一員，副使一員。

右都威衛使司。衛使三員，副使二員，僉事二員，經歷、知事、照磨各一員。品秩同上。中統三年，以世祖五投下探馬赤立總管府。秩正四品。設總管一員。二十一年，撥屬東宫。二十二年，改蒙古侍衛親軍都指揮使司。秩正三品。三十一年，改隆福宫右都威衛使司。

延祐二年，置儒學教授一員。四年，增蒙古字教授一員。

鎮撫司。鎮撫二員，都目一員。

行軍千户所。秩正四品。千户五員，副千户五員，知事五員，百户五十員，彈壓五員。

屯田千户所。秩從五品。千户二員，彈壓一員，百户七員，都目一員。

廣貯倉。秩正九品。大使一員，副使一員。

衛候直都指揮使司。秩正四品。達魯花赤二員，佩三珠虎符；都指揮使二員，佩三珠虎符；副指揮使二員，佩雙珠虎符。知事一員，提控案牘一員。至元二十年，以控鶴一百三十五人隸府正司。三十一年，增控鶴六十五人，立衛候司領之。大德十一年，復增懷孟從行控鶴二百人，升都指揮使司。秩正四品。延祐元年，升，正三品。七年，降。正四品。至治三年罷，泰定四年復立，後又罷，至正三年復立。

百户所六。秩從七品。每所百户二員。

儀從庫。秩從七品。大使二員，副使一員。

管領怯憐口諸色民匠都總管府。秩正三品。領怯憐口人匠造作等事。至大三年，改皇太子妃怯憐口總管府爲興内司，是此府屬皇太子妃位下。達魯花赤一員，正三品。總管一員。正三品。同知一員，正四品。副總管二員，正五品。經歷一員，從七品。知事一員，從八品。提控案牘、照磨、管勾各一員。至大三年立府，至治三年罷爲興内司。天曆元年復立。隸儲政院。其屬附見：

管領大都怯憐口諸色人匠提舉司。秩正五品。達魯花赤一員，提舉一員，同提舉、副提舉各一員，首領官一員。

管領上都怯憐口諸色人匠提舉司。秩正五品。達魯花赤一員，提舉一員，同提舉、副提舉各一員，首領官一員。

典製局。秩從七品。大使、副使各一員，直長二員。

典設置。秩從五品。令、丞各四員。掌內府朮剌赤二百二十户。至元二十年置。三十一年，改掌儀署，隸內宰司。泰定元年，復爲典設。天曆二年，隸本府。

雜造人匠提舉司。秩從四品。達魯花赤一員，提舉一員，同提舉、副提舉各一員，都目一員。至元八年置，初隸繕珍司。至大三年，改隸章慶司。章慶罷，凡造作之事悉歸之。天曆二年，隸本府。

雜造局。秩正九品。院長一員，直長一員，管勾一員。

隨路諸色人匠都總管府。秩正三品。達魯花赤一員，正三品。總管二員，正三品。同知一員，正五品。副總管二員，從五品。經歷、知事、照磨、提控案牘各一員。中統五年，命招集析居放良、還俗僧道等户習諸色匠藝，立管領怯憐口總管府以司造作。秩正四品。至元九年，升。正三品。大德十一年，改繕珍司。延祐六年，升徽儀使司。秩正二品。至大元年，仍爲繕珍司。秩正三品。舊紀：至大元年，改繕珍司，升正三品，作徽政院人匠總管府。至治三年，復改都總管府。其屬附見：

上都諸色民匠提舉司。秩從五品。提舉一員，從五品。同提舉一員，從六品。副提舉一員，從七品。吏目一員。至元十九年置。

金銀器盒局。秩從六品。大使一員，副使一員。正七品。至元七年置。

染局。秩正八品。大使一員，副使一員。至元七年置。

雜造局。秩正八品。大使、副使各一員。至元七年置。

泥瓦局。大使、副使各一員。至元七年置。

鐵局。大使一員，副使一員，至元七年置。

上都葫蘆局。大使一員，副使一員。至元七年置。

器物局。副使一員。中統五年置。

砑金局。大使一員。至元二十年置。

鞍子局。大使一員。至元七年置。

雲州管納色提領所。提領一員。掌納色人户。至元七年置。

大都等路諸色人匠提舉司。秩從五品。提舉一員，同提舉一員，副提舉一員。至元十六年置。其屬：

曰雙線局。提領一員，副使一員。至元十八年置，受詹事府劄。

曰大小木局。大使一員，副使一員，直長一員。至元十八年置。受詹事院劄。元貞元年，併領皇后位下木局。

曰盒鉢局。大使一員，副使一員，直長一員。至元七年置。受府劄。

曰管納色。提領一員，管銅局、篩司、鎖兒局、裝釘局、雕木局。至元三十年置。

成製提舉司。秩從五品。掌縫紉之事。達魯花赤一員，提舉一員，同提舉一員，副提舉一員。吏目一員。至元二十九年置，受院劄。大德二年，升提舉司。至治三年罷。泰定四年，復置。

上都大都貂鼠軟皮等局提領所。提領二員。至元九年置，受府劄。二十七年，給從七品印，改受省劄。大德十一年，給從六品印，改受敕牒。至治三年，仍受省劄。其屬：

曰大都軟皮局。使一員，副使一員。至元十三年置。

曰斜皮局。局使一員，副使一員。至元十三年置。

曰上都軟皮局。局使一員，副使一員。至元十三年置。

曰牛皮局。大使一員。至元十三年置。

曰金絲子局。大使一員，副使一員，直長一員。至元十二年置。

曰畫油局。大使一員，副使一員，直長一員。至元二十年置。受詹事院劄。

曰氈局。提領一員。大使一員，副使一員，直長一員。至元十三年，受集人户爲氈匠。二十六年，置局。

曰材木庫。大使、副使各二員。至元十六年置。

曰瑪瑙玉局。大使、副使各一員。至元十四年置。

大都奧魯提領所。掌匠人詞訟。提領一員。至元十八年置，受詹事院劄。

上都奧魯提領所。提領一員，同提領一員。至元十八年，受詹事院劄。至元十七年，罷上都奧魯官，當是罷而復置。

上都異樣毛子局。大使一員，副使一員。至元二十年置，受詹事院劄。

上都氈局。大使一員，副使一員，直長一員。至元二十年置，受詹事院劄。

上都斜皮等局。大使一員，副使一員。至元二十年置，受詹事院劄。

蔚州定安等處山場採木提領所。秩正八品。提領一員，大使一員，副使二員。至元十二年置。

上都隆興等路雜造鞍子局。提領一員，大使一員，直長二員，至元二十二年置，受詹事院劄。

真定路冀州雜造局。大使一員，副使一員。至元十九年置。

珠翠局。大使、副使各一員，直長一員。至元三十年置。

管領大都等路打捕鷹房臙粉人户總管府。秩正四品。達魯花赤一員，正四品。總管一員，正四品。首領官一員。至元十四年，打捕鷹房達魯花赤招集平灤散户。二十九年，立總管府。大德十一年，撥隸皇太后位下。延祐六年，升。正四品。

管領本投下大都等路怯憐口民匠總管府。達魯花赤一員，總管一員，俱受御寶敕旨。同知一員，副總管一員〔一〕，俱受安西王令旨。國初，招集怯憐口哈赤民匠一千一百餘户。中統元年，立總管府。二年，給六品印。至元九年，撥隸安西王位下。皇慶元年，又屬公主皇后位下。延祐元年，改隸章慶司。天曆二年，又改隸儲政院。其屬附見：

織染提舉司。秩正七品。掌織染段匹。提舉一員，受安西王令旨。同提舉一員，本府擬人。副提舉一員，都目一員，俱受安西五傅劄。

管民提領所三。大都路兼奉聖州提領六員，曹州提領二員，河間路提領三員，受本府劄。

管地提領所二。奉聖州提領三員，東安州提領三員，受本府劄。

管領諸路怯憐口民匠都總管府。秩正三品。達魯花赤一員，正三品。總管一員，正三品。同知二員，正五品。副總管二員，從五品。經歷、知事、提控案牘兼照磨各一員。至元七年，招集析居從良、還俗僧道編籍人户爲怯憐口，立總管府以領之。十四年，改隸中宮。十六年，立織染、雜造二局，以司造作，立提領所以司徭役。二十五年，改升。正三品。延祐四年，改繕用司。七年，復改都總管府。其屬附見：

各處管民提領所。秩正七品。河間、益都、保定、冀寧、晉寧、大名、濟寧、衛輝、宣德九所，提領、副提領各一員，相副官二員。汴梁、曹州、大同、開元、大寧、上都、濟南、真定八所，提領、副提領、相副官各一員。大都、歸德、鄂漢三所，提領、同提領、副提領各一員，相副官一員，大都增一員。

織染局。秩正七品。大使、副使、相副官各一員。

雜造局。秩正七品。大使、副使、相副官各一員。

宏州衣錦院。秩正七品。大使、副使、直長各一員。

豐州毛子局。秩正七品。大使、副使各一員。

縉山毛子旋匠局。秩正七品。大使一員。

徐邳提舉司。秩正五品。提舉、同提舉、副提舉、各一員。

廣備庫。大使、副使各一員，俱受院劄。

汴梁等路管民總管府。秩正三品。達魯花赤一員，正三品。總管一員，正三品。同知一員，正五品。府判一員，正六品。經歷、知事、提控案牘各一員。國初，立息州總管府，從三品。領歸附六千三百餘户。元貞元年，又併壽潁歸附民户二千四百户，改汴梁等路管民總管府，掌各屯佃户差發子粒隸徽政院。泰定元年，改隸詹事府。其屬：庫一，提領所八，管佃提領十二。

常盈庫。大使、副使各一員。

提領所：曰新降户，曰真陽新蔡。曰息州，曰汝寧，曰陳州，曰汴梁，曰鄭州，曰真定。每所提領各一員，副提領、相副官各一員。

管佃提領：曰汝陽五里岡，曰許州堰城縣，曰青龍宋岡，曰陳州須城商水等屯，曰分山曲堰，曰許州臨潁屯，曰許州襄城屯，曰汝陽金鄉屯，曰潁豐屯，曰遂平横山屯，曰上蔡浮召屯，曰汝陽縣煙亭屯。各設提領二員。

江淮等處財賦都總管府。秩正三品。達魯花赤一員，正三品。總管一員，正三品。同知一員，正五品。副總管二員，從五品。經歷、知事、照磨兼提控案牘各一員。至元二十六年，以宋謝太后福王所獻事産及賈似道、劄堅等田立總管府以治之。大德八年罷。天曆二年復立，隸詹事院。至大二年，立興聖宮江淮財賦總管府。其屬附見〔二〕：

儲用庫。提領、大使、副使各一員。

杭州織染局。大使、副使、相副官各一員。

揚州等處財賦提舉司。達魯花赤一員，提舉、同提舉、副提舉各一員，提控案牘都目各一員。其屬曰安慶等處河泊所，提領、大使、副使各一員。

建康等處財賦提舉司。達魯花赤、提舉、同提舉、副提舉各一員，提控案牘、都目各一員。後至元元年罷。

建康織染局。大使、副使、相副官各一員。

貴池織染局。大使、副使、相副官各一員。

建康等處三湖河泊所。提領、大使、副使、相副官各一員。後至元元年罷。

池州等處河泊所。提領、大使、副使各一員。

平江等處財賦提舉司。達魯花赤、提舉、同提舉、副提舉各一員，提控案牘、都目各一員，後至元元年罷。

杭州等處財賦提舉司。設官同上。後至元元年罷。

陝西等處管領毛子匠提舉司。達魯花赤、提舉各一員。國初，收集織造毛子人匠。至元三年，置官二員，皆世襲。

大撫軍院。秩從一品。後至元二十七年，命皇太子總天下兵馬，置大撫軍院。知院四員，同知二員，副使七員，同僉一員，經歷、都事各二員，照磨兼管勾一員，二十八年罷。

昭功萬户都總使司。秩正三品。都總使二員，正三品。同知二員，從三品。副使二員，正四品。經歷、知事、照磨各一員。至順二年置。凡文宗潛邸扈從之臣，皆領於是府。後至元六年罷。

怯憐口錢糧總管府。秩正三品。達魯花赤二員，正三品。都總管一員，正三品。副達魯花赤一員，從三品。同知二員，正五品。副總管。從五品。經歷、知事、提控案牘、承發架閣各一員。初爲宫相都總管府。至順二年罷宫相府，並鶴馭司改爲怯憐口錢糧總管府。

織染雜造人匠都總管府。秩正三品。達魯花赤一員，總管一員，同知一員，副總管二員，經歷、知事、提控案牘、照磨各一員。至元二十年，爲管領織染段匹人匠設總管府。元貞二年，升都總管府，隸徽政院。天曆元年，改隸儲慶司。三年，又改隸宫相府。宫相府罷，屬都總使司。屬於織染都總管府者：

織染局。秩從七品。大使一員，副使一員。至元二十三年，提舉司爲綾錦局。秩從七品。大使一員，副使一員。至元八年置。九年，以招收析居放良、還俗僧道爲工匠二百八十有二户，教習織造之事。紋錦局。秩從七品。大使一員，副使一員。至元八年，設長官。十二年，以諸人匠賜東宫。十三年罷長官，改設大使、副使。

中山局，秩從七品。大使一員，副使一員。至元十二年罷真定局。從七品。大使一員。中統元年置。至元十六年，以賜東宮。

弘州蕁麻林局、納失二局。秩從七品。各設大使一員，副使一員。至元十五年置。十六年，併爲一局。三十一年，徽政院以兩局相去一百餘里，復分二局。

大名織染雜造兩提舉司。秩正六品。至元二十一年置，各置提舉、同提舉、副提舉一員。三十年，增置雜造達魯花赤一員。

供用庫。秩從九品。大使、副使各一員，受徽政院劄。元初爲綾錦總庫，至元二十一年改供用庫。

管領諸路打捕鷹房納綿等户都總管府。秩正三品。達魯花赤一員，正三品。都總管一員，正三品。同知一員，正五品。治中一員，從五品。府判一員，從六品。經歷、知事、提控案牘各一員。掌人匠一萬三千有奇，歲辦税糧皮貨採捕野物，以供内府。至元十二年，賜東宮位下。十六年，立都總管府以治之。三十一年，隸徽政院。至大四年，隸崇祥院。延祐六年，又隸詹事院。天曆元年，隸儲慶司。至順元年，改隸宫相府。宫相府罷，屬都總使司。凡屬於本總管府者，管領上都等處打捕鷹房納綿等户，大使、司大使、副使各一員。管領順德等處打捕鷹房納棉等户提領所，達魯花赤一員，提領、副提領各一員。管領冀寧等處，大都左右巡院等處，固安等處，中山等處，濟南等處，順德等處，益都等處，大同等處，濟寧等處，興和等處，晉寧等處，檀州等處，大寧等處，薊州等處，真定等處，趙州等處，保定等處，冀州等處，汴梁等處打捕鷹房納棉等户提領所，凡十九處。提領、副提領各一員。管領順州稻田提領所，提領、副提領各一員。管領懷慶稻田提領所，提領一員。廣衍庫，大使管領。滑山炭場所，大使一員。

繕工司。秩正三品。卿二員，少卿二員，丞二員，經歷、知事、照磨兼提控案牘、管勾承發架閣各一員，掌人匠營造之事。天曆二年置。其屬：

曰金玉珠翠提舉司。達魯花赤、提舉、同提舉、副提舉各一員，吏目一員。後至元元年罷。

曰大都織染提舉司。提舉二員，同提舉、副提舉各一員，吏目一員。

曰大都雜造提舉司。達魯花赤、提舉、同提舉、副提舉各一員，吏目一員。

曰富昌庫。大使一員，副使一員。

内史府。秩正二品。内史九員，正二品。《元典章》作從二品。中尉六員，正三品。《元典章》作從三品。司馬四員，正四品。《元典章》作從四品。咨議二員，從五品。記室二員，從六品。照磨兼管勾承發架閣庫一員。從八品。至元三十年，封晉王於太祖四斡耳朵之地，改王傅爲内史，秩從二品。置官十四員。大德元年，增内史一員。至大元年，升正二品。給印分司京師，並分置官屬。延祐三年，置晉王部斷事官四員，都水太監四員，省卿一員。

延慶司，秩正三品。掌王府祈禱之事。使三員，正三品。同知二員，正四品。典簿一員。從七品。至元二十九年置，未幾罷。大德三年，復置。十一年，升正二品。至大四年，改都功德使司。延祐三年，復爲延慶司。《元典章》：延慶司使，正三品。舊紀：至大三年，升秩正二品。

斷事官。秩正二品。理王府之詞訟。斷事官十六員，正三品。經歷一員，知事一員。

典軍司。秩從七品。掌控鶴百二十六人，典軍一員，副使二員。大德四年置。

隨路諸色民匠打捕鷹房都總管府。秩正三品。總四斡耳朵位下户計民匠造作之事。達魯花赤二員，正三品。都總管一員，正三品。同知一員，正五品。副總管二員，從五品。經歷、知事、提控案牘各一員。至元二十四年置，官吏不入常調。凡斡耳朵之事，復置四總管分掌之。至順元年，立諸色民匠打捕鷹房都總管府，秩正二品。疑罷而復置。

管領保定等路阿哈探馬赤諸色人匠總管府。秩從三品。掌太祖大斡朵一切事務。達魯花赤、總管、同知、副總管各一員，知事一員。至元十七年置。

管領曹州東平等路民匠提舉司。秩從五品。達魯花赤、提舉、同提舉、副提舉各一員。

至元十七年置。
管領大都納棉提舉司。秩從六品。達魯花赤、提舉、副提舉各一員。至元十七年置。
管領上都奉聖州長官司。秩從六品。管出征軍五十一户。達魯花赤、長官各一員。至元十七年置。
管領保定織染局。秩從六品。管匠人一百一户。達魯花赤、提舉、同提舉、副提舉各一員。至元十七年置。
管領豐州捏只局。頭目一員。掌織造花毯。至元十七年置。
管領打捕鷹房民匠達魯花赤總管府。秩正四品。掌二皇后斡耳朵位下歲賜財物造作等事。達魯花赤、總管、同知、副總管、知事各一員。至元二十一年置。
管領口子迤北長官司。秩從五品。達魯花赤、長官、副長官各一員。至元二十一年置。
管領隨路諸色民匠達魯花赤等官。秩正五品。達魯花赤、總管、同知、副總管各一員。至元二十一年置。
管領隨路打捕納棉民匠長官司。秩從五品。達魯花赤、長官各一員。至元二十一年置。
管領涿州成錦局人匠提舉司。秩從五品。達魯花赤、提舉、同提舉、副提舉各一員。至元年置。

元二十一年置。

管領河間民匠提舉司。秩從四品。達魯花赤、提舉、同提舉、副提舉各一員。至元二十一年置。

管領河間、滄州等處長官司。秩正五品。達魯花赤、長官、副長官各一員。至元二十一年置。

管領河間、臨邑等處軍民長官司。秩正七品。達魯花赤、長官、副長官各一員。至元二十一年置。

管領隨路諸色民匠打捕鷹房等户總管府。秩從四品。掌太祖斡耳朵四季行營事務。達魯花赤、總管、同知、副總管、知事各一員。大德二年置。

管領涿州等處民匠異錦局。秩正五品。達魯花赤、提舉、同提舉、副提舉各一員。大德二年置。

管領上用織染局。秩從七品。提舉、同提舉、副提舉各一員。大德二年置。

管領上都大都麴米等長官司。秩從七品。達魯花赤、長官、副長官各一員。大德二年置。

管領彰德等處長官司。秩從七品。達魯花赤、長官、副長官各一員。大德二年置。

管領上都大都等處長官司。秩從五品。達魯花赤、長官、副長官各一員。大德二年置。

管領泰安等處長官司。秩正七品。達魯花赤、長官、副長官各一員。大德二年置。

管領曹州等處長官司。秩從五品。達魯花赤、長官、副長官各一員。大德二年置。延祐六年，置河南田賦總管府，秩從三品。隸内史府。達魯花赤、總管、同知各一員，副總管二員。

管領隨路打捕鷹房諸色民匠怯憐口總管府。秩從三品。掌太祖四皇后位下四季行營并歲賜造作之事。達魯花赤一員，從三品。總管一員，從三品。同知，正五品。副總管從五品。各一員。經歷、知事、提控案牘兼照磨各一員。延祐五年置。

管領大都上都打捕鷹房納米麵提舉司。秩從正品。統領一百九十五户。達魯花赤、提舉各一員。延祐五年置。

管領大都涿州織染提舉司。秩正七品。達魯花赤、提舉各一員。延祐五年置。

管領河間路清州人匠提舉司。秩從五品。達魯花赤、提舉各一員。延祐五年置。

隨路打捕鷹房諸色民匠總管府。秩正四品。掌北安王位下歲賜錢糧之事。達魯花赤、總管、同知、副總管、知事各一員。至元二十四年置。

管領大都等處納棉提舉司。秩正七品。達魯花赤、提舉、副提舉各一員。至元二十二年置。

管領大都等處金玉民匠稻田提舉司。秩從五品。達魯花赤、提舉、副提舉各一員。至元二十二年置。

管領大都薊州打捕提舉司，秩從五品。達魯花赤、提舉、副提舉各一員。至元二十二年置。《元典章》：管領懷孟等處人匠打捕達魯花赤，從七品。

雜造局。秩正六品。達魯花赤一員，提舉、同提舉、副提舉各一員。至元十六年置。

怯憐口諸色人匠達魯花赤並管領上都納棉提舉司。秩正五品。掌迭只斡耳朵位下怯憐口諸色民匠及歲賜等事。達魯花赤、長官、同知、副長官各一員，提控案牘一員。

上都人匠提領所。秩從七品。達魯花赤、提領、同提領副提領各一員。至元二十四年置。

上都、大都提領所。秩從七品。掌本位下怯憐口等事。達魯花赤、大使、副使各一員。至元二十七年置。

歸德長官司。秩正六品。達魯花赤、長官、副長官各一員。至治三年置。

管領上都大都諸色人匠納棉户提舉司。秩從五品。掌斡耳朵位下歲賜等事。達魯花赤、提舉、同提舉各一員。至元二十七年置。

致用庫。秩從七品。提領、大使各一員，副使二員。至元二十七年置。

提領司。秩從八品。提領三員，副提領一員。至元十一年置。

上都人匠局。秩從七品。達魯花赤二員，副使二員。至元二十七年置。

周王常侍府。秩正三品。常侍七員，中尉四員，咨議、記室各二員。打捕鷹房總管府設官六員，斷事官八員，延福寺、飲膳署各二員。延祐三年置。是年，復置斷事官二員。後罷。

諸王傅。秩正三品。寬徹不花太子至齊王位下凡四十五王，各設王傅、傅尉、秩正三品。司馬秩正五品。三員。傅尉，惟寬徹不花、也不干、斡羅温三王有之。自此以下，皆稱府尉。秩正四品。別於王傅之下，司馬之上。三員並設。又多寡不同，或少至一員，多至三員者。齊王又獨設王傅一員。

都護府。秩從二品。掌領舊州城及畏吾兒之居漢地者。大都護四員，從二品。同知二員，從三品。副都護二員，從四品。經歷一員，從六品。都事一員，從七品。照磨兼承發管勾一員。正八品。至元十一年，初置斷事官。秩正三品。十八年，改領北庭都護府。秩從二品。二十年。改大理寺。秩正三品。二十二年，復爲都護府。延祐二年，升。正二品。七年，復爲。從二品。定置諸員如上。至元十一年，立建都寧遠都護府，兼領互市監。其省罷年分未詳。

崇福司。秩從二品。掌領馬兒哈昔列班也里可温十字寺祭享等事。使四員，從二品。同知二員，從三品。副使二員，從四品。司丞二員，從五品。經歷一員，從六品。都事一員，從七品。照磨一員。正八品。至元二十六年置。延祐二年改爲院，置領院事一員，省併天下也里可温掌教七十二所，悉以其事歸之，升正二品。七年。復爲司，降從二品。定置諸員如上。

【校勘記】

〔一〕「副總管」，原倒作「總副管」，據《元史》卷八九志第三十九《百官五》乙正。

〔二〕「其屬附見」，原倒在「至大二年」之上，據《元史》卷八九志第三十九《百官五》乙正。

新元史卷之六十一　志第二十八

百官志七

大都留守司　武備寺　太僕寺　尚乘寺　長信寺　長秋寺　承徽寺　長寧寺　長慶寺　寧徽寺　延徽寺　太府監　度支監　利用監　中尚監　章佩監　經正監　都水監　行都水監　都水庸田使司　都總制庸田使司　秘書監　司天監　回回司天監　司禋監　上都留守司　尚供總管府　雲需總管府　大都路總管府

大都留守司。秩正二品。掌守衛都城宫禁，調度本路供億，兼理營繕内府諸邸、尚方供張及門鑰啟閉之事。留守五員，正二品。同知二員，正三品。副留守二員，正四品。判官二員，正五品。經歷一員，從六品。都事二員，從七品。管勾承發架閣庫一員，正八品。照磨兼覆料官一員，正八品。部役兼壕寨一員。至元八年，至元二年置宫殿府，秩正四品。罷宫殿府行工部入少府監。二十一年，置大都留守司，兼本路都總管，知少府監事。《元典章》：大都留守司達魯花赤兼少府監事正二品，大都留守正二品。知當時有達魯花赤，其何時裁省則不可考。是年，又別置大都路都總管府，併少府監入留守司。皇慶元年，復立少府監，隸留守司。延祐七年，罷少府監，以本司兼監事。至正十八年，置大都分府四。其屬附見：

修内司。秩從五品。領十四局工匠。提點一員，從五品。大使一員，從五品。副使一員，正七品。直長五員，正八品。吏目一員，照磨一員，部役七員。中統二年置。其屬：

曰大木局。提領七員，管勾三員。中統二年置。

曰小木局。提領二員。同提領一員，副提領三員，管勾二員，提控四員。中統四年置。

曰泥廈局。提領八員，管勾二員。中統四年置。

曰車局。提領二員，管勾一員。中統五年置。

曰裝釘局。提領二員，同提領二員。中統四年置。

曰銅局。提領一員，同提領一員，管勾一員。中統四年置。以上六局，俱秩從八品。

曰竹作局。提領二員。提控一員。中統四年置。

曰繩局。提領二員。中統五年置。

祗應司。秩從五品。掌内府及諸正邸異巧工作，修禳寺觀營繕。大使一員，從五品。副使一員，正七品。直長二員，正八品。吏目一員。《元典章》：祗應司都監，正九品。世祖建大都、上都宮殿，始置司。其屬：

曰油漆局。提領五員，同提領、副提領各一員。掌髹漆。中統元年置。

曰畫局。提領五員，管勾一員。掌藻繪之工。中統元年置。

曰銷金局。提領一員，管勾一員。掌裝鋈之工。中統四年置。

曰裱褙局。提領一員。掌裝裱之工。中統二年置。

曰燒紅局。提領二員。掌心紅顔料。至元元年置。

器物局。秩從五品。掌内府宮殿及一切寺觀公廨之營繕，凡御用各位下鞍轡、忽哥轎子、帳房車輛、金寶器物皆掌之。大使一員，從五品。副使一員，正七品。直長二員，正八品。吏目一員。中統四年，置御用器物局，受省劄。至元七年，改器物局，其屬：

曰鐵局。提領三員，管勾三員。掌輕細鐵工。中統四年置。

曰減鐵局。管勾一員。掌造御用及諸宮邸繫腰。中統四年置。

曰盒鉢局。提領二員。掌製御用繫腰。中統四年置。

曰成鞍局。提領三員。掌造御用鞍轡、象轎。中統四年置。

曰羊山鞍局。提領一員。掌造常課鞍轡。至元十八年置。

曰綱局。提領二員，管句一員。掌綱扇之工。中統四年置。

曰刀子局。提控二員。掌造御用及諸宮邸寶貝佩刀。中統四年置。

曰旋局。提領二員。掌造御用木器。中統四年置。

曰銀局。提領一員。掌造御用金銀器盒。中統四年置。

曰轎子局。提領一員。掌造御用木植鞍子諸物。中統四年置。

曰採石局。秩從七品。大使、副使各一員。掌營造石材。至元四年置，曰石局總管。至元十一年，撥採石夫二千餘户，常任工役，置大都等處採石提舉司。二十六年罷，立採石局。

山場。提領一員。管勾五員。後改爲總管。

大都城門尉。秩正六品。尉二員。正六品。副尉一員。從六品。掌門禁啟閉管鑰之事。至元二十年置，以四怯薛八剌哈赤爲之。二十二年，增諸門尉、副各一人。二十四年，復以六衛親軍參掌。凡十有一門，曰麗正、文明、順承、平則、和義、肅清、晏貞、健德、光熙、崇仁、齊化，每門設尉二員，副尉一員。

犀象牙局。秩從六品。大使、副使、《元典章》：象犀牙局副使，正七品。直長《元典章》：正八品。各一員。掌營繕犀象龍床卓器繫腰等事。中統四年置。至元五年，增副使一員。其屬：

曰雕木局。提領一員。掌宫殿香閣營繕之事。至元十一年置。

曰牙局。提領一員，管勾一員。掌象牙龍床之工。至元十一年置。

大都四窰場。秩從六品。提領、大使、副使各一員。《元典章》：大都窰場大使從八品。舊志從六品，當是謁字。掌營造白琉璃磚瓦。至元十三年置。其屬：

曰南窰場。大使、副使各一員。中統四年置。

曰西窰場，大使、副使各一員。至元四年置。

曰琉璃局。大使、副使各一員。中統四年置。《元典章》：大都鐵局大使、石局大使均正八品。舊志無此二官。

凡山採木提舉司。秩從五品。掌採伐雜作木植，及造只孫繫腰刀把諸物。達魯花赤、提舉各一員，並從五品。同提舉一員，正七品。副提舉一員，正八品。吏目一員。至元十四年置。

上都採山提領所。秩從八品。提領、副提領、提控各一員。至元九年置。

凡山宛平等處管夫匠所。提領二員，同提領二員，管領催車材户提領一員。至元十五年置。

器備庫。秩從五品。提點一員，從五品。大使一員，從六品。副使二員，正七品。直長四員。

正八品。掌金銀寶器二千餘事。至元二十七年置。

甸皮局。秩正七品。大使一員。至元七年置。十四年始定品秩。二十一年，改隸留守司，歲辦熱造紅甸羊皮二千有奇。

上林署。秩從七品。署令、署丞各一員，《元典章》：上林署，令正八品，直長從八品。直長一員。掌栽花卉〔一〕，供蔬果，種苜蓿以飼駝馬，備碟炭以給營繕。至元二十四年置。

養種園。提領二員。掌西山淘煤，羊山燒造黑白木炭，以供上用。中統三年置。

花園。管勾二員。掌花果。至元二十四年置。

苜蓿園。提領三員。掌種苜蓿。

儀鸞局。秩正五品。掌燈燭張設之事，及門户鎖鑰，内府諸宮太廟等處祭祀庭燎，縫製簾帷，灑掃掖庭，領燭刺赤、水手、樂人、禁蛇人等。輪直怯薛大使四員，正五品。副使二員，從六品。直長三員，正八品。都目一員。至元十一年置。秩正七品。二十三年，升。正五品。至大四年，仁宗御西宮，又別立儀鸞局，設官同。延祐七年，增大使二員，以宦者爲之。其屬曰：

燭刺赤提領八員、提控四員，水手提領二員，針工提領一員，蠟燭局提領一員。

木場。提領一員，大使一員，副使一員。掌受給營造宮殿材木。至元四年置。

大都路管領諸色人匠提舉司。秩從五品。掌理斷婚田詞訟等事。提舉一員，從五品。同提舉一員，正七品。副提舉一員，正八品。吏目一員。中統四年置人匠奥魯總管府。秩從四品。《元典章》：大都人匠副總管，正五品。至元十二年，改提舉司。十五年，兼管採石人户。

真定路、東平路管匠官。秩從七品。每路大使一員，副使一員。中統四年置。

保定路、宣德府管匠官。秩從七品。保定大使一員，副使一員，管匠官一員。宣德管匠官二員。中統四年置。

大名路管匠官。秩從七品。大使一員，管匠官三員。中統四年置。

晉寧、冀寧、大同、河間四路管匠官。每路大使、副使各一員。中統四年置。

收支庫。秩正九品。掌受給營。提點一員，大使一員，副使二員，直長二員。至元四年置。

諸色庫。秩正八品。掌修内材木及江南異様木植，并應辦官寺齋事。大使一員，副使一員。至大四年置。

太廟收支諸物庫。秩正八品。大使、副使各一員。至治二年，以應治太廟始置。

南寺、北寺收支諸物二庫。秩正七品。提領、大使各一員，副使二員。至治元年，以建壽安山寺始置。

廣誼司。秩正三品。司令二員，正三品。同知二員，正四品。副使二員，正五品。判官二員，正六品。經歷、知事各二員，照磨一員。總和顧和買、營繕織造工役。至元十四年，改覆實司辨驗官，兼提舉市令司。《元典章》：覆實司達魯花赤，從五品；同提舉，正六品。大德五年，又分大都路總管府官屬，置供需府。至順二年罷之，立廣誼司。元統二年罷，復立覆實司。《元典章》：都成所提舉司達魯花赤，從五品。上都同。

武備寺。秩正三品。掌繕戎器，兼司受給。卿四員，正三品。同判六員，從三品。少卿四員，從四品。丞四員，從五品。經歷、知事各一員，從八品。照磨兼提控案牘一員，從八品。承發架閣庫管勾，辨驗弓官二員，辨驗筋角翎毛等官。至元五年，改軍器局爲軍器監，秩正四品。《元典章》：監知事正八品。照磨從八品，經歷從七品。十年，以各路弓矢甲匠並隸軍器監。十九年升。正三品。二十年，立衛尉院，改軍監爲武備監，秩正四品。隸衛尉院。二十一年，改監爲司，與衛尉並立。大德十一年，升爲院。秩正二品。至大四年，復爲寺。其所轄屬官，則自爲選擇匠户之能者任之。泰定四年，復設武備寺，同判六員。

壽武庫。秩從五品。提點二員，從五品。大使二員，正六品。副使四員。正七品。至元十年，以衣甲庫改之。

利器庫。秩從五品。提點三員，大使二員，副使二員。品秩同前。至元五年，立軍器庫。十年，改利器庫。

廣勝庫。秩從五品。掌平陽、太原等處歲造兵器。達魯花赤一員，從五品。大使一員，正六品。副使一員。正七品。

大同路軍器人匠提舉司。秩從五品。達魯花赤一員，從五品。提舉一員，從五品。同提舉一員，正七品。副提舉一員。正八品。其屬：豐州甲局，院長一員。應州甲局，院長一員。平地縣甲局，院長一員。山陰縣甲局，院長一員。白登縣甲局，頭目一員。豐州工局，使一員。賽甫丁弓局，頭目一員。

平陽路軍器人匠提舉司。秩正六品。達魯花赤一員，提舉、同提舉、副提舉各一員。其屬：本路投下雜造局，大使一員，副使一員；絳州甲局，大使一員。

太原路軍器人匠局。秩正七品。達魯花赤一員，局使一員，副使一員，吏目一員。

保定軍器人匠提舉司。秩正六品。達魯花赤一員，提舉、同提舉、副提舉各一員。其屬：河間甲局，院長一員。沂州安平縣甲局，院長一員。陵州箭局，頭目一員。《元典章》有蓋州等處箭局大使，正七品。

真定路軍器人匠提舉司。秩從六品。達魯花赤一員，提舉、同提舉、副提舉各一員。《元典章》：真定工匠提舉司提舉，從五品。其屬：冀州甲局，院長一員。

懷孟河南等路軍器人匠局。秩正七品。局使、局副各一員。其屬：懷孟路弓匠院長一員。《元典章》：恩州、涼州二軍器局大使，正七品。志不載。

汴梁路軍器局。秩正七品。局使、局副各一員。其屬：常課弓局，院長一員。常課甲局，院長一員。

益都濟南箭局。秩正七品。局使一員。

彰德路軍器人匠局。秩正七品。大使、副使各一員。

大名軍器局。秩正七品。大使、副使各一員。

上都甲匠提舉司。秩從五品。提舉、同提舉、副提舉各一員。其屬：興州白局子甲局，院長一員。興州千户寨甲局，院長一員。松州局五指崖甲局，院長一員。松州勝安甲局，院長一員。

遼河等處諸色人匠提舉司。秩從五品。達魯花赤一員，提舉、同提舉、副提舉各一員。其屬：遼蓋弓局，大使、副使各一員；蓋州甲局，局使一員。

上都雜造局。秩正七品。大使、副使各一員。

奉聖州軍器局。秩從七品。大使、副使各一員。

蔚州軍器人匠提舉司。秩正六品。達魯花赤一員，提舉、同提舉、副提舉各一員。

宣德府軍器人匠提舉司。秩正六品。達魯花赤一員，提舉、同提舉、副提舉各一員。

廣平路甲局，院長一員。

東平等路軍器人匠提舉司。秩從五品。達魯花赤一員，提舉、同提舉、副提舉各一員。

通州甲局提舉司。秩正六品。達魯花赤一員，提舉、同提舉、副提舉各一員。

薊州甲匠提舉司。秩正五品。達魯花赤一員，提舉、同提舉、副提舉各一員。

欠州武器局。秩從五品。大使、副使各一員。

大都甲局提舉司。秩正六品。達魯花赤一員，提舉、同提舉、副提舉各一員。至元二十六年，改總管府。二十八年，罷大都甲匠總管府。《元典章》：大都甲匠同知總管府事，正五品。

大都箭局。秩從七品。大使、副使各一員。

大寧軍器人匠提舉司。秩從六品。達魯花赤一員，提舉、同提舉、副提舉各一員。《元典章》：軍器人匠大同路、東平等路、大寧路、宣德等路提舉司達魯花赤，均從五品。志或作從六品，或作正六品，當屬字誤。

豐州雜造局。秩正六品。達魯花赤一員，大使、副使各一員。

歸德府軍器局。院長一員。

汝寧府軍器局。院長一員。
陳州軍器局。院長一員。
許州軍器局。秩正七品。大使、副使各一員。
咸平府軍器人匠局。秩正七品。達魯花赤一員，大使、副使各一員。《元典章》作咸平府甲局，大使、達魯花赤俱正七品。
大都弓匠提舉司。秩正五品。達魯花赤一員，提舉、同提舉、副提舉各一員。其屬：雙搭弓局，大使、副使各一員。成吉里弓局，大使、副使各一員。通州工局，院長一員。
大都絃局。大使、副使各一員。至元三十年，改提舉司置司。
隆興路軍器人匠局。達魯花赤一員，大使、副使各一員。至元三十年置。《元典章》：諸路箭匠、弓匠絃局，提舉司提舉，均正五品。同提舉，從六品。
平灤路軍器人匠局。大使、副使各一員。至元三十年置。
大都雜造局。提領二員。元貞二年置。
太僕寺。秩從二品。掌阿塔思馬匹，受給造作鞍轡之事。卿二員，從二品。少卿二員，秩從四品。丞二員，從五品。經歷、知事、照磨、管勾各一員。中統四年，設羣牧所。至元二十一年罷羣牧所，見本紀。疑置監後羣牧所爲本監屬官，至二十一年始省。至元十二年，改尚牧監。《元典章》：尚牧監，正四品。十九年，又改太僕院。二十年，改衛尉院。二十四年，罷院立太僕寺，正三品。隸宣徽院。又别置尚乘寺，本寺止管阿塔思馬匹。二十七年，隸中書省，置提調官二員。大德十一年，復改太僕院，升從二品。至大四年，仍爲寺。

尚乘寺。秩從三品。掌上御鞍轡輿輦，阿塔思羣牧騸馬驢騾，理四怯薛阿塔赤詞訟。卿四員，從三品。少卿二員，從四品。丞二員，從五品。《元典章》作從六品。經歷，從七品。知事、照磨，正八品。管勾，從八品。各一員。至元二十四年罷衛尉院，始設尚乘寺，《元典章》：尚乘寺卿正三品，同判尚乘寺事從三品至從五品。領資乘庫。大德元年，增寺卿一員。十一年，仍改衛尉院。秩從二品。至大四年，復爲寺。延祐七年，降。從三品。泰定二年，復。正三品。

資乘庫。秩從五品。掌收支鞍轡等物。提點四員，從五品。大使三員，正六品。副使四員。正七品。至元十三年置。二十年，隸衛尉。二十四年，隸尚乘寺。

長信寺。秩正三品。領斡耳朵怯憐口諸事。卿四員，正三品。少卿二員，從四品。丞二員，從五品。經歷、知事各一員。大德五年置。至大元年，改爲院。四年，仍爲寺，卿五員，增少卿一員，以宦者爲之。延祐七年，省卿、少卿各一員。定置諸員如上。

怯憐口諸色人匠提舉司。秩從五品。領大都、上都二鐵局，並怯憐人匠。達魯花赤一員，提舉、同提舉、副提舉各一員，吏目一員。至元二十五年置。

大都鐵局。秩從五品。掌斡耳朵往來造作裝釘房車〔一〕。大使、副使各一員，直長一員。至元十二年置。《元典章》：大都鐵局，大使正八品，副使正九品。志秩從五品，疑有誤。

上都鐵局，大使、副使各一員。至元十六年置。品秩同前。

長秋寺。秩正三品。掌武宗五斡耳朵户口、錢糧、營繕等事。卿五員，正三品。少卿二員，從四品。丞二員，從五品。經歷、知事各一員。皇慶二年置。

怯憐口諸色人匠提舉司。掌正宮作造之役。達魯花赤一員，同提舉、副提舉各一員，吏目一員。至大元年，斡耳朵三位下撥到銀匠五百餘户，置提舉司，隸中政院。後屬長秋寺。

怯憐口諸色人匠提舉司。秩從五品。掌武宗軍中北來人匠。達魯花赤一員，提舉、同提舉、副提舉各一員，吏目一員。至大元年置。

承徽寺。秩正三品。掌答兒麻失里皇后位下錢糧、營繕等事。卿五員，正三品。少卿二員，正四品。丞二員，從五品。經歷、知事各一員。至治元年置。

怯憐口諸色人匠提舉司二。秩正五品。各設達魯花赤一員，提舉、同提舉、副提舉各一員，吏目一員。至治三年置。

長寧寺。秩正三品。掌英宗速哥八剌皇后位下户口、錢糧、營繕等事。卿六員，正三品。少卿二員，從四品。丞二員，從五品。經歷、知事各一員。至治三年置。

長慶寺。秩正三品。掌成宗斡耳朵及常歲管辦禾矢房子、行幸怯薛台人等衣糧之事。卿六員，少卿二員，丞一員。品秩同前。經歷、知事各一員，泰定元年，罷中瑞司，置寺。

寧徽寺。秩正三品。隸八不沙皇后位下。卿六員，少卿四員，丞二員。品秩同前。經歷、知事各一員。天曆二年置。

延徽寺。秩正三品。掌懿憐質班皇帝斡耳朵。卿、少卿、丞。品秩同前。至元六年，依累朝故事置。

太府監。秩正三品。領左右藏等庫。太卿六員，正三品。太監六員，從三品。少監五員，從四品。丞五員，正五品。經歷、從七品。知事、從八品。照磨各一員，中統四年置。至元四年，爲宣徽太府監。八年，升。正三品。大德九年，改爲院。秩從二品。院判參用宦者。至大四年，復爲監，定置諸員如上。

內藏庫。秩從五品。掌出納御用諸王緞匹等物。提點四員，從五品。大使二員，正六品。副使二員，正七品。至元二年，置署上都。十九年，置署大都，以宦者領之。復有行內藏，二十八年省之，止存內藏及左右二庫。

右藏。提點四員，大使二員，副使二員。品秩同前。掌收支金錢寶鈔、只孫緞匹、水晶瑪瑙玉諸物。至元十九年置。

左藏。提點四員，大使二員，副使二員。品秩同前。掌收支常課和買紗羅帛絹諸物。至元十九年置。至元二十九年，立司籍庫，隸太府監，儲物之籍入者。元貞元年罷。

度支監。秩正三品。掌給馬駝芻粟。卿三員，正三品。太監二員，從三品。少監三員，從四品。丞二員，從五品。經歷二員，知事一員，提控案牘一員，照磨兼管勾一員。元初，置孛可孫。至元八年，以重臣領之。《元典章》：孛可孫主事從七品，照磨兼承發架閣庫從八品。十三年，省孛可孫以宣徽兼其任。大德九年，省孛可孫，存十二員。至大二年，從尚書省請，廢孛可孫，改立度支院。秩正二品。設同知、僉院、院判等官。四年，改爲監。

利用監。秩正三品。掌出納皮貨衣物。卿八員，正三品。太監五員。從三品。少監五員，從四品。丞四員，正五品。經歷、知事、照磨、管勾各一員。至元十年，改資用庫爲利用監。二十年罷。二十六年，復置。秩從三品。二十九年升。正三品。大德十一年，改爲院，升。秩正二品。至大四年，復爲監。

資用庫。秩從五品。提點二員，從五品。大使三員，正六品。副使五員。正七品。至元二年置，隸太府。十年，改隸利用監。

怯憐口皮局人匠提舉司。秩正五品。《元典章》作從五品。提舉二員，同提舉一員。正七品。《元典章》：怯憐口皮局副提舉，正八品。提控案牘一員。中統元年置局，至元六年改提舉司。

雜造雙線局。秩從八品。《元典章》作正八品。造皮貨鷹帽等物。大使、副使、直長、典史各一員。

熟皮局。掌熟野獸皮貨等物，大使、副使、直長各一員。至元十年置。

軟皮局。掌細毛銀鼠諸色皮貨，大使、副使、直長各一員。至元二十五年置。

斜皮局。掌熟造各色野馬皮胯，副使一員。至元二十年置。

貂鼠局提舉司。秩正五品。提舉、同提舉、正六品。副提舉正八品。各一員。至元二十年置。

貂鼠局。副使二員，直長一員。至元十九年置。

染局。副使一員，直長、管勾各一員。至元二十年置。

熟皮局。秩從七品。大使、副使各一員。至元六年置。

中尚監。秩正三品。掌大斡耳朵位下怯憐口及領資成庫氈作，供內府陳設帳房車輿雨衣之用。卿八員，正三品。太監二員，從三品。少監二員，正四品。丞二員，正五品。經歷、知事、照磨各一員。至元十五年，改資成庫爲尚用監。《元典章》：尚用監太監正四品，丞正六品。二十年罷。二十三年改置中尚監。三十年分置兩都、灤河三庫。怯憐口等九司局，而總領之。至大元年，升爲院。秩正二品。四年復爲監，參用宦者三人。

資成庫。秩從五品。掌造氈貨。提點三員，從五品。大使三員，正六品。副使三員。正七品。至元二年置，隸太府，十五年罷，後復立。三年，改隸本監。

章佩監。秩正三品。掌速古兒赤所收御服寶帶。卿五員，正三品。太監四員，從三品。少監二員，從四品。丞二員，正五品。經歷、知事、照磨各一員，至元二十二年，升御帶庫爲章佩監。大德十一年，升爲院。秩從二品。至大四年，復爲監，仍。從三品。至正十二年，添置少監。

御帶庫。秩從五品。掌繫腰偏束等帶并條環諸物。提點三員，大使三員，副使二員。品秩同前。至元二十八年置，俱以中官爲之。元貞二年，增二員，兼署上都之事。

異珍庫。秩從五品。掌御用珍寶、后妃公主首飾。提點三員，大使三員，副使二員。品秩同前。至元二十八年置。

經正監。秩正三品。掌營盤納鉢及檀撥投下草地，有詞訟則治之。太卿一員，正三品。太監二員，從三品。少監二員，從四品。丞二員，正五品。經歷、知事各一員。至大四年置，少監以上並奴都赤爲之，監丞流官爲之。

都水監。秩從三品。掌治河渠水利之事。都水監二員，從三品。少監一員，正五品。丞二員，正六品。經歷、從七品。知事各一員。至元二十八年置。二十九年，領河道提舉司。大德九年，升。正三品。延祐七年，仍。從三品。

大都河道提舉司。秩從五品。提舉一員，從五品。同提舉一員，從六品。副提舉一員。從七品。

河南山東提水監。至正六年置。品秩同前。《元典章》：成都路、沙州路、興元路、永昌西涼府河渠司達魯花赤、大使，俱從五品。無爲州河渠司、安西路河渠營田司副使，俱正七品。

行都水監。至元十四年置行都水監〔三〕，兼行漕運司。至大元年罷。至正八年，復置於濟寧鄆城。十一年，立河防提舉司。隸行都水監。秩從四品。十二年，添設判官二員。十六年，添設少監、監丞、知事各一員。品秩同都水監。

大都河道提舉司。秩從五品。提舉一員，從五品。同提舉一員，從六品。副提舉一員。從七品。

都水庸田使司。秩正三品。掌種稻田之事。庸田使二員，副使二員，僉事二員，經歷、知事、照磨各一員。泰定二年，置都水庸田使司於松江，掌江南水利。後罷。後至元二年，復置司於平江。未幾，又罷。五年復置。至正十二年，又置都水庸田使司於汴梁，定置諸員如上。

都總制庸田使司。秩從二品。使二員，從二品。副使二員，從三品。僉司六員，從四品。經歷二員，從六品。都事二員，從七品。照磨兼管勾承發架閣一員。從八品。至正十年，置河南江北等處都總制庸田使司。其屬：

軍民總管府。秩從三品。凡五處，各置達魯花赤一員，從三品。總管一員，正五品。同知一員，正六品。府判一員，從七品。經歷一員，從八品。知事一員，從九品。提控案牘兼管勾承發架閣一員。

農政司。秩正五品。農政一員，正五品。農丞一員，正六品。提控一員。

豐盈庫。秩正八品。提領一員，正八品。大使、副使各一員。正九品。

秘書監。秩正三品。掌歷代圖籍並陰陽禁書。卿四員，正三品。太監二員，從三品。少監二員，從四品。丞二員，從五品。典簿一員。從七品。屬官：著作郎二員，從六品。著作佐郎二員，正七品。秘書二員，正七品。校書郎二員，正八品。辨驗書畫直長一員。正八品。至元九年置。《元典章》：秘書都從三品，少監正五品，丞正六品。大德九年，升正三品，給銀印。延祐元年，置卿四員，參用宦者二人。

司天監。秩正四品。掌曆象之事。提點一員，正四品。司天監三員，正四品。少監五員，正五品。丞四員。正六品。《元典章》：司天臺判官，從八品。知事。屬官：提舉二員，教授二員，並從九品。《元典章》作從八品，學正同。學正二員，天文科管勾二員，算曆科管勾二員。三式科管勾二員，測驗科管勾二員，漏刻科管勾二員。並從九品。陰陽管勾一員，押宿官二員，司晨官八員。《元典章》：司晨郎副監候正九品，司晨郎正八品。中統元年，置司天臺。至元八年，以上都承應闕官，增置行司天臺。十五年，別置太史院與臺並立，頒曆之政歸院，學校之設隸臺。至大元年，升。正四品。延祐元年，改司天臺爲司天監。升。正三品。七年，仍。正四品。至正八年。置上都司天臺。

回回司天監。秩正四品。掌觀象曆。提點一員，司天監三員，少監二員，丞二員。品秩同前。知事一員，令史二員。屬官：教授一員，天文科管勾一員，算曆科管勾一員，測驗科管勾一員，漏刻科管勾一員。至元八年，置回回司天臺。秩從五品。以札馬丁爲提點。十七年，置行監。皇慶元年，改爲監。秩正四品。延祐元年，升。正三品。二年，命秘書卿提調監事。四年，復爲正四品。

司禋監。秩正三品。内監、少監、監丞各二員，知事一員。至元六年，置司禋監。至大元年罷。四年，復置。後又罷。至正元年，復置，給四品印。未幾，升。正三品。掌祭祀祈禳之事。

上都留守司。品秩同大都留守司。監本路都總管府，兼治民事。並領諸倉庫之事。留守六員，同知二員，副留守二員，判官二員，經歷二員，都事四員，照磨兼管勾一員。元初，置開府。中統四年，改上都路總管府。至元三年，又給留守司印。十八年，併爲上都留守司，兼本路都總管府。二十七年，增副留守、判官各一員。至大三年，省司官七員。延祐七年，汰留守五員，留一員。至治三年，增判官二員。泰定四年，增判官一員。其屬附見：

修内司。秩從五品。掌營繕内府之事。大使一員，從五品。副使三員，正七品。直長三員。

正八品。至元八年置。

祗應司。掌粧鑾油染表褙之事。大使一員，副使二員，直長三員。品秩同前。

器物局。秩從五品。掌造鐵器内府釘線之事。大使一員，副使一員，直長二員。

儀鸞局。秩正五品。大使二員，《元典章》：儀鸞局大使，從六品。副使三員，直長二員。至大四年，罷典設署，置局。

兵馬司局。秩正四品。指揮使三員，正四品。副指揮使二員，正五品。知事一員，提控案牘一員。二十九年置。至大四年，省上都兵馬指揮爲五員。

警巡院。秩正六品。達魯花赤一員，正六品。使一員，正六品。副使二員，從七品。判官二員。從八品。至正三年，立上都司獄司。

開平縣。秩正六品。達魯花赤一員，正六品。尹一員，正六品。丞一員。正八品。主簿一員，正九品。尉一員，從九品。典史一員。

平盈庫。大使、副使各一員。至元三十年置。

萬盈庫。達魯花赤、監支納、大使、副使各一員。《元典章》：平盈、萬盈二倉大使，俱從六品。平盈、萬盈、廣積三倉副使，俱正七品。中統初置。

廣積倉。達魯花赤、監支納、大使、正六品。副使各一員。正七品。中統初置永盈倉，《元典章》：永盈倉副使，正七品。大德間改廣積倉。

萬億庫。秩正五品。達魯花赤一員，提舉、正五品。同提舉、正六品。副提舉從七品。各一員。《元典章》：萬億倉監支納從七品，又上都永豐倉副使正八品。提控案牘一員。至元二十三年置。

行用庫。提點一員，大使、副使各一員。

稅課提舉司。秩正五品。提舉二員，同提舉、副提舉各一員。元貞元年置。本紀：至元十九年，改上都宣課提領爲提舉司。未詳孰誤。

八作司。品秩與大都八作司同。達魯花赤一員，提領、大使、副使各一員。至元十七年置。

饍廩司。秩正八品。大使、副使各一員。至元二年，置上都應辦所。延祐五年，改饍廩司。

司獄司，至正二年置，比大都兵馬司。

尚供總管府。秩正三品。掌守護東涼亭行宮。達魯花赤一員，正三品。總管一員，正三品。同知一員，從四品。副總管一員，從五品。判官一員，正六品。經歷、知事、提控案牘各一員。至元十三年，置只哈赤八剌哈孫總管府。《元典章》：只哈赤八喇哈孫達魯花赤正三品，副達魯花赤從三品。延祐二年，改尚供府。其屬附見：

香河等處巡檢司。巡檢一員。

景運倉。秩從五品。提點一員，從五品。大使一員，正六品。副使一員。正七品。至元二十年置。

法物庫。秩從九品。大使、副使《元典章》：法物庫副使，正七品。各一員。至元二十九年置。泰定四年，與雲需總管府俱撥隸上都留守。

雲需總管府。秩正三品。掌守護察罕腦兒行宫。達魯花赤一員。正三品。《元典章》：昔保赤八喇哈孫達魯花赤，當亦爲至元十三年所置，後改雲需總管府。總管一員，正三品。同知一員，從四品。副總管一員，從五品。判官一員，正六品。經歷、知事、提控案牘各一員。延祐二年置。是年，增司知二員，後與尚供府俱罷。至正十五年，復設。

大都路總管府。秩正三品。達魯花赤二員，正三品。都總管一員，正三品。副達魯花赤二員，從三品。同知二員，從四品。治中二員，正五品。判官、推官二員，經歷二員，知事二員。提控案牘四員，照磨兼管勾一員。元初爲燕京路，總管大興府。中統五年，稱中都路。至元二十一年，始置大都總管府。秩從三品。二十七年，升都總管府。秩正三品。凡本府官吏，唯達魯花赤、總管、推官等治路政，其餘皆分任供需之事，故又曰供需府。

大都路管領諸路打捕鷹房府。秩正三品。達魯花赤一員，正三品。總管一員，正三品。副達魯花赤一員，從三品。副總管一員，正四品。經歷、知事各一員。至元十七年置。

兵馬都指揮使司二。秩正四品。掌鞠捕盜賊。都指揮使二員，正四品。副指揮使五員，正五品。知事一員，提控案牘一員。至元九年，立兵馬司，隸大都路，以刑部尚書一員提調其事，凡刑名則隸宗正，又爲宗正之屬。十六年，置都指揮使。秩正四品，一置司於北城，一置司於南城。

司獄司二。秩正八品。司獄一員，獄丞一員。一置於北城，兼領南城獄事。皇慶元年，分置一司於南城。

左右警巡院二。秩正六品。達魯花赤一員，正六品。使各一員，正六品。副使一員，從七品。判官各一員，從八品。典史各一員。至元六年置，領民事及供需府。大德五年，分置供需院，以副使、判官各一員主之。至正十一年，升兩巡院爲正五品。十八年，在城四隅各立警巡分院，官吏視分院減半。

大都警巡院。品秩如左右院。達魯花赤一員，使一員，副使二員。判官二員，典史二員。大德九年置，以治都城之南。

大都路提舉學校所。秩正六品。提舉一員，正六品。教授二員，學正二員，學録一員。至元二十四年，院立國學，以故孔子廟爲京學，仍以國子祭酒繫銜。

宛平縣。秩正六品。達魯花赤一員，正六品。尹一員，正六品。丞三員，正八品。主簿三員，正九品。尉一員，從九品。典史三員。至元十一年置。治麗正門以西。

大興縣。秩品同前。達魯花赤一員，尹一員，丞一員，主簿二員，尉一員，典史二員。至元十一年置。治麗正門以東。秩正九品。東關厢巡檢司。

巡檢三員。至元二十一年，置西北南關厢巡檢司二。建置同前。延祐四年，蘆溝橋、琉璃河、澤畔店並置巡檢司。元統二年，置南北城鹽局。

【校勘記】

〔一〕「栽花卉」，「栽」原作「裁」，據《元史》卷九〇志第四十《百官六》改。

〔二〕「往來」，原作「住來」，據《元史》卷九〇志第四十《百官六》改。

〔三〕「行都水監」，原倒作「行水都監」。按《元史》卷九本紀第九《世祖六》載，至元十四年，三月「癸巳，以行都水監兼行漕運司事」，據改。

新元史卷之六十二　志第二十九

百官志八

宣尉司。掌軍民之務，分道以總郡縣，布行省之政令。邊陲有軍旅之事，則兼都元帥府。其次爲元帥府。其在遠服，又有安撫、宣撫、招討等使。

宣慰使司。秩從二品。宣慰使三員，從二品。同知一員，從三品副使一員，正四品經歷一員，從六品。都事一員，從七品。照磨兼架閣管勾一員。正九品。凡六道：曰山東東西道，益都路置。曰河東山西道，大同路置。曰淮東道，揚州路置。曰浙東道，慶元路置。曰荆湖北道，中興路置。曰湖南道。天臨路置。俱至元十三年置，惟淮東道置於十五年。至正十九年，增河南道宣慰司，置於洛陽。十五年，改北京行省爲宣慰司。

宣慰使司都元帥府。秩從二品。使三員，同知二員，副使二員，經歷二員，都事二員，照磨兼架閣管勾一員。凡八道：曰廣東道，廣州路置。曰大理金齒等處，曰蒙慶等處，蒙慶一府，使二員，同知、副使各一員，經歷、都事亦減一員。曰廣西兩江道，静江路置。曰海北海南道，曰福建道，曰八番順元等處，曰察罕腦兒等處。以上五府，使三員，副都元帥、僉都元帥事二員，餘同前。曰吐番等處，使五員。曰吐番等路，使四員，二道均有捕盜官三員。曰烏斯藏納里速古魯孫等三路。使五員，捕盜官一員。

宣慰使兼管軍萬户府。宣慰使三員，同知、副使各一員，經歷一員，都事二員，照磨兼署管勾一員。凡三府：曰曲靖等路，曰羅羅斯，《元典章》：羅羅斯宣慰司都元帥府斷事官，正五品。曰臨安廣西道元江等處。舊紀：至元二十五年，改雲南烏撒宣撫司爲宣慰司，兼管軍萬安府。

都元帥府。都元帥二員，副元帥二員，經歷、都事《元典章》：都元帥府都事，正七品。原作「知事」，乃字誤。各一員。凡四府：曰北庭，曰曲先塔林，都元帥三員。曰蒙古軍，曰征東。二府都元帥各一員，副一員。後至元以來，所增置者八道：曰湖南道宣慰使司都元帥府，後至元元年置。曰邦牙等處宣慰使司都元帥府，後至元四年置，至正二年罷。曰永昌等處宣慰使司都元帥府，至正三年置，宣慰使三員，同知二員，副使二員，經歷、知事、照磨各一員。中書省奏：闊端阿哈所分地，自脱脱木兒没後，達達人口頭疋時被西番劫掠，深爲未便。遂置府以治之。曰山東東西道宣慰使司都元帥府，至正六年置。曰荆湖北道宣慰使司都元帥府，至正十一年置。曰淮東等處宣慰使司都元帥府，至正十五年置於泗州天長縣。曰興元等處宣慰使司都元帥府，至正十五年置。曰江州等處宣慰使司都元帥府，至正十六年置，東路都蒙古軍。舊紀：

大德二年，徙重慶府宣慰司都元帥府於成都。至順二年，置雲南等處宣慰司都元帥府。後俱裁省。

元帥府。秩正三品。達魯花赤一員，正三品。元帥一員，正三品。經歷、知事各一員。《元典章》：元帥府計議官，正七品。凡九府：曰洮州，元帥二員。曰十八族，增同知一員。曰積石州，增同知一員，脱脱和孫一員。曰禮店文州，增同知一員，蒙古奥魯、相副官一員。曰帖城何里洋脱，曰朵甘思，曰當陽，曰岷州，曰脱思麻路。按：脱思麻路稱軍民萬户府，當陽、帖城、阿不籠等處分爲三萬户府，岷州但有捕盜官，俱無元帥府名。疑此有誤。

分元帥府。凡七府，至正八年，置分元帥府於汀、漳二州，又置分府於沂州。十一年，置分府於寶慶路，又置寶武分元帥府，又置山東分元帥府於登州。十二年，置安東、安豐二處分元帥府。

宣撫司。秩正三品。達魯花赤一員，正三品。宣撫使一員，正三品。同知二員，正五品。副使二員，正五品。僉事一員，從五品。計議一員，正七品。經歷、知事、提控案牘架閣各一員。凡六府：曰廣南西道，不置副使、僉事。至元十四年，改廣南西道宣撫司爲宣慰司。曰叙南等處。曰播州。曰思州，至元十八年，改思州宣撫司爲宣慰司。曰麗江路，曰順元等處。不置僉事、計議。後至元以來所增者：曰紹熙軍民宣撫司。《元典章》：同知宣撫司僉事正三品，乃至元官制。至元時改宣撫使爲宣慰使，凡二處。宣慰使從二品，則由宣撫改宣慰，宣撫亦必從二品也。其降正三品，未詳何時。後至元四年，置宣撫使六員，同知、副使各二員，經歷、知事、提控案牘各一員，司獄一員，蒙古、儒學教授各一員，巡檢司十處。資、普、昌、隆下州四處。磐石、内江、安岳、昌元、貴平下縣六處。六年罷。曰永順宣撫司，至正十一年改永順安撫司爲宣撫司。曰平緬宣撫司，至正十五年置。舊紀：大德二年，併土番碉門安撫司改爲碉門魚通黎雅長河西寧遠軍民宣撫司。至大二年改松潘疊威茂州安撫司爲宣撫司。

安撫司。秩正三品。達魯花赤一員，安撫使一員，正三品。同知、正五品。副使、正五品。僉事各一員，從五品。經歷、從七品。知事從八品。各一員。凡十五府：曰松潘客疊威茂等處，增照磨一員。曰碉門魚通黎雅長河西寧遠等處，增照磨一員，以上隸宣政院。曰師壁洞，不置達魯花赤。曰永順等處，曰散毛洞，以上隸四川省。曰羅番遏蠻軍，不置達魯花赤。曰程番武盛軍，曰金石番太平軍，曰卧龍番南寧州，曰小龍番静蠻軍，不置同知、副使。曰大龍番應天府，曰洪番永盛軍，曰方番河中府，曰盧番静海軍，不置知事。曰新添葛蠻。以上隸湖廣省。《元典章》：西夏新民安撫副使正五品，同知耽羅國軍民安撫司事正五品。後至元以來所增者，曰中正軍民安撫司，至正十一年罷四川大奴管勾等洞長官司，立軍民府。十五年，改爲安撫司。曰忠義軍民安撫司，至正十五年罷四川羊母甲洞臬南王洞長官司，置盤順軍民安撫司。至正十五年罷，置盤順府。

招討司。秩正五品。達魯花赤一員，招討使一員，經歷一員。凡十二府：曰吐番等處，招討使二員。曰剌馬兒岡等處，曰奔不思地裏，曰天全，招討使二員。曰長河西裏管軍，招討使二員。曰朵甘思，不設達魯花赤。曰擔裏管軍，不設達魯花赤。曰征沔，以下各屬，副使一員，無達魯花赤。曰唆尼，曰沿邊溪洞，曰六番，曰脱思馬田地。

宣化鎮南五路軍民府。至正十五年，置於四川。

團練宣撫勸農使司。至正十八年，一置於耀州，曰奉元延安等處團練安撫勸農使司；一置於邠州，曰鞏昌等處團練安撫勸農使司。每道使二員。同知、副使各二員，檢督六員，經歷、知事、照磨各一員。

屯田使司。秩正三品。至正十五年，置軍民屯田使司於沛縣。《元典章》：寧夏府路營田使司達魯花赤、營田使，俱正五品。

諸路萬户府。上萬户府，管軍七千之上，達魯花赤一員，正三品。萬户一員，正三品。虎符，副萬户一員，從三品。虎符。中萬户府，管軍五千之上，達魯花赤一員，從三品。萬户一員，從三品。虎符，副萬户一員，正四品。金牌。下萬户府，管軍三千之上，達魯花赤一員，從三品。萬户一員，從三品。虎符。副萬户一員，從四品。金牌。皆世襲，有功則升秩。每府設經歷一員，從七品。知事一員，從八品。提控案牘一員。

鎮撫司。鎮撫二員，蒙古、漢人參用。上萬户府，正五品。中府，從五品。下府，從六品。

銀牌。

上千户所，管軍七百之上。達魯花赤一員，從四品。千户一員，從四品。金牌，副千户一員，正五品。金牌。

中千户所，管軍五百之上。達魯花赤一員，正五品。千户一員，正五品。金牌，副千户一員，從五品。金牌。

下千户所，管軍三百之上。達魯花赤一員，從五品。千户一員，從五品。金牌，副千户一員，正六品。銀牌。彈壓二員，蒙古、漢人參用，上千户所從八品，中、下二所正九品、從九品内銓注。

上百户所。百户二員，漢人一員，從六品。銀牌。

下百户所。百户一員，從七品。銀牌。《元典章》：蒙古千户副奥魯官，正八品。

黎兵萬户府。萬户三員，正三品。千户所十三處，正五品。每所領百户所八處。正七品。元統二年置。湖廣行省咨：海南南接占城，西鄰交趾，環海四千餘里，中盤百洞，黎僚雜房，宜立萬户府以鎮之。

水軍萬户府。品秩同前。至正十三年，置水軍都萬户府於崑山州。十四年，置水軍萬户府於鎮江。十五年，置水軍萬户府於黄河小清河口。

義兵萬户府。至正十四年，置義兵萬户府於河南、淮南兩省。又置毛胡蘆義兵萬户府於南陽、鄧州等處。鄉人自相團結，號「毛胡盧」，因以名之。十五年，置義兵萬户府於汴梁等處，又置忠義、忠勤萬户府於宿州及武安州。

招討軍民萬户府。至正二十年，置招討軍民萬户府於鞏縣。二十六年，又置於嵩州。

義兵千户所。至正十年，置義兵千户所於廣西平樂等處：古城竹山院、桑江隘、尊化鄉、利場嶺、湖南道州路、武岡路、湖北靖州路等處。每所置千户一員，彈壓一員，百户十員，都目各一員。湖南道州二處千户所，於帥府分司處設立，本司調遣。湖北靖州一處，從本省標撥鎮守調遣。總定九十六員。十三年，置義兵千户水軍千户於江西。

儒學提舉司。秩從五品。各行省皆置，統諸路、府、州、縣學校祭祀教養之事，及考校呈進著述文字。提舉一員，從五品。副提舉一員，從七品。吏目一員。元貞元年，詔各省止存儒學提舉司一，餘悉罷之。

蒙古提舉學校官，秩從五品。提舉一員，從五品。同提舉一員。從七品。至元十八年置。惟江浙、湖廣、江西三行省有之。

官醫提舉司。秩從六品。提舉一員，同提舉一員，副提舉一員。掌醫户差役詞訟。至元二十五年置。惟河南、江南、江浙、江西、湖廣五行省有之。

都轉運鹽使司。秩正三品。使二員，正三品。同知一員，正四品。副使一員，正五品。運判二員，正六品。經歷一員，從七品。知事一員，從八品。照磨一員。從九品。凡三處。

曰兩淮都轉運鹽使司。至元十四年置，三十年罷，以其屬置場官。大德四年。復置批驗所於真州、採石等處。鹽場二十九所。每場司令一員，從七品。司丞一員，從八品。管勾一員。從九品。曰：呂四場、餘東場、餘中場、餘西場、西亭場、金沙場、石港場、掘港場、豐利場、馬塘場、拚茶場、角斜場、富安場、安豐場、梁垛場、東臺場、河垛場、丁溪場、小海場、草灣場、白駒場、劉莊場、五祐場、新興場、廟灣場、莞瀆場、扳浦場、臨洪場、徐瀆浦場。試驗所。每所提領一員，正七品。大使一員，正八品。副使一員。正九品。掌批驗鹽司。

曰兩浙都轉運鹽使司。同知二員，無副。至元十四年置。鹽場三十二所。曰：仁和場、許村場、西路場、下沙場、青村場、表部場、浦東場、橫浦場、蘆瀝場、海沙場、鮑郎場、西興場、錢清場、三江場、曹娥場、石堰場、鳴鶴場、清泉場、長山場、穿山場、袋山場、玉泉場、蘆花場、大嵩場、昌國場、永嘉場、雙穗場、天富南監、長亭場、黃巖場、牡瀆場、天富北監、長亭場、龍頭場。

曰福建等處都轉運鹽使司。同知二員，無副使。鹽場七所。曰：海口場、牛田場、上里場、惠安場、潯美場、浯州場、汭州場。延祐六年置兩浙鹽倉六所，秩八品，官二員。惟杭州、嘉興二倉，設官三員，秩從七品。鹽場三十四所，場設鹽運一員，秩正八品，罷檢校所。至正二年，杭州、嘉興、紹興、溫州、台州等路各立檢校批驗鹽司所。

廣東鹽課提舉司。秩從五品。提舉一員，從五品。同提舉一員，從六品。副提舉一員。從七品。鹽場十三所。曰：靖康場、歸德場、東莞場、黃田場、香山場、姓峒場、雙恩場、咸水場、漆水場、石橋場、隉井場、招收場、小江場。

四川茶鹽轉運司。秩從三品。使一員，從三品。同知、副使、運判各一員，經歷、知事、照磨各一員。鹽場十二所。曰簡鹽場，曰隆鹽場，曰綿鹽場。曰潼川場、遂實場、順慶場、保寧場、嘉定場、長寧場、紹慶場、雲安場、大寧場。至元六年，立四川監榷茶場使司。後改爲茶鹽轉運司、榷茶都轉運司。設官並秩未詳。

廣海鹽課提舉司。秩從四品。都提舉一員，從四品。同提舉一員，從五品。副提舉一員，從六品。知事一員，提控案牘二員。

江西榷茶運使司。至元十六年置，後省。元統元年，復置。

湖廣江西市舶提舉司。秩從五品。提舉二員，從五品。同提舉一員，從六品。副提舉一員，從七品。知事一員。至元二十二年，立市舶都轉運司。二十五年，改海南博易市舶提舉司。三十一年罷。後復置。至大四年。又罷。延祐三年，改立泉州、廣東、慶元三所市舶提舉司。至元二十年，罷福建市舶總管府。建置年分未詳。《元典章》：市舶提舉司七處，曰杭州、慶元、泉州、廣州、上海、温州、澉浦，提舉俱從五品。

江浙金銀洞冶都轉運使司。元貞元年立。官制無考。《元典章》：湖南湖北金場都轉運使，正三品。

海道運糧萬户府。秩正三品。達魯花赤一員，正三品。萬户一員，正三品。副萬户四員，從三品。經歷一員，正七品。知事一員，從八品。照磨一員。從九品。鎮撫司鎮撫二員。正五品。至元二十年置。二十七年罷鎮撫司。其屬：

海運千户所。秩正五品。達魯花赤一員，千户二員，並正五品。副千户三員。從五品。凡六處。曰温台，曰慶元紹興，曰杭州嘉興，曰崑山崇明，曰常熟江陰，曰平江海運香莎糯米千户所。至元二十七年，罷海道糧運萬户。二十八年，罷海道運糧鎮撫司。大德七年，併海道運糧萬户府爲海道都漕運萬户府。至大四年，省海道運糧萬户爲六員，千户爲七所。皇慶元年，省萬户一員，增副萬户一員，防禦海道運糧萬户府。至正十五年，升台州海道州防千户所爲萬户府，又置分府於平江，添設兵馬司都指揮二員，指揮二員，副指揮四員，經歷、知事、提控案牘各一員，司獄、獄丞各一員。至正十年，立兵馬司四處，曰大名，曰東平，曰濟寧，曰徐州。十五年，罷沂州分元帥府，改立兵馬指揮使司，濟寧兵馬司添置副指揮一員。

屯田使司。秩正三品。至正十五年，置於沛縣。

諸路總管府。至元二十年，定十萬户之上者爲上路，十萬户之下者爲下路。當衝要者，雖不及十萬户亦爲上路。上路，秩正三品。達魯花赤一員，總管一員，並正三品。兼管勸農事，江北則兼諸軍奥魯。同知、從四品。治中、正五品。判官正六品。各一員。下路，秩從三品。不置治中，同知如治中之秩。至元二十三年，置推官，上路二員，從六品。專治刑獄，中路一員。大德二年。增上路三員，下路一員。經歷一員，知事一員或二員，照磨兼承發架閣一員。其屬：

曰儒學教授，一員。秩正九品。學正一員，學録一員。諸路同。其散府、上中州亦設教授，一員，下州設學正一員。

曰蒙古教授，一員。秩正九品。

曰醫學教授一員。陰陽學教授一員。俱從九品。

曰司獄司。司獄一員，從八品。丞一員。正九品。

曰平準行用庫。提領、從七品。大使、從八品。副使各一員。從九品。

曰織染局。局使、正七品。副使正八品。各一員。

曰雜造局。大使、正七品。副使正八品。各一員。

曰惠民藥局。提領一員。

曰税務局。提領一員，從七品。大使、正八品。副使正九品。各一員。

曰録事司。秩正八品。凡路府所治置司，以掌城中民户之事。中統二年，驗民户多寡，定員數二千户以上設録事、司候、判官各一員。二千户以下，省判官。至元十六年，各路設提舉、同提舉、副提舉各一員，專領課程。二十年，置達魯花赤一員。省司候，以判官兼攝捕盜之事。典史一員。若城市民少則不置司，歸之倚郭縣。在兩京，則爲警巡院。獨杭州置四司，後省爲左右兩司。

諸散府。秩正四品。達魯花赤一員，正四品。知府或府尹一員，俱正四品。領勸農、奥魯與路同。同知一員，從五品。判官一員。從六品。推官一員，知事一員，提控案牘一員。有隸諸路及宣慰司、行省者，有直隸省部者，有統州縣者，有不統縣者，其制各有差等。

諸州。中統五年，併立州縣，未有差等。至元三年，定一萬五千户之上者爲上州，六千户之上者爲中州，六千户之下者爲下州。江南平，二十年，又定其地五萬户之上者爲上州，三萬户之上者爲中州，不及三萬户者爲下州。升縣爲州者四十有四。縣户雖多，附路、府者不改。上州，達魯花赤、州尹，俱秩從四品。同知，秩正六品。判官。秩正七品。中州，達魯花赤、知州，並從五品。同知，從六品。判官。從七品。下州，達魯花赤、知州，並從五品。同知，正七品。判官，正八品。兼捕盜之事。上州知事、提控案牘各一員，中州吏目、提控案牘各一員，下州吏目一員或二員。

諸縣。至元三年。合併江北州縣六千户之上者爲上縣，二千户之上者爲中縣，不及二千户者爲下縣。二十年，又定江淮以南三萬户之上者爲上縣，一萬户之上者爲中縣，一萬户之下者爲下縣。上縣，秩從六品。達魯花赤一員，正六品。尹一員，正六品。丞一員，正八品。簿一員，正九品。尉一員，從九品。典史一員。中縣，秩正七品。不置丞。下縣，秩從七品。置官如中縣，民少事簡之地則以簿兼尉。後又別置尉，主捕盜之事，別有印。典史一員。巡檢司，秩正九品。巡檢一員。

諸軍。唯邊遠之地有之，其秩如下州，其設官、置吏亦如之。

諸蠻夷長官司。西南夷諸溪洞各置長官司，秩如下州。達魯花赤、長官、副長官，參用其土人爲之。

各處脱脱禾孫，掌辨使臣奸僞。正一員，秩從五品。副一員。正七品。

新元史卷之六十三　志第三十

百官志九

勳爵　散官階　覃官　封贈　廕官　守官
注闕　赴任程限　給假　丁憂　官員任養

勳。上階：上柱國，正一品。柱國，從一品。上護軍，正二品。護軍，從二品。上輕車都尉，正三品。輕車都尉，從三品。上騎都尉，正四品。騎都尉，從四品。驍都尉，正五品。飛騎尉。從五品。

爵。八等：王，正一品。郡王，從一品。國公，正二品。郡公，從二品。郡侯，正三品。郡侯，從三品。郡伯，正四品。郡伯，從四品。縣子，正五品。縣男。從五品。

文散官。四十二階：開府儀同三司，儀同三司，特進，崇進，金紫光禄大夫，銀青榮禄大夫，以上俱正一品。光禄大夫，榮禄大夫，以上俱從一品。資德大夫，資政大夫，資善大夫，以上俱正二品。正奉大夫，通奉大夫，中奉大夫，以上俱從二品。正議大夫，通議大夫，嘉議大夫，以上俱正三品。太中大夫，中大夫，亞中大夫，以上俱從三品。舊爲少中，延祐初改亞中。中議大夫，中憲大夫，中順大夫，以上正四品。朝請大夫，朝散大夫，朝列大夫，以上俱從四品。奉政大夫，奉議大夫，以上俱正五品。奉直大夫，奉順大夫，以上俱從五品。承德郎，承直郎，以上俱正六品。儒林郎，承務郎，以上俱從六品。文林郎，承事郎，以上俱正七品。徵事郎，從事郎，以上俱從七品。登仕郎，將仕郎，以上俱正八品。登仕佐郎，將仕佐郎。以上俱從八品。右文散官，由一品至五品爲宣授，六品至九品爲敕授。敕授中書署牒，宣授以制命之。武官以下皆仿此。其職與散官常對品，九品無散官，但舉其職而已。

武散官。三十四階：龍虎衛上將軍，金吾衛上將軍，驃騎尉上將軍，以上俱正二品。奉國上將軍，輔國上將軍，鎮國上將軍，以上俱從二品。昭武大將軍，昭勇大將軍，昭毅大將軍，以上俱正三品。安遠大將軍，定遠大將軍，懷遠大將軍，以上俱從三品。廣威將軍，宣威將軍，明威將軍。以上俱正四品。信武將軍，顯武將軍，宣武將軍，以上俱從四品。武節將軍，武德將軍，以上俱正五品。武義將軍，武略將軍，以上俱從五品。承信校尉，昭信校尉，以上俱正六品。忠武校尉，忠顯校尉，以上俱從六品。忠勇校尉，忠翊校尉，以上俱正七品。修武校尉，敦武校尉，以上俱從七品。保義校尉，進義校尉。以上俱正八品。

内侍散官。十四階：中散大夫，正二品。中引大夫，從二品。中御大夫，正三品。侍中大夫，從三品。中衛大夫，正四品。中涓大夫，從四品。通侍郎，正五品。通御郎，從五品。侍直郎，正六品。內直郎，從六品。司謁郎，正七品。司閽郎，從七品。司奉郎，正八品。司引郎。從八品。

司天散官。十四階：欽象大夫，從三品。明時大夫，頒朔大夫，以上俱正四品。保章大夫，從四品。司元大夫，正五品。授時郎，從五品。靈臺郎，正六品。候儀郎，從六品。司正郎，正七品。平秩郎，從七品。正紀郎，挈壺郎，以上俱正八品。司曆郎，司辰郎。以上俱從八品。

太醫散官。十五階：保宜大夫，保康大夫，以上俱從三品。保安大夫，保利大夫，以上俱正四品。保順大夫，從四品。保冲大夫，正五品。保令郎，從五品。成安郎，正六品。保和郎，從六品。成全郎，正七品。醫正郎，從七品。醫效郎，醫候郎，以上俱正八品。醫痊郎，醫愈郎。以上俱從八品。

教坊司散官。十五階：雲韶大夫，僊韶大夫，以上俱從三品。長寧大夫，德和大夫，以上俱正四品。協律大夫，從四品。嘉成大夫，正五品。純和郎，從五品。調音郎，正六品。司樂郎，從六品。協樂郎，正七品。和樂郎，正七品。司音郎，司律郎，以上俱正八品。和聲郎，和節郎。以上俱從八品。

至大二年，詔：「內官四品以下，普覃散官一等，服色、班次、封廕皆憑散官。三品者遞覃官。

進一階，至正三品上階而止。其應入流品者，有出身吏員譯史等，考滿加散官一等。」三年，蒙古儒學教授，一體普覃。四年，詔在任官員，普覃散官一等。

泰定元年，詔：「内外流官已帶覃官，准理實授。所有軍官及其餘未覃人員，四品以下並覃散官一等，三品遞進一階，至三品上階止。服色、班次、封廕，悉從一高。其有出身應入流品人等，如在恩例前入役支俸者，考滿亦依上例覃授。」二年，省議：「應覃人員，依例先理日月，後准實授，其正五品任回已歷一百三十五月者，九十月該升從四品，餘有四十五月，既循行舊例，覃官三品，擬令准理實授，月日未及者，依驗散官，止於四品内遷用，所有月日，任回，四品内通行理算。」

封贈之制。

至元初，惟一二勳舊之家以特恩見褒，未悉行之。至元二十年，詔：「考課雖以五事責辦管民官，爲無激勸之方，竟鮮實效。自今每歲終考課，管民官五事具備，内外諸司官職任内各有成效者，爲中考。第一考，對官品加妻封之。第二考，令子弟承廕叙任。第三考，封贈父母、祖父母。品格不及封贈者，量遷官品，其有政績殊異者，不須升擢，中書參酌舊制，出給誥命。」

至大二年，詔：「流官五品以上，父母、正妻，七品以上正妻，令尚書省議行封贈之制。」禮部集吏部、翰林國史院、集賢院、太常等官，議封贈謚號等第。詔以封贈非世祖所行，其令罷之。

至治三年，省臣言：「封贈之制，本以激勸將來，比因泛請者衆，遂致中輟。」詔從新設法議擬與行，毋致冗濫。

禮部從新分等第：正、從一品封贈三代，爵國公，勳正上柱國，從柱國，母、妻並國夫人。正從二品封贈二代，爵郡公，勳正上護軍，從護軍，母、妻並郡夫人。正從三品封贈二代，爵郡侯，勳正上輕車都尉，從輕車都尉，母、妻並郡夫人。正、從四品封贈父母，爵郡伯，正上騎都尉，從騎都尉，母、妻並郡君。正五品封贈父母，爵縣子，勳驍騎尉，母、妻並縣君。從五品封贈父母，爵縣男，勳飛騎尉，母、妻並縣君。正、從六品封贈父母〔一〕，父止用散官，母、妻並宜人。

正從一品至五品宣授，六品至七品敕牒。

如應封贈三代者，曾祖父母一道，祖父母一道。父母一道，生者各號給降。封贈者，一品至五品並用散官勳爵，六品、七品只用散官職事，從一高。

封贈曾祖，降祖一等，祖降父一等，父母、妻並與夫、子同。

父母在仕者不封，已致仕並不在仕者封之，雖在仕棄職就封者聽。父母應封，而讓曾祖父母、祖父母聽。諸子應封父母，嫡母在，所生之母不得封。嫡母亡，並得封。若所生母未封贈者，不得先封其妻。諸職官曾受贓，不許申請。封贈之後，但犯取受之贓，並行追奪。其父祖元有官進一階，不在追奪之例。父祖原有官者，隨其所帶文武官上封贈，若已是封贈之官〔二〕，止於本等官上許進一階〔三〕，階滿者更不在封贈之限。如子官正四品，其父祖已帶四品上階之類。或兩子當封者，從一高。封贈文武不同者，從所請。

婦人因其子封贈，而夫、子兩有官者，從一高。封贈曾祖母、祖母並母，生封並加太字。若已歿或曾祖、祖父、父在者，不加太字。

職官居喪，應封贈曾祖父母、祖父母者聽。其應受封之人，居曾祖父母、祖父母、父母、舅姑、夫喪者，服闋申請。

應封贈者，有使遠死節，有臨陣死事者，驗事特議加封。

應封妻者，止封正妻一人。如正妻歿，繼室亦止封一人，餘不在封贈之例。婦人受封者，不許再嫁，如不遵守，追奪宣敕，斷罪離異。

父母曾任三品以上官，生前有勳勞，爲上知遇者，子孫雖不仕，許申請量擬封贈。無後者，許有司申請。

曾祖父母、祖父母、父母犯十惡奸盜除名等罪，及例所封妻不是以禮娶到正室，或係再醮倡優婢妾，並不許申請。

正從七品至正從六品，止封一次。升至正從五品，封贈一次。以上均視此。

凡封贈流官父祖曾任三品以上者，許請謚。如立朝有大節，功在王室者，許加功臣之號。

至治三年，詔：「封贈之典，本以激勸忠孝，今後散官職事勳爵，依例加授，外任官員並許在任申請。」

泰定元年，詔：「犯贓官不得封贈，沈鬱既久，宜許自新，有再歷兩任無過者，許依例陳請。」

廕官。

至元四年，詔：「諸官品正從分等，職官用廕，各止一名。諸廕官不以居官、去任、致仕、身故，其承廕之人，年及二十五以上者聽。諸用廕者，以嫡長子。若有廢疾，立嫡長子之子孫，曾元同。如無，立其同母弟。如無，立繼室所生或次室。如無，立婢子。無子，旁廕親兄弟，各及子弟。如無，旁廕伯叔及其子孫。諸用廕，生孫降子一等，曾孫降孫，婢生子及旁廕皆降合叙品一等。」

五年，詔：「諸廕官各具父祖歷仕緣由、去任身故歲月並所受宣敕劄札、彩畫。指實該承廕人姓名年甲，本處官司體勘房親，揭照籍册，別無詐冒，及無廢疾通犯等事，上司審驗相同，保結申覆，令親齎文解赴部。諸廕叙人員，除蒙古及已當禿魯花人數別行定奪外，三品以下、二品已上年及二十五之上者，當儤使一年，並不支俸。滿日，三品至五品子孫量材叙用外，六品七品以上銓注監當差使，已後通驗各界增虧定奪。」

十六年，量擬管匠官，正從五品子於九品匠官内叙，六品、七品子於院長内叙。大德四年，省議：「正一品子，廕叙正五品。從一品子，廕從五品。正二品子，正六品。從二品子，從六品。正三品子，正七品。從三品子，從七品。正四品子，正八品。從四品子，從八品。正五品子，正九品。從五品子，從九品。正六品子，流官於巡撫内用，雜職於省札錢穀官用内。從六品子，近上錢穀官。正七品子，酌中錢穀官。從七品子，近下錢穀官。至元四年，定正、從分爲十八等，用廕各止一名。正、從一品、二品子，正七品叙。正三品子，從七品叙。從三品子，正八品叙。正四品子。從八品叙。從四品子，正九品叙。正、從五品子，從九品叙。外據六品、七品子已後，定奪注疏外職官。至大德四年，始改。諸色目人比漢人優等一廕叙，達魯花赤子孫與民官子孫一體廕叙，旁廕照例降叙。」至大四年，詔：「諸職官子孫承廕，須試一經一史，能通大義者免儤使，不通者發還習學，蒙古、色目願試者聽，仍量進一階。」

延祐六年，部議：「福建、兩廣、海北、海南、左右兩江、雲南、四川、甘肅等處廕叙之人，如父祖始仕本處，止以本地官叙用。據腹裏、江南歷仕升等遷往者，其子孫弟始承廕，又注遠方，誠可憐憫。今將承廕人等量擬叙用，福建、兩廣、八番官員擬江南廕叙，海北、海南、左右兩江官員擬接連廕叙，雲南官員擬四川廕叙，四川、甘肅官員擬陝西廕叙。」

減資升等：

大德九年，詔：「外任流官，升轉甚遲，但歷在外兩任，五品以下並減一資。」部議：「外任五品以下職官，若歷過隨朝及在京倉庫官鹽鐵等職，曾經升等減資外，以後至大德九年格前，歷及在外兩任或六十月之上者，並與優減。」

至治二年，太常禮儀院臣奏：「皇帝親祭太廟，恩澤未加。」詔：「四品以下諸職官，不分内外，普減一資。」

天曆元年，詔：「以兵興，内外官吏供給繁勞，在京者升一等，至三品止，在外者減一資。」

注官守闕。

至元八年議：「已除官員，無問月日遠近，許准守闕外，未奏未注者，六月滿闕，六月以上不得預注。」二十二年，詔：「員多闕少，守闕一年，年月滿者照闕注授，無闕者令候一年。」大德三年，以員多闕少，宜注二年。

注官避籍。至元五年，議：「各路地理闊遠，如員避路，恐員闕有所礙。止宜斟酌避籍銓選。」

除官照會。至元十年，議：「受除民官，若有守闕人員等，前官任滿，預期一月檢舉照會。」

赴任程限。

大德八年，定赴任官假限，二千里内三十日，三千里内四十日，遠不過五千里。馬日行七十里，車日行四十里。乘驛者日兩驛，百里以上止一驛。舟行上水日八十里，下水百二十里。遠限百外，依例作闕。

官員給假。

中統三年，省議：「闕官在任病假及緣親病假滿百日，所在官司勘當申部作闕，任就任所給據，期年後給由求叙，自願休闕者聽。」

官例丁憂之制。

至元二十七年，議：「祖父母、父母喪並遷葬者，許給假限。其限内俸鈔，聽合支給。違例不至，停俸定罪。」

大德元年，定雲南官如遇祖父母、父母喪葬，其家在中原者，並聽解任奔赴。

二年，議：「凡值喪，除蒙古、色目人各從本俗外，管軍官並朝廷職不可曠者，不拘此例。」

五年，定軍官限内六月，越限以他人代之，期年後，授以他職。

天曆元年，詔：「官吏丁憂，各依本俗，蒙古、色目仿效漢人者，不用。」部議：「蒙古、色目人願丁父母憂者聽。」

官員任養。

至大三年，詔：「父母年老者，得就近遷除尤爲便益。果有親年七十以上者，别無次丁，合從元籍官司保勘明白，斟酌定奪。」

【校勘記】

〔一〕「封」，原作「對」，據《元史》卷八四志第三十四《選舉四》改。

〔二〕「是」，原作「竟」，據《元史》卷八四志第三十四《選舉四》改。

〔三〕「止」，原作「上」，《元史》卷八四志第三十四《選舉四》亦誤，據魏源《元史新編·選舉志》改。

新元史卷之六十四　志第三十一

選舉志一

自世祖以來，科舉議而未行，士之進身，皆由椽吏。其歲貢之法，曰吏習儒書，儒通吏事。奉行既久，考選多不如法。仁宗即位，設科取士，論才首德行，衡文先經術，立法之善，易世不能廢也。惟以稔知吏弊，凡由吏出身者，限以一切之法。其後御史許有壬極論之，以爲通事、知印、宣使之屬尚獲優升，獨於椽吏待之過嚴，繩之過刻。然吾觀元之選格，煩瑣凌雜，務在迂其仕進之途而已，匪獨仁宗之限吏爲弊法也。今爲《選舉志》，區爲四事，曰學校、科舉、銓法、考課。讀史者可以甄其得失焉。

學校　科舉

太宗六年，以馮光宇爲國子總教，命侍臣子弟十八人入學，是爲建置學校之始。

中統二年八月，詔曰："「諸路學校久廢，無以作成人才。今擬選博學洽聞之士以教之。凡諸生進修者，仍選高業儒生教授，嚴加訓誨，務使成才，以備他日選擢之用。仍仰各路官司常切主領教勸。」

至元六年四月，復詔曰：「事有似緩而實急者，學校是也。蓋學校者，風化之本，出治之原也。諸路雖設有學官，所在官司例皆視同泛常，不肯用心勉勵，以致學校之事有名無實。由是吏民往往不循理法，輕犯憲章，深不副朝廷宣明教化之意。今徧行各路，如遇朔望，自長次以下，各率僚屬俱詣文廟。焚香禮畢，從學官詣講堂，同諸生及願從學者講論經史，更相授受。日就月將，教化可明，人材可出。所在鄉村鎮店，選有德望學問可爲師表者，於農隙之時，依法訓導，使長幼皆聞孝弟忠信之言，則禮讓既行，風化自厚矣。」是年十一月，設提舉學校及教授官。

七年，命侍臣子弟十一人入學，以長者四人從許衡，七人從王恂。

二十三年，集賢直學士程文海言：「臣聞國與天地必需才爲用，而人才之盛非自盛也，全在國家教育之勤。其衰也反是，參之歷代可考也。國家自中統建元以來，中外臣僚亦時聞表表偉傑者，皆自往時故老宿儒薰陶浸灌而然。歷時既久，以次淪謝。臣不知更十餘年後，人物當如何瑣瑣也。而主論者恬不知怪，視學校爲不急，謂《詩》、《書》爲無用，不知人材盛衰，張本於此。蓋有旨行貢舉法，求好秀才，上意匪不敦切，而僉人輒陰沮之，應故事而集議，凡幾作輟矣。無怪乎選任之非才，政治之不理也。今已至此，後當若何？臣愚，欲陛下明詔。有司重學校之事，慎師儒之選。京師首善之地，尤當興建國學，選一時名流爲國人矜式，優以餼廪，隆以禮貌，庶四方觀感有所興起。而名都大邑，教官有闕，不但循常例收庸人而已，必使廷臣推擇可以爲人表儀者，條具聞奏，令有禄可養，而不曠職，比親民而加優視。教化之廢興，爲考第之殿最。其諸生有經明行修者，特與蠲免賦役，依正降詔書施行。臣望國家教育有方，多士鼓舞不倦，他日隨取隨足，無臨事乏才之歎，天下幸甚。」奏上，帝韙之。

二十四年，立國子學於大都，設博士通掌學事，分教三齋生員，講授經旨，是正音訓。復設助教同掌學事，而專守一齋。正、録申明規矩，督習課業。凡讀書，必先《孝經》、《小學》、《論語》、《孟子》、《大學》、《中庸》，次及《詩》、《書》、《禮記》、《周禮》、《春秋》、《易》。博士、助教親授句讀、音訓，正、録、伴讀以次傳習之。講說則依所讀之序，正、録、伴讀亦以次傳習之。次日抽籤，令諸生復説其功課。對屬、詩章、經解、史評，則博士出題，生員具藁，先呈助教，俟博士既定，始録附課簿，以憑考校。其生員之數，定二百人，先令一百人及伴讀二十人入學。其百人之内，蒙古半之，色目、漢人半之。是時集賢院并衆官會議學校事宜，定監官四員：祭酒一員周正平，司業二員耶律伯强、硯伯固，監丞一員王嗣能。學官六員：博士二員張仲安、滕仲理，助教四員謝弈、周鼎、靳泰亨、王載。伴讀二十人，公選通文學者充之。學生先設一百二十人，蒙古五十人，諸色目、漢人五十人，年十一歲以上；伴讀十人，年十五歲以上。各用經史子集諸書於官書内，關學生飲食並一切所需，官爲應付，俟置學田訖，然後開支。一，國子監隸集賢院。一，文廟前件議得，合行創建。一，所先立學校，大都撥地與國學。一，同興築。一，外道學校生員成才者，申太學，茂異者，申集賢院，面奏區用。一，儒户免差徭。廼北路分，除至元十三年選試外，據廼南新附去處在籍儒户。若有别項各色别無定奪，其餘籍内儒户，照納地税商税外，一切雜泛差徭，並行蠲免。詔從之。

二十八年三月，命各路各縣學内設立小學，選請老成之士教之。或自願招師，或自從其父兄者，聽便。其他先儒講學之地，與好事之家出私錢贍學者，並立爲書院。書院設山長一員。凡師儒之命於朝廷者曰教授，路、府、上中州置之。命於禮部及行省及宣慰司者曰學正、山長、學録、教諭，路、州、縣及書院置之。凡路、府、州書院設直學以掌錢穀，從郡守及憲府官試補，直學考滿，又試所業十篇，升爲學録〔一〕、教諭。凡學正、山長、學録、教諭或由集賢院及臺憲等官舉充之。教諭、學録歷兩考升學正、山長，又歷一考升散府、上中州教授，又歷一考升路教授。後又改直學考滿爲州教授。自京學及州縣學以及書院，凡生徒之肄業於是者，守令薦舉之，或用爲教官，或取爲吏屬云。

至歲貢之法，大德八年，始定國子生蒙古、色目、漢人三歲各貢一人。十年，國子學定蒙古、色目、漢人生員二百人，三年各貢二人。

至大四年，定生員額二百人。是年，復立國子學試貢法，蒙古授官六品，色目正七品，漢人從七品。試蒙古之法宜從寬，色目生宜稍加密，漢人生則全科場之制。

延祐二年，增生員百人，陪堂生二十人，用集賢學士趙孟頫、禮部尚書元明善等所書國子學貢試之法更定之。一曰升齋等第。六齋東西相向，下兩齋左曰游藝，右曰依仁，凡誦書講説、小學屬對者隸焉。中兩齋左曰據德，右曰志道，講説《四書》、課肄詩律者隸焉。上兩齋左曰時習〔一〕，右曰日新，講説《易》、《書》、《詩》、《春秋》科，習明經義等程文者隸焉。每齋員數不等，每季考其所習經書課業，及不違規矩者，以次遞升。

二曰私試規矩。漢人驗日新、時習兩齋，蒙古、色目取志道、據德兩齋，本學舉實歷坐齋二周歲以上，充貢舉。漢人私試，孟月試經疑一道，仲月試經義一道，季月試策問、表章、詔誥科一道。蒙古、色目人，孟月、仲月各試明經一經，季月試策問一道。辭理俱優者爲上等，準一分；理優辭平者爲中等。準半分。每歲終，通計其年積分，至八分以上者升充高等生員，以四十名爲額，内蒙古、色目各十名，漢人二十名。歲終試貢，員不必備，惟取實才。有分同闕少者，以坐齋月日先後多少爲定。其未及等，并雖及等無闕未補者，其年積分，並不爲用，下年再行積算。

三曰黜罰科條。應私試積分生員，其有不事課業及一切違戾規矩者，初犯罰一分，再犯罰二分，三犯除名，從學正、録糾舉，其知而不糾舉者，從本監議罰。應已補高等生員，初級殿試一年，再犯除名，從學正〔三〕、録糾舉，其知而不糾舉者，亦從本監議罰。應在學生員，歲終實歷坐齋不滿年歲者，並行除名。除月假外，其餘各假，並不準。學正、録歲終通行考校應在學生員，除蒙古、色目外，其餘漢人生員三年不能通一經者及不肯勤學者，勒令出學。其餘責罰，並依舊規。

泰定三年，更積分而爲貢舉，並依世祖舊制。其貢試之法，從監學所擬，大概與前法略同，而防閑較密云。其學正、録及司樂、典籍、管勾等員，舊例舉積分生員充之，後以積分既革，於上齋舉年三十以上、學行堪範後學者爲正、録，通曉音律、學業優贍者爲司樂，幹局通敏者爲典籍、管勾。其侍儀舍人，於上、中齋舉禮儀習熟、音吐洪暢、曾掌春秋釋奠、每月告朔明贊、衆見其能者充之。至伴讀員數，大德七年定四十人，歲貢八人。至大四年，定四十人，歲貢四人。延祐四年，定歲貢八人。是後又命所貢生員與舉人同試於禮部，策於殿廷，又置備榜而力選擇焉。

童子舉。

唐宋始著於科，然亦無常員。

成宗大德三年，舉童子楊山童、海童。五年，大都提舉學校所舉安西路張泰山，江浙行省舉張昇甫。

武宗至大元年，舉武福安。

仁宗延祐三年，江浙行省舉前傅孫馮帖哥。六年，河南路舉張答罕，學士完者不花舉丁頑頑。七年，河間縣舉杜山童，大興縣舉陳聃。

英宗至治元年，福州路連江縣舉陳元麟。至治三年，河南行省舉張英。

泰定四年，福州舉葉留畊。文宗天曆二年，舉杜夙靈。

至順二年，制舉答不歹子買來的。

皆以其天資穎悟，超出兒輩，或能默誦經文，書寫大字，或能綴緝辭章，講説經史，並令入國子學教育之。

惟張泰山尤精篆籀，陳元麟能通性理。葉留畊問以四書大義，則對曰：「無過。事父母能竭其力，事君能致其身。」時人以遠大期之。

蒙古字學。

至元六年秋七月，置諸路蒙古字學。十二月，中書省定頒行條件。諸路、府、州官子弟入學，上路二人，下路二人，府一人，州一人。餘民間子弟，上路三十人，下路二十五人。願充生徒者，與免本身雜役。

八年春正月，詔曰：「間者采近代之制，創爲國學，已嘗頒告天下，然學者尚少，今復立條畫，其令有司明諭四方，庶幾多所興起，以傳永久。一，京師設國子學，教授諸生，於隨朝百官、怯薛歹選擇子弟俊秀者入學。一，諸王位下及蒙古千户所，依在前設畏吾兒八合赤例，設立學校。一，隨路所設學校，有願充生徒者，與免本身差役。回回、畏吾、河西人等，願學者聽，不在額設之數。一，翰林院見設諸官，譯寫《通鑑節要》，頒與國子學諸路教授。一，符寶郎設蒙古學闕者赤一員，驗人口實，一，省、部、臺、院諸印信及所發鋪馬劄子，並用蒙古字。一，凡有行程文字，並用蒙古字標寫本宗事目。內外諸衙門，亦用蒙古字人員充闕者赤。一，省、部、臺、院凡有卷目，用蒙古字。一，二、三年後選擇習學生員，出策題試問，中選者約量授以官職。一，不得稱蒙古字爲新字。」

十九年，定路、府、州設教授，以國字在諸字之右。

二十年五月，龍興路提學校官言：「大元一統，蒙古學雖興，而南北之民寡於攻習，蓋因施不廣、用不切之故。」於是中書省議，令諸衙門依例表章，並用蒙古字書寫。

元貞元年，命廉訪司提調諸路蒙古學校。二年，命有司給諸路蒙古學生員餼廩。

大德六年，定散府蒙古學生員二十人，上、中州十五人，下州十人。八年，定各路教官巡保生徒，不得逕申國子監，須經本處提調，總管府轉申翰林院，試驗考奪，無令似前濫保。十年春二月，增生員廪膳。通前三十員爲六十員。

至大二年，定伴讀員四十人，以在籍生員學問優長者補之。

延祐二年冬十月，以所設生員百人，蒙古五十人、色目二十人，漢人三十人，而百官子弟之就學者常不下二三百人，宜增其廪餼。乃減去庶民子弟一百十四員，聽陪堂學業，於見有生員一百名外，量借五十人，置蒙古二十人、漢人三十人，其生員筆札止給三十人，凡二次給之。

至回回國子學，至元二十六年始置。是年五月，尚書省臣言：「亦思替非文字，宜施於用。今翰林院益福的哈魯丁能通其字學，乞授以學士之職。凡公卿大夫與富民之弟子，皆依漢人入學之制，日肄習之。」從之。八月，遂置國子學。

至延祐元年，復立回回國子監。以其文字便於國防取會數目，令依舊制加意教授。

泰定二年，以入學者衆，其學官及生員五十餘人已給領膳者二十七人外，助教一人、生員二十四人廪膳，並令給之。

醫學。

中統三年，太醫院使王猷、副使王安仁言：「醫學久廢，後進無所師友。竊恐朝廷取人，學非其傳，爲害甚大。」乃授安仁金牌，俾往各處設立醫學。教授人員依例除免差發，醫學生員亦免本身檢醫差占等雜役，俟學有所成，每月試以疑難，以所對優劣，量加懲勸。

至元二十三年，命各道按察司檢察醫學，依每年降下十三科題目，令醫生每月習課醫義一道，年終本院考較優劣。

大德九年，平陽路澤州知州王稱言：「竊聞爲世切務惟醫與刑，醫者司命於人，刑者弼教於世。人以風寒暑溼遘其疾，以放僻邪侈陷其心，須用醫以治，施刑以斷。醫欲明，須玩前賢之經訓，刑不濫，在究本朝之典章。今各路雖有醫師，學亦係有名無實，宜督責各處有司，廣設學校，爲醫師者令一通曉經書，良醫主之，集後進醫生，講習《素問》、《難經》，仲景、叔和脈訣之類。然亦須通《四書》，不習《四書》者禁治不得行醫。務要成材，以備試驗擢用，實爲官民便益。」於是太醫院定考試之法：一，合設科目。一，各科合試經書。中書省依所議行之。

是年，又定醫學官罰俸例，各處學校應設大小學。今後有不令坐齋肄業，有名無實者，初次，教授罰俸一月，正、録罰中統鈔七兩；再次，教授罰俸兩月，正、録倍罰；三次，教授、正、録取招別議。其提調官視學官例減等，初次罰俸半月，再次一月，三次兩月。若大小生員在學，而訓誨無法，苟應故事者，初次，教授罰俸半月，正、録各罰中統鈔五兩；再次，教授罰俸一月，正、録罰中統鈔七兩；三次，教授、正、録取招別議。提調官，初次罰俸十月，再次三月，三次一月。

延祐三年，定試驗醫人條件，依舊例，三年一徧，設立科舉試太醫，選舉三十以上、醫明行修、孝友忠信、爲衆所稱者，保結貢試。鄉試不限員數，各科目通取一百人，會試取中三十人。所課醫義，量減二道。第一場，本經義一道，治法一道。第二場，本經義一道，藥性一道。不限字數。試中三十人内，一甲充太醫，二甲副於舉，三甲教授。

陰陽學。

至元二十八年，始置諸路陰陽學。依儒學、醫學之例，每路設教授以訓誨之。其有術數精通者，每歲録呈省府，赴都試驗，果有藝能，於司天監内許令近侍。

延祐二年，令陰陽人授差依儒、醫例考試。其科目，曰占算，曰三命，曰五星，曰《周易》，曰六壬，曰教學，曰《婚元占才大義書》，曰《宅元周易秘奥》，曰《八宅通真論》，曰《塋元地理新書》，曰《塋元總論》，曰《地理明真論》。

太宗九年八月，詔胡都虎、塔魯忽觪、譌魯不朵札魯火赤等：「自來精儒業者，二十年間學問方成。古昔張置學校，官爲廩給，養育人材。今名儒凋喪，文風不振，所據民間應有儒士，若高等學業轉相教授，庶幾人材日出。其中選者，並行蠲免差發。委斷事官朮忽䚟與山西東路徵收課稅所長官劉中，偏行諸路，一同監試，仍將論及經賦、詞義分爲三科，作三日程試，專治一經爲一科，能兼者聽。但不失文義爲中選。其中選儒人與各處達魯花赤、管民官一同商量公事。以後照依先降條例，開闢舉場，考選人仕，續聽朝命。」於是得東平楊奐等四千三十人，多一時名士。初，耶律楚材請復科舉之制，郭德海亦言之，然爲用事者所尼，故詔書雖云續聽朝命，事復中止。

至元初，詔丞相史天澤條具當行之事，天澤首及科舉，亦不果行。四年九月，翰林學士王磐等言：「科舉取士，最爲切務，矧先朝舊典，尤宜追述。」帝曰：「此良法也。」命左三部尚書與翰林學士議定程式，又議依前代立國學，選蒙古官子弟百人，專命師儒教習經書，藝成然後試而用之。十一年十一月，省臣復啟皇太子，以所議科舉程式上。奉令旨，准蒙古進士科及漢人進士科，參酌時宜，以定法制。然其事迄未施行。二十一年九月，丞相哈剌合孫等言：「十一月中書省臣言，皆以謂天下習儒者少，而由刀筆吏得官者多。」帝曰：「將若之何？」對曰：「宜舉行貢舉法。凡蒙古人及儒吏、陰陽、醫術，皆令以考試進，則用心爲學矣。」帝然之。已而許衡亦議學校科學之法，罷詩賦，重經學，定爲新制。雖事未及行，而選舉之法已立焉。

皇慶二年十月，中書省臣言：「科舉一事，世祖、裕宗累命舉行，成宗、武宗尋亦有旨，今不以聞，恐或有沮其事者。夫取士之法，經學實修己治人之道，詞賦乃摛章繪句之學，自隋、唐以來，取人專尚詞賦，故士習浮華。今臣等所擬將律賦省題詩小議皆不用，專立德行明經科，以此取士，庶可得人。」帝從之。十一月，詔曰：「我祖宗以神武定天下，世祖皇帝設官分職，徵用儒雅，崇學校爲育才之地，議科舉爲取士之方，規模宏遠矣。朕以眇躬，獲承丕祚，繼志述事，祖訓是式。若稽三代以來，取士各有科目，要其本來，舉人宜以德行爲首，試藝則以經術爲先，詞章次之。浮華過實，朕所不取。爰命中書省參酌古今，定其條例。其以皇慶三年八月，天下郡縣，興其賢者能者，賦於有司，次年二月會試京師，中選者朕將親策焉。」其行事宜：

一，科場，每三歲一次開試。舉人從本貫官司於路、府、州、縣及諸色户内推選，年二十五以上鄉黨稱其孝弟，朋友服其信義，經明行修之士，結狀舉保，以禮敦遣，貢諸路府。其或徇私濫舉，並應舉而不舉者，監察御史、肅政廉訪司體察究治。

一、考試程式：蒙古、色目人，第一場經問五條，《大學》、《論語》、《孟子》、《中庸》内設問，義理精明，文辭典雅爲中選，用朱氏章句集注。第二場策一道，以時務出題，限五百字以上。漢人、南人，第一場明經、經疑二問，《大學》、《論語》、《孟子》、《中庸》内出題，並用朱氏章句集注，復以己意結之，限三百字以上。經義一道，各治一經，《詩》以朱氏爲主，《尚書》以蔡氏爲主，《周易》以程氏、朱氏爲主。已上之經兼用古注疏。《春秋》許用《三傳》及胡氏《傳》，《禮記》古注疏。限五百字以上，不拘格律。第二場古賦，詔誥用古體，章奏參古體，四六。第三場策一道，經史時務内出題，時務不矜浮藻，惟務直述。限一千字以上。

一，蒙古、色目人，願試漢人、南人科目，中選者加一等注授。

一，蒙古、色目人作一榜，漢人、南人作一榜。第一名賜進士及第，從六品，第二名以下及第二甲，皆正七品，第三甲以下，皆正八品，兩榜並同。

一，所在官司遲誤開試日期，監察御史、肅政廉訪司糾彈治罪。

一，流官子孫蔭叙，並依舊例，願試中選者，優升一等。

一，在官未入流品，願試者聽。若中選，已有九品以上資級，比附加十等注授。若無品級，止依試例從優銓注。

一，鄉試處所，並其餘條目，命中書省議行。

延祐元年二月〔四〕，中書省奏定科舉程式目：

一，鄉試。中選者，各給解據、録連取中科文，行省處移咨都省，送禮部，腹裏宣慰司及各路關申禮部，監察御史、廉訪司依上録連科文申臺，轉呈都省，照勘會試。八月二十日，蒙古、色目人，試經問五條；漢人、南人，明經經疑一問，經義一道。二十三日，蒙古、色目試策一道；漢人、南人古賦詔誥章表内科一道。二十六日，漢人、南人試策一道。

一，會試。次年省部。依鄉試例，於二月初一日試第一場，初三日試第二場，初五日第三場。

一，御試〔五〕。三月初七日，前期奏委考試官二員、監察御史三員、讀卷官二員於殿廷考試。每舉子一名，委怯薛歹一人看守。漢人、南人，試策一道，限千字以上。蒙古、色目人，時務策一道，限五百字以上。

一，選考試官，行省與宣慰司鄉試。有行臺去處，行省官、行臺官一同商議選差。如不拘廉訪司去處，行省官與監察御史選差。山東、河東宣慰司，真定、東平路，同本道廉訪司選差。上都、大都省部選差在内監察御史〔六〕、在外廉訪司官一員監試。每處差考試官、同考試官一員，並於見任及在閑有德望文學常選官内選差；彌封官一員，謄録官一員。選廉幹文資正官充。謄録試卷並移行文字，皆用朱筆書寫，仍須設法關防，毋致容私作弊。省部會試，都省選委知貢舉、同知貢舉官各一員，考試官四員。監察御史二員，彌封、謄録、對讀官、監試等官各一員。

一，鄉試。行省十一：河南、陝西、遼陽、四川、甘肅、雲南、嶺北、征東、江浙、江西、湖廣。宣慰司二：河東冀寧路、山東濟南路。直隸省部路分四：真定路、東平路、大都路、上都路。

一，天下選合格者三百人赴會試，於内取中選者一百人，内蒙古、色目、漢人、南人分卷考試，各二十五人。蒙古取合格者七十五人：大都十五人，上都六人，河東五人，真定等路五人，東平等路五人，山東四人，遼陽五人，河南五人，陝西五人，甘肅三人，嶺北三人，江浙五人，江西三人，湖廣三人，四川一人，雲南一人，征東一人。色目人取合格者七十五人：大都十人，上都四人，河東四人，東平等路四人，山東五人。真定等路五人，河南五人，四川三人，甘肅一人，陝西三人，遼陽二人。雲南三人，江浙十人，湖廣七人。漢人取合格者七十五人，大都十人，上都四人，真定等路十一人，東平等路九人，山東七人，河東七人，河南九人，四川五人，雲南二人，甘肅二人，嶺北一人，陝西五人，遼陽二人，征東一人。南人取合格者七十五人：湖廣十八人，江浙二十四人，江西二十二人，河南七人。

一，鄉會等試，許將《禮部韻略》外，餘並不許懷挾文字。差搜檢懷挾官一員，每舉人一名差軍一名看守，無軍人處差巡軍。

一，提點試院廉幹官一員，度地安置席舍，務令隔遠，仍自試官入院後，常川供職，監把外門。

一，鄉、會試、彌封、謄録、對讀下吏人，於各衙門從便差遣。

一，試卷不合格，犯御名廟諱偏犯者及文理紕繆、塗注五十字以上。

一，謄録所承受試卷，並用硃書謄録正文，實計塗注各字數，標寫對讀無差，將硃卷送考試所。如硃卷有塗注字，亦皆標寫字數。謄録官書押。俟考校合格，中選人數已定，鈔録字號，寫上元卷，請監試官、知貢舉官、同試官，對號開拆〔七〕。

一，舉人試卷，各人自備三場文卷並草卷，各十二幅，於卷首書三代、籍貫、年甲，前期半月於印卷所投納。用印鈐縫訖，各還舉人。

一，就試之日，日未出入場，黄昏納。受卷官送彌縫官，將字號彌縫訖。送謄録所。

一，若有各路歲貢及保舉儒人等文字到部，並令還付本鄉應試。

一，娼優及患廢疾、若犯十惡爲盜之人，不許應試。

一，舉人於試場内，毋得喧嘩，違者治罪，仍殿二舉。

一，舉人與考試官有五服内親者，自須迴避，仍令同試官考試。若應避而不自陳者，殿一舉。

一，鄉、會試，若有懷挾及令人代作及代之者，漢人、南人居父母喪應舉者，並殿二舉。

一，國子監學歲貢生員及伴讀出身，並依舊制，願試者聽。中選者於監學合得資而上從優選授。

一，別路附籍蒙古、色目、漢人，大都、上都有恒産、住經年深者，從兩都官司，依上例推舉就試。其餘去處冒貫者治罪。

其中選學人，三月初四日中書省臣奏准，以初七日御試於翰林國史院，定委監試官及諸執事。初五日，入院。初六日，撰策問進呈。初七日，執事者望闕設案於堂前，置策題於上。舉人入院，搜檢訖，蒙古人作一甲，序立，禮生導引，望闕兩拜，賜策題，又兩拜，各就次。色目人、漢人亦如之。日午，賜膳。進士納卷畢，出院。監試官同讀卷官，以所對策第其高下，分爲三甲進奏。賜進士及第，出身各有差。

有元科目取士之制，大略如此。蓋創於太宗，定於至元，議於大德，而後成於延祐。是時平章政事李孟雅爲仁宗所委任，力言非科目不足以得士，故朝廷決意舉行焉。

是年，丞相帖木迭兒等奏：「下第舉人年七十以上者，與從七品流官致仕；六十以上者，與教授；元有出身者於應得資品上優加之；無出身者，與山長、學正。嗣後概不爲例。有來遲不及應試者，未曾區用。取旨。」帝曰：「依下第例恩之，勿著爲格。」

泰定元年三月，中書省臣奏：「下第舉人，延祐中命中書省各授教官之職，以慰其歸。

今改元之初，澤恩宜溥。蒙古、色目人年三十以上並兩舉不第者，與教授；以下與學正、山長。漢人、南人，年五十以上並兩舉不第者，與教授；以下與學正、山長。不願仕者，令備國子員。後不爲例。」從之。

元統二年三月，詔科舉取士，國子監積分。儒人免役，悉依累朝舊制。是年，增進士名額至百人，左右榜各三人，皆賜進士及第。元之取士，莫盛於此。

迨至元元年，徹里帖木兒爲中書平章政事，首議停科舉。參知政事許有壬爭之，不從。初，徹里帖木兒爲河南行省平章政事，會驛請考官，供張甚盛，心滋不悦。故入中書省，以罷科舉爲第一要政云。二年，禮部侍郎忽里台請復科舉取士之法，不聽。

六年，脱脱爲右丞相當國。十二月，詔復行科舉及國子監積分法。生員三年一次，依科舉例會試，中者取十八名。至正三年，監察御史成遵言〔八〕：請以終場下第舉人充學正、山長，國學生會試黜罷者與終場舉人同。從之。是年，又增鄉試備榜，授以學録、教諭等官。十九年，詔定科舉流寓人名額，蒙古、色目、南人各十五名，漢人二十名。五月，察罕帖木兒言：「今歲八月鄉試，河南舉人及各路進兵者，請不拘籍貫，依河南省元定額數，就陝西置貢院考試。」從之。

二十年，會試舉人。知貢舉平章政事八都麻失里，同知貢舉翰林學士承旨李好文、禮部尚書許從宗，考試官國子祭酒張翥、同考官太常博士傅亨等言：「舊例各處舉人三年一次，取三百人，會試取一百人。今歲鄉試所取比前數少，止有八十名，會試三分內取一分，合取三十名。如於三十名外，添取五名爲宜。」從之。

二十六年，命燕南、河南、山東、陝西、河東等處舉人會試者，增其額數，進士及第以下遞升一官。

【校勘記】

〔一〕「學録」，原作「學禄」，據《元史》卷八一志第三十一《選舉一》改。

〔二〕「上兩齋左」，原作「上兩左者」，據《元史》卷八一志第三十一《選舉一》改。

〔三〕「學正」，原作「學政」，據《元史》卷八一志第三十一《選舉一》改。

〔四〕「延祐」，原倒作「祐延」，今乙正。

〔五〕「御試」，原作「鄉試」，據《元史》卷八一志第三十一《選舉一》改。

〔六〕「御史」，原倒作「史御」，據《元史》卷八一志第三十一《選舉一》改。

〔七〕「對號開拆」，原作「對讀開折」，據《元史》卷八一志第三十一《選舉一》及王圻《續文獻通考》卷四四《選舉考》改。

〔八〕「御史」，原作「御事」，據《元史》卷四一本紀第四十一《順宗四》改。

新元史卷之六十五　志第三十二

選舉志二

銓法上

凡怯薛之長，得自舉其屬。諸怯薛歲久被遇，常加顯擢，惟長官薦用，則有定制。至元二十年議：「久侍禁闥、門地崇高者，初受朝命散官，減職事一等，否則量減二等。」至大四年，詔蒙古人降一等，色目人降二等，漢人降三等。

凡臺憲選用：大德元年，省議：「臺官舊無選法，俱於民職選取。後互相保選，省、臺各爲一選。宜令臺官，幕官聽自選擇，惟廉訪司官，則省、臺共選。若臺官於省部選人，則與省官共議之。省官於臺憲選人，亦與臺官共議之。」至元八年，定監察御史任滿，在職無異政，元係七品以下者例加一等，六品以上者升擢。泰定初，侍御史許有壬言：「監察御史前代八品之職，國朝官制爲正七品，選格内任一考與升正六品，外任兩考，方進一等。今歷史即除各道僉事正五品級，内臺都事必授副使正四品級。誠以御史非有職事之可比，使之位卑言高，蓋御之有道也。近四品、五品率皆除監察御史，甚有歷階已及三品而浮沈其内，彼果何望而奮於立事耶？今後莫若先儘縣達魯花赤縣令有治迹者，次及内外六品、七品才德堪充之人，其資品高者不必銓用，庶無患失之心。」

凡選舉守令：至元八年，詔以户口增、田野闢、詞訟簡、盜賊息、賦役均五事備者，爲上選。九年，以五事備者爲上選，升一等。四事備者，減一資。三事有成者，爲中選，依常例遷轉。四事不備者，添一資。五事俱不舉者，黜降一等。二十三年，又益以勸課農桑克勤奉職者以次升獎，其怠於事者笞罷之。二十八年，詔：「路、府、州、縣，除達魯花赤外，長官並宜選用漢人素有聲望，及勳臣故家，並儒吏出身，資品相應者，佐貳官遴選色目、漢人參用。」至正四年，中令黜降之事。六事備者升一等，四事備者減一資，三事備者平選，六事俱不備者降一等。

至元十五年，罷軍官遷職子弟仍襲原官之制。又軍官陣亡，子弟承襲。原官病死者，降一等承襲。總把、百户病死及年老者，不許子弟承襲。著爲令。

十七年，詔：「渡江總把、百户有功升遷者，總把依千户降等承襲，百户無遞降職名，則從其本等。」

十九年，奏擬：「萬户、千户、百户物故，視其子孫堪承襲者，依例承襲外，都元帥、招討使〔一〕、總管、總把，視其子孫堪承襲者，止令管其元軍。元帥、招討子孫爲萬户，總管子孫爲千户，總把子孫爲百户，給元佩金銀符。病故者降等，惟陣亡者本等承襲。」

二十一年，舊志作二十年，誤。據《元典章》改正。詔：「萬户、千户、百户分上中下三等，定立條格，通行遷轉。以三年爲滿，理算資考，陞加品級。若年老病故者，令其子弟依例廕叙。」是年，以舊制父子相繼，管領元軍，不設蒙古軍官，故定立資考，三年爲滿，通行遷轉。後各翼大小軍官俱設蒙古軍官，又兼調遣征進，俱已離翼，難與民官一體遷轉廕叙。合將萬户、千户、鎮撫自奏准日爲始，以三年爲滿，通行遷轉。百户以下，不拘此例。凡軍官征戰有功過者，驗實跡升降。又定蒙古奥魯官，大翼萬户下設奥魯總管府，從四品。小翼萬户下設奥魯官，從五品。各千户奥魯，亦設奥魯官，受院劄。各千户奥魯，不及一千户者，或二百户、三百户以遠就近，以小就大，合併爲千户翼奥魯官，受院劄。若干礙投下，難以合併，宜再議之。又定首領官受敕牒，元帥、招討司經歷、知事，就充萬户府經歷、知事，换降敕牒，如元翼該革，别與遷除。若王令旨，並行省劄付、樞密院劄付經歷。充中下萬户府知事。行省諸司劄付充提領案牘，並各翼萬户自設經歷、知事，一例俱作提控案牘，受院劄。又議隨朝各衛千户鎮撫所提控案牘，已擬受院劄，外任千户鎮撫所提控案牘，合從行省許進，受萬户府付身。

二十四年，詔：「諸求襲其父兄之職者，宜察其人而用之。凡舊臣勳閥及有戰功者，其子弟當先任以小職，若果有能，則大用之。」

二十五年，軍官陣亡者，本等承襲。病故者，降二等。雖陣亡，其子弟無能，勿用。雖病故，其子弟果能，不必降等，於本等用之。若有身死老病人員子弟承襲承替，須嫻習弓馬，諳曉事務，開寫本人年甲，是否嫡庶長次，有無排下軍馬，保勘一切完備，申樞密院定奪施行。

大德四年，以上都虎賁司並武衛内萬户、千户、百户達魯花赤亡歿，而無奏准承襲定例，似爲偏負。今後各翼達魯花赤亡歿，宜察其子弟有能者用之，無能則止。

十一年，詔：「色目鎮撫已歿，其子有能，依例用之。子幼，則取其兄弟之子有能者用之，俟其子長，即以其職還之。」

至大二年，議：「各衛翼首領官至經歷以上〔二〕，不得升除，似與官軍一體，其子孫乃不得承襲。今後年逾七十，而散官至正、從四品者，宜正、從五品軍官内任用。」

四年，詔：「軍官有故，令其嫡長子爲之。嫡長子亡歿，令嫡長孫爲之。嫡長孫亡歿，則令嫡長孫之嫡長子爲之。若嫡長俱無，則以其兄弟之子相應者爲之。」

皇慶元年，詔：「軍官不依例保舉者，有長子、長孫，反將庶子保舉者，罪之。」

太禧院。天曆元年，罷會福、殊二院而立之。其所轄諸司，則從其擢用。

宣徽院。皇慶二年，省臣奏：「其所轄倉庫、屯田官員，半由都省，半由本院用之。」奉旨：「宜俱從省臣用之。」

中政院。延祐七年，院臣啟：「皇后位下中政院用人，奉懿旨，依樞密院、御史臺等例行之。」

直省舍人。選宿衛及勳臣子弟爲之。又擇其高等二人，專掌奏事。大德八年，擬歷六十月者，始令從政。

凡禮儀諸職：

太常寺檢討。至元十三年，擬歷一百月，除從八品。御史臺殿中司知班。十五年，擬歷九十月，除正八品。

通事舍人。二十年，議：「從本司選已入流品職官爲之，考滿驗應得資品，升一等遷用。未入流官人員，擬充侍儀舍人，受中書省劄，一考除從九品。」三十年，議：「於二品、三品官子內選用，不限廕叙，兩考從七品遷叙。」

侍儀舍人。三十年議：「於四品、五品官子內選用，不限廕叙，一考從九品。」大德三年議：「有闕，宜令侍儀司於到部正、從九品流官内選用，仍受省劄，三十月爲滿，依朝官内升轉，如不敷，於應得府州儒學教授内選用，歷一考，正九品叙。」

禮直管勾。大德三年，省選合用到部人員，俱從太常寺舉保，非常選除充者〔三〕，任迴止於本衙門叙用。

郊壇庫藏都監二人。至大三年，議：「受省劄者曆一考之上，受部劄者歷兩考之上，再歷本院屬官一任，擬於從九品内叙。」

天曆二年，擬在朝文翰衙門，於國子生員内舉充。

至元九年，部議：「巡檢流外職任，擬三十月爲一考，任迴於從九品遷叙。」二十年，議：「巡檢六十月，升從九品」。大德七年。議：「各處所委巡檢，自立格月日爲始，已歷兩考之上者，循舊例九十月出職，不及兩考者，須歷一百二十月，方許出職遷轉。」十年，省奏：「奉旨腹裏巡檢，任迴及考者，止於巡檢内注授。所歷未及者，於錢穀官内定奪，通理巡檢月日。各處行省所設巡檢，考滿者，咨省定奪。未及考滿者，行省於錢穀官等職内委用，通理月日，依舊升轉。不及一考，如係告廕並提控案牘例應轉充者，於雜職内委用，考滿各理本等月日，依例升轉。」

腹裏諸路行用鈔庫。至元十九年，部擬：「州縣民官内選充，係八品、九品人員，三十月爲滿，任回驗元資品，減一資歷，通理遷叙。庫使，受都省劄付，任滿從優遷叙。庫副，受本路劄付，二十月爲滿，於本處上户内公選交替。陝西、四川、西夏中興等路提舉司鈔庫，俱係行省管領，合就令依上選擬庫官，移文都省給降敕牒劄付。」省議：「除鈔庫使、副咨各省選擬外，提領省部選注。」

腹裏官員。二十六年，定選充倉庫等官，擬於應得資品上升一等，通理月日升轉。

江南官員。若曾腹裏歷仕〔四〕，前資相應依例升轉。遷去江淮歷仕人員，所歷月日一考之上者，除一考准爲根脚，餘有月日，後任通理，不及考者，添一資。若選充倉庫等官，擬於應得資品上，例升一等，任迴依上於腹裏升轉。

接連官員選充倉庫等官，應本地面從七品者，准算腹裏從七資品。歷過一考者，爲始理算月日，後任通理，一考之上，餘有日月，後任通理，不及考者，添一資升轉。

福建、兩廣官員選充倉庫等官，應得本地面從七品者，准算江南從七資品。歷過一考者，爲始理算月日，一考之上。餘有月日，後任通理，不及考者，添一資升轉。

元係流官，仕回，止於流官内任用。雜職者，雜職内遷叙。

萬億庫、寶鈔總庫、八作司，以一年滿代，錢物甚多，未易交割。宜以二年爲滿，少者以一年爲滿。

上都税務官，止依上例遷轉。

都省所轄去處，二周歲爲滿者，各處都轉運使司官、司屬官、首領官，各處都漕運使司官、首領官，諸路寶鈔都提舉司官，腹裏、江南隨路平準行用庫官，印造寶鈔庫官，鐵冶提舉司官、首領官，採金提舉司官、首領官，銀場提舉司官、首領官，新舊運糧提舉司官、首領官，都提舉萬億庫、八作司、寶鈔總庫首領官。

一周歲爲滿者：泉府司所轄富藏庫官，廩給司、四賓庫、薄斂庫官，大都税課提舉司官、首領官，酒課提舉司官、首領官，提舉太倉官、首領官，提舉醴源倉官、首領官，大都省倉官，河倉官，通州等處倉庫、應受省部劄付管錢穀院務雜職等官，大都平準行用庫官，燒鈔四庫官，鈔紙坊官，幣源庫官。

行省所轄去處，二周歲爲滿者：各處都轉運使司官、司屬官、首領官，各處都漕運使司官、首領官，行諸路寶鈔都提舉司官，腹裏、江南隨路平準行用庫官，甘州、寧夏府等處都轉運使司官，市船提舉司官、首領官，榷茶提舉司官、首領官。一周歲爲滿者：行泉府司官所轄阜通庫官，各處行省收支錢帛諸物庫官。

三十年，部議：「凡内外平準行用庫官，提領從七品，大使從八品，副使從九品。若流官内選充者，任回減一資升轉。雜職人員，止理本等月日。」

元貞二年，部議：「凡倉官有闕，於到選相應職官，并諸衙門有出身令譯史、通事、知印、宣使、奏差兩考之上人內選用，依驗難易收糧多寡升等，任回於應去地方遷叙。通州、河西務、李二寺等倉官，於應得資品上升一等，任滿，交割別無短少，減一資通理。在都并城外倉分，收糧五萬石之上倉官，於應得資品上升一等，任滿，交割別無短少，依例遷叙。收糧一萬石之上倉官，止依應得品級除授，任滿，交割別無短少，減一資通理。」

大德元年，省擬：「大都萬億四庫〔五〕、富寧庫〔六〕、寶鈔總庫、上都萬億庫官，止依合德資品選注，須二周歲滿日，別無短少，擬同隨朝例升一等。」

二年。省議：「上都、應昌倉官，比同萬億庫官例，二周歲爲滿，於應得資品上擬升一等。」

六年，部議：「在都平準行用庫官，擬合於外路一體，二周歲爲滿，元係流官內選充者，任回減一資升轉。萬億四庫知事例升一等，提控案牘減資遷轉。和林、昔寶赤八剌哈孫、孔古烈倉，改立從五品提舉司。提舉一員，從五品；同提舉一員，從六品；副提舉一員，從七品。周歲爲滿，於到選人內選充，應得資品上擬升二等，任回遷用，所歷月日通理。甘、肅二路，每處設監支納一員，正六品；倉使一員，從六品；倉副一員，正七品。二周歲爲滿，於到選人內銓注，入倉先升一等，任滿，交割別無短少，又升一等。受給庫提領，從九品，使、副受省劄，攢典、合干人各設二名。」

七年，部擬：「大都路永豐庫提領從七，大使從八，副使從九，於到選相應人内銓注。江西省英德路、河西務兩處，設立平準行用庫，擬合設官員，係從七以下人員，依例銓注。英德路平準行用庫，提領一員，從七，大使一員，從八，副使一員，從九品。河西務行用庫，大使一員，從八品，副使一員，吏部劄。甘肅行省豐備庫，提領一員，從七品，大使一員，正八品，於到選迤西資品人内升等銓注。大同倉官，擬二周歲交代，永盈倉例升一等，其餘六倉，任回擬減一資升轉。」

八年，部議：「湖廣行省所轄散府司吏充倉官，依河南行省散府司吏充倉官，比總管府司吏取充者，降等定奪。」

至大二年，部呈：「凡平準行用庫設官二員，常平倉設官三員，流官内銓注，以二年爲滿，依例減資。」

四年，部議：「上都兩倉，二周歲爲滿，於應得資品上升一等，歷過月日，今後比例通理。」

皇慶元年，部議：「上都平盈庫，二周歲爲滿，減一資升轉。」

延祐四年，部議：「江浙行省各路見役司吏，已及兩考，選充倉官，五萬石之上，比同考滿出身充典史，一考升吏目。五萬石之下者，於典史添一考，依例遷叙。湖廣行省倉官，如係路吏及兩考，選充倉官一界，同考滿出身充典史，一考升吏目。遷叙庫官，周歲准理本等月日，考滿依例升轉。」

凡稅務官升轉。至元二十一年，省議：「應叙辦課官分三等。一百錠之上，設提領一員、使一員。五十錠之上，設務使一員。五十錠之下，設都監一員。十錠以下，從各路差人管辦。都監歷三界，升務使，一周歲爲滿，月日不及者通理。務使歷三界，升提領。提領歷三界，受省劄錢穀官，再歷三界，始於資品錢穀官並雜職任用。各處就差相副官，增及兩酬者，聽各處官司再差。增及三酬以上及後界又增者。申部定奪。」

二十九年，省判所辦諸課增虧分數，升降人員。增六分升二等，增三分升一等。其增不及分數，比全無增者，到選量與從優。虧兑一分，降一等。

三十年，省擬：「提領二年爲滿，省部於流官内銓注，一萬錠之上擬從六品，五千錠之上擬正七品，二千錠之上擬從七品，一千錠之上正八品，五百錠之上從八品。大使、副使俱周歲交代，大使從行省吏部於解由合叙相應人内遷調，副使從各路於本處係籍近上户内公選。」

至大三年，詔定立辦課例。一百錠之下院務官分爲三等：五十錠之上爲上等，設提領一員，受省劄，大使一員，受部劄；二十錠之上爲中等，設大使、副使各一員；二十錠之下爲下等。設都監、同監各一員，俱受部劄。並以一年爲滿，齊界交代。都監、同監四界升副使，又四界升大使。又三界升提領，又三界入資品錢穀官並雜職内遷用。行省差設人員，各添兩界升轉，仍自立界以後爲始，理算月日，並於有升轉出身人員内定奪，不許濫用白身。議得例前部劄，提領於大使内銓注，都監、同監本等擬注，止依歷一十二界。至大三年例後，創入錢穀人員，及正、從六品、七品取廕子孫，亦依先例升轉，不須添界外，其餘雜進之人，依今次定例遷用，通歷一十四界，依上例升轉。

至元九年，部議：「凡總府續置提控案牘，多係入仕年深，似比巡檢例同考滿轉入從九。緣從九係銓注巡檢闕，提領案牘吏員文資出職，難應捕捉，兼從九員多闕少，本等人員不敷銓注。凡升轉資考，從九三任升從八，正九兩任升從八，巡檢提領案牘等考滿轉入從九，從九再歷三考升從八，通理一百二十月升。巡檢依已擬，提領案牘權擬六十月，正九再歷兩任通理一百二十月升從九，較之升轉資考即比巡檢庶員闕易就。都、吏目，擬吏目一考，轉充都目，一考轉充提領案牘，考滿依上轉入流品。都、吏目應升無闕，止注本等職名，驗理升轉。」

二十年，部擬：「提控案牘九十月升九品。」

二十五年，部擬：「各路司吏實歷六十月，吏目兩考升都目，歷一考升提控案牘，兩考升正九。若依路司吏九十月，吏目歷一考與都目，餘皆依上升轉。」省議：「江南提控案牘，除各路司吏比附腹裏路司吏。至元二十五年呈准定例遷除，其餘已行直補，并自行踏逐歷案牘兩考者，再添資遷除。」

三十年，省准：「提控案牘補注巡檢，升轉資品，不相爭懸，如已歷提控案牘月日者，任回止於提控案牘內遷叙。」

三十一年，省議：「都目、巡檢員闕，雖不相就，若不從宜調用，似涉壅滯，下部先儘到選巡檢，餘闕准告銓注，任回各理本等月日。」

大德二年，省准：「京城内外省倉典吏，例於大都路州司、縣典史内勾補，二周歲轉升吏目。除行省所轄外，腹裏下州并雜職等衙門，計設吏目一百餘處，其籍記未注者，以次銓注，俱擬三十月爲滿，任回本等内不次銓注。」

三年，部擬：「提控案牘、都、吏目有三周歲、二周歲、一周歲爲滿者，俱以三十月爲滿。」

八年，省准：「和林兵馬司掌管案牘人等，比依下州，合設吏目一員，於籍記吏目外發補，任回從九品遷用，添一資升轉。司吏量擬四名，從本司選補通吏業者，六十月，提控案牘内任用。」

九年，部呈：「都、吏自己於典史内銓注，宜將籍記案牘驗歷仕，以遠就近，於吏目闕内參注，各理本等月日。」

十一年，江浙省臣言：「各路提控案牘改受敕牒，不見通例。」部照：「江北提控案牘，皆自府州司縣轉充路吏，請俸九十月方得吏目，一考升都目，都目一考，升提控案牘，兩考正九品，通理二百一十月入流，其行省所委者，九十月與九品。今議行省委用例革提控案牘，合於散府諸州案牘、都、吏目並雜職錢穀官内，行省依例銓注，通理月日升轉，之後行省所設提控案牘、都、吏目，合依江北由司縣府州轉充路吏，通理月日，考滿方許入流。」

凡選取宣使奏差：至元十九年，部擬：「六部奏差額設數目，每一十名内，令各部選取四名，九十月與從九品，餘外合設數目，俱於到部巡檢、提領案牘、都、吏目内進取，俟考滿日，驗下項資品銓注。」省准：「解由到部，關會完備人員内選取。應入吏目，選充奏差，三考與從九品。吏目一考，應入都目人員，選充奏差，兩考與從九品。都目一考，應入提領案牘人員，選充奏差，一考與從九品。巡檢、提領案牘一考，選充奏差，一考與正九品。」

二十六年，省准：「上都留守司兼本路都總管府典吏出身，歷九十月，比通政院例，合轉補本司宣使，考滿依例定奪。」

二十九年，省議：「行省、行院宣使於正、從九品有解由職官内選取，如是不敷，於各道宣慰司一考之上奏差、本衙門三考典吏目選取。不敷，於各道廉訪司三考奏差内并本衙門三考典史内選取，仍須色目、漢人相參選取。自行踏逐者，亦須相應人員，考滿例降一等，須歷九十月，方許出職。内外諸衙門宣使，以色目、漢人相參，九十月爲滿。自行踏逐者，降一等。凡内外諸衙門宣使、通事、知印、奏差、都省宣使有闕，於臺院等衙門一考之上宣使、并有解由正、從八品職官内選補，如係都省直選人員，不拘此例，仍須色目、漢人相參選取。自行踏逐者，考滿例降一等，須歷九十月，方許出職。樞密院宣使，正從九品職官内選取。仍須色目、漢人相參選用。自行踏逐者，亦須相應人員，考滿例降一等，須歷九十月，方許出職。御史臺宣使，正、從九品職官内選取。自行踏逐者，考滿例降一等，須歷九十月，方許出職。宣政院宣使，選補同。宣慰司奏差，於本衙門三考典吏内選取。自行踏逐者，考滿降等叙，須色目、漢人參用，歷九十月，方許出職。山東運司奏差，九十月，於近下錢穀官内任用。大都運司，一體定奪。」

七年，省准：「鞏昌等處便宜都總帥府令史人等，已擬依各道宣慰司令史人等一體出身。自行踏逐者降等叙，有闕於本司三考典吏内選取。」

八年，部呈：「各寺監保本處典吏補奏差，若元係請俸典吏、本把人等補充者，考滿同自行踏逐者，降等叙。」

九年，擬宣徽院典吏九十月補宣使。並所轄寺監令史。

十年，省擬：「中政院宣使於本衙門三考之上典吏及正、從九品職官内選用，以色目、漢人相參，自行踏逐者降等。」

十一年，省擬，「燕南廉訪司奏差，州吏内選補，考滿於都目内遷用。」

延祐三年，省議：「各衙門典吏，須歷九十月，方許轉補奏差。」

至治元年，部議：「縣尉、巡檢，近年以漢人不習弓馬，腹裏添設色目縣尉、巡檢。若以廕授人員，不充其選，止於各衙門通譯史、奏差人内委用，其考滿應注者，百無一二，員闕不能相就，有礙銓選。擬於到選正、從八品内，驗其歷仕根脚，年三十以上，六十以下，不限地方遴選注投。若境内盗息民安，特加升擢，其巡捕不嚴者，依例黜降。」

凡匠官：至元九年，工部驗各管户數，二千户之上至一百户之上，隨路管匠官品級。省議：「除在都總提舉司去處，依准所擬。東平雜造提舉司並隨路織染提舉司，二千户之上，提舉正五品。同提舉從六品，副提舉從七品。一千户之上，提舉從五品，同提舉正七品，副提舉正八品。五百户之上至一千户之下，提舉正六品。同提舉從七品，副提舉從八品。三百户之上，大使正七品，副使正八品。一百户之上，大使從七品，副使從八品。一百户之下，院長一員，同院務，例不入流品，量給食錢。凡一百户之下管匠官資品，受上司劄付者，依已擬充院長。已受宣牌充局使者，比附一百户之上局使資品遞降，量作正九資品。」

二十二年，凡選取升轉匠官資格，元定品給員數，提舉司二千户之上者，無之。一千户之上，提舉從五品，同提舉正七品，副提舉正八品。五百户之上、一千户之下，提舉正六品，同提舉從七品，副提舉從八品。使副〔七〕，三百户之上，局使正七品，副使正八品。一百户之上，局使從七品，副使從八品。一百户之下，院長一員，比同務院，例不入流品。工部議：「三百户之上局副從八，一百户之上局副正九，遇有闕，於一百户之下院長内選充。院長一百二十月升正九，正九兩考升從八，從八三考、正八兩考，俱升從七。如正八有闕，別無資品相應人員，於已授從八匠官内選注，通歷九十月，升從七。從七三考升正七，正七兩考升從六。從六三考、正六兩考，俱升從五。爲所轄司屬無從六，名闕，如已歷正七兩考，擬升加從六散官，止於正七匠官内遷轉，九十月升從五。如正六匠官有闕，於已授從六散官人員内選注，通歷九十月升從五。從五三考擬升正五，別無正五匠官，名闕，陞加正五散官，止於從五匠官内遷轉。如歷仕年深，至日斟酌定奪。至元十二年以前受宣敕省劄人員，依管民官例，擬准已受資品。十三年以後受宣敕省劄人員，若有超陞越等者，驗實歷俸月定擬，合得資品上例存一等遷用。管匠官遇有闕員去處，如無資品相應之人，擬於雜職資品相應到選人内銓用。凡中原、江淮匠官，正、從五品子從九品匠官内廕叙，六品、七品子於院長内叙用。以匠官無從九品，闕，擬正、從五品子應廕者，於正九匠官内銓注，任回，理等從九月日。

二十三年，詔：「管匠官，其造作有好務虧少，勿令遷轉。」

二十四年，部言：「管匠衙門首領官，宜於本衙門内選委知會造作相應人員區用，勿令遷轉，合依舊例，從本部於常選内選差相應人員掌管案牘，任滿交代遷叙。」

凡諸王分地與所受湯沐邑，得自舉其人，以名聞朝廷，而後授其職。至元二年，詔以各投下總管府長官不遷外，其所屬州縣長官，於本投下分到城邑内遷轉。

四年，省準：「應給印官員，若受宣命及諸王令旨，或投下官員批劄，省府樞密院制府左右部劄付者，驗户給印。」

五年，詔：「凡投下官，必須用蒙古人員。」

六年，以隨路見任並各投下創差達魯花赤内，多女真、契丹、漢人，除回回、畏吾兒、乃蠻、唐兀同蒙古例許叙用〔八〕，其餘擬合革罷，曾歷仕者，於管民官内叙用。

省臣奏：「江南諸王分地長官，已令如例遷轉，其間若有兼管軍鎮守爲達魯花赤者，一體代之，似爲不宜。合令於投下長官之上署字，一同湼事。」

二十年，各投下州縣長官，三年一次給由互相遷轉，如無可遷轉，依例給由申呈省部，仍牒廉訪司體訪。

大德元年，諸投下達魯花赤從七以下者，依例類選。

皇慶二年，詔：「各投下分地城邑長官，其常選所用者，居衆人之上，投下所委者爲添設，其常選内，路府州及各縣内減一員。」

延祐三年，詔：「有姓漢人達魯花赤，追奪宣敕。」各投下有闕，用人自於其投下内選用，不許冒用常選内人。」

凡壕寨官：至元十九年，省部擬：「都水監併入本部，其壕寨官比依各部奏差出身。」大德二年。擬考滿除從九品。」

凡獲盗賞官：大德五年，詔：「獲强盗五人，與一官。捕盗官及應捕人，本境失盗而獲他境盗者，聽功過相補。獲强盗過五人，捕盗官減一資，至十五人升一等，應捕人與一官，不在論賞之列。」

凡控鶴傘子：至元二十二年，擬：「控鶴受省劄，保充御前傘子者，除充拱衛都直指揮使司鈐轄，官進義副尉。」

二十八年，控鶴提控受敕進義副尉、管控鶴百户，及一考，擬元除散官從八職事，正九於從八内遷注。

元貞元年，控鶴提控奉旨充速古兒赤一年，受省劄充御前傘子，歷三百三十二月，詔於從六品内遷用。大德六年〔九〕，控鶴百户。部議於巡檢内任用。其離役百户人等擬從八品，傘子從七品。延祐三年，控鶴百户歷兩考之上，擬於正九品遷用。

凡玉典赤：至元二十七年，定擬歷三十月至九十月者，並與縣達魯花赤、進義副尉。一百月以上者，官敦武校尉。至大二年，令玉典赤權於州判、縣丞内銓注。三年，令依舊例，九十月除從七下縣達魯花赤，任回添一資。

凡蠻夷官：議：「播州宣撫司保蠻夷地分副長官，係遠方蠻夷，不拘常調之職，合准所保。其蠻夷地方。雖不拘常調之處，而所保之人，多有泛濫。今後除襲替土官外，急闕久任者，依例以相應人舉用，不許預報，違者罪及所由官司。」

【校勘記】

〔一〕「招討使」，「招」原作「詔」，《元史》卷八二志第三十二《選舉二》同，下二「招討」同，據文意改。

〔二〕「官至」，原倒作「至官」，據《元史》卷八二志第三十二《選舉二》改。
〔三〕「非常」，「常」字原重，據《元史》卷八二志第三十二《選舉二》删。
〔四〕「腹裏」二字間，原衍「前」字，據《元史》卷八二志第三十二《選舉二》删。
〔五〕「萬億四庫」，「庫」原作「年」，據《元史》卷八二志第三十二《選舉二》改。
〔六〕「富寧庫」，「寧」原作「億」，據《元史》卷八二志第三十二《選舉二》改。
〔七〕「使副」，原倒作「副使」，據《元史》卷八二志第三十二《選舉二》改。
〔八〕「蒙古」，原倒作「古蒙」，據《元史》卷八二志第三十二《選舉二》改。
〔九〕「大德六年」，「年」字原脱，據《元史》卷八二志第三十二《選舉二》補。

新元史卷之六十六　志第三十三

選舉志三

銓法下

凡文武散官，多採用金制，建官之初，散官例降職事二等。至元二十年，始升官職對品，九品無散官，謂之平頭敕。蒙古、色目，初授散官或降職事，再授職，雖不降，必俟官資合轉，然後升職。漢人初授官，不及職，再授則降職授官。必歷官至二品，則官必從職，不復用理算法矣。至治初，稍改之，尋復其舊。此外月日不及者，惟歷繁劇得優，獲功賞則優，由內地入邊遠則優，憲臺舉廉能政跡則優，以選出使絕域則優，然亦各有其格也。

凡保舉職官：大德二年制：「各廉訪司所按治城邑內，有廉慎幹濟者，歲舉二人。」九年，詔：「臺、院、部五品以上官，各舉廉能識治體者三人，行省臺、宣慰司〔一〕、廉訪司各舉五人。」

凡翰林院、國子學官：大德七年，議：「文翰師儒難同常調，翰林院宜選通經史、能文辭者，國子學宜選年高德邵、能文辭者，須求資格相應之人，不得預保布衣之士。若果才德素著，必合不次超擢者，别行具聞。」

凡遷官之法：從七以下屬吏部，正七以上屬中書，三品以上非有司所與奪，由中書取進止。自六品至九品爲敕授，則中書牒署之。自一品至五品爲宣授，則以制命之。三品以下用金寶，二品以上用玉寶，有特旨者則有告詞。其理算論月日，遷轉憑散官，内任以三十月爲滿，外任以三歲爲滿，錢穀典守以二歲爲滿。而理考通以三十月爲則。内任官率一考升一等，十五月進一階。京官率一考，視外任減一資。外任官或一考進一階，或兩考升一等，或三考升二等。四品則内外考通理。然前任少，則後任足之，或前任多，則後任累之。一考者及二十七月，兩考者及五十七月，三考者及八十一月。

凡選用不拘常格：省參議、都司郎中、員外高第者，拜參預政事、六曹尚書、侍郎，及臺幕官、監察御史出爲憲司官。外補官已制授，入朝或用敕除，朝蹟秩視六品，外任或爲長伯。在朝諸院由判官至使。寺監由丞至卿，館閣由屬官至學士，有遞升之法，用人重於用法如此。又覃官，或准實授，或普減資升等，或内升等，或外減資，或外減内不減，斯則恩數之不常有者，惟四品以下者有之。三品則遞進一階，至正議大夫而止。若夫勳臣世胄、侍中貴人，上命超遷，則不可以選格論。亦有傳敕中書，送部覆奏，或致繳奏者。

凡吏部月選：至元十九年議：「到部解由即行照勘，合得七品者呈省。從七以下本部注擬，其餘流外人員，不拘多寡，並以一月一次銓注。」

凡官吏遷叙：至元十年議：「舊以三十月遷轉太速，以六十月遷轉太遲。」十七年，立遷轉官員。凡無過授見闕滿代者，令還家以俟。十九年，定內外官以三年爲考，滿任者遷叙，未滿者不許超遷。二十八年，定隨朝以三十月爲滿，在外以三周歲爲滿，錢穀官以得代爲滿，吏員以九十月日出職。

皇慶元年，御史中丞郝玉挺言：「國初設官，在內須三十月，在外須三周歲，考其殿最，以爲黜陟。比者省院臺部之臣久者一二歲，少者三五月，甚者旬日之間而屢遷數易者，奔走往來之不暇，豈暇治官事哉？乞自今惟內外大臣可急闕選授，其餘內外大小官屬，必俟任滿考績，方許選調，庶免朝除夕改，啟倖長奸之弊。」從之。

天曆二年，中書省臣又言：「比年朝官多不久於其職，或數月即改遷，於典制不類，且治績無從考驗，請如舊制爲宜。敕除風憲官外，其餘朝官不許二十月內遷調。」

凡遷調閩、廣、川蜀、雲南官員：每三歲，遣使與行省銓注，而以監察御史往涖之。

至元十九年，省議：「江淮州郡遠近險易不同，似難一體，今量分爲三等：若腹裏常調官員遷入兩廣、福建溪洞州郡者，於本等資歷上，例升二等；其餘州郡例升一等；福建、兩廣官員五品以上，照勘員闕，移咨都省銓注，六品以下，就便委用，開具咨省。」

二十年，部議：「遷叙江淮官員，擬定應得資品，若於接連福建、兩廣溪洞州郡任用，升一等。」「甘肅、中興行省所轄，係西夏邊地，除本處籍貫見任官外，腹裏遷去甘肅者，擬升二等，中興府擬升一等。」

二十二年，詔：「管民官，腹裏遷去四川，升一等，接連溪洞升二等。四川見任官，遷往接連溪洞，升一等，若遷去溪洞諸蠻夷，別議定奪。達魯花赤，就彼處無軍蒙古軍官内選擬，不爲常例。」

二十二年，江淮官員遷於龍南、安遠縣地分者，擬升三等，仍以三十月爲滿升轉。

二十八年，詔：「腹裏官員遷去雲南近裏城邑，擬升二等，若極邊重地，更升一等。行省咨保人員，比依定奪。其蒙古、土人及招附百姓有功之人，不拘此例。」

省臣奏准：「福建、兩廣官員多闕，都省差人與彼處行省、行臺官，一同以本土周迴相應人員委用。」

部議：「雲南六品以下任滿官，依御史臺所擬，選資品相應人，擬定名闕，具歷仕脚，咨省奏准。敕牒到日，許令之任。若有急闕，依上選，權令之任，歷過月日，依上准理。」

二十九年，詔：「福建、兩廣官員歷兩任滿者，還於接連去處，一任滿日，歷江南一任，許入腹裏通行遷轉，願於兩廣、福建者聽，依例升等。」

至治元年，省臣奏：「江浙、江西、湖廣、四川、雲南五處行省，所轄邊遠地分官員，三年一次差人與行臺、行臺官一同遷調。」

廣海闕官於任滿得代，有由應得路府州縣儒學教授、學正、山長内願充者，借注正九品以下名闕。任迴，止理本等月日。

廣海應設巡檢，於本省應得常選上等錢穀官選擬，權設，理本等月日。行省自用並不應之人，不許委用，如受敕巡檢到彼，即聽交代。

凡遷調循行：各省所轄路府州縣諸司，應合遷調官員，先儘急闕，次及滿任。急闕須憑各官在任解由、依驗月日、應得資品、及解由到行省月日，依次就便遷調。若有急闕，委無相應之人，或員闕不能相就者，於應叙職官内選用，驗各得資品上，雖有超越，不過一等。

本管地面，若有遐荒煙瘴險惡重地，除土官外，依例公選銓注，其有超用人員，多者不過二等。軍官、匠官、醫官、站官、各投下人等，例不轉入流品者，雖資品相應，不許銓注。都省已除人員，例應到任，若有違限一年者，聽別行補注。應有合就彼遷叙人員，如在前給由已咨都省聽除，未經遷注照會，不曾咨到本省者，即聽就便開咨。無解由人員，不許銓注。諸犯贓經斷應叙人員，照例銓注。令譯史、奏差人等，須驗實歷月日已滿，方許銓注。邊遠重難去處，如委不可闕官，從差去官與本省官公同選注能幹人員，開具歷仕元由，並所注職名，擬咨都省，候回准明文，方許之任。應遷調官員，三品、四品擬定資呈，五品以下先行照會之任。

凡省部令史、譯史、通事等：至元六年，省議：「舊例一百二十月出職，今案牘繁冗，難同舊日，會量作九十月爲滿。其通事、譯史繁劇，合與令史一體。近都省未及兩考省令史譯史授宣，注六品職事，部令史已授省劄，注從七品職事。今擬省令譯史、通事，由六部轉充者，中統四年正月已前，合與直補人員一體，擬九十月考滿，注六品職事，回降正七一任，還入六品。中統四年正月已後，將本司過歷月日，三折二，驗省府月日考滿通理，九十月出職，與正七職事，並免回降。

職官充省令譯史，舊例文資右職參注，一考滿，合得從七品，注從六品，未合得從七品，注正七品，如更勒留一考。合同隨朝升一等。一考滿，未得從七注正七品者，回降從七，還入正七。一考滿，合得從七注從六品，合得正七注正六品者，免回降。正、從六品人員不合收補省令史、譯史，如有已補人員，合同隨朝一考升一等注授。

中統四年正月已前，收補部令史、譯史、通事。擬九十月爲考滿，照依已除部令史例，注從七品，回降正八一任，還入從七。

中統四年正月已後，充部令譯史、通事人員，亦擬九十月爲考滿，依舊例正八品職事，仍免回降。省宣使，舊例無此職名，中統以來，初立中書省，曾受宣命充宣使者，擬出職正七品職。外有非宣授人員，擬九十月爲考滿，與正八品。」

至元二十年，吏部言：「准内外諸衙外令譯史、通事、知印、宣使、奏差等，病故作闕，未及九十月，並令貼補，值例革者，比至元九年例定奪。」省准：「宣使、各部令史出職同，三考從七。一考之上，驗月日定奪。一考之下，二十月以上者正九，十五月以上者從九。十五月以下擬充巡檢。

凡臺院、大司農司譯史、令史出身同，三考正七。一考之上。驗月日定奪。一考之下，二十月以上從八。十五月以上正九，十五月以下、十月之上從九，添資，十月以下巡檢。宣使三考正八品。一考之上，驗月日定奪。一考之下，二十月以上從九，十五月以上巡檢，十五月以下酒税醋使。

凡部令史、譯史、通事三考從七。一考之上，驗月日定奪。一考之下，二十月以上者正九，十五月以上從九，十五月以下令史、提控案牘、通事、譯史、巡檢。

凡奏差三考從八品。一考之上，驗月日定奪。一考之下，二十月以上巡檢，十五月之上酒稅醋使，十五月之下酒稅醋都監。」

大德四年，中書省准：「吏部擬腹裏、江南都吏目、提控案牘升轉通例，凡腹裏提控案牘、都吏目：京畿漕運司令史，元擬六十月考滿，今准九十月考滿，都漕運司令史九十月。諸路寶鈔提舉司司吏，元擬六十月考滿，今准九十月考滿。萬億四庫司吏，元擬六十月考滿，今准九十月考滿。大都路令史，元擬六十月考滿，任回減資升轉，今准六十月考滿，不須減資。大都運司令史，九十月考滿都目。寶鈔總庫司吏，元擬六十月都目，九十月提控案牘，今准九十月都目。富寧庫司吏，元擬六十月提控案牘，今准九十月都目。左右八作司司吏，元擬六十月，今准九十月都目。」

又議：「已經改擬出職人員，各路司吏轉充提控案牘、都目，比同升用，其餘直補人數，並循至元二十一年之例遷用。江南提控案牘、都目：至元二十五年呈准，各路司吏六十月吏目，兩考升都目，一考升提控案牘，兩考正九。路司吏九十月吏目，一考轉都目；餘皆依上升轉。江南提控案牘除各路司吏，比腹裏路司吏至元二十五年呈准例遷除，其餘已行直補，並自行保舉，自呈准月日立格，實歷案牘兩考者，止依至元二十一年定例，九十月入流。未及兩考者，再添一資遷除。例後違越創補者，雖歷月日不准。」

大德十一年，省臣奏：「凡内外諸司令史、譯史、通事、知印、宣使有出身者，一半於職官内選用，依舊一百二十月爲滿，外任減一資。」

又議：「選補吏員，除都省自行選用外，各部依元設額數，遇闕職官，與籍記内相參發補，合用一半職官，從各部自行選用。通事、知印從長官選用。譯史則從翰林院試發都省書寫典吏考滿人内，挨次上名補用，其有不敷，從翰林發補。奏差亦於職官内選一半，餘於籍記應例人内發補。歲貢人吏，依已擬在役聽候。」

省議：「六部令史如正、從九品不敷。從八品内亦聽選取。省掾，正、從七品得代，有解由并見任未滿、已除未任文資流官内選取，考滿於應得資品上升一等，除元任地方，雜職不用。院臺令史如元係七品之人，亦在選補之例。

譯史、通事選識蒙古、回回文字，通譯語正、從七品流官，考滿驗元資升一等，注元任地方，雜職不預。

知印於正、從七品流官内選取，考滿並依上例注授，雜職不預。

宣使於正、從八品流官内選取，仍取色目、漢人相參，歷一考，於應得資品上升一等，除元内地方，雜職不預。」

凡歲貢吏員：至元十九年，省議：「中書省掾於樞密院、御史臺令史内取，臺、院令史於六部令史内取，六部令史以諸路歲貢人吏補充，内外職官材堪省掾及院、臺、部令史者，亦許擢用。省掾考滿，資品既高，責任亦重，出而臨民，入而涖事，皆自歲貢中出，若不教養銓試，必致人材失眞，今擬定例於後：

諸州府隸省部者，儒學教授選本管不免差儒户子弟入學讀書習業，非儒户而願學者聽。遇按察司、本路總管府歲貢之時，於學生内選行義修明、文學優贍、通經史達時務者，保甲解貢。

各路司吏有闕，於所屬衙門人吏内選取。委本路長官參佐，同儒學教授考試，習行移算術，字畫謹嚴，語言辯利，《詩》、《書》、《論》、《孟》内通一經者爲中式，然後補充。按察司書吏有闕，府州司吏内勾補，至歲貢時，再行試驗貢解。

凡試驗，首論行止，次取吏能，次計日月。行止曰事父母孝，曰友於兄弟，曰勤謹廉潔，曰謙讓，曰循良，曰篤實，曰慎默，曰自來不曾犯贓私罪過。吏能曰行道熟嫺，曰語言便利，曰通習條法，曰曉解儒書，曰算術精明，曰字畫端正。

歲貢人額，按察司上路總管府三年一次貢二名：儒一名，吏一名；下路總管府三年一次貢一名，儒、吏遞進。六部令史除補臺院令史外。諸道行省據亦可差補。

諸歲貢吏，當該官司於見役人内公選，以性行純謹、儒吏兼通者爲上，才識明敏、吏事熟閑者次之，月日雖多，才能無取者不許呈貢。」

元貞元年，詔：「諸路有儒通吏事、吏通經術、性行脩謹者，各路薦舉，廉訪司試選。每道歲貢二人，省、臺委官立法考試。必中程式，方許録用。」

大德二年，貢部人吏，擬宣慰司、廉訪司每道歲貢二人儒吏兼通者，自大德三年爲始，依例歲貢，應合轉補各部寺監令史，依《至元新格》發遣，到部之日，公座試驗收補。

九年，省判：「凡選府州教授，年四十已下，願試吏員程式，許補各部令史。除南人已試者，别無定奪到部。未試之人，依例考試。」

至治二年，省准：「各道廉訪司書吏，先儘儒人，不敷者吏員内充貢，各歷一考，依例試貢。」

至治元年，監察御史言：「各部令史，原擬腹裏各道廉訪司並行臺察院每歲貢舉書吏二員。近年以選法不能遷調，住罷各道廉訪司書吏歲貢，止以察院書吏及都省典史轉部，又許儒人職官秀才内選用，因此大啟倖門，以致躭誤公事。今各道廉訪司既依例開貢，請將各衙門令史截日取勘，將不應之人盡行沙汰，依舊例貢舉，籍記姓名，挨次試補。」

部議：「各衙門補用已久，又係已准人數，難於取勘。擬今後立於六部各衙門，令史有闕，須依例於相應之人内試補，若舉不應之人，罪及當該官吏。」

凡補用吏員：至元十一年，省議：「有出身人員，遇省掾有闕，擬合於正、從七品文資職官並臺、院、六部令史內，從上名轉補。翰林兩院擬同六部令史，有闕於隨路儒學教授通吏事人內選補。樞密院、御史臺令史、省掾有闕，從上轉補，考滿依例除授，又於正、從八品文資官及六部令史內轉補。省斷事官令史與六部令史一體三考出身，於部令史內發補。少府監令史，擬於六部并諸衙門考滿典吏內補用。」

十三年，省議：「行工部令史與六部令史一體，於應補人內挨次塡補。」

十四年，詔：「諸站都統領使司令史，擬同各部令史，今既改通政院，與臺院令史一體出身，於各部令史內選補。」

十五年，部擬：「翰林兼國史院令史同臺院令史一體出身，於各部令史內選取。」二十一年，省議：「江淮、江西、荆湖等處行省令史，擬將至元十九年咨發各省貼補人員先行收補，不許自行踏逐，移咨都省，於六部見役令史內補充。或參用職官，則從行省新除正、從八品職官內選取，雜職官不預。」

二十二年，宣徽院令史，考滿正七品遷叙，於六部請俸令史內選取。總制院與御史臺同品。令譯史、通事一體如之。

二十四年，省准：「大都留守司兼少府監令史，依宣徽院、大司農司例遷。」

二十八年，省議：「陝西行省令史，於各部及考令史並正、從八品流官内選補。」

二十九年，大司農司令史，于各部一考之上令史及正、從八品職官内選取。省掾有闕，於正七品文資出身人員内選，吏員於樞密院、御史臺令史元係六部令史内發充，歷二十月以上者選，如無，於上名内選。

三十一年，省准：「内史府令史，於各部下名令史内選。」

大德三年，省准：「遼陽省令史宜從本省選正、從八品文資職官補用。復令各部見役令史内，不限歲月，或願充，或籍貫附近，或選到職官，逐旋選解。國子監令譯史，於籍記寺監令史内發補。上都留守司令史，於籍記各部令史内，或於正八品職官内選用，考滿從七品遷用。宣徽院闌遺監令史，准本院依驗元准月日挨補，考滿同，自行踏逐者降等。遇闕如係籍記令史并常調提控案牘内及本院兩考之上典吏内補充者，考滿依例遷叙，自行選用者，止於本衙門就給付身，不入常調。」

四年，部擬：「上都留守司令史，仍聽本司於正、從八品流官内，或於上都見役寺監令史，河東、山北二道廉訪司上名書吏内，就便遷用。上都兵馬司司吏，發補附近隆興、大同、大寧路司吏相應。」

部擬：「各處行省令史，除雲南、甘肅、征東外，其餘合依至元二十一年定例，於六部見役上名令史、或正、從八品流官參補。不敷，聽於各道宣慰司元係廉訪按察司轉補見役兩考之上令史内選充，以宣慰司役過月日，折半准算，通理一百二十月，方許出職。」

大德五年，擬：「檀景等處採金鐵冶都提舉司人吏，於附近州縣令史内遴選。」

六年，省擬：「太醫院令史。於各部令史并相應職官内選取。長信寺令史，於元保内選補，考滿降等叙用，有闕於籍記令史内發補。」

七年，擬：「刑部人吏，於籍記令史内公選，不許别行差補，考滿離役，依例選取，餘者依次發補。禮部省判，許於籍記部令史内選取儒吏一名。續准一名，於籍記部令史内從上選補。户部令史，於籍記部令史内從上以通曉書算、練達錢穀者發遣，從本部試驗收補。」

八年，省准：「隨路補用吏員，令各路先以州吏入役月日籍爲一簿。府吏有闕，從上勾補，州吏有闕，則於本州籍記司縣人吏内從上勾補。各道宣慰司令史，遇闕以籍記部令史下名發補，新除正、從九品流官内選取。」

九年，省准：「都城所係在京五品衙門司吏，歷兩考轉補京畿都漕運兩司令史。遇闕以倉庫攢典歷一考者選充。及兩考則京畿都漕運兩司籍名，遇闕依次收補。上都寺監令史有闕，先儘省部籍記常調人員發補，仍於正、從九品流官内、并應得提控案牘内選取。

不敷，就取元由路吏考滿陞充都吏目典史准吏目月日及大同、大寧、隆興三路司吏歷兩考之上者參用。」

十年，省准：「司縣司吏有闕，於巡尉司吏內依次勾補。巡尉司吏有闕，從本處耆老上户循衆推舉，仍將衹應月日均以歲爲滿。州吏有闕，縣吏內勾補。路吏有闕，州吏內勾補。若無所轄府州，於附近府州吏內勾補，縣吏發補附近府州司吏。户、刑、禮部合選令史有闕，於籍記令史上十名內、並職官到選正、從九品文資流官內試選。」

十一年，省准：「縣吏如歷一考，取充庫子一界，再發縣吏，准理州吏月日，路吏有闕，依次勾補。」

至大元年，省准：「典寶監令史〔一一〕，就用前典寶署典書蒙古必闍赤一名，例從翰林院試補，知印、通事各一名，從長官選保。」

二年，立資國院二品，及司屬衙門令史一十名，半用職官，從本院選，半於上名部令史內發補。譯史二名，內職官一名，從本院選，外一名翰林院發。通事、知印各一名，從本院長官選。宣使八名，半參用職官，餘許本院自用一名，外三名常選相應人內發。典吏六名，從本院選。所轄庫二處，每處司庫六名，本把四名。於常選人內發。泉貨監六處，各設令使八名，於各路上名司吏內選；譯史二名，從翰林院發；通事二名，從本監長官選；

奏差六名，各州司吏内選；典吏一名，本監選。以上考滿，同都漕運司吏出身，所轄一十九處，兩提舉司設吏目一人，常選内選，司吏五名，縣司吏内選。

三年省准：「泉貨監令史，於各處行省應得提控案牘人内選，參用正、從九品流官。山東、河東二監，從本部於相應人内發補，考滿依例遷用，見役自用之人，考滿降等叙，有闕以相應人補。」

四年，省准：「江西等處儒學提舉司司吏，舊從本司公選，後從國子監發補，宜從本司選補。典瑞監首領官、令譯史等，依典寶監例選用，考滿遷叙。」

部議：「長信寺通事一名，例從所保。譯史、知印、令史、奏差，從本衙門選一半職官，餘相應人内選，考滿同自用遷叙。典吏二名，就便定奪，其自用者降等叙。」

皇慶元年，省准：「羣牧監令譯史、知印、怯里馬赤、奏差人等，據諸色譯史例，從翰林院發補。知印、通事，長官選。令史、奏差、典吏俱有發補定例。其已選人，考滿降等叙，有闕於相應人内選發。

大都路令史，歷六十月，依至元二十九年例陞提控案牘，減一資升轉。有過者。雖貼滿月日，不減資。遇闕於所轄南北兩兵馬司并各州見役上名司吏内勾補，有闕從本路於左右巡院、大興、宛平與其餘縣吏通籍從上挨補，月日雖多，不得無故替罷，違例補用者不准，除已籍記外，有闕依上勾補。

覆實司司吏，於諸州見役司吏内選，不敷則以在都倉庫見役上名攢典發充，歷九十月除都目，年四十五之下歷一考之上，亦許轉補京畿都漕運司令史，違例收補，别無定奪。」

二年，省准：「中瑞司譯史，從翰林院發，知印，長官選保，令史、奏差參取職官一半所選相應，考滿依例遷叙，奉懿旨委用者，考滿本司區用，有闕以相應人補。征東行省令譯史、宣使人等，舊考滿從本省區用，若經省部擬發，相應之人依例遷用，如不應者，雖省發亦從本省區用。」

延祐二年，省准：「河間等路都轉鹽運使司所轄場，分二十九處。二處改升從七品，司吏有闕，依各縣人吏，一體於附近各處巡尉捕盗司吏依次以上名勾補，再歷一考，與各場鄰縣吏互相遷調。和林路總管府司吏，以本處兵馬司吏歷一考者轉補，再歷一考，轉稱海宣慰令史，考滿除正八品。補不盡者，六十月受部劄充提控案牘。沙、瓜二州屯儲總管萬户府邊遠比例，一體出身相應。會福院令譯史、通事、宣使人等，若省部發去者依例遷叙，自用者考滿同二品衙門出身例，降一等添一資升轉。於常選教授儒人職官并見役各部令史内取補，宣使於常職官内參補，通事、知印從長官選用，仍須參用職官，典吏從本衙門補用。」

五年，省准：「詹事院立家令司、府正司，知印、怯里馬赤俱令長官選用。令史六名，内取教授二名，職官二名，廉訪司書吏二名。譯史一名，於蒙古字教授及鄰省見役蒙古書寫内選補。奏差二名，以相應人補。」

凡宣使、奏差、委差、巡鹽官出身：中書省宣使，至元九年，曾受宣命補充者，九十月考滿正七品。省劄宣使，九十月考滿比依部令史例從七品。其臺院宣使、各部奏差，比例定擬。

二十三年，省准：「省部臺院令譯史、通事、宣使、奏差人等，未滿九十月，不許預告遷轉。都省元定六部奏差遷轉格例，應入吏目選充者，三考從八品。應入提控案牘人員選充者，三考從八品，任回減一資升轉。巡檢、提控案牘選充者，一考正九品。」

二十四年，省准：「大都留守司兼少府監奏差改充宣使，合於各都奏差内選取，改升宣使月日爲始。考滿比依宣徽院、大司農司一體出身，自行踏逐者降等遷叙。大司農司所轄各道勸農營田内書吏，於各路司吏内選取，考滿提控案牘内任用。奏差就令本司選委。」

二十九年，省准：「各道廉訪司通事、譯史出身，比依書體一體，考滿正九。奏差考滿，依通事、譯史降二等量擬，於錢穀官并巡檢内任用。」

三十年，省准：「延慶司奏差，比依家令司奏差一體，考滿正九品，自行踏逐者降一等。」

大德四年，省准：「諸路寶鈔提舉司奏差，改稱委差，九十月爲滿，於酌中錢穀官內任用。」

五年，部議：「山東運司奏差，九十月近下錢穀官內任用。大都運司，一體定奪。」

六年，部擬：「河間運司巡鹽官，依奏差出身，九十月近下錢穀官內任用。」

七年，部擬：「凡奏差自改立廉訪司爲始，九十月歷巡檢三考，轉從九。」

皇慶元年，各道廉訪司奏差出身，於本道所轄上名州司吏內選取，九十月都目內任用。若有路吏並典吏內取充者，歷兩考，比依上例，都目內升轉。

凡庫藏司吏庫子等出身：至元二十六年，省准：「上都資乘庫庫子、本把，九十月近上錢穀官內任用。衛尉院、利器庫、壽武庫庫子。踏逐者九十月近上錢穀官內任用。」

二十八年，省擬：「泉府司、富藏庫本把、庫子，六十月近下錢穀官內遷敘。太府監行由藏庫子，三周年爲滿，省劄錢穀官內遷敘。備用庫提控三十月，庫子、本把三周歲，近上錢穀官內任用。」

三十年，省准：「大都留守司兼少府監器備庫庫子、本把，六十月近下錢穀官內任用。」

三十年，省准：「宣徽院生料庫庫子、本把并太醫院所轄御藥局院本把出身，例六十月，近上錢穀官一體遷敘。」

大德元年，部擬：「中御府奉宸庫庫子，以三周歲爲滿，擬受省劄錢穀官。本把六十月，近上錢穀官内任用。」

三年，省擬：「萬億四庫、左右八作司、富寧、寶源等庫，各設色目司庫二名，俱於樞密院各衛色目軍内選差，考滿巡檢内任用，自行踏逐者一考並同，循行如此。又漢人司庫，於院務提領、大使、都監内發補，二周歲滿日，減一界陞轉，其色目司庫於到選錢穀官内選發，考滿優減兩界。都提舉萬億庫提控案牘，比常選人員，任迴減一資陞用。司吏三十五人，除色目四人外，漢人有闕，於大都總管府、轉運司、漕運司下名司吏内選取，三十月擬充吏目，四十五月之上、六十月之下都目，六十月以上轉提控案牘。省擬六十月以上、四十五月以下，願充寺監令史者聽。司庫五十人，除色目一十四人另行定奪外，漢人於大都路人户内選用，二周歲爲滿，院務提領内任用；都監内充司庫，二年爲滿，於受省制錢穀官内任用；務使充司庫，二年爲滿，於從九品雜職内任用。秤子五人，於大都人户内選充，一年爲滿，於近下錢穀官内任用。太醫院御藥局本把，六十月近上錢穀官内任用。」

四年，受給庫依油磨坊設攢典、庫子，從工部選。上都廣積、萬盈二倉係正六品，永豐係正七品，比之大都平準庫品級尤高，擬各倉攢典轉寺監本把，并萬億庫司吏相應。

提舉廣會司庫子，考滿近下錢穀官内任用。

侍儀司法物庫所設攢典、庫子，依平準行用庫例補用。

五年，大都尚食局本把，擬於錢穀官内遷叙，本院自行踏逐，就給付出身，考滿不入常調。

都提舉萬億寶源庫色目司庫，擬於巡檢内任用，添一資升轉。

京畿都漕運司司倉，於到選錢穀官内選發。

六年，部呈：「凡路府諸州提控案牘、都吏目等，諸衙門吏員出身，應得案牘、都吏目，如係路府司吏轉充之人，依舊遷除。其由倉庫攢典雜進者，得提控案牘改省劄錢穀官，都目近上錢穀官，吏目改酌中錢穀官。提控案牘，都吏目月日考滿，於流官内遷用。

廣勝庫子，合從武備寺給付身，考滿本衙門定奪。大積等倉典吏，與四庫案牘所掌事同，任回減一資陞用。

七年，各路攢典、庫子。部議：「江北及行省所轄路分庫子，依已擬於司縣司吏内差補，周歲發充縣司吏，遇州司吏有闕，挨次勾補。諸倉庫攢典有闕，於各部籍記典吏内發補。左右八作司等五品衙門内司吏有闕，却於各倉庫上名攢典内發補。若萬億庫四品衙門司吏有闕，亦於上項司吏内從上轉補，將役過五品衙門月日，五折四准算，通理九十月考滿，提控案牘内遷用。如轉補不盡，五品衙門司吏考滿，止於都吏内任用。油磨坊、抄紙坊攢典有闕，並依上例。回回藥物院本把，六十月酌中錢穀内定奪。」

九年，省准：「提舉利林倉、昔寶赤八剌哈孫倉、孔古列倉司吏，六十月酌中錢穀官内委用。資成庫庫子出身，部議比依太府、利用、章佩、中尚等監。武備寺庫有闕，如係本衙門典吏請俸一考轉補者，六十月爲近上錢穀官，其餘補充之人，九十月依上遷用。和林等處宣慰司都元帥府所轄廣濟庫庫子、攢典，自行踏逐者比依三倉列，六十月於近下錢穀官内定奪。」

至大二年，省准：「廣禧庫庫子，依奉宸庫例出身，如係本把一考之上轉充者，四十五月受省劄錢穀官，其餘補充之人，六十月依上例遷用。本把元係本衙門請俸一考典吏轉補者，六十月近上錢穀官，其餘補充者，九十月亦依上例遷用。」

至大二年，省准：「各處庫子、攢典，與州縣司吏一體輪差，明立案驗，先後挨排。如遇庫子滿日，行下州縣，將挨定上名司吏承充，卻將底闕令庫子交換填補相輪轉，周而復始，考滿依例升轉。」

三年，省准：「各路庫子，止依舊例。和林設立平準行用庫庫子，宜從本省相應人内量選二名，二周歲爲滿，近下錢穀官内定奪。」

皇慶元年，部議：「文成、供須、藏珍三庫本庫庫子，依太府監庫子例，常選内委用，考滿比例遷除，有闕於常調人内發補，自行選用者，考滿從本院定奪，若係常選任用者，考滿依例遷敘。」

二年，殊祥院所轄萬聖庫庫子、攢典，依崇祥院諸物庫例出身。部議：「如比上例，三十月轉補五品衙門司吏，再歷三十月，於四品衙門司吏内補用，其庫子合於常調籍記倉庫攢典人内發補，六十月爲滿，於務都監内任用，自行委用者，考滿本衙門定奪。」

延祐元年，省議：「腹裏路分司倉庫子，於州縣司吏内勾補，滿日同舊例升轉。」

凡書寫、銓寫、書吏、典吏轉補：至元二十二年，部議：「按察司體例，各道選廉能無過書吏每歲貢舉一名，轉補吏，或能南方各道宣慰司令史内收補外，用盡書吏，實歷九十箇月，於各路總管府提控案牘内任用。其書吏有缺，即於各路府州司吏内選用。」

二十五年，省准：「通政等二品衙門典吏，九十月補本院宣使。各寺監典吏，比依上例，考滿轉補本衙門奏差。户部填寫勘合典吏，與管勘合令史一體，考滿從優定奪。參議府、左右司、客省使令史、書寫，四十五月轉補，如補不盡，於提控案牘内任用，於各部銓寫及典吏内收補。會總房、承發司、照磨所、架閣庫典吏，各部銓寫，六十月轉補，已上，都目内任用。各部典吏並左右部照磨所、架閣庫典吏，於都省參議府、左右司、客省使令史、書寫内以次轉補，如補不盡，六十月轉補各監令史，已上，吏目内任用。樞密院典吏、銓寫，依御史臺典吏一體，六十月轉部，轉補不盡，六十月已上，於都目内任用。御史臺典吏，遇察院書吏有闕，從上挨次轉補，通理六十月，補各道按察司書吏，部令史有闕，亦行收補。」

二十六年，省准：「上都留守司兼本路都總管府典吏，九十月補本司宣使，考滿依例定奪。」

二十七年，省准：「漕運使司令史，九十月提控案牘内任用，如年四十五以下，願充寺監令史者聽。省院臺部書寫、銓寫、典吏人等出身，與各道宣慰司、按察司、隨路總管府歲貢吏員一體轉部，書寫人等止令轉寺監等衙門令史。」

二十八年，省准：「參議府、左右司、客省使令史，各房書寫有闕，擬於都省典吏内選補，五折四令史〔三〕、書寫月日，通折四十月轉部。及六部銓寫、典吏一考之上選充，三折二令史、書寫月日，通折四十五月，轉補各部令史。如已行選用者，四十五月補寺監令史。參議府、左右司、客省使令史，各房書寫有闕，擬於都省典吏内選補，五折四令史、書寫月日，通折四十五月轉部。及六部銓寫、典吏一考之上選充，三折二令史、書寫月日，通折四十五月轉補各部令史。如自行選用者，四十五月補寺監令史。」

部議：「執總會總房、照磨、承發司、架閣庫典吏，一考之上轉補參議府、左右司、客省使令史，補不盡者，四十五月補寺監令史。有闕，於六部銓寫、典吏一考之上選充，三折二省典吏月日，通折六十月轉補各部令史。若轉充參議府、左右司、客省使令史、都省書寫，五折四令史、書寫月日，通折四十五月轉部。如自行選用者，六十月補寺監令史。六部銓寫、典吏并左右部照磨所、架閣庫典吏，一考之上，遇省書寫、典吏月日補不盡者，六十月轉補寺監令史。」

省議：「除見役外，後有闕，擬於部省各房寫發人内公舉發補，除轉充參議府、左右司、客省使令史、都省書寫、典吏者，依前例轉補，不盡者六十月充都目。」

二十九年，部擬：「御史臺典吏三十月，依廉訪司書吏轉補察院，三十月轉部，補不盡者，考滿從八品遷用外，行臺典吏三十月轉補行臺察院書吏，再歷三十月發補各道宣慰司令史〔四〕。參議府令史，四十五月轉部令史。光禄寺典吏，考滿轉補本衙門奏差。」

元貞元年，省准：「部見役典吏實歷俸月，名排籍記，遇都省書寫、典吏有闕，從上挨次發補。」

大德八年，省議：「行省典吏，於各路兩考之上散府考滿，有解由司。樞密院銓寫，一考之上，補都省書寫，通折月日升轉外，本院銓寫有闕，補請俸上名典吏。」

大德元年，省准：「兩淮本道書吏，轉補行臺察院書吏、江南宣慰司令史〔五〕。雲南、河西、四川三道書吏，在邊遠者三十月爲格，依上遷補。江浙行省檢校書吏，於行省請俸典吏内選補，以典吏月日五折四，通折書吏六十月轉各道宣慰司。」

四年，省准：「徽政院掌儀、掌膳、掌醫署書吏宜從本院通定名排，若本院典吏有闕，以次轉補。」

八年，省議：「院臺以下諸司吏員，俱從吏部發補，據曾經省發并省判籍定典吏、令史，從吏部依次試補，元籍記典吏，見在寫發者，遇各庫攢典試補。省掾每名，設貼書二名，就用已籍記者，呈左右司闕吏部籍定，遇部典吏闕收補，歷兩考從上名轉省典吏，除一考外，餘者折省典吏月日，兩考升補參議府、左右司、客省使令史、書寫，檢校、書吏，通折四十五月。補不盡省典吏，六十月，遇寺監令史、宣慰司令史有闕，依次發補。除宣慰司令史，已有貢部定例，寺監令史歷一考，與籍記部令史通籍發補各部令史。寺監見役人等，雖經准設，未曾補闕，不許轉部，考滿依舊例遷叙，其省部典吏、書寫人等轉入寺監、宣慰司，願守考滿者聽。御史臺令史一名，選貼書二名。依次選試相應充架閣庫子，轉補典吏，三十月發充各道廉訪司書吏。再歷一考依例歲貢。三品衙門典吏，歷三考升宣使，補不盡，本衙門於相應闕内委用。部典吏一考之上，轉省典吏，補不盡者，三考補本衙門奏差，兩考之上發寺監宣慰司奏差外，據六部係名貼書合與都省寫發人相參轉補各部典吏，補不盡者，發各庫攢典。都省寫發人有闕，於六部係名貼書内參選，不盡者依舊發各庫攢典。」

九年。省准：「獄典歷一考之上，轉各部典吏。翰林國史院書寫考滿，除從七品，有闕從本院於籍記教授試准應補部令史内指名選用。太常寺典吏，歷九十月注吏目。工部符牌局典吏，三十月轉各部典吏。翰林國史院蒙古書寫，四十五月轉補寺監蒙古必闍赤。宣徽院所轄寺監令史有闕，於到部籍記寺監令史與本院考滿典吏挨次發補。」

十年，省准：「陝西諸道行御史臺察院書吏，若係腹裏歲貢廉訪司見役書吏選取人數，須歷一考，以上名貢部，下名轉補察院。總管府獄典轉州司吏，府州者補縣吏，須歷一考，方許轉補。江浙行省運司書吏，九十月升都目，添一資升轉，如非各路散府上州司吏補充，役過月日，别無定奪。」

十一年，省准：「左司言照磨所典吏遇闕，宜於左右部照磨所典吏内從上發補。各路府州獄典遇闕，於廉訪司寫發人及各路通曉刑名貼書内參補。」

至大元年，省准：「各部蒙古必闍赤，如係翰林院選發之人，四十五月遇各衙門譯史有闕，依次與職官相參補用，不敷從翰林院發補。」

三年，省准：「詹事院蒙古書寫，如係翰林院選發之人，四十五月遇典用等監衙門譯史有闕，依次與職官相參補用，不敷從翰林院選發。

和林行省典吏，轉理問所令史，四十五月發補稱海宣慰司令史，轉補不盡典吏。須歷六十月依上發補。

中瑞司、掌謁司典書，九十月與寺監令史一資升轉八品。

行臺察院書吏，俱歷九十月依舊出身叙，任回添一資升轉。

内臺察院轉部、行臺察院轉江南宣慰司令史，北人貢内臺察院各道廉訪司書吏，先役書吏歷九十月，擬正九品，任回添一資升轉。」

省議：「廉訪司書吏。上名貢部，下名轉察院，不盡者通九十月，除正九品。察院書吏三十月轉部，不盡者九十月除從八品，非廉訪司取充則四十五月轉部，不盡者考滿除正九品。」

省議：「廉訪司書吏、貢察院書吏，不盡者九十月除正九品，行臺察院書吏轉補不盡者如之。内臺察院書吏轉部，年高不願轉部者，九十月除從八品。」

皇慶元年，部議：「廉訪司職官書吏，合依通例選取，不許遷叙，候書吏考滿，通理叙用。

職官先嘗爲廉訪司書吏者，避元役道分，并其餘相應職官，歷三十月，減一資。又教授、學正、學録并府州提控案牘、都目内委充職官，各理本等月日，其餘歲貢儒吏，依例選用。又廉訪司奏差、内臺行臺典吏有能者，歷一考之上選充書吏，通儒書者充儒人數，通吏業者充吏員數。

參議府、左右司、客省使令史、書寫、檢校書吏，依至元二十八年例，以省典吏選充，五折四令史、書寫、書吏月日，通折五十五月轉部。省典吏係六部銓寫、典吏轉充，三折二省典吏月日，通折六十月轉各部令史。自用之人并轉補不盡省典吏，考滿發補寺監、各道宣慰司令史。」

二年，省准：「河東宣慰司選河東山西道廉訪司書吏充令史，合回避按治道分選取，其餘亦合一體。」

延祐三年，部擬：「行臺察院書吏、各道廉訪司掌書，元係吏員出身者，並依舊例，以九十月爲滿。依漢人吏員降等於散府諸州案牘内選用，任迴依例升轉。

太宗正府蒙古書寫，四十五月依樞密院轉各衛譯史除正八品例，籍定發補諸寺監譯史。

察院書吏與宣慰司令史，皆係八品出身轉部者，宜以五折四理算。宣慰司令史出身正八品，察院從八品，其轉補到部者以五折四准算太優，今三折二。其廉訪司徑發貢部及已除者，難議理算。」

天曆元年，臺議：「各道書吏，額設一十六人，有闕宜用終場下第舉子四人，教授四人。各路司吏四人，通吏職官四人，委文資正官試驗相應，方許入部。」

凡衛翼吏員升轉：皇慶元年，樞密院議：「各處都府并總管高麗、女真、漢軍萬户府及臨清萬户府秩三品，本府令史有闕，於一考都目、兩考吏目並各衛三考典吏内，呈院發補，九十月歷提控案牘一任，於各萬户府知事内選用。」

延祐六年，樞密院議：「各衛翼都目得代兩考者，擬受院劄提控案牘内銓注，三考升千户所知事，月日不及者，各衛翼挨次前後得代日期，於都目内貼補。各衛提控案牘，年過五旬已歷四考者，升千户所知事。及兩考年四十五以下，發補各衛令史。不及兩考者，止於案牘内銓注，受院劄，通理一百二十月。於千户所知事内選用。各處蒙古都元帥府額設令史有闕，於本府所轄萬户府并奥魯府上名司吏年四十以下者選取，呈院准設，歷一百二十月，再歷提控案牘一任，於萬户府知事内選用。」

泰定三年，樞密院議：「行省所轄萬户府司吏有闕，於本翼上千户所上名司吏内取補，須行省准設，九十月充吏目，一考轉都目，一考除千户所提控案牘，一考升萬户所提控案牘，歷兩考，通歷省除一百五十月，行省照勘相同，咨院於萬户府知事内區用。」

凡各萬户府司吏：蒙古都萬户府司吏有闕，於千户所司吏内選補，歷一百二十月，升千户所提領案牘，一考萬户府案牘，通理九十月，轉萬户府知事。

漢軍萬户府并所轄萬户府及奧魯府司吏，於千户所司吏内補用，呈院准設，九十月充吏目，一考部目，一考升千户所或都千户所、奧魯府提控案牘，再歷萬户府或都府、奧魯府提控案牘兩任，於萬户府知事内用。

各處都府令史，於一考都目、兩考吏目并各衛請俸三考典吏内，呈院發補，九十月爲滿，再歷提控案牘一任，於各萬户府知事内選用。

各處蒙古軍元帥府令史，大德十年擬於本府所轄萬户府并奧魯府上名司吏内，年四十以下者選補，呈院准設，歷一百二十月，再歷提控案牘一任，於萬户府知事内遷用。

各省鎮撫司令史，於各萬户府上名六十月司吏内選取，受行省劄，三十月爲滿，再於各萬户府提控案牘内，歷一百二十月知事内定奪。

各衛翼令史，有出身轉補者，九十月正八。無出身者，從八内定奪。

凡提控案牘都目：至元二十一年三月已後受院劄，九十月爲滿，行省、行院劄一百二十月爲滿，於萬户府知事内用。

至元二十四年，尚書省准：「提控案牘、都吏目，於各部奏差内收補，並於宣慰司及考廉訪司、按察司兩考奏差内選取，仍須色目、漢人相參。」

大德四年，案牘年過五旬，已歷四考者，於千户所知事内定奪外，及兩考四十五以下發補各衛令史，若不及考者，止於案牘内銓注，受院劄，通理一百二十月，於千户所知事内用。

各衛翼都目。延祐六年，請俸兩考者，院劄提控案牘内銓注，歷三考，升千户所知事，月日不及者，各衛翼都目内貼補。如各衛典吏轉充者，六十月直隸本院萬户府提控案牘、弩軍屯田千户所、鎮撫司提控案牘内銓注。無俸人轉充者，二十月依上升轉。

鎮撫司，屯田弩軍千户所都目，依中州例，改設案牘，止請都目俸，三十月爲滿，依例注代。

【校勘記】

〔一〕「宣慰司」，「慰」原作「尉」，據《元史》卷八三志第三十三《選舉三》改。

〔二〕「典寶監令史」，「史」原作「吏」，據《元史》卷八三志第三十三《選舉三》改。

〔三〕「五折四令史」，「折」字原重，據《元史》卷八三志第三十三《選舉三》删重。下文「五折四令史」不誤。

〔四〕「宣慰司令史」，「慰」原作「尉」，據《元史》卷八三志第三十三《選舉三》文淵閣《四庫全書》本改。

〔五〕「江南宣慰司令史」，「慰」原作「尉」，據《元史》卷八三志第三十三《選舉三》文淵閣《四庫全書》本改。

新元史卷之六十七　志第三十四

選舉志四

考課

凡隨朝職官：至元六年格，一考升一等，兩考通升二等止。六部侍郎係正四品，依舊例通理八十月，與正品。左右司郎中、員外郎、都事，係奏事之官，考滿升二等。六部郎中、員外郎、主事，三十月考滿升一等，兩考通升二等。蒙古必闍赤、省椽、通事、知印，三考從六，若正、從七品職官，升二等。蒙古必闍赤考滿，省椽高一等，宣使從七。令史、通事、譯史、知印三考正七品，宣使正八。同臺院者，宣徽院、泉府司、大司農司、詹事院、翰林院、札魯花赤、總制司院、各行省、集賢院、通政院、留守司、六部令史、通事、譯史、知印，三考從六，奏差從八。同六部者，徽理司、大府監、省斷事官、太史院、翰林院書寫，考滿令史正八，奏差正九者。少府監、秘書監、各衛、武備寺、家令司、府正司、太常寺、太僕司、尚

乘寺、光禄寺、太醫院、宣慰司，考滿令史從八者。樞密院斷事官、左右司首領官，月日滿，

則升一等。隨朝衛官，行省宣慰官，一考例升一等。外路官升轉達魯花赤，回回官員，别行定奪。

凡官員考數：省部定擬：從九品擬歷三任，升從八。正九品歷兩任，升從八品。正八品歷三任，升從七。從七歷三任，呈省。正七歷兩任，升從六。從六品通歷三任，升從五。正六歷兩任，升從五。從五轉至正五，緣四品闕少，通歷兩任，須歷上州尹一任，方入四品。内外正、從四品，通理八十月，升三品。

凡取會行止：中統三年，詔置簿立式，取會各官姓名、籍貫、年甲、入仕次第。至元十九年，諸職官解由到省部，考其功過，以憑黜陟。大德元年，外任官解由到吏部，止於刑部照過，將各人所歷，立行止簿，就檢定擬。

凡職官迴降：至元十九年，定江淮官已受宣敕，資品相應。例升二等遷去。江淮官員依舊於江淮任用。其已考滿者，並免降回。不及考者，例存一等。有出身未合入流品受宣者，任迴，三品擬同六品，四品擬同七品，正、從五品同正八品。受敕者，正、從六品同從八品，七品、八品同正、從九品。正、從九品同提領案牘、巡檢。無出身及白身人受宣者，三品同七品，四品同八品，正、從五品同正九品。受敕者，正、從六品同從九品，七品、

八品同提領案牘、巡檢，正、從九品擬院務監當官。其上項有資品人員，再於接連福建、兩廣溪洞州郡任用，擬升一等，兩廣、福建，別議升轉。

至元十四年，都省未注江淮官已前，創立官府，招撫百姓，實有勞績者，其見受職名，若應受宣者，三品同七品，四品、五品擬同八品；若應受敕者。正、從六品同正、從九品，其七品、八品擬同提控案牘、巡檢。正、從九品擬同院務監當官。無出身不應叙白身人，其見受職名，應受宣者，三品同八品，四品、五品同九品；應受敕者，正、從六品同提控案牘、巡檢，七品以下擬院務監當官。其上項人員，若再於接連福建、兩廣溪洞州郡任用，擬升一等，兩廣、福建，別議升轉。至元十四年已後，新收撫州郡，准上例定奪。

前資不應又升二等遷去江淮官員，任迴，擬定前資合得品級，於上例升二等，止於江淮遷轉，若於腹裏任用，並依上例。七品以下，已歷三品、四品者，比附上項有出身未入流品人員例，從一高。前三件於見擬資品上增一等銓注。

二十一年，詔：「軍官轉入民職，已受宣敕不曾之任者，擬自准定資品換授，從禮任月日爲始，理算資考升轉。若先受宣敕已經禮任，資品相應者，通理月日陞轉外，據驟升人員前任所歷月日除一考外，餘月日與後任月日依准定資品通理升轉，不及考者，擬自准定資品換授。從禮任月日爲始，理算資考升轉。

腹裏常調官，除資品相應者依例升轉外，有前資未應入流品受宣敕者。六品以下人員，照勘有無出身，依驗職事品秩，自受敕以後歷一考者，同江淮例定擬，不及考者，更升一等。五品以上人員，斟酌比附議擬。呈省據在前已經除授者，任迴通理定奪。」

凡吏屬年勞差等：至元六年，吏部呈：「省部譯史、通事，舊以一百二十月出職，今案牘繁冗，合以九十月爲滿。」

十九年，部擬：「行省通事、譯史、令史、宣使或經例革替罷，所歷月日不等，如元經省掾發去，不及一考者，擬令貼補；及一考之上者，比臺院令史出身例定奪。自行踏逐者，降一等敘，不及一考者，發還本省區用。宣慰司人吏，經省院發，不及一考者，擬貼補；及一考之上者，比部令史出身降一等定奪。自行踏逐者，又降一等；不及一考者，别無定奪。」

二十年，省擬：「雲南行省極邊重地令、譯史人等，六十月考滿。甘肅行省令譯史人等，六十五月考滿，本土人員，依舊例用。」

二十五年，省准：「緬中行省令史，依雲南行省一體出身。」

大德元年，省臣奏：「以省、臺、院諸衙門令譯史、通事、知印、宣使等，舊以九十月爲滿，升遷太驟，今以一百二十月爲滿，於應得職事内升用。又寫聖旨、掌奏事選法、應辦刑名文字必闍赤等，以八月折十月，今後毋令折算。」

四年，制以諸衙門令譯史、宣使人等一百二十月爲滿。部議：「遠方令譯史人等，甘肅、福建、四川於此發去，九十月爲滿。兩廣、海北溽南道於此發去，八十月滿。雲南省八十月滿。土人一百二十月滿。」都省議：「俱以九十月爲考滿，土人依例一百二十月爲滿。」

至大元年，部議：「和林行省即係遠方，其人吏比四川、甘肅行省九十月出職。」

二年，詔：「中外吏員人等，依世祖定制，以九十月滿，參詳，歷一百二十月已受除者，依大德十一年内制，外任減一資。所有詔書已後在選未曾除受，并見告滿之人，歷一百二十月者，合同四考理算，外任一資，不須再減。」省擬：「以九十月爲滿，餘有月日，後任理算。應滿而不役離者，雖有役過月日，不准。」

三年，省准：「河西廉訪司書吏人等月日。」部議：「合准舊例，雲南六十月。河西、四川六十五月，土人九十月爲滿。」

至治元年，監察御史言：「吏員人等出身，世祖皇帝定制以九十月爲滿，方許出職。近年省部不能恪謹奉行，諸衙門通、譯史、令史、宣使、奏差人等，中間因值例革者，不及考滿，輒令實歷月日除授，紊亂舊規，有礙選法。今後應依舊例，吏員以九十月爲滿，方許出職，違者監察廉訪司追改。」部議：「如有例革，或因事離職者，並令貼補考滿，依例遷叙。

果有才幹出衆，事跡可考者，臨時定奪。」

皇慶二年，部議：「凡內外諸司吏員，舊以九十月爲滿，大德元年改一百二十月爲滿，至大二年復舊制。一紀之間，受除者衆。其元除有以三十月爲一考者，亦有四十月爲一考者，以所除不等，往往援例陳訴，有礙選法。擬合依已降詔條爲格，係大德元年三月七日以後入役，至未復舊制之前，已除未除俱以四十月爲一體，通理一百二十月爲滿，減資升轉。其未滿受除者，一體理考定擬，餘二十六月已上，准升一等，十五月之上，減外任一資，十五月之下。後任理算。改格之後應滿而不離役者，役過月日，別無定奪。」

凡吏員考滿授從六品：至元九年，省准：「省令史出身，中統四年已前，六品升遷，已後七品除授，至元之後，事繁責重，宜依准中統四年已前考滿一體注授。」

三十一年，省議：「三師僚屬，蒙古必闍赤，掾史、宣使等，依都省設置，若不由臺院轉補者降等。」

元貞元年，省議：「監修國史僚屬，依三師所設，非臺院轉補者，降等敘。」

大德五年，部呈：「考滿省掾各各資品。省、院今後院、臺并行省令史選充省掾者，雖理考滿，須歷三十月方許出職，仍分省發、自行踏逐者，各部令史毋得直理省掾月日。」

凡吏員考滿授正七品：至元九年，部擬：「院、臺、大司農司令史出身，三考正七品。

一考之上，驗月日定奪。一考之下，二十月以上爲從八品，十五月以上正九品，十五月以下、十月之上爲從九品，添一資，十月以下爲巡檢。」

十一年，部議：「札魯大赤令史、譯史考滿，合依樞密院、御史臺令史、譯史出身，三考出爲正七品，自用者降一等，有闕於部令史内選取。」

十四年，部擬：「前諸站統領使司令史，同部令史出身，今既改通政院從二品。通事、譯史、令史人等，宜同臺、院人吏一體出身。」

十五年，翰林國史院言：「本院令史係省准人員，其出身與御史臺一體，遇闕省掾時，亦合勾補。准吏部牒，本院令史以九十月考滿，同部令史出身，本院與御史臺皆隨朝二品，令史亦合與臺令史一體出身，有闕於部令史内選用。」

十九年，部擬：「泉府司隨朝從二品，令史、譯史人等，由省部發者，考滿依通政院例定奪，自行用者降一等。」

二十年，定擬：「安西王王相府首領官令史，與臺、院吏屬一體遷轉。」

二十二年，部擬：「宣徽院升爲二品，與臺、院品秩相同，令史出身合依正七品遷除貢補，省、院有闕，於部令史内選取。」

總制院與御史臺俱爲正二品，部擬：「令、譯史考滿，亦合一體出身。」

二十三年，省准：「詹事院掾史，若六部選充者，考滿出爲正七品，自用者降等。」

二十四年，集賢院言：「本院與翰林國史院品秩相同。」省議：「令史考滿，一體定奪。」

二十五年省議：「上都留守司兼本路總管府令史出身，三考正八品，其自部令史内選取者，同宣徽院、太醫院令史一體出身。上都留守同升爲正二品，見設令史，自行踏逐者，考滿不爲例，從七品内選用；部令史内選取，考滿宣徽院、大司農司令史一體出身。」

部議：「都護府人吏依通政院令譯史人等出身，由省部發者，考滿出爲正七品，自用者降一等。」

二十六年，省准：「都功德使司隨朝二品，令、譯史人等，比臺、院人吏一體升轉。」

二十九年，部呈：「大司徒令史，若各部選發者，三考出爲正九，自用者降等。崇福司與都護府、泉府司品秩相同，所設人吏，由省部發者，考滿出爲正七品，自用者降一等。福建省征爪哇所設人吏出征迴還，俱同考滿。」

三十年，省准：「將作院令史，依通政院等衙門令史，考滿除正七品。」

部議：「如係六部選發，考滿除正七品，自用者本衙門叙。」

元貞元年，内史府秩正二品，令史亦於部令史内收補，考滿除正七品，自用者降等。

大德九年，部擬：「闊闊出大司徒令史，若各部選發，考滿正七品，自用者降等。」

大德四年，省准：「會福院令史、知印、通事、譯史、宣使、典史，俱自用，前擬不拘常調，考滿本衙門區用。隆禧院令史人等如常選者，考滿依例遷叙，自用者不入常調，於本衙門區用。」

皇慶二年，部議：「崇祥院人吏，係部令史發補者，依例遷用，不應者降等叙。」

延祐四年，部議：「隆禧院令史、譯史、通事、知印、典吏同五臺殊祥院人吏一體，常選内委付。其出身若有曾歷寺監並籍記各都令史人等，考滿同内品衙門出身，降等叙，白身者降等，添一資升轉。省部發去者，依例遷叙。後有闕，令史須於常選教授儒人職官并部令史見役上名内取補。宣使於職官並相應内參補。通事、知印從長官保選，仍參用職官，違例補充，別無定奪。殊祥院人吏，先未定擬，亦合一體。」

凡吏員考滿，授從七品：至元六年，省擬：「部令史、譯史、通事人等，中統四年正月以前收補者，擬九十月爲滿，注從七品，回降正八一任，還入從七。以後充者，亦擬九十月爲滿，正八品，仍免回降。」

九年，吏、禮部擬：「凡部令史二考，注從七品。一考之上，驗月日定奪。一考之下，二十月以上者正九品。十五月以上從九品，十五月以下，令史提控案牘，通事、譯史、巡檢。太府監改擬正三品。與六部同，人吏自行踏逐，將已歷月日准爲資考，似爲不倫，擬自改升月日爲始，九十月爲滿，同部令史出職，有闕於籍記部令史内挨次收補。」

十一年，省議：「省斷事官令史，與六部令史一體出身，若是實歷俸月九十月，考滿遷除，有闕於應補部令史人内挨次補用。」

省議：「中御府正三品，擬同太府監令史出身，九十月於從七品内除授，自行踏逐者降一等，歇下名闕，於應補部令史人内補填。」

十三年，省議：「行工部令史，與六部令史一體出身。四怯薛令史，九十月同部令史出身，有闕以籍記部令史内補填。」

三十年，部呈：「行省令、譯史人等，比臺、院一體出身。行臺、行院令譯史、通事人等，九十月考滿，元係都省、臺、院發去及應補之人，合降臺、院一等。」

二十三年，省判：「大都留守司兼少府監令史，如係省部發去相應人員。同部令史出身，九十月考滿，從七品，自行踏逐者降等。」

二十四年，省判：「中尚監令史人等，若係省部發去人員，同太府監令、譯史等出身，自行踏逐者降等。」

太史院令史：部議：「如省部發去人員，從七品内遷除，自行踏逐者，降等叙用。」

部擬：「行省臺院令史，九十月考滿，若係都省臺院發去腹裏請俸人員，行省令史同臺院令史出身，行臺、行院降一等，俱於腹裏遷用，自行踏逐遞降一等，於江南任用。」

二十九年，省判：「鞏昌等處便宜都總帥府令史人等出身，擬與各道宣慰司一體，自行踏逐者降等叙用。」

大德三年，省准：「上都留守司令史，舊以見役部令史發補，以籍居懸遠，擬於籍記部令史內選發，與六部見役令史一體轉升二品衙門令史，轉補不盡者。考滿從七品叙用。」

八年，部擬：「利用監自大德三年八月已前入役者，若充各衙門有俸令史，及本監奏差、典吏轉補，則於應得資品內選用。由庫子、本把就升，并白身人，於雜職內通理定奪。自用之人，本監委用。」

皇慶元年，制：「典瑞監人吏俱與七品出身。」部議：「太府、利用等四監同。省發者考滿與六部一體叙，其餘寺監令譯史正八品，奏差正九品。令典瑞監、前典寶監人吏出身同太府等監，係奉旨事理。」省議：「已除者，依舊例定奪。」三年，省准：「章慶使司秩正二品，見役人吏，若同隨朝二品衙門，考滿除正七品，緣係徽政院所轄司屬，量擬考滿除從七品。自用者降等，如係及考部令史轉充，考滿正七品，未及考者止除從七品。有闕須依例補，不許自用。」

凡吏員考滿，授正八品：至元十一年，省議：「秘書監從三品，令史擬九十月出爲正八品，自用者降一等，有闕諸衙門考滿典吏内補填。」

省議：「太常寺正三品，令史以九十月出爲從八品，有闕於應補監令史内取用。」

省議：「少府監正四品，准軍器監令史出身，是省部發去者，三考於正八品任用，自行踏逐人員，考滿降一等。」

省議：「尚牧監正四品，省部發去令史，擬九十月出爲正八品，自用者降一等，有闕於諸衙門典史内選補。」

部擬：「河南等路宣慰司係外任從二品，與隨朝各部正三品衙門相同，准令史以九十月同部令史遷轉。開元等路宣撫司外任正三品，令譯史比前例降一等，九十月於正八品内遷轉。」

十四年，部擬：「樞密院斷事官令史，擬以九十月出爲從八品，有闕於諸衙門考滿典史内補用。」

十六年，部擬：「樞密院斷事官今改從三品，所設人吏，若係上司發去人員，歷九十月，比省斷事官令史降等於正八品内選除，自用者降一等，遇闕於相應人内發遣。」

二十一年，部擬：「廣西、海北海南道宣慰司令史、譯史、奏差人等，與嶺南廣西道等處按察司書史人等一體，二十月理算一考，擬六十月同考滿。」

省准：「廣東宣慰司其地倚山瀕海，極邊煙瘴，令史議合優升，依泉州行省令、譯史等，以二十月理算一考。」

二十二年，省准：「詹事院府正、家令二司，給侍宫闈，正班三品，令史即非各司自用人員，俸秩與六部同，若遇院椽史有闕，於兩司令史内遷補，擬定資品出身，依樞密院所轄各衛令史出身，考滿出爲正八品。

尚醞監令史，與六部令史同議，諸監令史考滿，正八品内遷用，及非省部發去者例降一等，尚醞監令史亦合一體。」

二十三年，省准：「太常寺令史，歷九十月，正八品内任用，有闕於呈准籍記人内選取。

雲南省羅羅斯宣慰司兼管軍萬户府首領官、令史人等，依雲南行省令史例，六十月考滿，首領官受敕，例以三十月爲一考。

武備寺正三品，令、譯史等出身，擬先司農寺令譯史人等，依各監例，考滿出爲正八品，武備寺令史亦合依例遷敘。

尚舍監令史，擬同諸寺監令史，考滿授正八品，自行用者降一等，尚舍監亦如之。

陝西四川行省順元等路軍民宣慰司，依雲南令、譯史人等，六十月爲滿遷轉。」

二十四年，部擬：「太史院、武備寺、光禄寺等令史，九十月正八品内遷用，自用者降一等。太醫院係宣徽院所轄，令史人等，若係省部發去，考滿同諸監令史。擬正八品，自用者降等任用。」

二十六年，省准：「給事中兼修起居注人吏，依諸寺監令史出身例，考滿一體定奪。侍儀司令史，依給事中兼起居注人吏遷轉。」

二十七年，省准：「延慶司令史，九十月，依已准家令、府正兩司例，由省部發者出爲正八品，自用者降等叙。」

二十八年，省准：「太僕寺擬比尚乘等寺令史，以九十月出爲正八品，自用者降一等。拱衛直都指揮使司與武備寺同品，令史考滿，出爲從八品，自用者降一等遷用。

蒙古等衛令史，即係在先考滿令史，合於正八品内遷叙，各衛令史有闕，由省部籍記選發者，考滿出爲正八品。樞密院所轄都元帥府、萬户府各衛并屯田等司官吏，俱從本院定奪、遷調，見役令史，自用者考滿，合從本院定奪。

宣政院斷事官令史，與樞密院及蒙古必闍赤，由翰林院發者，以九十月爲從七品，通事、令史以九十月爲正八品，奏差以九十月爲正九品，典吏九十月轉本府奏差，自用者降等。」

二十九年，部擬：「左右兩江宣慰司都元帥府令、譯史人等，依雲南、兩廣、福建人吏，六十月爲滿。兩廣叙用譯史，除從七品，非翰林院選發，别無定奪。令史省發，考滿正八品。奏差省發，考滿正九品，自用者降等叙。

儀鳳司令史，比同侍儀司令史，考滿爲正八品，自用者降一等。哈迷爲頭只哈赤八剌哈孫達魯花赤令史，吏部議，與阿速拔都兒達魯花赤必闍赤考滿正八品任用，雖必闍赤、令史月俸不同，各官隨朝近侍一體，比依例出身相應。」

三十年，省准：「孛可孫係正三品，令譯史人等，比依各寺監令、譯史出身相應。都水監從三品，令、譯史等，依寺監令史一體出身，考滿正八品叙，自用者降等。只兒哈忽昔寶赤八剌哈孫達魯花赤本處隨朝正三品，與只哈赤八剌哈孫達魯花赤令史等即係一體，擬合依例，考滿出爲正八品。」

元貞元年，省准：「闌遺監令譯史人等，省部發去者，考滿正八品内任用，自行踏逐者降等。」

家令司、府正司改内宰、宫正，其人吏依元定爲當。拱衛直都指揮使司升爲正三品，其令譯史等俸，俱與光禄寺相同，擬係相應人内發補者考滿與正八品，奏差正九，自用者降等叙。」

大德三年，部擬：「鷹坊總管府人吏。依隨朝三品，考滿正八品内遷用。」

五年，部擬：「和林宣慰司都元帥府人吏，合與隨朝二品衙門一體，及量減月日。」部議：「各道宣慰司令史，一百二十月正八品叙，自用者降等遷用。其和林宣慰司無應取司屬，又係酷寒之地，人吏已蒙都省從優以九十月爲滿，今擬考滿，不分自用，俱於正八品内遷用。」

八年，部言：「行都水監准設人吏，令史八人。奏差六人。壕寨一十人，通事、知印各一人，譯史一人，公使人二十人。都水監令、譯史、通事、知印考滿，俱於正八品遷用，奏差考滿，正九品，自用者降等，壕寨出身并俸給同奏差。行都水監係江南創立衙門，令史比例，合於行省所轄常調提控案牘内選取，奏差、壕寨人等，亦須選相應人，考滿比都水監人吏降等江南遷用，典吏公使人，從本監自用。」

九年，部言：「尚乘寺援武備寺、太府、章佩等監例，求陞加其人吏出身俸給。議得，各監人吏皆係奉旨升加，尚乘寺人吏合依已擬。」

至大三年，部言：「和林係邊遠酷寒之地，兵馬司司吏歷一考餘，轉本路總管府司吏。補不盡者，六十月升都目。總管府吏，再歷一考，轉稱海宣慰司令史，考滿除正八品，不係本路司吏轉補者，降等叙，補不盡者，六十月，部劄提控案牘内任用，蒙古必闍赤比上例定奪。」

部議：「晉王位下斷事官正三品，除怯里馬赤、知印例從長官所保，蒙古必闍赤翰林院發，令史以內史府考滿典吏并籍記寺監令史發補，九十月除正八品，與職官相參用。奏差亦須選相應人，九十月依例遷用，自用者，考滿本衙門定奪。」

至治元年，部議：「樞密院蒙古書寫，歷俸三十月，轉補殿中司、各道廉訪司蒙古必闍赤。」

皇慶元年，部言：「衛率府勾當人員，令都省與常選出身。議得，令史係軍司勾當之人，未有轉受民職定奪，合自奏准日爲格，係皇慶元年二月九日以前者，同典牧監一體遷叙，以後者若係籍記寺監令史。常選提控案牘補充，依上銓除，自用者不入常調。」

部議：「徽政院繕珍司見役令史，若係籍記寺監令史、常調提控案牘、院兩考之上典史補充，內宰司令史例，考滿除正八品，通事、譯史、知印亦依上遷叙。自用者降等。後有闕，須依例發補，違例補充，別無定奪。」

二年，部議：「徽政院延福司見役令史，若係籍記寺監令史、常調提控案牘、本院兩考之上典史補充者，依內宰司令史例，考滿除正八品，通事、譯史、知印依上遷叙，自用者降等。後有闕，須依例發補，不許自用。」

延祐三年，省准：「徽政院所轄衛候司，奉旨升正三品，與拱衛直都指揮使司同品，合設令譯史，考滿除正八，自用者降等。衛候司就用前衛候司人吏，擬自呈准月日理算，考滿同自用遷敘，後有闕，以相應人補，考滿依例敘。

徽政院掌飲司人吏，部議常選發補令譯史，考滿從八，奏差從九，自用者降等，後有闕須以相應人補，違例補充，考滿本衛門用。」

四年。省准：「屯儲總管萬户府司吏譯史出身，至大二年尚書省劄，和林路司吏未定出身，和林係邊遠酷寒去處，兵馬司司吏如歷一考之上，轉補本路司吏并總管府司吏，再歷一考之上，轉補稱海宣慰司令史，考滿正八品遷除，補不盡人數，從優，擬六十月於部劄提控案牘内任用。蒙古必闍赤比依上例定奪。其沙州、瓜州立屯儲總管萬户府衙門，即係邊遠酷寒地面，依和林路總管府司吏人員一體出身。」

凡吏員考滿，授正九品：至元二十年，省准：「宫籍監係隨朝從五品，令史擬九十月正九品，例革人員，驗月日定奪，自行踏逐，降一等。」

二十八年，省擬：「廉訪司所設人吏，擬選取書吏，止依按察司舊例，上名者依例貢部，下名轉補察院，貢補不盡人數，廉訪司月日爲始理算，考滿者正九品敘，須令迴避本司分治及元籍路分。」

部議：「察院書吏出身，除見役人三十月，轉補不盡者，九十月出爲從八品。察院書吏有闕，止於各道廉訪司書吏内選取，依上三十月轉部，九十月從八品。如非廉訪司書吏取充者，四十五月轉部，補不盡者，九十月考滿，降一等，出爲正九品。」

三十年，省准：「行臺察院書吏歷一考之上者，轉江南宣慰司令史、并内臺察院書吏，於見役人内用之。若有用不盡人數，以九十月出爲正九品。江南有闕，依内臺察院書吏，於各道廉訪司書吏内選取，依例轉補。」

大德四年，省擬：「各道廉訪司書吏，至元二十八年七月元定出身，上名貢部，下名轉補察院書吏。貢補不盡者，廉訪司爲始理算月日，考滿正九品用。今議廉訪司先役書吏，歷九十月依已定出身，正九品注，任回，添一資升轉。大德元年三月七日已後充廉訪司人吏，九十月考滿，須歷提控案牘一任，於從九品内用。通事、譯史比依上例。

察院書吏，至元二十八年十一月元定出身，於各道廉訪司書吏内選取，三十月轉部，九十月從八品内用。如非廉訪司書吏取充者，四十五月轉部。補用不盡者，九十月考滿，降一等，正九品用。今議先役書吏，九十月依已定出身遷用，任回，添一資升轉。大德元年三月七日爲始創入役者，止依舊例轉部。

行臺察院書吏，至元三十年正月元定出身，於廉訪司書吏内選取，歷一考之上，轉補江南宣慰司令史，并内臺察院書吏，用不盡者，九十月正九品，江南用。省議先役書吏，歷俸九十月，依已定出身，任回，添一資升轉。大德元年三月七日始創入者，止依舊例，轉補江南宣慰司令史，北人貢內臺察院。」

凡吏員考滿，除錢穀官、案牘、都吏目：至元十三年，吏禮部言：「各路司吏四十五以下，以次轉補按察司書吏。補不盡者，歷九十月，於都目內任用；六十月以上，於吏目內任用。」

省議：「上都、大都路司吏，難同其餘路分出身，依按察司書吏遷用。」

十四年，省准：「覆實司司吏，俱授吏部劄付，如歷九十月，擬於中州都目內遷，若不滿考及六十月，於下州吏目內任用，有闕以相應人發充。」

二十一年，省准：「諸色人匠總管府與少府監不同，又其餘相體管匠衙門人吏，俱未定擬出身，量擬比外路總管府司吏，考滿於都目內任用。」

二十二年，省准：「大都等路都轉運使司令史。與河間等路都轉運鹽使司書史出身同。外路總管府司吏三名，貢舉儒吏二名，貢不盡，年四十五之上，考滿都目內任用。」

二十三年，省准：「各路司吏、轉運司書吏，年四十五以上，歷俸六十月充吏目，九十月充都目，餘有役過月日不用。奏差宜從行省斟酌月日，量於錢穀官內就便銓用。」

省准：「覆實司係正五品，令史出身比交鈔提舉司司吏出身，九十月務使，六十月都監，六十月之下、四十五月之上都監添一界遷用，四十五月之下轉補運司令史。」

部擬：「京畿漕運司司吏，轉補察院書吏，不盡，四十五以上，九十月依例於都目内任用。」

二十四年，部議：「各道巡行勸農官書吏，於各路總管府上名司吏内選取，考滿於提控案牘内任用，奏差從大司農司選委。」

省准：「諸司局人匠總管府令史，於都目内任用。」

二十五年，省准：「大護國仁王寺、昭應宫財用規運總管府令譯史人等，比大都路總管府正三品司吏，九十月提控案牘内任用。」

部議：「甘肅、寧夏等處巡行勸農司係邊陲遠地，人吏依甘肅行省并河西隴北道提刑按察司，以二十二月准一考，六十五月爲滿。」

省准：「供膳司司吏，比覆實司司吏，九十月出身，於務使内任用。」

二十六年，省准：「巡行勸農司書史，役過路司吏月日，三折二准算，通理九十月，於提控案牘内遷叙。尚書省右司郎中、管領大都等路打捕民匠等户總管令史，比依諸司局人匠總管府令史例，九十月，於都目内任用。」

省准：「諸路寶鈔都提舉司司吏，有闕於諸路轉運司、漕運司上名司吏内選取，三十月充吏目，四十五月之上、六十月之下都目，六十月已上轉提控案牘，充寺監令史者聽。諸路寶鈔提舉司同。」

奏准：「大都路都總管府添設司吏一十名。委差五名。司吏六十月，於提控案牘内任用，委差於近上錢穀官内委用，有闕以有根脚請俸人補充，不及考滿，不許無故替換。」

二十七年，省准：「京畿都漕運司令史，九十月充提控案牘，年四十五之上，比依都提舉萬億庫司吏，願充寺監令者聽。」

二十九年，部擬：「大都路令史四十五以上，六十月提控案牘内任用，任回，減一資升轉，四十五以下、六十月之上選舉貢部，每歲二名。奏差六十月，酌中錢穀官内任用。」

省准：「京畿都漕運司令吏。依比諸路寶鈔提舉司司吏出身例。三十月吏目，四十五月之上、六十月之下都目，六十月之上提控案牘。」

三十年，省准：「提舉八作司係正六品，司吏四十五月之上吏目，六十月之上都目。」

元貞元年，省准：「大都等路都轉運司令史，九十月提控案牘。」

大德三年，省准：「諸路寶鈔提舉司、都提舉萬億四庫司吏，九十月提控案牘内任用，如六十月之上，自願告叙者，於都目内遷除，有闕於平準行用庫攢典内挨次轉補。」

省准：「寶鈔總庫司、提舉富寧庫司俱係從五品，其司吏九十月，都目内任用。如六十月之上，自願告叙，於吏目内遷除。有闕須於在京五品衙門及左右巡院、大興、宛平二縣，及諸州司吏并籍記各部典吏内選。」省准：「提舉左右八作司吏，九十月都目内任用，六十月之上，自願告叙，於吏目内遷除。有闕，於在都諸倉攢典内選補。

京畿都漕運使司令史，六十月之上，於提控案牘内用，遇闕於路府諸州并在京五品等衙門上名司吏内選。

大都路司吏改爲令史，六十月之上，年及四十五以下，部貢不過二名，四十五以上〔一〕，六十月提控案牘内遷用，任回減資升轉。大都路都總管府令史，依舊六十月，於提控案牘内遷叙，不須減資，有闕於府州兵馬司、左右巡院、大興、宛平二縣上名司吏内選補。」

大德五年，省准：「河東宣慰使司軍儲所司吏、譯史，九十月爲滿，譯史由翰林院發補，司吏由州縣司吏取充，與各路總管府譯史、司史一體升轉，自用譯史，别無定奪，司吏除酌中錢穀官，委差近下錢穀官。」

七年，部擬：「濟南、萊蕪等處鐵冶都提舉司及廣平、彰德等處鐵冶都提舉司秩四品，司吏九十月比散府上州例。升吏目。蒙古必闍赤擬酌中錢穀官，奏差近下錢穀官〔二〕，典吏三考，轉本司奏差。」

省准：「陜西省叙川等處諸部蠻夷宣撫司正三品，其令、譯史考滿，比各路司吏人等一體遷用奏差，行省定奪。」

九年，宣慰司大同等處屯儲軍民總管萬户府從三品。司吏、譯史、委差人等，九十月爲滿，司吏除酌中錢穀官，委差近下錢穀官。

大德十年，省准：「諸路吏六十月，須歷五萬石之上倉官一界，升吏目，一考升都目，一考升中州案牘或錢穀官，通理九十月入流。五萬石之下倉官一界，升吏目，兩考都目，一考依上升轉。補不盡路吏，九十月升吏目，兩考升都目，依上流轉，如非州縣司吏轉補者，役過月日，别無定奪。」

凡通事、譯史考滿遷叙：至元二年，部擬：「雲南行省極邊重地，令、譯史等人員，擬二十月爲一考，歷六十月。准考滿叙用。」

九年，省准：「省部臺院所設知印人等。所請俸給，元擬出身，俱在勾當官之上，既將勾當官升作從八品，其各部知印考滿，亦合升正八品，據例減知印除有前資人員，驗前資定奪，無前資者，各驗實歷月日，定擬遷叙。」

二十年，各道按察司奏差、通事、譯史，奏差已有定例，通事九十月考滿，擬同譯史一體遷叙。

部議：「行省、行臺、行院五品以下官員并首領官，亦合比依臺院例，一考升一等任用。

據行省人吏比同臺院人吏出身，已有定例，行院、行臺令史、譯史、通事、宣使人等，九十月滿考，元係都省臺院發及應補者，擬降臺院一等定奪。」部擬：「甘肅行省令、譯史、通事、宣使人等，量擬以六十五月遷敘，若係都省發去人員，如部議，自用者仍舊例。」

二十一年，部議：「四川行省人吏，比甘肅行省所歷月日，一體遷除。」

二十三年，部擬：「福建、兩廣行省令譯史、通事、宣使人等，擬歷六十月同考滿，止於江南遷用，若行省咨保福建、兩廣必用人員，於資品上升一等。」

二十四年，部議：「行省、行臺、行院令史，九十月考滿，若係都省臺院發去腹裏相應人員，行省令史同臺院令史出身，行臺、行省降臺院一等，俱於腹裏遷用，自用者遞降一等，止於江南任用。」

二十七年，省議：「中書省蒙古必闍赤俱係正、從五品遷除，今蒙古字教授擬比儒學教授例高一等，其必闍赤擬高省掾一等，內外諸衙門蒙古譯史，一體升等遷敘。」

二十八年，部擬：「諸路寶鈔都提舉司蒙古必闍赤，三十月吏目，四十五月都目，六十月提控案牘，役過月日，擬於巡檢內敘用。奏差九十月，近上錢穀官〔三〕，六十月，酌中錢穀官內任用。翰林院寫聖旨必闍赤，比依都省蒙古必闍赤內管宣敕者，八月算十月遷轉正六品。」

部議：「寫聖旨必闍赤比依管宣敕蒙古必闍赤一體，亦合八折十准算月日外據出身已有定例。崇禮司令譯史、知印，省部發補者，考滿出爲正七品。自用者降一等。宣使省部發去者，考滿出爲正八品，自用者降一等。各道廉訪司通事、譯史出身，比依書吏擬合一體考滿正九。奏差考滿，依通事、譯史降二等量擬，於省劄錢穀官并巡檢内任用。」

三十年，省准：「將作院令譯史人等，由省部選發者，考滿正七品遷叙，自用者止從本衙門定奪。大都路蒙古必闍赤若係例後入役人員，擬六十月於巡檢内選用，回任減一資升轉。」

大德三年，省議：「各路譯史如係翰林院選發人員，九十月考滿。除蒙古人依准所擬外。其餘色目、漢人先歷務使一界，升提控一界，於巡檢内遷用。」

省議：「大都運司通事比依本司令史，滿考者於巡檢内任用。」

四年，省准：「雲南諸路廉訪司寸白通事、譯史出身，比依書吏出身，九十月爲滿，歷巡檢一任，轉升從九品，雲南地面遷用。」

七年，宣慰司奏：「差除應例補者，一百二十月考滿，依例自行保舉者降等，任回，添資定奪任用。廉訪司通事、譯史，大德元年三月七日已後創入補者，九十月歷巡檢一任，轉從九，如書吏役九十月，充巡檢者聽。如違不准。各路譯史，如係各道提舉學校官選發腹裏各路譯史，九十月考滿，先歷務使一界升提領，再歷一界充巡檢，三考從九，違者雖歷月日，不准。會同館蒙古必闍赤，九十月務提領内遷用。

十年，省准：「中政院寫懿旨必闍赤，依寫聖旨必闍赤一體出身。八番順元、海北海南宣慰司都元帥府極邊重地令譯史人等，考滿依兩廣、福建例，於江南遷用。」

延祐六年，省准：「各路通事、譯史出身定例：一，各路通事考滿除充錢穀官，三界比同路譯史，考滿一體升轉。一，運司蒙古譯史，如係翰林院發補，九十月爲滿，比各路譯史減一界升轉。回回書吏，依漢人書吏舊例出身，一體定奪。一，各路財賦總管府譯史，如係翰林院所發，考滿與運司譯史一體出身。」

【校勘記】

〔一〕「四十五」，原倒作「十四五」，據《元史》卷八四志第三十四《選舉四》乙正。

〔二〕「下錢穀官」，「錢穀」原倒作「穀錢」，據《元史》卷八四志第三十四《選舉四》乙正。

〔三〕「近上」，原作「近土」，《元史》卷八四志第三十四《選舉四》同，據《元史》卷八三志第三十三《選舉三》改。

新元史卷之六十八　志第三十五

食貨志一

户口　科差　税法

元中葉以後，課税所入，視世祖時增二十餘倍，即包銀之賦亦增至十餘倍，其取於民者可謂悉矣。而國用日患其不足，蓋糜於佛事與諸王貴戚之賜賚，無歲無之，而濫恩倖賞，溢出於歲例之外者爲尤甚。至大二年，中書省臣言：「常賦歲鈔四百萬錠，入京師者二百八十萬錠，常年所支止二百七十萬錠。今已支四百二十萬錠，又應支而未給者尚百餘萬錠。臣等慮財用不繼，敢以上聞。」

及仁宗即位，中書平章政事李孟言：「每歲應支六百萬餘錠，又土木營繕之費數百萬錠，内降旨賞賜復用三百萬餘錠，北邊軍餉又六七百萬錠。今帑藏裁餘十一萬錠，安能周給不急之費？亟應停罷。」

夫承平無事之日，而出入之縣絶如此。若饑饉荐臻，盜賊猝發，何以應之？是故元之亡，亡於饑饉盜賊，蓋民窮財盡，公私困竭，未有不危且亂者也。今爲《食貨志》，其目二十有二：曰户口，曰科差，曰税法，曰田制，曰農政，曰洞冶課，曰鹽課，曰茶課，曰酒醋課，曰市舶課，曰常課，曰額外課，曰斡脱官錢，曰和糴和買，曰鈔法，曰海運，曰歲賜，曰禄秩，曰入粟補官，曰賑貸，曰内外諸倉，曰惠民葯局。凡措辦之得失，出入之嬴絀，略具於此矣。後世制國用者，尚其鑒之哉！

元之取民，計户、計丁、計畝。丁税、畝税者，歷代之所同也。至民户之充差發，則開除於分撥，收係於添額協濟者，其事尤膠轕煩碎，爲歷代所未有焉。今摭其大概，著於篇。

世祖至元八年，命尚書省閲實天下户口，以條畫諭天下。初，太宗四年，括中州户得七十三萬有餘。八年，復括中州户，續得一百一十萬有餘。憲宗二年，再籍漢地户口。至是，因争理户計者，往復取勘，不能裁決，乃諭尚書省依累降聖旨，分别定奪。凡合當差發户數，再行添額，並令協濟額内當差之户。其條畫所列，收係充當差發者，曰諸王、公主、駙馬並諸官員户計：凡隨營諸色人等，於壬子年籍後投來或各處容留人等，不曾附籍，並諸投下人員招收附籍、漏籍、放良、還俗等户。曰五投下：凡係好投拜人户，及在後投屬，或本投下招收，别無身役者。曰各投下軍站户：凡壬子年籍後投來，别無身役者，又諸色人等有田宅妻子者。曰軍户：查照軍籍内無姓名者，又原籍貼户不曾應當差役者。曰站赤户：查照原籍貼户，及附籍内不見户數者。曰諸色人匠：諸投下壬子年原籍不當差役人户，附籍軍人諸色人等無改撥充匠明文者，諸漏籍户改正爲民者。曰驅口〔一〕：依甲午年合罕皇帝聖旨，軍前虜到驅口隨處附籍者。本使附籍户下漏抄驅口，及不當本使差役者。附籍户口在外另籍者，或本使於軍籍内作驅攢報者。曰驅良：乙未年附籍民户，壬子年他人户下抄上作驅或漏籍已改正爲民者。本抄過者，本使户下附籍驅口在外另作驅口或容留附籍者。本使户下不曾附籍，驅口在外，壬子年不曾抄上者。主奴俱漏籍另居，今次取勘，不見本使下落者。曰放良：民户良書寫任便住坐，或爲良者。諸驅口壬子年以前得良書，卻於他人户下爲驅附籍者。諸投下放良户，良書寫不得投屬别管，官司者抄過爲良，依良書另立户名者。已放爲良，本使再立津貼錢物或分當差役文字仍依良書爲民者。壬子年附籍漏籍户已經分撥與各投下，並諸官員户計本主放良者。曰新案主户：犯刑官吏已經斷没家屬，及户下驅奴並依已斷發付者。斷事官及各屬達魯花赤官擅自斷訖之雜犯人等改正爲民者。曰輸脱户。曰回回畏兀兒户：現住民户城裏者。曰答失蠻迷里威失户：有營運産業者。曰打捕户：壬子年附籍打捕户，因争差户計經官陳告者，附籍打捕户揭照壬子年原籍不係打捕户計者，手狀稱打捕户不納皮貨亦不當差者。曰儒人户：中統四年附籍漏籍儒人，或壬子年别作名色附籍，並户頭身没子弟讀書，又高智耀收到驅儒從實分揀不通文學者。此外諸色人户下子弟深通文義者，止免本身雜役。曰析居户：軍站急遞鋪駕船漏籍鐵冶户下人口析居，揭照各籍所無者。民匠打捕鷹房諸色附籍漏籍人等户下析居者，竈户下人口析居者，但充當絲料。曰招女婿養老：女婿妻亡另居者，或已將原妻休棄者，良人作驅户女婿者，年限女婿，年限滿而不歸宗者。曰奴婢招嫁良人，驅死，良人所生男女另立户名者。曰諸人户下漏抄驅口今已成丁者。曰隨朝並各位下諸色承應人見不應承者。曰涿州、合蘭水、西京忽蘭、南京張子良各管户計革罷，原委頭目者，皆籍爲當差户數之添額也。

至元二十七年，准尚書省議，籍定儒、醫户計，擬令除免雜泛差役外，續收儒户、醫户，别無定奪。

至大四年，詔諸色人等各有定籍，今後各投下諸色，並遵世祖皇帝以來累朝定制，不得擅招户計，誘占驅奴，違者罪之。

其户口總數：中統元年，天下户一百四十一萬八千四百九十有九，迨至元二十八年〔二〕，户部上天下户口，内地一百九十九萬九千四百四十四，江淮、四川一千一百四十三萬八百七十八。口五千九百八十四萬八千九百六十四。

科差之名二：曰絲料，曰包銀。

絲料之法，太宗八年始行之。每二户出絲一斤，並隨路絲綿顔色輸於官，五户出絲一斤，並隨路絲綿顔色輸於本位。

包銀之法，憲宗五年始定之。初，漢民科納包銀六兩，至是止徵四兩，二兩輸銀，二兩折收絲絹顔色等物。

及世祖而其制益詳。中統元年，立十路宣撫司，定户籍科差條格：「各路年例應納官存留包銀並絲料糧稅等差發，依原籍民户數目從實科放，勿循近年虚例勘定，合科差發總額，府科與州驗民户多寡，土産難易，以十分爲率，作大門攤。」

其户大抵不一，有元管户、交參户、漏籍户、協濟户。於諸户之中，又有絲銀全科户、減半科户、止納絲户、止納鈔户，外又有攤絲户、儲也速觧兒所管納絲户、復業户并漸成丁户。户既不等，數亦不同。

元管户内絲銀全科係官户，每户輸係官絲一斤六兩四錢，包銀四兩。

全科係官五户絲户，每户輸係官絲一斤，五户絲六兩四錢，包銀之數與係官户同。

減半科户，每户輸係官絲八兩，五户絲三兩二錢，包銀二兩。

止納係官絲户，若上都、隆興、西京等十路，十户十斤者，每户輸一斤，大都以南等路十户十四斤者。每户輸一斤六兩四錢。

止納係官五户絲户，每户輸係官絲一斤，五户絲六兩四錢〔三〕。

交參户内絲銀户，每户輸係官絲一斤六兩四錢，包銀四兩。

漏籍户内止納絲户，每户輸絲之數與交參絲户同。止納鈔户，初年科包銀一兩五錢，次年遞增五錢，增至四兩，并科絲料。

協濟户内絲銀户，每户輸係官絲十兩二錢，包銀四兩。止納絲户，每户輸係官絲之數與絲銀户同。攤絲户，每户科攤絲四斤。

儲也速觧兒所管户，每户科細絲，其數與攤絲同。

復業户並漸成丁户，初年免科，第二年減半，第三年全科，與舊户等。

絲料、包銀之外，又有俸鈔之科，其法亦以户之高下爲等。全科户，輸一兩。減半户，輸五錢。

於是以合科之數分爲三限輸納，被災之地聽輸他物折焉。其物各以時估爲則。

二年，復定科差之期。絲科限八月，包銀初限八月，中限十月，末限十二月。

三年，又命絲料無過七月，包銀無過九月。

至元二年，敕所有諸王並諸投下人户，除匠人、打捕户、鷹房子、金銀鐵冶户外，有分撥民户五户絲投下交參户，每年合納絲綿、包銀並五户絲，與本路民户一體驗貧富科徵。

十八年，以應當差發者，多係貧民，其豪强往往僥倖苟避，飭依驗人户事業多寡，品第高下，攢造鼠尾文簿科斂。

二十八年，以《至元新格》定科差法，諸差税皆司縣正官監視，諸夫役皆先富强、後貧弱，貧富等者，皆先多丁、後少丁。

成宗大德六年，又令已輸絲户，每户科俸鈔中統鈔一兩，包銀户每户科二錢五分，攤絲户每户科攤絲五斤八兩。絲料限八月，包銀俸鈔限九月，布限十月。大率因世祖之舊而損益之云。

科差總數：中統四年，絲七十一萬二千一百七十一斤，鈔五萬六千一百五十八錠。舊紀作絲七十萬六千四百一斤，鈔四萬九千四百八十七錠。

至元二年，絲九十八萬六千九百一十二斤，包銀等鈔五萬六千八百七十四錠，布八萬五千四百一十二匹。舊紀作絲九十八萬八千二百八十斤，鈔五萬七千六百八十二錠。

三年，絲一百五萬三千二百二十六斤，包銀等鈔五萬九千八十五錠。

四年，絲一百九萬六千四百八十九斤，鈔七萬八千一百二十六錠。

天曆元年，包銀差發鈔九百八十九錠，䝴一百一十三萬三千一百一十九索，絲一百九萬八千八百四十二斤，絹三十五萬五百三十匹，棉七萬二千一十五斤，布二十一萬一千二百二十三匹。舊紀，天曆二年賦入之數：金三萬二十七錠，銀一千一百六十九錠，鈔九百二十九萬七千八百錠，帛四十萬七千五百匹，絲八十八萬四千四百五斤，棉七萬六百四十五斤。

稅法：行於內地者曰丁稅、地稅。

太祖時，命諸色人等，凡種田者，依例出納地稅。

太宗元年，命漢人以户計出賦，西域人以丁計出賦。每户科粟二石，復以兵食不足，增爲四石。

九年，乃定科徵之法，命諸路驗民户成丁之數，每丁歲科粟一石，驅丁五斗，新户丁、驅各半之，老幼不與。其耕種者，或驗其牛具之數，或驗其土地之等，以徵之。丁稅少而地稅多者，納地稅；地稅少而丁稅多者，納丁稅。工匠、僧、道驗地，商賈驗丁。虛配不實者杖七十，徒二年。仍命歲書其數於册，由課稅所申省以聞，違者杖一百。

至世祖申明舊制，於是輸納之期，收受之式，關防之禁，會計之法始備焉。

中統五年，詔僧、道、也里可温、答失蠻、儒人，凡種田者，白地每畝輸稅三升，水地每畝五升。凡該納丁稅，蒙古、回回、河西漢人並人匠及諸投下各色人等，依例徵納地稅外，蒙古、漢人軍站户減半輸納。其後漢軍又額定贍軍地四頃免税，餘悉徵之〔四〕。

至元三年，詔寫户種田他所者，其丁税於附籍之郡驗丁科之。地税於種田之所驗地科之，漫散之户逃於河南等路者，依見居民户納税。

八年，又令西夏中興路、西寧州、兀剌海之處，地税與前僧道同。

十七年，定諸路差税課程，增益者即上報，隱匿者罪之，不須履畝增税，以摇百姓。

全科户：丁税每丁粟三石，驅丁粟一石；地税每畝粟三斗。

減半科户：丁税每丁粟一石。

新收交參户：第一年五斗，第三年一石二斗五升，第四年一石五斗，第五年，一石七斗五升，第六年入丁税。

協濟户：丁税每丁粟一石，地税每畝粟五斗。

隨路近倉輸粟：遠倉每粟一石折納輕賫鈔二兩，富户輸遠倉，下户輸近倉。郡縣各差正官一員部之，每石帶納鼠耗三升，分例四升。凡糧到倉之時，收受出給朱錢，權豪結攬者罪之。倉官、攢典、斗脚人等飛鈔作弊者，並置諸法。若近下户計去倉遠，願出脚錢，就令附近民户帶納者聽。凡納糧，用官降斛斗收受，一色乾圓潔凈之新米，但有糠秕，責倉官人等賠償。

輸納之期，分爲三限：初限十月，中限十一月，末限十二月。違限者，初犯笞四十〔五〕，再犯杖八十。其失限或税石不足，各處之達魯火赤，管民官、部民官、部糧官，不分首從，一同科罪。其任滿官，有拖欠税石，勿給由。

大德六年，申明税糧條例，復定上都、河間輸納之期。上都初限次年五月，中限六月，末限七月，河間初限九月，中限十月，末限十一月。

七年，江南行御史臺言：「法有萬世不改者，亦有隨時應改者，不可一概論也。切謂漢軍舊例每户額定贍軍地四頃，其餘畝數皆令納糧，雖曾累行文字，然實難通行。今軍户口累漸多，所當軍役屯守去處，南至南海，北至和林，别有征行，則南者益南，北者益北，動又至於數千里外，去家萬里，家中又與民户同當一切雜泛差役，侍衛差役尤爲浩大。其餘科差且置勿論，只計其起發所需，每户該鈔至有八十定者。農家别無生計，若不典賣田土，何處出辦？往日軍户，地有至三二十頃，今皆消乏破壞，不可勝計，中等人家莊田盡廢。現今乞匄爲生者處處有之。若更拘勘未曾消乏，現勘當役軍户地畝存四頃之外者，必要盡數納糧，此事果行，不過數年，軍户必盡破散，人無雇籍，不可復用。近日民間多有告訐軍户隱藏地畝者，地主惟隨其所欲承奉買主。又所在官吏不時下鄉，言要打量軍户地畝，以此爲名協斂錢物，饜足方能釋免。但凡地過四頃之家，長懷憂懼。今於緊急用兵之時，有此事端，深爲可慮。去年樞密院奉旨，約各處管民官司不得打量軍户地畝，文字在官，百姓不知，狡猾之徒，恐脅軍户與舊無異。若令每社置一粉壁，其上但寫不得訐告軍户地畝數字，如此則軍户皆得免其逼脅侵擾之患。四頃之外納税一節，待邊境事寧，用兵稍緩，然後别議似爲長便。」從之。

至秋税、夏税之法，但徵田税，無丁税，行於江南。本沿宋之舊制。世祖平江南，除江東、浙東二路，其餘但徵秋税而已。

至元十九年，用柳州總管姚文龍言，命江南税糧依宋舊制折輸綿絹雜物。是年二月，又用中書右丞耿仁言，令輸米三分之一，餘並入鈔，以七萬錠爲率，歲得羨鈔十四萬錠。其輸米者，止用宋斗斛。

元貞二年，始定徵江南夏税之制。於是秋税止令輸租，夏税則輸木棉、布絹、絲棉等物。其所輸之物，視糧以爲差。糧一石，或輸鈔三貫、二貫、一貫或一貫五百文、一貫七百文，輸三貫者，江浙省婺州等路、江西省龍興等路也。輸一貫者，福建省泉州路也。輸一貫五百文者，江浙省紹興路、福建省漳州等五處也。江西各路秋税納糧，有用現行斛斗，比宋文思院斛抵一斛半者，故免其夏税。兩廣以盜賊多，民失業，亦免之。獨湖廣省以阿里海涯罷宋夏税，依中原例改爲門攤，每户一貫二錢，增課錢至五萬錠，至是宣慰使張國紀復科夏税，民病甚。大德二年，御史臺臣言其弊，成宗命中書省趣罷之。三年，又改門攤爲夏税而併征之，每石計三貫以上，視江浙、江西爲差重云。

至大三年，中書省臣言：「腹裏百姓當一切雜泛差役，更納包銀、絲綿、税糧，差役甚重。江南收附四十餘年，百姓納田税外，別無差發，請除兩廣、福建，其餘兩浙、江東、江西、湖南、湖北、兩淮、荆湘等路，驗納糧民户見科糧數，一斗添荅二升〔六〕。」從之。

泰定初，又有所謂助役糧者。其法，命江南民户有田一頃之上者，每頃量出助役田，具書於册甲乙以次彙之，歲收其入，以助差役之費。凡寺觀田，除宋舊額外，其餘亦驗其多寡，令出田助役焉。

凡歲入糧數，總計一千二百一萬四千七百八石。腹裏，二百二十七萬一千四百四十九石。行省，九百八十四萬三千二百五十八石。

遼陽省，七萬二千六十六石。

河南省，二百五十九萬一千二百六十九石。

陝西省，二十二萬九千二十三石。

四川省，十一萬六千五百七十四石。

甘肅省，六萬五百八十六石。

雲南省，二十七萬七千七百一十九石。
江浙省，四百四十九萬四千七百八十三石。
江西省，一百十五萬七千四百四十八石。
湖廣省，八十四萬三千七百八十七石。
江南三省天曆元年夏税鈔數，總計中統鈔十四萬九千二百七十三錠三十三貫。
江浙省，五萬七千八百三十錠四十貫。
江西省，五萬二千八百九十五錠十一貫。
湖廣省，一萬九千三百七十八錠二貫。

【校勘記】

〔一〕「驅口」，原作「驅良」，據下文及陶宗儀《南村輟耕録》卷一七改。
〔二〕「二十八」，原作「三十八」，據魏源《元史新編》卷六本紀四下、邵遠平《元史類編》卷三改。
〔三〕「五户」，「户」字原脱，據《元史》卷九三志第四十二《食貨一》補。
〔四〕「餘」，原作「除」，據《元史》卷九三志第四十二《食貨一》改。

〔五〕「犯」，原作「限」，據《元史》卷九三志第四十二《食貨一》改。

〔六〕「添答」，畢自嚴《度支奏議》等多作「添搭」。

新元史卷之六十九　志第三十六

食貨志二

田制　農政

元之田制：曰官田，曰民田，曰兵民屯田。

官田皆仍南宋之舊，第覈其影射而已。至元二十三年，以江南隸官之田多爲豪强所據，立營田總管府履畝計之。至元二十六年，詔：「亡宋各項係官田土，每歲有額定田租，折收物色，歸附以後，多爲權豪勢要之家影占佃種，或賣於他人。立限一百日，若限内自赴行大司農並勸農營田司出首，與免本罪，其地還官，仍令出首人佃種，依例納租。若限内不首，有人告發到官，自影占年分至今，應納之租盡數追徵，職官解現任，軍民人等驗影占地畝多寡，酌量斷罪。仍以田租一半付告人充賞。」大德五年，中書省議准：「江南現任官吏於任所佃種官田，不納官租及占奪百姓佃種田土，許諸人赴本管官陳告，驗實追斷降黜，其田付告人及原佃人佃種。」

至江南各路贍學田，亦官田之屬也。初，南人石國秀、尹應元陳獻江南學田，認辦課程三千錠，官爲收係。至元二十年，御史中丞崔彧極論之，始命籍於學官，官司不爲理問。二十四年，立尚書省，遣詹玉、楊最等十一人分往江淮、荆湘、閩廣、兩浙等處理算各路贍學田租，專以刻覈聚斂迎合桑哥之意，逼吉州路學教授劉夢荐自刎，淮海書院鄭山長、杭州路王學録自縊。至二十九年，桑哥伏誅。御史臺臣言其擾害，請學校官管理贍學田租如故事。從之。惟各路之貢士莊田，命官司取勘焉。

民田，則經理之法最爲元之稗政，所謂自實田也。延祐元年，平章政事張驢言：「經理大事，世祖已嘗行之。但其間欺隱尚多，未能盡實。以熟田爲荒地者有之，因科差而析户者有之，富民買田而仍以舊名輸税者亦有之，由是歲入不增，小民告病。若行經理之法，使有田之家及各投下、寺觀、學校、財賦等田一切從實自首，庶幾税入無隱，差徭亦均。」於是遣官經理，以張驢等往江浙，尚書你咱馬丁等往江西，左丞陳士英等往河南，仍命行御史臺遣臺官鎮遏，樞密院以兵防護焉。其法：先期揭榜示民，限四十日。以其家所有田，自實於官。或以熟爲荒，以田爲蕩，或隱占逃亡之産，或分官田爲民田，指民田爲官田，及僧道以田作弊者，並許諸人首告。十畝以下，田主佃户皆杖七十七。二十畝以下，加一等。一百畝以下，杖一百七，流北邊，所隱田没官。州縣不爲查勘，致有脱漏者，量事輕重論罰。然期限迫猝，貪酷用事，黠吏豪民並緣爲奸。以無爲有，虚登於籍者，往往有之。於是人不聊生，盜賊竊發。二年，御史臺臣言：「蔡九五之變，皆由你咱馬丁經理田糧，與郡縣横加酷暴，逼抑至此。新豐一縣，撤民廬一千九百區，夷墓揚骨，虚增頃畝，流毒居民。乞罷經理及自實田租。」仁宗乃下詔免三省自實田租。是年，又命河南自實田，自延祐五年爲始。每畝止科半租。至泰定、天曆間，始盡革虚增之數云。

屯田有兵屯，有民屯。諸衛之屯田，兵屯也。永平屯田總管府、淮東淮西屯田總管府，民屯也。諸行省之屯田，兼有兵屯、民屯者也。大抵皆世祖所立。自成宗以後，間有損益改并焉。武宗至大元年，中書省臣言：「天下屯田一百二十餘所，由所用者多非其人，以致廢弛。除四川、甘州、應昌、雲南爲地絶遠，餘當選通曉農事者，與行省宣慰司親歷其地。可興者興，可廢者廢，各具籍以聞。」從之。泰定三年，命整理屯田，河南行省左丞姚煒請禁屯田吏蠶食屯户，及勿取羡增。不報。屯田之法，儲軍實，興農業，可謂良法矣。然其後弊壞如此，故利爲弊之藪也。今考其建置之地，著於篇。

凡樞密院所轄者：曰左衛屯田，在東安州南、永清縣東。曰右衛屯田，在永清、益津等處。曰中衛屯田，在武清、香河等處，後遷於河西務、楊家口、青臺等處。曰前衛屯田，在霸、涿、保定等處。曰後衛屯田，在永清縣，後遷於昌平縣太平莊，泰定三年，以太平莊乃世祖經行之地，不宜立屯，罷之，仍於永清舊屯耕種。曰武衛屯田，在涿州、霸州、保定、定興等處，至治元年與左衛率府忙古歹屯田千户所互易。曰左翼屯田萬户府，在霸州及河間等處。曰右翼屯田萬户府。在武清縣崔家口；曰中翊侍衛屯田，在燕只哥赤斤地及紅城，延祐二年遷於昌平縣太平莊，七年罷太平莊屯田，復立於紅城。延祐五年，給中翊府閭臺順德屯田鈔，未詳其地。曰左右欽察衛屯田，在清州等處。曰左右衛率府屯田，在漷州武清縣及新城縣，至治元年與武衛屯田互易。曰宗仁衛屯田，在大寧等處。曰宣忠扈衛親軍屯田，在大都北。至順元年詔：「宣忠扈衛親軍都萬户府，凡境内所有山林川澤，其魚鱉鳥獸等供内膳，私行獵捕者罪之。

大司農所轄：曰永平屯田總管府，在灤州。曰營田提舉司，在武清縣。曰廣濟屯田，在清、滄等州，至元二十二年，自崔黄口空城遷立。

宣徽院所轄：曰淮東淮西屯田打捕總管府，在漣海州，至元十九年遊顯乞罷漣海州屯田，以其事隸管民官，從之。其何時復立，不可考。曰豐潤署屯田，在豐潤縣。曰寶坻屯田，在寶坻縣。曰尚珍署屯田，在兖州。

至腹裏所轄軍民屯田：曰大同等處屯儲總管府，在西京黄華嶺。泰定元年，罷黄花嶺屯田。

曰虎賁親軍都指揮司屯田，在滅捏怯土、赤納赤、高州、忽蘭若班等處。延祐二年，敕阿速衛貧乏者屯田於滅捏怯地。曰嶺北行省屯田，自和林移屯五條河。至元二十三年，移五條河屯軍五百人於兀失蠻，復以五條河並稱海，又罷稱海立五條河。延祐七年，稱海、五條河俱設屯田。

遼陽行省所轄屯田：曰大寧路海陽等處打捕屯田所，在瑞州。曰浦峪路屯田萬户府，在咸平府。又於答剌罕剌憐等處立屯田，肇州蒙古萬户府，在肇州附近地。曰金復州萬户府，在忻都察兒哈思罕。

河南行省所轄軍民屯田：曰南陽府民屯。至元二年，詔「孟州之東，黄河之北，南至八柳樹、枯河、徐州等處，令軍人立屯耕種。」中統三年，詔：「河南屯田户一百四十，賦税輸之州縣。」是至元以前，河南已有屯田，其立屯之地不可考矣。復又於唐、鄧、申、裕等州立屯。至元八年，中書省臣言：「河南行省阿里伯等所置南陽等處屯田，臣等以爲，凡屯田人户皆内地中産之户，遠徙失業，宜還之本籍。其南京、南陽、歸德等民賦，自今悉折輸米糧貯於近便地，以給襄陽軍食。前所屯，阿里伯自以無效引伏，宜令州郡募民耕佃。」從之。曰洪澤屯田萬户府，在淮安路黄家疃等處。曰芍陂屯田萬户府，在安豐縣芍陂。至元二十二年，闊闊你敦言：「先有旨，遣軍二千屯田芍破，試土之肥磽。去秋已收米二萬餘石，請增屯丁二千人。」從之。曰德安等處軍民屯田總管府，在德安路，分置十屯。

陝西行省所轄軍民屯田：曰陝西屯田總管府，在櫟陽、涇陽、平凉、終南、渭南及鳳翔、鎮原、彭原等處。曰陝西等處萬户府屯田，在盩厔縣之孝子村、張有村、杏園莊，寧州之大昌原，文州之亞柏鎮，德順州之威戎。曰貴赤延安總管府屯田，在延安路探馬赤草地。

甘肅行省所轄軍民屯田：曰寧夏等處新附軍萬户府，在寧夏等處。曰管軍萬户府屯田，在甘州黑山子、滿峪、泉水渠、鴨子翅等處。曰寧夏營田司屯田，在中興。曰寧夏路放良官屯田，在本路。曰亦集乃路屯田，在本路。

江西行省所轄屯田：曰贛州路南安寨兵萬户府屯田，在信豐、會昌、龍南、文遠等處。

江浙行省所轄屯田：曰汀漳屯田，在汀、漳兩州。

高麗國立屯：曰高麗屯田，在王京、東寧州、鳳州等十處。

四川行省所轄軍民屯田二十九處：曰廣元路民屯，曰叙州宣撫司民屯，曰紹慶路民屯，曰嘉定路民屯，曰順慶路民屯，曰潼川府民屯，曰夔路總管府民屯，曰重慶路民屯，曰成都路民屯，曰保寧萬户府軍屯。曰叙州等處萬户府軍屯，元貞二年改叙州軍屯，在叙州宣化縣喁口上下。曰重慶五路守鎮萬户府軍屯，在成都諸處；曰成都等處萬户府軍屯，在崇慶州義興鄉楠木園。泰定元年，罷重慶州屯田。曰河東陝西等路萬户府軍屯，在灌州之青城、陶壩及崇慶州之大栅頭等處。曰廣安等處萬户府軍屯，在崇慶州之七寶壩。曰保寧萬户府軍屯，在晉源縣之金馬。曰叙州萬户府軍屯，在灌州之青城縣。曰五路萬户府軍屯，在崇慶州之大栅鎮孝感鄉及青城縣之懷仁鄉。曰興元、金州等處萬户府軍屯，在灌州之青城、温江縣。曰舊附等軍萬户府軍屯，在青城縣及安慶州。曰礮手萬户府軍屯，在青城縣龍池鄉。曰順慶軍屯，在晉源縣義興鄉、江源縣將軍橋。曰平陽軍屯，在灌州青城、崇慶州大栅頭。曰遂寧州軍屯。曰嘉定萬户府軍屯，在崇慶州青城等處。曰順慶等處萬户府軍屯，在沿江下流漢初等處。曰廣安等處萬户府軍屯，在新州等處。

雲南行省所轄軍民屯田十二處：曰威處提舉司屯田，曰大理金齒等處宣慰司都元帥府軍民屯，曰鶴慶路軍民屯，曰武定路總管軍屯，曰威楚路軍民屯，曰中度路軍民屯，曰曲靖等處宣慰司兼管軍萬户府軍民屯，曰烏撒宣慰司軍民屯，曰臨安宣慰司兼管軍萬户府軍民屯。曰梁千户翼屯田，在烏蒙，後遷於新興州。曰羅羅斯宣慰司兼管軍萬户府軍民屯，曰烏蒙等處屯田總管府軍屯。仁宗時，雲南行省言：「烏蒙乃咽喉之地，别無屯戍，其地廣闊，土脈膏腴，有古昔屯田之跡，乞發畏兀兒及新附漢軍屯田。」從之。

湖廣行省所轄屯田：曰海北海南道宣慰司都元帥府民屯。大德三年罷，止於瓊州、雷州、高州、化州、廣州等路立屯。曰廣西兩江道宣慰司都元帥府糧兵屯田，在上浪忠州那扶需留水口、藤州等處。曰湖南道宣慰司衡州等處屯田，在衡州靖化、永州烏符、武岡白倉等處。

元之重農政，自世祖始。世祖以御史中丞孛羅爲大司農卿，安童奏：「臺臣兼任，前無此例。」帝曰：「司農非細事，朕深喻此，其令孛羅知之。」世祖之言，可謂知本矣。其勸課農桑之法，度越唐宋，豈不宜哉！

中統元年，帝命十路宣撫司擇通曉農事者，充隨處勸農官。

二年，命宣慰司官勸農桑、懲遊惰。是年，立勸農司，以陳邃、崔斌、成仲寬、夾谷從中爲灤棣、平陽、濟南、河間勸農使，李士勉、陳天錫、陳歷武、忙古歹爲邢洺、河南、東平、涿州勸農使。

至元七年，始立司農司，以中書左丞張文謙爲司農卿，專掌農桑水利，凡滋養、栽種之事皆附而行焉。仍分遣勸農官及知水利者巡行勸課，舉察勤惰，委所在親民長官爲提點，年終第農事成否，轉申司農司及户部，秩滿之日，注於解由，赴部照勘，以爲殿最。又命提刑按察司時加體察。是年，又改司農司爲大司農司，設巡行勸農使、副使各四員。

八年，命勸農官舉察勤惰。高唐州達魯花赤忽都、州尹張廷瑞、同知陳思濟以勸擢任，河南陜縣尹王仔以惰降職。

十年，以立大司農司已三年，再降明諭，委大司農司依舊分佈勸農官巡行勸課，務期敦本抑末，功效有成。是年，中書省以畿内秋耕妨芻牧，請禁之。帝以農事重，詔勿禁。

十二年，罷隨路巡行官，以事歸提刑按察司。

十六年，併勸農官入按察司，增副使、僉事各四員。

二十三年，詔以大司農司所定《農桑輯要》書頒諸路。立行大司農司及營田司於江南。

二十五年，詔：「行大司農司歲具府州縣勸農官勤惰實跡，以爲殿最。有侵官害農者，從按察司究治。」

二十八年，又以江南長吏勸課擾民，罷親行之制，移文諭之。

二十九年，詔提調農桑官帳册，有差者驗數罰降。是年，大司農上諸路墾地一千九百八十三頃有奇，植桑棗諸樹二千二百五十二萬七千七百餘株，義糧九萬九千九百六十石。此有司勸課之成效也。

三十一年，成宗即位，頒行詔書，内一款：「罷妨農之役，公吏人等勿輒令下鄉，縱畜牧損田禾桑棗者，倍其償，而後罪之。」終元之世，凡即位、改元、建儲之德音，咸遵而效之，以爲故事焉。

大德三年，詔廉訪司及府州縣官提調點視農桑。

武宗至大三年，詔大司農司總挈天下農政，年終考管民官之殿最，定奪黜陟。

仁宗延祐二年，詔江浙行省印《農桑輯要》一萬部，頒降有司遵守勸課。

三年，以浙東廉訪司僉事苗好謙課農桑有效，賜衣一襲。

文宗天曆二年，各道廉訪司所察勤官内邱何主簿等凡六人，惰官濮陽縣尹等凡四人。

至於勸農立社，尤一代農政之善者。先是，大司農卿張文謙奏上立社規條十五款。至元二十三年，命頒於各路，依例施行。今撮其大概載之：

一，諸縣所屬村疃，五十家爲一社，擇高年曉農事者立爲社長。增至百家，别設社長一員。不及五十家者，與近村合爲一社。社遠人稀，不能相合，各自爲社者聽。社長專以教勸農桑爲務，本處官司不得將社長差占，别管餘事。

一，社長宜獎勤罰惰，催其趁時耕作。仍於田塍樹牌楬書某社某人地段，社長以時點視。

一，每丁歲植桑棗二十株，或附宅地植桑二十株。其地不宜桑棗者，聽植榆柳等，其數亦如之。種雜果者，每丁限十株，仍多種苜蓿備凶年。

一，河渠之利委本處正官一員，偕知水利人員，以時濬治。如别無違礙，許民量力自行開引，地高水不能上者，命造水車。貧不能造者，官給車材。

一，近水村疃應鑿池養魚，並鵝鴨之數，及種蒔蓮藕、芡菱、蒲葦等，以助衣食。

一，社内有疾病凶喪之家，不能耕種者，衆爲合力助之。

一，社内災病多者，兩社助之。其養蠶者亦如之。耕牛死，令均錢補買，或兩和租賃。

一，荒田，除軍營報定及公田外，其餘投下、探馬赤官之自行占冒，從官司勘當，得實先給貧民耕種，次及餘户。

一，每社立義倉，社長主之。豐年驗各家口數，每口留粟一斗，無粟者抵斗存留雜色物料，以備凶荒。

一，本社有孝弟力田者，從社長、保甲、本處官司量加優恤。若所保不實，亦行責罰。

一，有遊手好閑及不遵父兄教令者，社長籍記姓名。俟提點官到日，實問情實，書其罪於粉壁。猶不改，罰充本社夫役。

一，每社立學校一，擇通曉經書者爲學師，農隙使子弟入學。如學文有成者，申覆官司照驗。

一，每年十月，委州、縣正官一員，巡視本管境内有蝗蟲遺子之處，設法除之，務期盡絶。

其規畫詳密如此，近古所未有也。

二十九年，命蒙古探馬赤軍人一體入社，依例勸課。

大德三年，申明社長不得差占之制，仍免其本身雜役。六年，翰林院侍講學士王中順呈稱：「前賑濟通州一州，靖海、海門兩縣次序支請。盡係社長居前，里正不預。多有少年愚騃之子，草履赤脛，語言嘲哳。怪而問之，州縣同詞而對，通例如此。切詳按察司、達魯花赤、管民官下，便列社長，責任非輕。當時又立社師，教誨子弟遷善改過。二事外似迂緩，中實要切。況《至元新格》內一款，社長有少年德薄，不爲村疃信服，即聽舉換易。伏思自中統建元迄於今日，良法美意，莫不備舉。但有司奉行不至，事久弊生。愚意以爲，宜申明舊例，社長依前勸課農桑，誡飭子弟，社師依前農隙授學，教以人倫，斯爲治之本也。」中書省韙其言，下諸道行之。

延祐元年，命廉訪司每歲攢造農桑文册，赴大司農司考較。監察御史許有壬言：「農桑之政，責之廉司者，蓋欲勸課官知所警畏。初不係文册之有無。文册之設，本欲歲見種植墾闢、義糧、學校之數，考較增損勤惰，所以見廉訪司親爲之。然養民以不擾爲先，害政以虚文爲甚。農桑所以養民，今反擾之，文册所以核實，今實廢之。各道比及年終，令按治地面，依式攢造。路府行之州縣，州縣行之社長、鄉胥。社長、鄉胥則家至户到，取勘數目。幸而及額，則責報答之需，一或不完，則持其有罪者恣其所求。雞豚盡於供給，生計廢於奔走，一切費用首會箕斂，率以爲常。以一縣觀之，自造册以來，地凡若干，連年栽植有增無減，較其成數，雖屋垣池井盡爲其地，猶不能容，故世有『紙上栽桑』之語。大司農歲總虛文，照磨一畢入架而已。於農事果何益哉？乞命廉訪司，依舊巡行勸課，舉察勤惰。籍册虛文，不必攢造。民既無擾，事亦兩成。」其後大司農司亦言廉訪司所具栽植之數，書於册者類多不實云。

其種植之法，頒於諸道者：至大二年，淮西道廉訪司僉事苗好謙，獻蒔桑法。分農民爲三等，上户地十畝，中户地五畝，下户地三畝或一畝，以時收採桑椹，依法種之。其法出《齊民要術》諸書。至元十六年，江南行御史臺嘗採其法，通行所屬。延祐三年，以好謙所至植桑有成效，命諸道仿行焉。是年，又命各社出地共蒔桑苗，以社長領之，分給諸村，四年，以社桑分給不便，令民各蒔桑苗。

新元史卷之七十　志第三十七

食貨志三

洞冶課 附珠、玉、硝、礬、竹、木課

凡洞冶、鹽、茶、酒及一切雜税，俱謂之「課程」。至元二十年，以中興州及真定、太原等路課程，較之前年，正額增餘外，有多至數倍者，顯見諸路並有增羨。詔中書省定辦課程條畫，頒於諸路。

一，定至元十二年合辦税額。

一，本路公選廉幹官一員爲提點官。

一，榷出增餘，與衆特異者，量加升擢。

一，依舊例，三十分取一分，不得高物價以增税額，亦不得妄榷無税之物。

一，若有門攤課程，依至元十九年例徵收，不得分毫添荅。

一，增餘須盡實到官。

一，路、府、州、司、縣、鄉村、鎮、店，見界院務官有不稱其職者，隨時替罷。

一，管課官有侵欺瞞落官課者，追贓，依條畫科罪。

一，體察追問從前管課官。

一，諸路現辦課程，每月申報細目，季小考，年終大比，視其增虧以爲黜陟。

一，定升降賞罰格例。

其立法之意，嚴於馭吏，寬於取民，亦可謂得理財之要矣。

洞冶之課：至元四年，制國用使司奏：「各處洞冶出産，别無親臨拘榷官司，以致課程不得盡實到官。又各處爐冶耗垛，官鋉不曾變易，宜設諸路洞冶總管府，專掌金、銀、銅、鐵、丹粉、錫碌，從長規畫，恢辦課程。」從之。時阿合馬爲制國用司使，聚斂嚴急。尋以百姓包納金課，擾累甚，乃罷各路洞冶總管府，歸其事於有司。其後産金、銀、銅、鐵之處，復立提舉司以領之。

凡産金之所：

在腹裏曰益都、淄萊。至元五年，命益都漏籍户四千淘金於登州栖霞縣，每户輸金四錢。十五年，又以淘金户二千僉軍者，付益都、淄萊等路依舊淘金。納其課於太府監。二十年，遣官檢覈益都淘金欺弊。

遼陽曰大寧、開元。至元十年，聽李德仁於龍山縣胡碧峪淘採，每歲納課金三兩。十三年，又於遼東雙城及和州等處開採。

江浙曰饒、徽、池、信。至元二十四年，立提舉司，以建康等處淘金户七千三百六十五隸之，所轄金場七十餘所。未幾，以建康無金，罷提舉司。其饒、徽、池、信之課，皆歸之有司。

江西曰龍興、撫州。至元二十三年，撫州樂安縣小曹，周歲辦金一百兩。

湖廣曰岳、澧、沅、靖、辰、潭、武岡、寶慶。至元十九年，以蒙古人孛羅領辰、沅等州淘金事。二十年，撥常德、辰、沅、澧、靖民萬户付金場轉運司淘採。

河南曰江陵、襄陽。四川曰成都、嘉定。元貞元年，以病民罷之。

雲南曰威楚、麗江、大理、金齒、臨安、曲靖、元江、羅羅、會川、建昌、德昌、柏興、烏撒、東川、烏蒙。至元十四年，諸路總納金課一百五錠。

凡産銀之所：

在腹裏曰大都、真定、保定、雲州、般陽、晉寧、懷孟。至元十一年，聽王庭璧於檀州奉天等洞採之。十五年，令關世顯等於薊州豐山採之。二十七年，撥民户於望雲煽冶，設從七品官掌之。二十八年，又開聚陽山銀場。二十九年，立雲州等處銀場提舉司。

遼陽曰大寧。延祐四年，惠州銀洞三十六眼，立提舉司辦課。

江浙曰處州、建寧、延平。至元二十一年，建寧南劍等處立銀場提舉司煽冶。

江西曰撫、瑞、韶。元貞元年，江南行省臣言：「銀場歲辦萬一千兩，未嘗及額，民不堪命。請自今從實收納。」從之。瑞州蒙山場，至元二十一年撥糧一萬二千五石，辦銀五百錠。後撥至四萬石。至大元年，撥徽政院，連年虧額。延祐七年，依原定糧價折收原銀七百錠，解提舉司收納。至元二十三年，韶州曲江縣銀場聽民煽冶，歲輸銀三千兩。

湖廣曰興國、郴州。

河南曰汴梁、安豐、汝寧。延祐三年，李允直包羅山縣銀場課銀三錠。四年，李珪等包霍丘縣豹子涯洞課銀三十錠。

陝西曰商州。

雲南曰威楚、大理、金齒、臨安、元江。

凡產銅之所：

在腹裏曰益都。至元十年撥户一千於臨朐縣七寶山等處採之。

遼陽曰大寧。至元十五年，撥採木夫一千户於錦、瑞州雞山、巴山等處採之。

雲南曰大理、澂江。至元二十二年，撥漏籍户於薩矣山煽冶，凡十有一所。至元二十年，中書省臣復奏：「根訪産銅出處，召人興治，禁約諸人毋得沮壞。」從之。

凡産鐵之所：

在腹裏曰河東、順德、檀、景、濟南。

太宗八年，立爐於交城縣，撥冶户一千煽冶。至元五年，始立河東洞冶總管府。七年，罷之。十三年，立平陽等路提舉司，明年又罷之。大德十一年，聽民煽冶，官爲抽分。至大元年，復立河東都提舉司，所隸之冶八：曰大通、興國、惠民、利國、益國、閏富、豐寧。豐寧之冶有二。

在順德者：至元三十一年，撥冶户六千煽冶。大德元年，立都提舉司。延祐六年，罷順德都提舉司，併爲順德、廣平、彰德等處提舉司，所隸之冶六：曰神德、左村、豐陽、臨水、沙窩、固鎮。

在檀、景等處者：太宗八年始撥北京户煽冶。中統二年，立提舉司。大德五年，併檀、景三提舉司爲都提舉司，所隸之冶七：曰雙峰、暗峪、銀匡、大峪、五峪、利貞、錐山。

在濟南等處者：中統四年，拘漏籍户三千煽冶。至元五年，立洞冶總管府，七年罷。至大元年，復立濟南提舉司。所隸之監五：曰寶成、通和、昆吾、元國、富國。

河南曰潁州光化。至元四年，興河南等處鐵冶，令禮部尚書木和納兼領已括户三千興煽潁州光化鐵冶，歲輸鐵一百萬七千斤，就鑄農事二十萬事市之。

江浙曰饒、徽、寧國、信、慶元、台、衢、處、建寧、興化、邵武、漳、福、泉。

江西曰龍興、吉安、撫、袁、瑞、贛、臨江、桂陽。

湖廣曰沅、潭、衡、武岡、寶慶、永、全、常寧、道州。

陝西曰興元。

雲南曰中慶、大理、金齒、臨安、曲靖、澂江、羅羅、建昌。

獨江浙、江西、湖廣之課爲最多。元貞二年，中書省奏罷百姓自備工本爐冶，官爲興煽發賣。大德七年，定各處鐵冶課，依鹽法一體禁治。

凡産鉛錫之所：

在江浙曰鉛山、台、處、建寧、延年、邵武。江西曰韶州、桂陽。湖廣曰潭州。至元八年，沅、辰、靖等處轉運司印造錫引，每引計錫一百斤，收鈔三百文。商賈引赴各冶支錫販賣，無引者比私鹽減等杖六十，其錫没官。

凡産硃砂、水銀之所：

在遼陽曰北京。湖廣曰潭、沅。四川曰思州。

產碧甸子之所在：曰和林，曰會川。在北京者，至元十一年，命蒙古都喜以恤品人户於吉私迷之地採鍊。在湖廣者，沅州五寨蕭雷發等每年包納朱砂一千五百兩，羅管寨包納水銀二千二百四十兩，潭州安化縣每年辦朱砂八十兩、水銀五十兩。碧甸子在和林者，至元十年命烏馬兒採之。在會川者，二十一年輸一千餘塊。

洞冶之外，產珠之所在：

曰大都，元貞元年，聽民於楊村直沽口撈採，命官買之。

曰東京，至元十一年，令滅怯、安山等採於宋阿江、阿爺苦江、忽呂古江。

曰廣州，採於大步海。

他如兀難、曲朵剌、渾都忽三河之珠，至元五年徙鳳哥等户採之。勝州、延州、乃延等地之珠，十三年令朵魯不歹採之。

產玉之所在：

曰匪力河。至元十一年，迷兒、麻合馬、阿里三人言：「淘玉户舊有三百，今存者止七十户，其力不充，匪力河旁近有民户六十習淘玉，請免其差役，與淘户等，所淘之玉自水站送於京師。」從之。

曰河西。至大元年，中書省臣言：「阿失帖木兒請遣教化的詣河西采玉，馱攻玉沙之馬四十餘匹，玉工至千餘人。臣等以爲不急之務，請罷之。」從之。

產礬之所在：

曰潭州。曰廣平。至元二十八年，路鵬舉獻磁州武安縣礬窰十處，歲辦白礬三千斤。曰河南。至元二十八年，李日新自具工本於瀏陽永興礬場煎礬，每十斤官抽其二。曰河南。至元二十四年，立礬課所於無爲路，每礬一引重三十斤，直鈔五兩。元貞元年，中書省臣同河南行省平章政事孛羅歡等言：「無爲礬課，初歲入爲鈔止一百六十錠，後增至二千四百錠。大率斂富民、刻吏俸、停竈户工本以足之。宜減其數。」詔遣人覈實汰之。

產硝、鹻之所在：

曰晉寧。

竹則所在產之。

元初，惟河南之懷孟，陝西之京兆、鳳翔有官竹園，立司竹監掌之。每歲令税課所官以時採伐，定其價爲三等。至元二年，減輝州竹課。先是，官取十之六，至是減其二。四年，命制國用使司印造懷孟等路司竹監竹引一萬道，每道取工墨一錢，凡竹商皆給引。二十一年，以懷孟等路竹貨，係百姓栽植恒產，有司拘收發賣，妨奪生理，乃罷司竹監，聽民自買輸税。初，懷、衛居民犯一筍、一竹，率以私論，民苦之。輝州知州尚文入爲户部司金郎中，言其事，帝始罷之。二十三年，又用前抄紙坊大使郭畯言，立竹課提舉司於衛州，管輝、懷、嵩、洛、京襄及益都、宿遷等四處。在官者給引，在民者包認課程。江南竹貨，許腹裏通行，止於賣處納稅。二十九年，用丞相完澤言，罷懷孟等路竹課。

天曆元年歲課數目：

金課：

腹裏：四十錠四十七兩三錢。

江浙：一百八十錠一十五兩一錢。

江西：二錠四十五兩五錢。

湖廣：八十錠二十兩一錢。

河南：三十八兩六錢。

四川：麩金七兩二錢。

雲南：一百八十四錠一兩九錢。

銀課：

腹裏：一錠二十五兩。

江浙：一百二十五錠三十九兩二錢。

江西：四百六十二錠三兩五錢。
湖廣：二百三十六錠九兩
雲南：七百三十五錠四兩三錢。
銅課：
雲南：二千三百八十斤。
鐵課：
江浙：額外鐵二十四萬五千八百六十七斤，課鈔一千七百三錠一十四兩。
江西：二十一萬七千四百五十斤，課鈔一百七十六錠二十四兩。
湖廣省：二十八萬二千五百九十五斤。
河南：三千九百三十斤。
陝西：一萬斤。
雲南：一十二萬一千七百一斤。
鉛錫課：
江浙：額外鉛粉八百八十七錠九兩五錢，鉛丹九錠四十二兩二錢，黑錫二十四錠一十兩二錢。

江西：錫一十七錠七兩。
湖廣：鉛一千七百九十八斤。
礬課：
腹裏：三十三錠二十五兩八錢。
江浙：額外四十二兩五錢。
河南省：額外二千四百一十四錠二十三兩一錢。
硝鹻課：
晉寧路：二十六錠七兩四錢。
竹木課：
腹裏：木六百七十六錠一十五兩四錢，額外木七十三錠二十五兩三錢，竹一千一百三錠二兩二錢。
江浙：額外竹木九千三百五十五錠二十四兩。
江西：額外竹木五百九十錠二十三兩三錢。
河南：竹二十六萬九千九百九十五竿，板木五萬八千六百條，額外竹木一千七百四十八錠三十兩一錢。木課無可考，額數僅見於此。

新元史卷之七十一　志第三十八

食貨志四

鹽課

元初，以酒醋、鹽、河泊、金、銀、鐵冶六色課於民，歲額銀萬錠。太宗二年，始定鹽法：一引重四百斤，價銀十兩。中統二年，減爲七兩。至元十三年，每引改爲中統鈔九貫。二十六年，增爲五十貫。元貞二年，又增爲六十五貫。至大二年至延祐三年，累增爲一百五十貫。至大四年，户部言鹽課價錢，中統至元年間，每引一十四兩，至元二十二年每引二十兩，已後遞添至元貞二年，一引作中統鈔六十五兩。此時中統一兩可買鹽四斤上下。至大二年，尚書省奏准：每鹽一引改作至大銀鈔四兩。該至元二十兩折中統鈔一百兩，較原價斗添三分之一。按中統兩貫同白銀一兩，一貫同交鈔一兩，中統二年減爲七兩，白銀七兩也。户部所云每引十四兩，交鈔十四兩也。大德四年，定每一引正課六十六兩，帶取鈔二兩五錢，綱船水脚一兩一錢，裝鹽席索錢七錢，倉場脚錢六錢，共納官中鈔六十七兩五錢。

凡諸色課程，以鹽課所入爲最鉅，其條畫亦最爲繁重。《至元新格》爲鹽課設立者凡九事，今撮其大概言之：諸官吏違法營私，逐一出榜，嚴行禁治，仍差廉幹人員體察，務使公私便利。諸場鹽袋皆判官監裝，須斤重平均無餘欠。諸竈户中鹽到場，須隨時兩平收納，不得留難。合給工本，運官臨時給付。諸場積垛未椿鹽數，須使水潦不能侵犯。若防備不如法以致損敗者，並賠償。諸院務官大者不過三員，其攢攔人等斟酌存設，無使冗濫。諸轉運司並提點官吏，凡於管下取借財物者，以盜論。諸監司凡報告私鹽，須指定煎藏處所，不得妄入人家搜捉。諸捉獲私鹽，取問是實，依條追沒，立案申合屬上司。諸鹽法須見錢賣引，必價鈔入庫，鹽袋出場，方始結課。其運司官能使課程增羨者，奏聞升擢。

至元二十二年。中書省奏：「一引鹽根，官司售十五兩，而富豪有氣力者詭名買引，勒揹漁利。十八年，潭州一引鹽賣一百八十兩，江西賣一百七十兩，上都、大都一引鹽亦賣一百二十兩，聖恩不能下逮，窮民淡食，請設立常平鹽局。如鹽商揹重價，則官司賤賣以便窮民。」從之。

其頒行之條畫：

一，鹽局設大使、副使各一員，選信實有抵業者充之。

一，年銷鹽數，驗户口多寡斟酌。

一，鹽袋不問，價例平和，聽從民便發賣。如鹽價增添無販者，官爲發賣。

一，本處正官提點發賣毋致闕誤，亦不得尅減斤兩虧損窮民。

一，合設鹽局，本路就便斟酌設立。

一，合用攢典、秤子人等，於酌中户内差撥，勿多餘濫設。

一，各處運司至元二十二年額定鹽數，先儘常平鹽袋。

一，各處運司額辦鹽數，督催各場趁時並造，毋致闕設支發。

二十九年，中書省頒恢辦課程條畫：

一，隨路應管公事官吏並軍民人等，毋得虛棒扇惑，攪擾沮壞見辦課程。

一，蒙古、漢軍、探馬赤、打捕鷹房、站赤諸色人等，一體買食官鹽，不得私煎販賣。

一，見錢賣引，依次支發鹽袋，監臨主守人等不得賒買。違者，其價與鹽俱没官。詭名盜買者，仍徵倍贓。

一，納課買引赴場，查鹽不得攙資越次，恃賴氣力，勒索斤重。

一，煎鹽地面，如係官山場、草蕩，煎鹽草地，諸人不得侵佔。

一，官定袋法，每引四百斤之外，夾帶多餘斤重者，同私鹽法科斷。

一，巡禁鹽者，附場百里之外，從運司委人巡捉。其餘行鹽之處，委鹽官與管民正官巡捉。

一，行鹽地面，有私立牙行，大稱破壞鹽法者，所在官司截日罷去，違者捉拿治罪。

一，當該官吏有尅減工本，或以他物准折，虧損竈户者，嚴行斷罪，仍勒賠償。

一，販鹽者不得插和灰土，違者嚴行斷罪。

一，販私鹽者科徒二年、決杖七十，財産一半没官。決訖，帶鐐居役，日滿釋放。有人告捕得者，於没官物内一半充賞。販鹽犯界者，減私鹽一等。

一，隨路官司有虧損公課者，問實，截日罷去本官，拖欠課程依數追徵。

一，附場百里之内，民户食鹽，官爲置局發賣，從運司憑驗關防，勿致私鹽生發。

一，賣過鹽引，限五日内赴所在官司繳，内一兩准兩浙運鹽綱船車馬，諸人不得拘奪，違者從行省斷罪。

延祐五年，申明鹽課條畫。六年，又頒鹽法通例。大抵皆本至元條畫而損益之。惟私鹽犯界鹽走透，管民、提點官及巡尉、弓兵人等，初犯笞四十，再犯杖八十，三犯杖百，仍除名。通用縱放者，與犯人同罪。立法太嚴，官吏獲罪日多，非經久之制云。至禁鹽司人買引，大德七年，始著爲令。

大都鹽場：太宗八年，置於白陵港、三叉、大沽等處，每引給工本錢。至元二年，增寶坻二鹽場；竈户工本，每引中統鈔三兩。八年，以民户多食私鹽。虧國課，驗口給鹽。十九年，於大都置局賣引，鹽商買引關鹽。二十八年，增竈户工本。每引中統鈔八兩。

元統二年，監察御史言：「竊睹京畿居民繁盛，日用之中鹽不可闕。大德中，因商販把握行市，民食貴鹽，乃置局設官賣之，中統一貫買鹽四斤八兩。後雖倍價，猶敷民用。及泰定間，因所任局官不得其人，致有短少之弊。於是巨商趨利者營求。當道以局官侵盜爲由，輒奏罷之，復從民販賣，自是鈔一貫僅買鹽一斤。無籍之徒私相犯界煎賣，官課爲所侵礙，而民食貴鹽益甚，實不副朝廷恤民之意。宜仍舊設局，官爲發賣，庶課不虧，而民受賜。」既而大都路與大興、宛平縣所申，又户部尚書條奏，皆如御史之言。户部議：「仍依舊制，於南北二城置局十有五處。每局日賣十引，設賣鹽官二員，每中統鈔一貫買鹽二斤四兩。凡買鹽過十貫者，禁之。不及貫者，從所買與之。如滿歲無短少失陷，及元定分數者，減一界升用。若有侵盜者，依例追斷。其合賣鹽數，令河間運司分爲四季，起赴京廒，用官定法物兩平稱收，分給各局。」中書省如所擬行之。

至正三年，監察御史王思誠、侯思禮等言：「京師自大德七年罷大都鹽運司，設官賣鹽置局十有五處，泰定二年以其不便罷之。元統二年又復之，迨今十年，法久弊生，在船則有侵盜滲溺之患，入局則有和雜灰土之奸。名曰一貫二斤四兩，實不得一斤之上。其潔净不雜而斤兩足者，唯上司提調數處耳。又常白鹽一千五百引，用船五十艘。每歲以四月起運官鹽二萬引，用船五十艘。每歲以七月起運，而運司所遣之人擅作威福，南抵臨清，北自通州，所至以索截河道，舟楫往來無不被擾，名爲和顧。實乃强奪。一歲之中，千里之内，凡富商巨賈、達官貴人之船一概遮截，得賄放行。所拘留者，皆貧弱無力之人，其船小而不固，滲溺侵盜，弊病多端。既達京廒，又不依時交收，淹延歲月，困守無聊，鬻妻子、質舟楫者，往往有之。客船既狼顧不前，京師百物爲之湧貴。竊計官鹽二萬引，每引脚價中統鈔七貫，總爲鈔三千錠。而十五局官典俸給以一歲計之，又五百七十六錠。其就支賃房之資，短脚之價，蓆草諸物，又在外焉。當時置局設官，但爲民食貴鹽，殊不料官賣之弊，反不如商販之賤。豈忽徒耗國帑，而使商民受害？宜罷其鹽局，及來歲起運之時，揭榜播告鹽商，從便入京興販。若常白鹽所用船五十艘，亦宜於江南造小料船處，如數造之。既成之後，付運司顧人運載。庶舟楫通，商賈集，則京師百物賤，而鹽亦不貴矣。」户部議：「元設鹽局合准革罷，聽從客旅興販。其常白鹽，係内府必用之物，起運如故。」中書省如部擬行之。

河間鹽場：太宗二年置，撥户二千三百七十六，鹽一袋重四百斤。至元七年，定例歲煎鹽十萬引，辦課一萬錠。十二年，增竈户九百餘，增鹽課二十萬引。十八年，增工本爲中統鈔三貫。十八年，江南、江北、陝西、河間、山東請鹽場增竈户。又增竈户七百八十六。二十三年，增鹽課爲二十九萬六百引。二十五年，增工本爲中統鈔五貫。二十七年，增竈户四百七十，辦鹽三十五萬引。至大元年，增至四十五萬引。延祐元年，以虧課，停五萬引。

至正二年，河間運司申：「本司歲辦額餘鹽共三十八萬引，計課鈔一百一十四萬錠。以供國用，不爲不重。近年以來，各處私鹽及犯界鹽販賣者衆，蓋因軍民官失於禁治，以致侵礙官課，鹽法澀滯，實由於此。乞降旨宣諭所司，欽依規辦。」中書省奏聞，勅戒飭之。

三年，河間運司申：「生財節用，固治國之常經；薄賦輕徭，實理民之大本。本司歲額鹽三十五萬引，近年又添餘鹽三萬引。元簽竈户五千七百七十四户，除逃亡外，止存四千三百有一户。每年額鹽，勒令現在疲乏之户勉强包煎。今歲若依舊煎辦，人力不足。又兼行鹽地方旱蝗相仍，百姓無買鹽之資。如蒙矜憫，自至正二年爲始，權免餘鹽三萬引，俟豐稔之歲，煎辦如舊。」户部以錢糧支用不敷，權擬住煎一萬引，中書省如部擬行之。

既而運司又言：「至元三十一年，本司辦鹽額二十五萬引，自後累增至三十有五萬。元統元年，又增餘鹽三萬引。已經奏准住煎一萬引，外有二萬引，若依前勒令見户包煎，實爲難堪。如並將餘鹽二萬引住煎，誠爲便益。」中書省議：權擬餘鹽二萬引住煎一年，至正四年煎辦如故。

山東鹽場：太宗二年置，竈户二千一百七十，銀一兩得鹽四十斤。中統元年，歲辦銀二千五百錠。四年，令民户月買鹽三斤。竈户逃者，以民户補之。是歲，辦銀三千三百錠。至元二年。辦課銀四千六百錠一十九兩。是年，户部造山東鹽引。六年，增引爲七萬一千九百九十八。自是，每歲增之。至十二年，爲引十四萬七千四百八十七。十八年增竈户七百，增引爲十六萬五千四百八十七，工本增爲中統鈔三貫。二十三年，增引二十七萬一千七百四十二。二十六年，減爲二十二萬。大德十年，又增至二十五萬。至大元年以後，歲辦正餘鹽爲三十一萬引。

元統二年，户部呈：「據濟南路副達魯花赤完者、同知闍里帖木兒言：『比大都、河間運司，改設巡鹽官一十二員，專一巡禁本部。詳山東運司，歲辦鈔七十五萬餘錠，行鹽之地，周圍三萬餘里，止是運判一員，豈能徧歷？恐私鹽來往，侵礙國課。』本部議：河間運司定設奏差十二名，巡鹽官十六名，山東運司設奏差二十四名，今比例添設巡鹽官外，據元設奏差内減去十二名。」中書省如所擬行之。

三年，山東運司據臨朐、沂水等縣申：「本縣十山九水，居民稀少，元係食鹽地方，後因改爲行鹽，民間遂食貴鹽，公私不便。如蒙仍改食鹽，令居民驗户口多寡，以輸課税，則官民俱便，抑且可革私鹽之弊。本司移分司，及益都路並下滕、嶧等州，皆以食鹽爲便。」户部議：「山東運司所言，於滕、嶧等處增置十有一局，如登、萊三十五局之例，於錢穀官内通行銓注局官，散賣食鹽，官民俱便。既經有司講究，宜從所議。」中書省如所擬行之。

河東鹽場：太宗二年置，銀一兩得鹽四十斤。五年，撥新降户一千爲鹽户，命鹽使姚行簡等修鹽池損壞處。憲宗七年，增撥一千八十五户，歲撈鹽一萬五千引，辦課銀三千錠。中統三年，以民户煎小鹽，歲辦課銀二百五十錠。五年，又辦小鹽課銀爲二百五十錠。至元三年，諭陝西四川以所辦鹽課輸納於行制國用使司。十年，命撈鹽户九百八十餘，丁撈鹽一石，給工價鈔五錢。歲辦鹽六萬四千引，計中統鈔一萬一千五百二十錠。二十九年，減大都鹽一萬引，入京兆鹽司。大德十一年，增爲八萬二千引。至大元年，又增煎餘鹽爲二萬引，通爲十萬二千引。延祐三年，以池爲雨壞，減課鈔爲八萬二千餘錠。於是晉寧、陝西改食常仁紅鹽，懷孟、河南改食滄鹽，仍輸課於陝西。旋以民不堪命，免其課。六年，增餘鹽五百引。是年，實撈鹽十八萬四千五百引。天曆二年，辦課鈔三十九萬五千三百九十五錠。

四川鹽場：初撥竈户五千九百餘。至元二年，命修理鹽井，禁解鹽不許過界，以鹽井壞廢，川民多食解鹽故也。二十二年，歲煎鹽一萬四百五十一引。二十六年，增至一萬七千一百五十二引。皇慶元年，減煎餘鹽五千引。天曆二年，增引爲二萬八千九百一十，鈔八萬六千七百三十錠。

元統三年，四川鹽茶轉運使司請於所辦餘鹽一萬引內，量減帶辦兩淛五千引之數。又分司運官亦言：「四川鹽井，俱在萬山之間，比之腹裏、兩淮，優苦不同，又行帶辦餘鹽，民不堪命。」中書省奏聞。敕帶辦餘鹽五千引，權行倚閣。

遼陽鹽場：太宗九年，立隨車隨引載鹽之法。每鹽一石價錢七錢半，帶納匠人米五升。乃馬真皇后稱制四年，合懶路歲辦課白布二千匹，恤品路布一千匹。至元四年，禁東京懿州乞石兒硬鹽，不許過塗河界。是年，命各位下鹽課如例輸納。二十四年，灤州四處鹽課舊納羊一千頭者，令依例納鈔。延祐二年，命食鹽民户課鈔，每兩率加五錢。

兩淮鹽場：至元十三年，命提舉馬里范張依宋舊例辦課，每引重三百斤，其價爲中統鈔八兩。十四年，改每引四百斤。十六年，歲辦五十八萬七千六百二十三引。十八年，增爲八十萬引。二十六年，減十五萬引。三十年，以襄陽民改食淮鹽，增八千二百引。大德四年，元貞二年，以河南虧兩淮鹽十萬引，鈔五千錠，遣札刺亦台鞫問，罪之。諭鹽運司設關防之法，凡鹽商經批驗所發賣者，所官收批引牙錢，不經批驗所者，本倉就收之。八年，停煎五萬餘引。天曆二年，額辦正餘鹽九十五萬七十五引，中統鈔二百八十五萬二百二十五錠，工本自四兩遞增至十兩。

至元六年，兩淮運司准行户部尚書運使王正奉牒：「本司自至元十四年創立，當時鹽課未有定額，但從實恢辦，自後累增至六十五萬七十五引。客人買引，自行赴場支鹽，場官逼勒竈户，加其斛面，以通鹽商，壞亂鹽法。大德四年，中書省奏准，改法立倉，設綱僱運，撥袋支發，以革前弊。至大間，煎添正額餘鹽三十萬引，通九十五萬七十五引，客商運至揚州東關，俱於城河内停泊，聽候通放，不下四十萬餘引，積疊數多，不能以時發放。」至順四年，前運使韓大中等又言：「歲賣額鹽九十五萬七十五引。客商買引，關給勘合，赴倉支鹽，顧船脚力，每引遠倉該鈔十二三貫，近倉不下七八貫，運至揚州東關，俟以次通放。其船梢人等，恃鹽主不能照管，視同己物，恣爲侵盜。及事敗到官，非不嚴加懲治，莫能禁止。其所盜之鹽，以鈔計之，不過折其舊船以償，安能如數徵之。是以裏河客商，虧陷資本，外江興販，多被欺侮，而百姓高價以買不潔之鹽，公私俱困。竊照揚州城外，沿河兩岸多有官民空閒之地，如聽鹽商自行買地。起造倉房，支運鹽袋，臨期用船，載往真州發賣，既防侵盜之患，尤爲悠久之利，其於鹽法非小補也。」既申，中書、户部及河南行省照勘。文移往復，紛紜不決。久之，户部乃定議，令於客商帶納挑河錢内，撥鈔一萬錠，起造倉房，仍咨河南行省，委官偕運司相視，果無違礙，而後行之。

兩浙鹽場：至元十四年置，歲辦九萬二千一百四十八引。每引分二袋，每袋依宋十八界會子，折中統鈔九兩。十八年，增引爲二十一萬八千五百六十二。十九年，每引增鈔四貫。二十一年，置常局以平鹽價。二十三年，增引爲四十五萬。二十六年，減十萬引。三十年，置局賣鹽魚於濱海漁所。三十一年，併四十所爲三十四場。大德五年，增引爲四十五萬。至大元年，又增餘鹽五萬引。延祐六年，歲辦五十萬引。七年，定鹽課十分爲率，收白銀一分，每銀一錠，准鹽課四十錠。其工本鈔，浙西正鹽每引增至二十兩，餘鹽至二十五兩；浙東正鹽增至二十五兩，餘鹽三十兩。

至元五年，兩浙運司申：

本司自至元十三年創立，當時未有定額，至十五年始立額，辦鹽十五萬九千引。自後累增至四十五萬引，元統元年又增餘鹽三萬引，每歲總計四十有八萬。每引初定官價中統鈔五貫，自後增爲九貫、十貫，以至六十貫、一百貫，今則爲三錠矣。每年辦正課中統鈔一百四十四萬錠，較之初年，引增十倍，價增三十倍。課額愈重，煎辦愈難，兼以行鹽地界所拘户口有限。前時聽客商就場支給，設立檢校所，稱檢出場鹽袋。又因支查停積，延祐七年，比兩淮之例，改法立倉，綱官押船到場，運鹽赴倉收貯，客旅就倉支鹽。始則爲便，經今二十餘年，綱場倉官任非其人，惟務掊克。况本司地界居江枕海，煎鹽停竈，散漫海隅。行鹽之地，裏河則與兩淮鄰接，海洋則與遼東相通。番舶往來，私鹽出没，雖有刑禁，難盡防禦。鹽法墮壞，亭民消廢，其弊有五：

本司所轄場司三十四處，各場元僉竈户一萬七千有餘，後因水旱疫癘，流移死亡，止存七千有餘。即今未蒙僉補，所據抛下額鹽，唯勒見户包煎而已。若不早爲僉補，優加存恤，將來必致損見户而虧大課。此弊之一也。

各綱運鹽船户，經行歲久，奸弊日滋。凡遇到場裝鹽之時，私屬鹽場官吏司秤人等，重其斤兩，裝爲硬袋。出場之後，沿塗盜賣，以灰土補其所虧。及到所赴之倉，而倉官司秤人又各受賄，既不加辨，秤盤又不如法。在倉日久，又復消折。袋法不均，誠非細故。不若仍舊令客商就場支給，既免綱運俸給水脚之費，又鹽法一新。此弊之二也。

本司歲辦額鹽四十八萬引，行鹽之地，兩浙、江東凡一千九百六十萬餘口，每日食鹽四錢一分八釐，總計爲四十四萬九千餘引。雖賣盡其數，猶剩鹽三萬一千餘引。每年督勒有司，驗户口請買。又值荒歉連年，流亡者衆，兼以瀕江並海，私鹽公行，軍民官失於防禦，各倉停積累歲未賣之鹽，凡九十餘萬引，無從支散。此弊之三也。

又每季拘收退引，凡遇客人運鹽到所賣之地，先須住報水程及所止店肆，繳納退引。豈期各處提調之官，不能用心檢舉，縱令吏胥坊里正等，需求分例錢，不滿所欲，則多端留難。客人或因發賣遲滯，轉往他所，引不拘納，致令奸民藏匿在家，影射私鹽。且賣過官鹽之後，即將引目投之鄉胥。又有狡猾之徒，不行納官，執以興販私鹽。此弊之四也。

比年以來，各倉官攢，肆其貪欲，出納之間，兩收其利。凡遇綱船到倉，必受船户之賄，縱其雜和灰土，收納入倉。或船户運至好鹽，無錢致賄，則故生事留難，以致停泊河岸，侵欺盜賣。其倉官與監運人等爲弊多端，是以各倉積鹽九十餘萬引，新舊相並，充溢廊屋，不能支發，走鹵消折，利害非輕。雖繫客人買過之物，課鈔入官，實恐年復一年，爲患益甚。此弊之五也。

五者之中，各倉停積爲急務。驗一歲合賣之數，止該四十四萬餘引，儘賣二年，尚不能盡，又復煎運到倉，積累轉多。如蒙特賜奏聞，選委德望重臣，與拘該官府，從長講究，定爲良規，庶幾課不虧而民受賜。

六年，中書省奏選官整治江浙鹽法，命江浙行省右丞納麟及首領官趙郎中等提調，既而納麟又以他故辭。

至正二年，中書右丞相脱脱、平章鐵木兒塔識等奏：「兩浙食鹽，害民爲甚，江浙行省官、運司官屢以爲言。擬合欽依世祖皇帝舊制，除近鹽地十里之内，令民認買，革罷見設鹽倉綱運，聽從客商赴運司買引，就場支鹽，許於行鹽地方發賣，革去派散之弊。及設檢校批驗所四處，選任幹廉之人，直隸運司，如遇客商載鹽經過，依例秤盤，均平袋法，批驗引目，運司官常行體究。又自至元十三年歲辦鹽課，額少價輕，今增至四十五萬，額多價重，轉運不行。今户部定擬，自至正二年爲始，將兩浙額鹽量減一十萬引，俟鹽法流通，復還元額，散派食鹽，擬合住罷。」敕從之。

福建鹽場：至元十三年，始收課爲引六千五十五。二十年，增引爲五萬四千二百。二十四年。歲辦鹽六萬引。二十九年，增引爲七萬，大德十年，增至十萬。至大元年，又增至十三萬。至順元年，實辦課三十八萬七千七百八十三錠。其工本，煎鹽每引遞增至二十貫，曬鹽每引至十七貫四錢。福建鹽司轄十場，煎鹽六，曬鹽四。鹽之色與浄砂無異，名曰砂鹽。販徒插和砂土，不能辨别。大德五年，鹽司出榜禁之。

至元六年，福建運司申：「本司歲辦課鹽十有三萬九引一百八十餘斤，今查勘得海口等七場，至元四年閏八月終，積下附餘增辦等鹽十萬一千九百六十二引二百六十二斤。看詳既有積儹附餘鹽數，據至元五年額鹽，擬合照依天曆元年住煎正額五萬引，不給工本，將上項餘鹽五萬，准作正額，省官本鈔二萬錠，免致亭民重困。本年止辦額鹽八萬九引一百八十餘斤，計鹽十有三萬九引有奇，通行發賣，辦納正課。除留餘鹽五萬餘引，預支下年軍民食鹽，實爲官民便益。」中書省從所擬行之。

至正元年，詔：「福建、山東俵賣食鹽，病民爲甚。行省、監察御史、廉訪司，拘該有司官，宜公同講究。」二年，江浙行省左丞與行臺監察御史、福建廉訪司及運使常山李鵬舉、漳州等八路正官議得食鹽不便，其目有三：一曰餘鹽三萬引，難同正額，擬合除免。二曰鹽額太重，比依廣海例，止收價二錠。三曰住罷食鹽，並令客商通行。中書省送户部定擬，自至正三年爲始，將餘鹽三萬引權令減免，散派食鹽擬合住罷。其減正額鹽價，與廣海提舉司事例不同，別難更議。右丞相脱脱、平章帖木兒達失等，以所擬奏行之。

廣東鹽場：至元十三年，依宋舊例辦課。十六年，辦鹽六百二十一引。二十二年，歲辦引一萬八百二十五。二十三年，增引爲一萬一千七百二十五。大德四年，增正餘鹽引至二萬一千九百八十二。十年，又增至三萬。十一年，增至三萬五千五百。至大元年，又增餘鹽一萬五千引。延祐五年，定歲煎五萬五百引。五年，增爲五萬五百五十二。

至元二年，監察御史韓承務言：「廣東道所管鹽課提舉司，自至元十六年爲始，止辦鹽額六百二十一引，自後累增至三萬五千五百引，延祐間又增餘鹽，通正額計五萬五百五十二引。竈户窘於工程，官民迫於催督，呻吟愁苦，已逾十年。泰定間蒙減免餘鹽一萬五千引。元統元年，都省以支持不敷，權將已減餘鹽，依舊煎辦，今已二載，未蒙住罷。竊意議者，必謂廣東控制海道，連接諸番，船商輳集，民物富庶，易以辦納，是蓋未能深知彼中事宜。本道所轄七路八州，平土絶少，其民力耕火種，巢顛穴岸，崎嶇辛苦，貧窮之家，經歲淡食，額外辦鹽，賣將誰售？所謂富庶者，不過城郭商賈與舶船交易者數家而已。竈户鹽丁，十逃三四，官吏畏罪，止將見存人户勒令帶煎。又有大可慮者，本道密邇蠻獠，民俗頑惡，誠恐有司責辦太嚴，斂怨生事。如蒙捐此微利，以示大信，疲民幸甚。」中書省送户部定擬，自元統三年爲始，廣東提舉司所辦餘鹽，量減五千引，中書省以所擬奏行之。

廣海鹽場：至元十三年置，辦鹽二萬四千引。大德十年，大德二年，增鹽價一引爲六十貫，工本十貫。獨廣西如故。增引爲三萬一千。至大元年，又增餘鹽一萬五千引。延祐二年，正餘鹽通爲五萬一百六十五引。

至元五年，湖廣行省言：「廣海鹽課提舉司額鹽三萬五千一百六十五引，餘鹽一萬五千引。近因黎賊爲害，民不聊生，正額積虧四萬餘引，卧收在庫。若復添辦餘鹽，困苦未甦，恐致不安。事關利害，如蒙除免，庶期元額可辦，不致遺患邊民。」户部議：「上項餘鹽，若全恢辦，緣非元額，兼以本司僻在海隅，所轄竈民，累經掠劫，死亡逃竄，民物凋敝，擬於一萬五千引内，量減五千引，以紓民力。」中書省以所擬奏行之〔一〕。

【校勘記】

〔一〕「中書省」，「省」字原脱，據上文廣東條及王圻《續文獻通考》卷二三《征榷考》補。《元史》卷九七志第四十五下《食貨五》廣海條「中書」下脱「省」字，廣東條作「中書省」不誤，與本書同。王圻《續文獻通考》廣東條「中書」下脱「省」字，廣海條作「中書省」不誤。

新元史卷之七十二　志第三十九

食貨志五[一]

酒醋課　茶課　市舶課

酒醋課。太宗三年，立酒醋局坊場官，榷酤辦課，仍以州府縣司長吏充提點官，隸徵收課税所，其課税驗户口多寡定之。六年，頒酒麯醋貨條禁，私造者依條治罪。

至元十年，御史臺言：「酒户見納課程，每石賣鈔四兩，内納官課鈔一兩。葡萄酒每一千斤賣鈔一百兩，内納官課鈔六兩。此係榷貨，難同商税。葡萄酒合依酒户一體納課。」户部議：「葡萄酒不用米麯，與釀造不同，仍依舊例，三十分取一。」

至元十五年，禁私酒，造酒者笞七十七，財産斷没，飲者笞一十七。

二十年，申嚴酒禁，有私造者財産、女子没官，犯人配役。二十二年，聽農民造醋自用，免其課税。酒課，除大都、河西務、楊村所管州城，依例官司榷酤外，腹裏、大都、上都、江南、福建、兩廣鄉村地面交百姓自行造酒辦酒，每石輸鈔五兩。先是，盧世榮奏：「大都酒課，日用米千石。以天下之衆，比京師當居三分之二，酒課當日用米二千石。今各路總計日用米三百六十石而已，其奸欺隱盜如此，安可不禁？臣等已責各官增舊課二十倍，有不如數者重治其罪。」世祖方委任世榮，不以爲苛急也。至是，罷榷酤法，聽民自造，增課鈔一貫爲五貫云。

二十九年，阿老瓦丁言：「杭州歲辦二十七萬餘錠，湖廣、龍興歲辦止九萬錠。請減杭州歲課十分之二，交湖廣、龍興、南京三行省分辦。」從之。

大德五年，定犯界賣酒，仍依斷決追罰舊例，十瓶以下罰鈔一十兩，決二十七。十瓶以上，罰鈔四十兩，決四十七。酒雖多，止杖六十，罰鈔五十兩。其酒給還原主，仍勒令出境。八年，大都酒課提舉司設糟房一百所。九年，併爲三十所，每所一日所醞，不得過二十五石。十年，增三所。至大三年，又增爲五十四所。

延祐六年，常德路副達魯花赤哈琳言：「竊維聖朝推好生之仁，廣恤刑之意，法貴得中，刑宜從薄。始立榷酤之時，官設酒庫，出備米麯工本，造酒發賣。百姓不得私自醞造，亦猶鹽場支用官本，竈户煎鹽發賣辦課，故犯酒禁者與犯鹽之法同。已後廢榷酤之法，酒醋課程散入民間恢辦，諸人皆得造酒。有地之家，納門攤酒課者，許造酒食用。造酒發賣者，止驗米數赴務投税。其造賣而不税者，是與匿税無異。今官司往往將犯人依例決杖七十，籍没一半財産。若富有之家，安肯吝惜税錢，當此重罪？皆因比年水旱相仍，貧民生計艱難，造酒私賣，以資過活。愚而無知，妄思漏税，事發到官，無論升斗之末，一體科斷。雖有籍没之名，其實貧家小户並無財産。况犯私茶者，止斷没所犯貨物，以此較之，輕重似覺不倫。今後有匿酒税者，如蒙減輕，依匿税例科斷，似用法得中，不失恤刑之美意矣。」部議從之。其歲課之數，惟天曆三年有籍可徵：

酒課：

腹裏：五萬六千二百四十三錠六十七兩。

遼陽：二千二百五十錠十一兩。

河南：七萬五千七十七錠十一兩。

陝西：一萬一千七百七十四錠三十四兩。

四川：七千五百九十錠二十兩。

甘肅：二千七十八錠三十五兩。

雲南：䝟二十萬一千一百十七錠。

江浙：十九萬六千六百五十四錠二十一兩。

江西：五萬八千六百四十錠十六兩。
湖廣：五萬八百四十八錠四十九兩。
醋課：
腹裏：三千五百七十六錠四十八兩。
遼陽：三十四錠二十六兩。
河南：二千七百四十錠三十六兩。
陝西：一千五百七十三錠三十九兩。
四川：六百十六錠十二兩。
江浙：一萬一千八百七十錠十九兩。
江西：九百五十一錠二十四兩。
湖廣：一千二百三十一錠二十七兩。

榷茶：

始於世祖至元五年，用運使白賡言，榷成都茶，於京兆、鞏昌置局發賣。私賣者，其罪與私鹽同。六年，始立西蜀四川監榷茶場使司掌之。

十二年，既平宋，復用左丞呂文煥言，榷江西茶。以宋會子五十貫準中統鈔一貫。十三年，定長引短引之法，以三分取一。長引，每引計茶一百二十斤，收鈔五錢四分二釐八毫。短引，計茶九十斤，收鈔四錢二分八毫。是歲，徵一千二百餘錠。十四年，取三分之半，增至二千三百餘錠。十五年，運使木八剌管辦，長引增收鈔一兩八分五釐六毫，短引增收鈔八錢四分五釐六毫，辦鈔六千六百餘錠。

十七年，用運使盧世榮言，革去長引，止用短引，末茶每引收鈔二兩四錢九分，草茶收鈔二兩二錢四分。又創立門攤食茶課程一千三百六十餘錠，每歲添荅入額。是年，增至一萬九千八百餘錠。十八年，定販茶者賫公據赴茶司繳納，倒給茶引，賫引賣茶。賣畢，限三日內繳引，即時批抹。逾限匿而不繳，杖六十。因而冒用或改抹增添及引不隨茶者，亦同私茶斷。是年，增額至二萬四千錠。十九年，置官局於江南，令販客賣引，通行貨賣。

二十一年，江州榷茶都轉運使廉恂言：「本司至二十年，茶課年終辦到二萬八千錠。若於本司每年納賣三十五萬引上，每草茶一引，元價二兩二錢四分，添鈔一兩九分，每引作三兩三分，末茶二兩四錢九分，添鈔一兩一分，每引作三兩五錢，周歲約辦鈔一萬四千錠。加販茶客四千錠，計二萬八千錠，已過盧運使數目，卻將食茶課程革去，如此恢辦，庶免百姓食茶攪擾之害，課亦不虧。」中書省議從之。二十二年，令襄陽、真州、廬州、淮安州、陽邏渡等處關防，勿令江南茶貨渡江，候腹裏路分將無引茶貨賣絶，再放行。二十三年，又以李起南言，每引增至鈔五貫。是年，徵至四萬餘錠。二十四年，申嚴私茶之禁。

二十五年，尚書省奏頒榷茶條畫：

一，茶課：依茶引内條畫施行。

一，綱船：官司不得拘撮。

一，舊引依限赴官司繳納，每季申報尚書省照勘。

一，官吏軍民諸色頭目人等，無得虚樁煽惑，沮壞見辦課程。

一，茶園不得縱頭匹損壞。

一，除職官外，其餘運司合差人員，選有行止、有家業者充之。

一，差官巡綽，出給差劄者，不得夾帶私茶。

一，依舊例，管民正官充提點官。

一，元認課額及額外增羨，須盡實到官，如有虧負，勒令賠償，更行治罪。

一，蒙古萬户、千户頭目人等，無得非理婪索榷茶司酒食撒花等物。

是年，改立江西都督轉運司。二十六年，阿里渾薩里、葉李等增引税爲十貫。三十年，又改江南茶法，凡管茶提舉司十六所，罷其課少者五。先是，茶引之外，又有茶由，以給零賣者，每由茶九斤，收鈔一兩。至是，自二斤至三十斤，分爲十等焉。

元貞元年，有獻利者言：「舊法，江南茶商至江北者，又税之。其在江南賣者，亦宜更税如江北之例。」中書户部議增江南課三千錠，不更税。是年，額至八萬三百錠。至大四年，增額至十七萬一千一百三十一錠。皇慶二年，更定江南茶法，又增至十九萬二千八百六十餘錠。

延祐五年，前江南茶運副法忽魯丁言：「所辦茶課，以二十萬錠爲額。每引一道，舊例官錢十兩，今通作中統鈔十五兩。批驗每引，舊例官錢一錢，今通增作中統錢一錢五分。茶由每引，舊例官錢一錢一分一釐一毫二絲，今通增作中統鈔一錢六分六釐六毫八絲。如此減引添錢，必可增至三十萬錠。」中書户部議：「每歲量發引目一百萬道，每引添中統鈔二兩五錢，通作十二兩五錢，作額恢辦。」敕從之。法忽魯丁又言：「運司止是親榷江、興二路，其餘課鈔，係各處提舉司，並有帶辦，徑赴各行省繳納，宜將運裁罷。」部議恐虧兑課額，不允。七年，又增至二十八萬九千二百十一錠。較至元十三年課額，增二十餘倍焉。天曆二年歲額與延祐同。

後至元二年，江西茶運司同知萬家驢言：「本司歲辦課額二十八萬九千三百餘錠。除門攤批驗鈔外，茶引一百萬張，爲鈔二十五萬錠。木茶自有官卸筒袋閣坊，其零斤草茶由帖，每年印造一千三百八萬五千二百八十九斤。茶引一張，照茶九十斤，客商興販。其小民買食及江南産茶去處零斤採賣，皆須有帖券賣茶由。至於夏秋，茶由已絶，民間闕用。以此考之，茶由數少課輕，便於民用而不敷。每歲合印茶由，以十分爲率，量增二分，計二百六十一萬七千五十八斤。依引目内官茶，每斤收鈔一錢三分八釐八毫八絲，計增七千二百六十九錠七兩，比較減去引目二萬九千七十六張，庶幾引不停閑，茶無私積。」中書省如所議行之。

至正二年，監察御史李宏言：「榷茶之制，古所未有。自唐以來，其法始備。國朝既於江州設立榷茶都轉運司，仍於各路出茶之地設立提舉司七處，專任散據賣引，規辦國課，莫敢誰何。每至十二月初，差人勾集各處提舉司官吏，關領次年據引。及其到司，旬月之間，司官不能偕至，吏貼需求，各滿所欲，方能給付據引。此時春月已過，及還本司，方欲點對給散，又有分司官吏，到各處驗户散據賣引。每引十張，除正納官課一百二十五兩外，又取要中統鈔二十五兩，名爲搭頭事例錢，以爲分司官吏饋鱸之資。提舉司雖以榷茶爲名，其實不能專散據賣引之任，不過爲運司官吏營辦資財而已。既見分司官吏所爲若是，亦復仿效遷延。及茶户得據還家，已及五六月矣。中間又存留茶引二三千本，以茶户消乏爲名，轉賣與新興之户，每據又多取中統鈔二十五兩，上下分派，各爲己私。不知此等之錢，自何而出？其爲茶户之苦，有不可言。至如得據在手，碾磨方興，吏卒踵門催并初限。不知茶未發賣，何從得錢？間有充裕之家，必須別行措辦。其力薄者，例被拘監，無非典鬻家私，以應官限。及終限，不足備上司緊迸重複勾追，非法苦楚。此皆由運司給引之遲，分司苛取之過，茶户本圖求利，反受其害，日見消乏逃亡，情實堪憫。今若申明舊制，每歲正月須要運司盡將據引給付提舉司，隨時派散，無得停留在庫，多收分例，妨誤造茶時月，如有過期，別行定罪，違者從肅政廉訪司依例糾治，如此庶茶司少革貪黷之風，茶户免損乏之害。」中書省以其言切直，移咨江西行省，委官與茶運司講究，如果便益，依所言行之。

世祖定江南，凡江浙、閩、粤濱海之地，與外番互市，以市舶官主之，大抵因宋之舊法。其貨以十分取一，麤者十五分取一。至元十四年，立市舶司於泉州，以福州行省忙古䚟領之。立市舶司於慶元、上海、澉浦，以安撫使楊發領之。每歲招集舶商貿易，次年回帆，依例抽解，然後聽其貨賣。

十七年，上海市舶司招船提控王楠上言：「泉、福等路商船，販吉布條鐵等物，其税額不宜與番貨等。」乃定雙抽、單抽之法，番貨雙抽，土貨單抽。十九年，又用中書左丞耿仁言，以鈔易銅錢，令市舶可以錢易海外金珠貨物，仍聽舶户通販抽分。二十年，復定抽分之法。是年，忙古觪言，舶商皆以金銀易香木。乃下令禁之，惟鐵不禁。

二十三年，市舶司盧世榮請出係官錢萬錠，自具船給本，選賈人至海外貿易諸貨。其所獲之息，以十分爲率，官取其七，賈人得其三。凡權勢之家，不得用己錢爲番賈，犯者罪之，仍籍其家産之半。禁海外貿易者，毋用銅錢。是年，以市舶司隸泉府監，改廣東轉運市舶提舉司爲鹽課市舶司。未幾，復置焉。二十五年，又禁廣州官民，毋得運米至占城諸番。二十六年，沙不丁上市舶司歲獻珠四百斤、金三千四百兩，命貯之以待貧乏者。

二十八年，令市舶驗貨抽分。是年，中書省定抽分之數及漏税法，凡商賈販泉、福等路已抽之物，於本省有市舶司之地賣者，細色於二十五分之中取一，麤色於三十分之中取一，免其納税。其就市舶司買者，止於賣處收税，而不再抽。漏舶貨物，依例斷没。

三十年，中書省臣奏：舊紀：三十年，行大司農司燕公楠、翰林學士承旨留夢炎言：「杭州、上海、澉浦、温州、慶元、廣東、泉州置市舶司，惟泉州物貨三十分抽一，餘皆十五抽一。乞以泉州爲例。」從之。錯誤殊甚，今不取。訪聞有留狀元稱知市舶事例，又前行大司農司丞李晞顔報到亡宋抽分市舶則例，今會集各處行省官、行泉府司官並留狀元及李晞顔同議，擬整治市舶司條律，奏請施行。

一，定例抽分，麤貨十五分取一分，細貨十分取一分，並依泉州現行體例，從市舶司更於抽訖貨物内，以三十分爲率，抽舶稅一分，聽舶商住便貿易。

一，權豪富户入番貿易者，與商賈一例抽分，匿者罪之，錢物斷没，以三分之一與首告人充賞。

一，行省、行泉府司、市舶司諸官吏，交舶商捎帶私錢貿易〔二〕，匿不抽分者，與上同。

一，市舶内如有進呈貴細貨物，應由行省移咨中書省奏聞，不得影射隱瞞，違者罪之。

一，僧、道、也里可温、荅失蠻人夾帶商賈過番販賣，如無許免抽分明諭，仍依例抽分，違者罪之。

一，舶商所領公憑，明填所往何國，不許越投他處。如因風浪打往他國，就販賣貨物者，至回帆時，取問別無虚誑，依例抽分。

一，每船許帶小船一隻，名曰柴子船。

一，商船遭風，準與消落憑驗，若誑言遭風等事，究問斷没施行。

一，商人不請憑驗者，船物没官，犯人杖一百七十。

一，舶商所攜兵器，依例隨住船處申明寄庫，起舶日給還。

一，舶商所募人等，市舶司申給文憑〔三〕，五人爲保。

一，商舶回帆，以物籍公驗納市舶司。

一，商舶雖赴市舶司抽分，而貨物有巧爲藏匿者，即係漏籍，没官斷罪。

一，金銀銅鐵及男女口，並不許下海私販。

一，行下衙門不得將商船差占，有妨興販。

一，官吏知情受賂，船客隱税者，依條斷罪。

一，舶商及梢工人等，合行優恤，並與除免雜役。

一，番人將帶舶貨，從本國於公驗空紙内填寫姓名、物件、斤重，至市舶司依例抽分，仍差廉幹正官發賣。將民間必用及不係急用物色，驗分數互相搭配，須通行發賣，限四月事畢。

一，行省、行泉府司、市舶司官須預期至抽解處，以待舶船到岸，依例抽收。

一，市舶司輪派正官於舶船開岸之日，親行檢視，仍取檢視官結罪文狀施行。

三十一年，詔有司勿拘海舶，聽其自便。

元貞元年，以舶商隱漏物貨者多，命就海中逆而閲之。二年，禁海商以細貨於馬八兒、唄喃、梵答剌亦納三番國交易。别出鈔五萬錠，令沙不丁等議規運之法。

大德二年，併澉浦、上海入慶元市舶司。是年，置制用院。七年，以禁商下海，罷之。

延祐元年，禁人下番，官自發船貿易，回帆之日，細物十分抽二，麤物十五分抽二。七年，禁入番將絲銀細物易於外國。

至治二年，復立泉州、慶元、廣東提舉司，申明市舶之禁。三年，聽海商貿易，歸徵其税。

泰定元年，諸海舶至者，止令行省抽分。三年，命有司依累朝呈獻例，給買寶貨者之直，天曆元年，以其耗蠹國用，禁之。

【校勘記】

〔一〕「食貨」，原作「食貸」，據上下卷目改。

〔二〕「捎帶」，原作「梢帶」，據文意改。

〔三〕「市舶司」，「舶」原作「船」，按拜柱《通制條格》云「海商每船募綱首、直庫、雜事、部領、梢工、碇手，各從便，其名呈市舶司，申給文憑，船請火印爲記，人結伍名爲保」，據改。

新元史卷之七十三　志第四十

食貨志六

常課　額外課　和糴和買　斡脱官錢

凡商賈之税，歲有定額，謂之「常課」；無定額者，謂之「額外課」。

太宗二年，立徵收課税所，凡倉庫院務官，選有貲産及謹飭者充之。所辦課程，每月赴課税所輸納。有貿易借貸者，徒二年，杖七十。所官擾民貪婪者，罪亦如之。定諸路課税雜税，三十分取一。

中統四年。用阿合馬等言，凡京師權勢之家爲商賈，及以官銀賣買者，並赴務納税，入城不吊引者同匿税論。

至元七年，申明三十分取一之制，以銀四萬五千錠爲額，有溢額者别作增餘。凡典賣田宅不納税者，禁之。二十年，頒季報課程比附增虧事例。是年，定上都税課六十分取一，由舊城市肆院務遷入都城者四十分取一。二十二年，減上都課税，一百兩之内取七錢半。二十六年，從桑哥言，增天下商税，腹裏爲二十萬錠，江南爲二十五萬錠。二十九年，定輸納之限，不許過四孟月十五日。三十一年，詔商税有增餘者，毋作額。

元貞元年，復增上都税課。

天曆二年商税總入之數：

大都宣課提舉司：十萬三千六錠十一兩。

大都路：八千二百四十二錠九兩。

上都留守司：一千九百三十四錠五兩。

興和路：七百七十錠十七兩。

永平路：二千二百七十錠四兩，

保定路：六千五百七錠二十三兩。

順德路：二千五百七錠九兩。

廣平路：五千三百七錠二十兩。

彰德路：四千八百五錠四十三兩。

大名路：一萬七百九十五錠八兩。

懷慶路：四千九百四十九錠二兩。
衛輝路：三千六百六十三錠七兩。
河間路：一萬四百六十六錠四十七兩。
東平路：七千一百四十一錠四十八兩。
東昌路：四千八百七十九錠三十二兩。
濟寧路：一萬二千四百三錠四兩。
曹州：六千七十錠四十六兩。
濮州：二千六百七十一錠。
高唐州：四千二百五十九錠六錢。
泰安州：二千十三錠二十五兩。
冠州：七百三十八錠十九兩。
寧海州：九百四十四錠。
德州：二千九百十九錠四十二兩。
益都路：九千四百七十七錠十五兩。
濟南路：一萬二千七百五十二錠三十六兩。

般陽路：三千四百八十六錠九兩。
大同路：八千四百三十八錠十九兩。
冀寧路：一萬七百十四錠三十四兩。
晉寧路：二萬一千三百五十九錠四十兩。
嶺北行省：四百四十八錠四十兩。
遼陽行省：八千三百七十三錠四十一兩。
河東行省：四萬五千五百七十九錠三十九兩。
四川行省：一萬六千六百七十六錠四兩。
甘肅行省：一萬七千三百六十一錠三十六兩。
江浙行省：二十六萬九千二十七錠三十兩。
江西行省：六萬二千五百十二錠七兩。
湖廣行省：六萬八千八百四十四錠九兩。

額外課，凡三十有二。其歲入之數，惟天曆二年可考。

一曰曆日，總三百十二萬三千一百八十五本，計中統鈔四萬五千九百八十錠三十二兩五錢。大曆二百二十萬二千二百三本，每本鈔一兩。小曆九十一萬五千七百三十五本，每本鈔一錢。回回曆五千二百五十七本，每本鈔一兩。

二曰契本，總三十萬三千八百道，每道鈔一兩五錢，計中統鈔九千一百十四錠。至元二十二年，中書省議：「諸人典賣田宅、人口、頭匹所立文契，赴務投稅，隨即粘連契本給付買主，每本收寶鈔三錢。」皇慶元年，契本舊制收中統鈔三錢，改收至元鈔三錢。至天曆二年，收一兩五錢。

三曰河泊，總計鈔五萬七千六百四十三錠二十三兩四錢。

四曰山場，總計鈔七百十九錠四十九兩一錢。至大元年，罷山場、河泊課程，聽民採取。

五曰窰冶，總計鈔九百五十六錠四十五兩九錢。磁窰二八抽分。至元五年，均州軍户韓玉芳乞三十分抽一，制國用使司不允。

六曰房地租，總計鈔一萬二千五十三錠四十八兩四錢。延祐二年，户部議：「軍户諸色人等凡典賣田宅，皆從尊長畫字取問，有服房親次及鄰人典主不願者，限十日批退，違限決十七。願者限十五日批價，依例立契成交，違限決二十七。其親鄰典主取索畫字財物，決二十七，業主虛抬高價，不成交易者，決二十七。聽親鄰典之百日收贖，業主不交業者，决四十七。至元七年，令質押田宅者依例立契。」元貞元年，中書省議：「典賣田宅不赴官告給公據，私行交易者，痛行斷罪，田糧一半没官，一半付告人充賞。」

七曰門攤，總計鈔二萬六千八百九十九錠十九兩一錢。至元二十九年，湖南道縣尹李琮等上言：「民户除納商税、酒醋課程外，每户一年滚納門攤地畝一兩二錢，驗地畝多寡科徵，亦有應納二十餘定之家，周歲計鈔二萬餘錠，比之腹裏包銀，增加數倍。民户貧窮無可送納，以致逃亡，嘯聚爲寇。所欠課程勒令官司揭借，或令見存民户分納。乞概行除免，以拯官民之困。」比較錢糧官、户部張侍郎議：「門攤課程仍通行依額認辦，除離城十里之内依舊例税米外，十里之外驗有地畝均科，各家佃户再不重複納税，其無地下户並行除免。」

八曰池塘，總計鈔一千九錠二十六兩。

九曰蒲葦，總計鈔六百八十六錠三十三兩四錢。

十曰食羊等課，總計鈔一千七百六十錠二十九兩七錢。

十一曰荻葦，總計鈔七百二十四錠六兩九錢。

十二曰煤炭，總計鈔二千六百十五錠二十六兩四錢。

十三曰撞岸，又名岸例，總計鈔百八十六錠三十七兩五錢。

十四曰山查，總計鈔七十五錠二十六兩四錢。
十五曰麴，江浙省鈔五十五錠三十七兩四錢。
十六曰魚課，江浙省鈔一百四十三錠四十兩四錢。江南魚户自備工本辦課，認一百錠課程。至元二十二年，改爲打算魚數，十分爲率，魚户收三分，官收七分。
十七曰漆課，總計一百十二錠二十六兩。
十八曰酵課，總計鈔二十九錠三十七兩八錢。
十九曰山澤，總計鈔二十四錠二十一兩一錢。
二十曰蕩課，平江路八百八十六錠七錢。
二十一曰柳課，河間路四百二錠四兩八錢。
二十二曰牙例，河間路二百八錠三十三兩八錢。
二十三曰乳牛，真錠路二百八錠三十兩。
二十四曰抽分，黄州路一百四十四錠四十四兩五錢。
二十五曰蒲課，晉寧路七十二錠。
二十六曰魚苗，龍興路六十五錠八兩五錢。
二十七曰柴課，安豐路三十五錠十一兩七錢。至元二十四年，罷江南柴薪、竹木、岸例、魚、牙諸課。

二十八曰羊皮，襄陽路十四錠四十八兩八錢。

二十九曰磁課，冀寧路五十八錠三兩六錢。

三十一曰薑課，興元路一百六十二錠二十七兩九錢。

三十二曰白藥，彰德路十四錠二十五兩。

和糴之名有二：曰市糴糧，曰鹽折草。

市糴糧，始於中統二年，以鈔一千二百錠於上都、北京、西京等處糴三萬石。四年，以解鹽引一萬五千道和市陝西軍儲，又命札馬剌丁糴糧，仍敕軍民官勿阻。五年，諭北京、西京等路市糴軍糧。至元三年，以南京等處和糴四十萬石。四年，命沔陽州等中納官糧，續還其直。八年，驗各路糧價，增十分之一和糴三十九萬四千六百六十石。六年，以兩淮鹽五道引，募客旅中糧。十九年，以鈔三萬錠，市糴於隆興、德興府、宣德州。二十年，以鈔五千錠市糴於北京，六萬錠市糴於上都，二千錠市糴於應昌。二十一年，以河間、山東、兩浙、兩淮鹽引，募諸人中糧。又以鈔四千錠，於應昌市糴。又發鹽引七萬道，鈔三萬錠。於上都和糴。二十二年，以鈔五萬錠，令木八剌沙和糴於上都。詔江南秋收，官爲錠例收糴。次年，減價出糴。二十三年，發鈔五千錠市糴沙、静、隆興軍糧。二十四年，官發鹽引。聽民中糧，又以揚州、杭州鹽引五十萬道換民糧。二十七年，和糴京糧，其價每十兩之上，增一兩。延祐三年，中糴和林糧二十三萬石。五年、六年，又各和中二十萬石。

鹽折草，始於大德八年。每年以河間鹽令有司於五月預給京畿郡縣之民，至秋成，各驗鹽數輸草，以給京師秣馬之用。每鹽二斤，折草一束，重十斤。歲用草八百萬束，折鹽四萬斤。

和買之法，其載於《至元新格》者，諸和買物須驗出産停頓去處，分俵均買，其官吏不得先以賤拘收，指勒人户。違者痛行斷罪，計其餘價，依數追還。諸和買須於收物處榜示見買物色及價鈔。物既到，官鈔即給示。仍須正官監之，置簿以備檢勘。至元十三年，敕上都總管府和顧和買，權豪與平民均輸。十八年，敕安西等處軍站，凡和顧和買，與民均役。十九年，合剌奴、脱脱等言：「古人任土作貢，必因其土地所生，風氣所宜，以爲之制。今日和買，不隨其所有，而强取其所無。和買諸物，分文價鈔並不支給，百姓典家賣産、鬻子傭妻，多方尋買以供官司。而出産之處，知其物他處所無，此處所有，於是高抬價鈔。民户應當官司，不能與較，惟命是聽。如此受苦，不可勝言。乞明降指揮，今後應有和買，止於出産去處隨時收取，庶免生事害人，天下幸甚。」户部依所議行之。

二十九年，定和買折收物色，本路官司估直，從宣慰司差官檢覆，如有不實，廉訪司官依例體察糾治。

至大三年，户部議準：「州縣官司風聞和買諸物，暗令所占佃户，或緞匹，或絹布，督逼各户織造。將百姓所納之物，百般疏駁，以己物添價送納，並其餘和買諸物，亦皆倚賴官勢，賤買貴賣，損民取利，或尅除價直，或移换昏鈔，不得實價到民。所有今歲和買計置物色，擬令路府州縣長官色目、漢人各一員，與物主交易兩平收買，隨即交直。所用價鈔，於本處係官錢内放支。」

至攢運官物，又有和顧之法。《至元新格》：「諸和顧脚力皆儘行車之户，少則於近上有車户内和顧。仍籍其輸轉，勿使官吏挪攢作弊。」

大德五年，兵部議：「遞運脚力兩平和顧，除大都至上都並五臺脚價外，其餘路分比附各處所擬千斤百里以中統鈔爲則。旱脚山路十五兩，平川十二兩。江南、腹裏河道水脚。上水八錢，下水七錢。江淮黄河，上水一兩，下水七錢。驗實有斤重，於係官錢内放支。」中書省如所擬行之。

斡脱官錢者，諸王妃主以錢借人，如期並其子母徵之。元初，謂之羊羔兒息。時官吏多借西域賈人銀，以償所負，息累數倍，至没其妻子猶不足償。耶律楚材奏令本利相侔，永爲定例。

中統三年，定諸王投下取索債負人員，須至宣撫司，彼此對證，委無異詞，依一本一利還之。毋得將欠債官民人等强行拖拽，人口、頭匹准折財産，攪擾不安。違者罪之。

至元八年，立斡脱所，以掌其追徵之事。二十年，蠲昔剌斡脱所負官錢。是年，詔：「未收之斡脱錢，悉免之。」二十九年，復詔：「窮民無力者，本利免其追徵，中户則徵其本而免其利。」元貞元年，詔：「貸斡脱錢而逃匿者罪之，仍以其錢賞首告者。」

大德元年，禁權豪斡脱。大德二年，諸王阿只吉索斡脱錢，命江西行省籍負債者之子婦。省臣以江南平定之後，以人爲貨，久行禁止。移中書省，罷其事。五年，禁斡脱錢夾帶他人營運，違者罪之。六年，札忽真妃子、念木烈大王位下遣使人燕只哥歹等追徵斡脱錢物，不由中書省，亦無元借斡脱錢數目，止云借斡脱錢人不魯罕丁等三人，展轉相攀，牽累一百四十餘户。中書省議準：「凡徵斡脱官錢者，開坐債負户計人名、數目，呈中書省，轉咨行省官同爲徵理。照驗元坐取斡脱錢人姓名，依理追徵，毋致勾擾違錯，著爲令。」

新元史卷之七十四　志第四十一

食貨志七

鈔法

元初仿金人交鈔之法，有行用鈔，其制不可考。太宗八年，于元奏行交鈔，耶律楚材曰：「金章宗時初行交鈔，與錢通用。有司以出鈔爲利，收鈔爲諱，謂之老鈔，至以萬貫易一餅，國用日匱，當爲殷鑒。今印造交鈔，宜不過萬錠。」從之。先是，太祖晚年，博州行元帥府事何實因兵燹後百貨不通，以絲數印置會子，一方便之。是爲用交鈔之始。

故中統元年，始造交鈔，以絲爲本。以銀五十兩易絲鈔一千兩，諸物之直並從絲例。蓋猶沿實之舊法。是年七月，又造中統元寶鈔。其文以十計者，曰：一十文、二十文、五十文；以百計者，曰：一百文、二百文、五百文；以貫計者，曰：一貫文、二貫文。每一貫同交鈔一兩，二貫同白銀一兩。是又仿金人之大鈔、小鈔，而增爲三等云。又以文綾織爲中統銀貨，其等有五，曰：一兩、二兩、三兩、五兩、十兩。每一兩同白銀一兩，然銀貨終未施行。三年，敕私市金銀應支錢物，止以交鈔爲準。四年，諸路包銀以鈔輸納，其絲料入本色，非産絲之地亦聽以交鈔輸納。是年五月，立燕京平準庫，以平物價而利鈔法。尋命各路立平準行用庫，選富民爲庫副使。後有賈胡交通阿合馬，欲貿交鈔本，私平準之利，以增歲課爲詞。世祖問户部尚書馬亨，對曰：「交鈔可權萬貨者，法使然也。法者，主上之柄。使一賈胡擅之，何以令天下！」事始寢。

至元三年，諸路交鈔都提舉楊楫上鈔法便宜事，請以五十兩鑄爲錠，文以元寶。從之。自後十三年，伯顔平宋，鑄揚州元寶，納於朝廷。十四年，大都所鑄者重四十九兩。十五年，所鑄者重四十八兩。至遼陽元寶，乃二十四年征乃顔後所鑄云。至元十二年，添造釐鈔，其等有三，曰：二文、三文、五文。初，鈔印用木板，十三年始以銅。十五年，以釐鈔不便於民，復罷之。十七年，中書省議：「流通鈔法，凡賞賜宜多給幣帛，歲課宜多收鈔。」從之。立畏兀兒交鈔提舉司。先是，至元九年，立和林轉運使兼提舉交鈔。至是，畏兀兒亦置提舉司。二十年，又立畏兀兒交鈔庫，蓋鈔法通行西北邊矣。

十九年，中書省奏準治鈔法，其通行條畫凡九事：

一，鈔庫倒昏鈔，每一兩加工墨三分。如官吏人等暗遞添答工錢，自倒换十兩以下決杖有差。

一，買賣金銀，付官庫依價倒换。私自買賣者，金銀斷没，一半給告捉人充償。十兩以下決杖有差。

一，賣金銀者自首，免本罪，官收給價。買主自首者，依上施行。

一，金銀匠開張打造之家，憑諸人將金銀打造，鑿記匠人名姓於上。不許自用金銀造賣，違者依私倒金銀例斷罪。

一，拏獲買賣金銀人等，私行買放者，依例追没斷罪。放者罪與同科。

一，收倒鈔，當面於昏鈔上就印毁訖，封記，將昏鈔按季解納。違者決杖五十七，罷職。

一，鈔庫官吏侵盜金銀寶鈔，借貸移易使用者，依條畫斷罪，委管民長官按月計點。

一，鈔庫官吏將倒下金銀添價倒出，更將本庫金銀揑合買者姓名，用鈔换出，暗地轉賣與人者，無論多寡，處死。

一，諸人將金銀到庫，不得添減殊色，非理刁蹬，違者杖五十七，罷職。

然法雖嚴密，行之既久，物重鈔輕，不勝其弊也。

二十三年，中書省傳旨，議更鈔用錢。吏部尚書劉宣獻議曰：「原交鈔所起，漢、唐以來皆未嘗有。宋紹興初，軍餉不繼，造此以誘商旅，爲沿邊糴買之計，比銅錢易於齎擎，民甚便之。稍有滯礙，即用現錢，尚存古人子母相權之意。日增月益，其法浸弊。欲求目前速效，未見良策。必欲創造新鈔，與舊鈔相權，只是改换名目，無金銀作本稱提，軍國支用不復抑損，三數年後仍與元寶、交鈔無異。鑄造銅錢，又當詳究秦、漢、隋、唐、金、宋利病，著在史策，不待縷陳。國朝廢錢已久，一旦行之，功費不貲，非爲遠計。大抵利民權物，其要自不妄用始。若欲濟邱壑之用，非惟鑄造不敷，抑亦不久自弊矣。」時桑哥用事，紬宣議不聽。是年，以張瑄、朱清並爲海道運糧萬户，賜鈔印，聽其自印交鈔，其鈔色比官造加黑印，朱加紅。自是，瑄、清富埒朝廷，卒以汰侈伏誅。

二十四年，改造至元寶鈔，其鈔樣爲葉李所獻。李嘗獻於宋，請以鈔代關子，宋人不能用。至是，世祖嘉納之，使鑄板。其通行條畫，凡十四事：

一，至元寶鈔一貫當中統寶鈔五貫。

一，依中統之初，隨路設官庫買賣金銀，平準鈔法。每花銀一兩入庫官價至元寶鈔二貫，出庫二貫五分。白銀各依上買賣。課銀一錠，官價寶鈔二定，發賣寶鈔一百二貫五百文，赤金每兩價鈔二十貫，出庫二十貫五百文。

一，民間將昏鈔赴平準庫倒换至元寶鈔，以一折五，其工墨依舊例，每貫三分。

一，民户包銀願納中統寶鈔者，依舊聽四貫，願納至元寶鈔，折收八百文。

一，隨處鹽課每引賣官價鈔三十貫，今後賣引，許用至元寶鈔二貫，中統寶鈔十貫，願納至元寶鈔四貫者聽。

一，茶、酒、醋税，竹貨，丹粉、錫碌諸色課程，收至元寶鈔，以一當五，願納中統寶鈔者聽。

一，係官並諸投下營運斡脱，公私錢債，關借中統寶鈔，還至元寶鈔者，以一折五出放，斡脱人員毋得阻滯。

一，平準庫官、收差辦課人等，如遇收支交易，務要聽從民便。若不依條畫，故行阻抑鈔法者，斷罪除名。

一，如用中統寶鈔貿易，止依舊價，無得疑惑，斗漲價直。有高抬物價者，罪之。

一，訪聞民間缺少零鈔，難爲貼兑。今頒行至元寶鈔，自二貫至五文，凡十一等，便民行用。

一，僞造通行寶鈔者，處死。首告者賞銀五定，仍給犯人家産。

一，委各路總長及各處管民官上下半月計點，平準鈔庫長官、公出次官，承行各道宣慰司、提刑按察司常切體察，如有看徇，通同作弊者，一體治罪，亦不得因而搔擾沮壞鈔法。

一，應質典田宅，並以寶鈔爲則。無得該寫絲棉等物，低昂鈔法，違者罪之。

一，提調官吏不得赴平準庫收買金銀，及多將昏鈔倒換，違者罪之。

一，條畫頒行之後，若禁治不嚴，流行滯澀，虧損公私，其親管司縣府官斷罪，解任路府判官亦行究治。

終元之世，中統、至元寶鈔兼用，其條畫迄不能廢云。

二十九年，令隨路平準庫存留鈔本。三十一年八月，詔諸路交鈔庫所貯銀九十三萬六千九百五十兩，除存留十九萬二千四百五十兩爲鈔母，餘悉運於京師。

元貞元年，加重挑補鈔罪，仍優告捕者之賞。七年，又定改補鈔罪例，爲首者杖一百有七，從者減一等，再犯從者杖與首同，爲首者流。

至大二年，武宗以物重鈔輕，改造至大銀鈔，自二兩至二釐定爲十三等，每一兩準至元鈔五貫、白銀一兩、赤金一錢。尚書省臣又請罷中統鈔，以至大鈔爲母，至元鈔爲子，仍撥至元鈔本百萬錠以給國用。三年，尚書省臣言：「昔至元鈔初行，即以中統鈔本供億，仍銷其板。今既行至大鈔，乞以至元鈔輸萬億庫，銷毀其板，止以至大鈔與銅錢相權通行爲便。」又言：「今年印至大鈔本一百萬錠，乞增二十萬錠，與銅錢並用，分備侍衛及鷹房之費。」並從之。

四年，仁宗即位，尚書省臣以變亂祖宗舊法，俱伏誅。詔曰：「我世祖皇帝參酌古今，立中統、至元鈔法，天下流行，公私蒙利，五十年於兹矣。比者尚書省不究利病，輒意變更，既創至大銀鈔，又鑄大元至大銅錢，倍數太多，輕重失宜。錢以鼓鑄弗給，新舊恣用，曾未再期，其弊滋甚。爰咨廷議，允協輿情，皆願變通以復舊制。其罷資國用院及各處泉貨監、提舉司，買賣銅器，聽民自便。已發各處至大鈔本及至大銅錢，截日封貯。民間行使者，赴行用庫倒换。」

未幾，復詔收至大銀鈔。是時，河南行省右丞王約度河南歲用鈔七萬錠，必至上供不給，乃下諸州收至大、至元鈔相半。衆慮方詔命，約曰：「歲終諸事不集，亦有司之責。」遣使白於中書省，遂許徧行天下。

至順二年十月，燒積年還倒昏鈔二百七十萬錠。時監燒昏鈔者，欲取能名，概以燒鈔爲僞鈔，使管庫者誣服。獄既具，中書左司都事韓元善知其冤，覆之，得免死者十餘人。又江南行臺御史許有壬行部至江西，會廉訪使苗好謙監燒昏鈔，檢視鈔者日百餘人，好謙恐其有弊，痛笞之。人畏罪，率剔真爲僞，以迎其意，筦庫使榜掠無完膚。有壬覆視，皆真鈔也，遂釋之。蓋燒昏鈔本以除弊，而奉行不善，事枉人冤，則刻覈者爲之也。

至正十年，詔天下以中統交鈔一貫文權銅錢一千文，準至元寶鈔二貫，仍鑄至正通寶錢，以實鈔法。時右丞相脱脱再入中書，鋭意更張鈔法。會中書省、樞密院、御史臺及集賢、翰林兩院官共議之。先是，左司都事武祺嘗建言云：「鈔法自世祖時已行之後，除撥支料本倒易昏鈔，以布天下外，有合支名目，於寶鈔總庫料鈔轉撥，所以鈔法疏通，民受其利。比年以來，失祖宗元行鈔法本意，不與轉撥，故民間流轉者少，僞鈔滋多。」户部韙其言，凡合支名目令總庫轉支。至是，祺與吏部尚書偰哲篤俱迎合脱脱之意，獨集賢大學士吕思誠力言不可，語詳思誠傳。脱脱不聽，行之未久，物價騰貴。又值軍興，糧儲賞犒，每日印造不計其數。京師鈔十錠易斗粟不可得。所在郡縣，皆以物貨相易。公私之鈔，積壓不行，人視之如廢楮焉。

元之鈔法，一變於至大，再變於至正，皆欲錢鈔兼行，以實濟虚，其言似近理，而卒以致亂，劉宣之議，可謂知本矣。

凡昏鈔貫伯分明，微有破損者，並合使用，不用者罪之。大德二年，定昏鈔倒换體例二十五樣：

一，上截「貫伯行使」四字，並貫伯俱全無下截者。

一，「二貫文省」四字，并貫伯俱全，下半貫百并鈔張下截損去者。

一，止存「二貫文省」，其貫伯并鈔張上截俱損去者。

一，止存「二貫文」三字，其省字并鈔張俱損去者。

一，止存「二文」二字，其貫省二字並貫伯下截俱損去者。

一，「二貫文省」四字俱全，省去貫伯左邊一半並左邊上一角鈔紙不存者。

一，「文省」二字並貫伯左邊一半俱各損去者。

一，止損「省」字並一角鈔紙者。

一，損去「貫」字并貫伯右邊一半，并右邊鈔紙不存者。

一，字貫伯各昏爛不堪辨認，邊欄花様可以辨認者。

一，碎爛補作一處，用另紙襯貼，字貫可以辨認者。

一，邊角有火燒煙薰痕跡，而字貫可辨者。

一，油污鈔，字貫可認者。

一，鼠咬鈔，字貫可認者，俱合倒換〔一〕。

一，損去二字近上一半，并近上鈔紙不存者。

一，損去「二文省」三字已上鈔紙，止存「貫」字，并貫伯邊欄可以辨認者。

一，「二貫文省」俱無，止有貫伯並下截鈔張者。

一，厚硬鈔紙無二字並一角，其「貫文省」三字並貫伯完全者。若二字微能辨認，尚可倒換。

一，損去「二貫」二字，并右邊紙不存者。

一，中心損去「二貫文省」科一字者。

一，中心損去「二貫文省」四字。

一，雨水滰陋損爛不可辨認者。

一，損去「二文」二字并已上鈔紙者。

一，鈔料火酒損邊，或下截並燒去二字者。若不干礙字貫及無行用庫退印，尚可倒換。俱不合倒換。

僞鈔：至元五年，詔：「同造僞鈔人有悔過自首者，與免本罪。」十五年，定造僞鈔者，不分首從，俱處死。知情分使人等，杖一百七。著爲令。二十五年，又定社長鄰右知而不首者，比附買、使犯人減一等科罪。元貞元年。詔：「挑補鈔者，杖七十七，從杖五十七。」大德十年，定挑鈔人再犯杖一百七、徒役一年，從杖一百七。皇慶元年，又定：「買使挑鈔者，比買、使僞鈔例，杖九十七。」其立法尤爲嚴急焉。

凡歲印鈔數：

中統元年，中統鈔七萬三千三百五十二錠。二年，中統鈔三萬九千一百三十九錠。

三年，中統鈔八萬錠。四年，中統鈔七萬四千錠。

至元元年，中統鈔八萬九千二百八錠。二年，中統鈔一十一萬六千二百八錠。三年，中統鈔七萬七千二百五十二錠。四年，中統鈔一十萬九千四百八十八錠。五年，中統鈔二萬九千八百八十錠。六年，中統鈔二萬二千八百九十六錠。七年，中統鈔九萬六千七百六十八錠。八年，中統鈔四萬七千錠。九年，中統鈔八萬六千二百五十六錠。十年，中統鈔一十一萬一百九十二錠。十一年，中統鈔二十四萬七千四百四十錠。十二年，中統鈔三十九萬八千一百九十四錠。十三年，中統鈔一百四十一萬九千六百六十五錠。十四年，中統鈔一百二萬三千四百錠。十六年，中統鈔七十八萬八千三百二十錠。十八年，中統鈔一百九萬四千八百錠。十九年，中統鈔九十六萬九千四百四十四錠。二十年，中統鈔六十一萬六百二十錠。二十一年，中統鈔六十二萬九千九百四錠。二十二年，中統鈔二百四萬三千八十錠。二十三年，中統鈔二百一十八萬一千六百錠。二十四年，中統鈔八萬三千二百錠，至元鈔一百萬一千一十七錠。二十五年，至元鈔九十二萬一千六百一十二錠。二十六年，至元鈔一百七十八萬九十三錠。二十七年，至元鈔五千萬二百五十錠。二十八年，至元鈔五十萬錠。二十九年，至元鈔五十萬錠。三十年，至元鈔二十六萬錠。三十一年，至元鈔一十九萬三千七百六錠。

元貞元年，至元鈔三十一萬錠。二年，至元鈔四十萬錠。大德元年，至元鈔四十萬錠。二年，至元鈔二十九萬九千九百一十錠。三年，至元鈔九十萬七十五錠。四年，至元鈔六十萬錠。五年，至元鈔五十萬錠。六年，至元鈔二百萬錠。七年，至元鈔一百五十萬錠。八年，至元鈔五十萬錠。九年，至元鈔五十萬錠。十年，至元鈔一百萬錠。十一年，至元鈔一百萬錠。

至大元年，至元鈔一百萬錠。二年，至元鈔一百萬錠。三年，至大銀鈔一百四十五萬三百六十八錠。四年，至元鈔二百一十五萬錠，中統鈔一十五萬錠。

皇慶元年，至元鈔二百二十二萬二千三百三十六錠，中統鈔一十萬錠。二年，至元鈔二百萬錠，中統鈔一十萬錠。三年，至元鈔二百萬錠，中統鈔二十萬錠。

延祐元年，至元鈔二百萬錠，中統鈔一十萬錠。二年，至元鈔一百萬錠，中統鈔一十萬錠。三年，至元鈔四十萬錠，中統鈔一十萬錠。四年，至元鈔四十八萬錠，中統鈔一十萬錠。五年，至元鈔四十萬錠，中統鈔一十萬錠。六年，至元鈔一百四十八萬錠，中統鈔一十萬錠。七年，至元鈔一百四十八萬錠，中統鈔一十萬錠。

至治元年，至元鈔一百萬錠，中統鈔五萬錠。二年，至元鈔八十萬錠，中統鈔五萬錠。三年，至元鈔七十萬錠，中統鈔五萬錠。

泰定元年，至元鈔六十萬錠，中統鈔一十五萬錠。二年，至元鈔四十萬錠，中統鈔一十萬錠。三年，至元鈔四十萬錠，中統鈔一十萬錠。四年，至元鈔四十萬錠，中統鈔一十萬錠。

天曆元年，至元鈔三十一萬九百二十錠，中統鈔三萬五百錠。二年，至元鈔一百一十九萬二千錠，中統鈔四萬錠。

元之錢法：至元十四年，禁江南用銅錢。是年，日本遣商人持金來易銅錢，許之。十九年，又用左丞耿仁言，以鈔易銅錢，令市舶司以錢易海外貨，仍聽船户通販抽分。至二十三年，乃禁海外貿易者毋用銅錢。至大二年，詔：舶商販銅錢下海者禁之。二十二年，中書右丞盧世榮請鑄銅錢，言鈔爲虚幣，宜括銅，鑄至元錢與鈔參行。帝然之，已而不果。大德十一年，武宗即位，闊爾伯牙里請更用銀鈔、銅錢，集議不行。及尚書省改鈔法，并議鑄錢。至大二年，大都立資國院，山東、河東、遼陽、江淮、湖廣、川漢立泉貨監六，産銅之地立提舉司十九。是年十月，以行銅錢詔天下。御史言：「至大銀鈔始行，品目繁碎，民猶未悟，而又兼行銅錢，慮有妨礙。又民間拘銅器甚急，弗便。」詔與省臣議之。三年，遂鑄錢二等：曰至大通寶者，一文準至大銀鈔一釐，其錢文爲楷書；曰大元通寶者，一文準至大通寶錢一十文，其錢文爲西番篆書。歷代銅錢，悉依舊例與至大錢通用。其當五、當

三、折二，並依舊數用之。至八月，又以行用銅錢詔天下。

四年，仁宗即位，罷至大錢，詔以鼓鑄弗給，新舊恣用，其幣日甚，與銀鈔皆廢不用。禮部尚書楊朶爾只曰：「法有便否，不當視立法之人爲廢。置銀鈔固當廢，銅錢與楮幣相權而行，古之道也，何可遽廢乎？」言雖不用，時論韙之。

至正十年，置諸路寶泉提舉司於京城。明年，又立寶泉提舉司於河南行省及濟南、冀寧等路。未幾，江浙、江西、湖廣三行省亦立提舉司等處。是年十一月，鑄至正通寶銅錢，千文準中統交鈔一貫。先是，翰林學士揭傒斯請兼行新舊銅錢，以救鈔法之弊，不報。至是更定鈔法，並令鑄錢。詔曰：「我世祖頒行中統鈔，以錢爲文，雖鼓鑄未遑，而錢、幣兼行之意已具。後造至元寶鈔，以一當五，名曰子母相權，而錢實未用。今鈔法偏虛，民用匱乏，爰謀拯弊，必合更張。鑄至正通寶與歷代銅錢並用，以實鈔法。子母相權，新舊相濟，以上副世祖立法之本意。」

十六年，禁銷毀販賣銅錢。初，世祖以錢幣問太保劉秉忠，對曰：「錢用於陽，楮用於陰。今陛下龍興沙漠，君臨中夏，宜用楮幣，俾子孫世守之。若用錢，四海且不靖。」遂屏銅錢不用。迨武宗用之，不久輒罷。至正錢、幣兼行，以實鈔法。未幾，盜賊蠭起。天下大亂，秉忠之言若合符節焉。然歷朝並鑄銅錢，蓋以備佈施佛寺之用，非民間通用也。

自世祖以後，中國用楮幣，西北諸藩仍行錢幣。其制有銀幣、銅幣。幣品，文爲汗名，羃爲人面或爲騎馬，詳泰西人所著《蒙古西域諸國錢譜》，不具論。

【校勘記】

〔一〕「倒」，原作「到」，據文意改。

新元史卷之七十五　志第四十二

食貨志八

海運

伯顔建海運之議，事便而費省，然卒有不虞，則舉千百人之命投於不測之淵，非若近世舟航之利，可以保萬全而無覆溺之患也。今考其事故，糧則一歲所損壞者多至十餘萬石，少亦四五千石，其軍人、水手之漂溺者可知矣。重利而輕民命，豈仁人之政哉！

至元十九年，初命上海總管羅壁、張瑄、朱清造海船六十艘，募水手，同官軍自海道漕運江南糧四萬六千餘石。明年三月，至直沽，從丞相伯顔之議也。先是，伯顔入臨安，而淮東之地猶爲宋守，乃命張瑄等自崇明州募船，載亡宋庫藏圖籍，由海道運至直沽。又命造鼓兒船，運浙西糧涉江入淮，達於黄河，逆水至中灤旱站，運至淇門，入御河，接運以達京師。後用總管姚煥議，開濟州泗河，自淮入泗，自泗入大清河，由利津河口入海。因海口壅沙，又從東阿旱站運至臨清，入御河，並開膠萊河道，通直沽之海運。至十九年，伯顔見河運勞費不資而無成效，追思般運亡宋庫藏圖籍之事，以爲海運可行，奏命江淮行省限六十日，造平底海船六十艘，委上海總管羅壁、張瑄、朱清等，載官糧四萬六千餘石，創行海運，沿山求嶼以抵直沽。然風汛失時，本年不能抵岸，在山東劉家島壓冬。至二十年三月，放萊州洋，始達直沽。因内河淺澀，就於直沽交卸。

是年，置京畿、江淮都漕運司，漕江南糧。仍各置分司，催督綱運，以運糧多寡爲運官殿最。中書省奏：「南北糧餉，國之大計。前雖攢運，虛費財力，終無成功。蓋措置乖方，用人不當，以致如是。今大都漕運司止管淇門運至通州河西務，其中灤至淇門，通州河西務至大都陸運車站，别設提舉司，不隸漕運司管領，揚州漕運司止管江南運至瓜州，至中灤水路，運副之押運人員不隸漕運司管領。南北相去數千里，中間氣力斷絶，不相接濟，所以糧道遲滯，官物虧陷，失誤支持，所關甚大。比以省臣奏準，京畿、江淮設都漕運使二，舊官盡行革去，其江淮漕運司，除江南運至瓜州依舊管領外，將漕司官一半置於瓜州，一半於中灤、荊山上下行司，專以催督綱運。每歲須運糧二百萬石到於中灤，取京畿漕運司通關收附，申呈揚州行省爲照。京畿漕運司自中灤運至大都，仍將中灤至淇門，河西務至大都車站，撥隸本司管領，其漕運司官一半於大都置司，一半於中灤、淇門上下行司，專以催督綱運。每歲須運糧二百萬石至都，取省倉足數抄憑，申呈户部爲照。歲終考校，運及額數者爲最，不及者爲殿。當該運司一最升一等，任滿别行遷轉。一殿降一等，次年又殿，則黜之。」從之。

二十年，右丞麥朮丁等奏王積翁言：「亡宋都汴時，每年運糧六百萬石。如今江南糧多，若運至京師，米價自賤。詔使臣等議之。竊維運糧之事爲廣輸運之途，今止中灤一處漕運，僅運三十萬石。近者阿八赤新開一河，又奥魯赤經由濟州開挑一河，又黄河迤上有沁河可以開挑一河，遣人相視，令脱忽思賫繪圖呈奏。如此等河道一一成就，則運糧數目自多。」上曰：「朕覽圖，宜如卿所奏。」是年八月，總計一歲海運、河運所至者糧二十八萬石。丞相和魯火孫、參議秃魯花等奏言：「揚州以船一百四十六運糧五萬石，四萬六千石已到。其餘六船未到，必遭風覆没。聞海中有徑直之道，乞遣人試驗。」又奏：「阿八赤新河運糧二萬餘石，又東平府南奥魯赤新開河運糧三萬二千石，暨御河常年攢運河道糧，總二十八萬石，俱已至都。」上稱善。

是年十一月，丞相和魯火孫等奏：「阿八赤新挑河道迤南，用船一百九十四艘，運糧四萬八千九百六十一石。其船一百四艘内損壞訖糧五千五十一石外，船九十艘，該糧二萬三千九百九石。凡糧之至者，與已損壞者，具數以聞。」詔以問阿八赤，阿八赤言：「揚州運船不堅，又沿海岸行，故多損壞，非預臣事。臣所將五十艘，纔失其四，其餘當以風泛未至。」省臣言：「阿八赤新河口候潮以入，所損甚多，民亦苦之。今欲造小船五百艘，建倉三處。」上曰：「伯顔運糧之道，與阿八赤所開河相通否？」對曰：「不通也。阿八赤之言非實，今春海運，其船一百四十八艘皆已至，其不至者七艘而已。前命以其事屬忙兀䚟，今忙兀䚟來言：『用此道運糧，爲船二百七十，所失者十有九，今皆得之矣。』」上曰：「果如是，阿八赤不必用。忙兀䚟好人也。俟其來使，由海道儹運。阿八赤新挑河可廢。」

已而伯顔與平章政事札散、右丞麥朮丁等奏：「海運之事，兩南人言，朝廷若付脚錢，願以私力，歲各運十萬石至京師，乞與職名。臣等議：朱清原有金牌，今授中萬户。換虎符，張招討之子，現帶銀牌，換金牌爲千户。忙兀䚟現帶金虎符爲一府達魯花赤，餘一府以萬户之無軍而帶虎符者爲達魯花赤。」從之。

二十一年，右丞麥朮丁等奏〔一〕：「斡奴魯、忙兀䚟三次文書言：『阿八赤新開河，損多益少，無濟漕運，其水手軍人等二萬、船千艘俱閑不用，乞付臣等歲運糧一百萬石。』臣等前奉敕與忙兀䚟議行海運，今已送糧回訖。又朱清等各願糧運十萬石。又囊家歹孫萬户請得此船，與軍人、水手以充海運。臣與伯顔等議：以阿八赤河道所用水手五千、兵五千、船一千艘付揚州行省，教習海運。其餘水手五千、兵五千就駕平灤船，從利津海道運糧。」

從之。遂罷阿八赤所開河。

二十二年二月，參政不魯迷失海牙等奏：「自江南每歲運糧一百萬石，從海道運者十萬石，從阿八赤、樂實二人新挑河道運者六十萬石，從奧魯赤所挑濟州河道運者三十萬石。今闊闊你敦等言濟州河道船缺。臣等議，令三省造船三千艘以濟運。」從之。

二十三年，又以征日本所造船給沿海居民運糧，用平章阿必失哈、參政禿魯花之議也。是年，平章薛徹干等奏：「海道運糧四年，凡一百萬石，至京師者八十四萬石，不至者一十七萬石。運者言：『江南斗小，至此斗大，以此折耗者有之。又因船壞棄米有之。』已責令賠償矣。若人船俱没，不知應賠否？」上曰：「没於水！安能使賠。其免之。」

二十四年，立行泉府司，專領海運，增置萬户府二，總爲四萬户府。都漕運海船上萬户府，亦速爲首，與張文龍等勾當。平江等處運糧萬户府，忙兀䚟爲首，與費拱辰、張文彪等勾當。孛蘭奚等海道運糧萬户府，與朱虎等勾當。是年，始罷東平河運，專用海運矣。

二十五年，丞相桑哥，平章鐵木兒、阿魯渾徹里等奏：「往者歲運江南糧一百萬石，在後止運七十萬石。今養濟百姓用糧多，宜增運一百萬石。」從之。是年二月，分置漕司二。《百官志》作二十四年。都漕運使司於河西務置司，自濟州東阿起，並御河上下，至直沽、河西務、李二寺、通州、壩河等處，水陸攢運，接運海道糧及各倉一切公事，並隸本司管領。京畿都漕運使司站車赴各倉運糧，本司先將半印勘合，支簿開發，都漕運使司收管，然後押印勘合關文，開坐所運糧數交押運官賫往都漕運使司投下，比對元發半印號簿相同，都漕運使司亦同勘合下倉支撥交裝，毋致刁蹬停滯。就取押運官明白收管，隨即具交裝訖糧數，行移京畿都漕運司使照會，行下省倉，依數受管。仍勒押運官須用心關防車户般運交納，如有短少，即追賠數足，及取押運官招伏治罪。都漕運使司凡支糧並船人糧馬料，須依例置立勘合號簿，明白書填押印勘合文貼，下倉放支。非奉省部明文，勿得擅支。京畿漕運使司應管各倉分收支見在，並趲運糧旬申月數目，及應覷各倉關防事理，仰户部照例行下本司，須依例申部呈省。

二十七年，丞相桑哥等奏：「自江南每運來者，薛徹秃、孛蘭奚、朱、張等萬户及千户、百户今歲勤勞尤甚，乞每人賜衣一襲。」上曰：「南人愛毳段，其各賜毳段一端。」二十八年八月，平章不忽木等奏：「海道運糧，朱清、張瑄萬户言：『往歲運糧，止以臣等二萬户府，自去年隸泉府司，沙不丁再添二萬户運糧，百姓艱難，所有折耗，俱責臣等。乞朝廷憐憫，罷二府，或委他人。』」上曰：「彼所言是也。止令二府運之。」又奏：「朱、張二萬户或有疑臣等者，乞留臣等在此，令臣之子代運。」上曰：「安用如此？止以朱張二萬户運之。」是月，並海道都漕運爲二萬户府，張瑄以驃騎衛上將軍、淮東道宣慰使兼領海道都漕運萬户府事，朱清以驃騎衛上將軍、江東道宣慰使兼領海道都漕運萬户府事。張瑄管領，每年以十分爲率，該運六分。朱清每年以十分爲率，該運四分。

二十九年，平章政事不忽木、闊里等奏：「淮海稍工〔二〕、水手人等，選擇可用者，僱直如例給之，每户妻子以五口爲率，給以糧，免其雜泛差役。」從之。三十年，以朱文龍爲海道都漕萬户，賜虎符，提調香糯事，設千户一，百户三。

元貞元年，丞相完澤、平章賽典赤等奏：「朱、張海運，往歲一百萬石，或增其數。如歲不登，百姓艱食，實賴海運濟之。豪、懿等州並高麗境，連年饑饉，亦仰運糧賑濟。今歲豐米賤，若仍前海運，切恐未宜。去歲會計，只運三十萬石。今應如上年例，亦運三十萬石。」又奏：「每年海運，以十分爲率，張萬户運六分，朱萬户運四分。今朱萬户言，乞均分停運。」並從之。二年，諭行省、行臺諸司，毋沮壞海道運糧都漕運萬户事，違者罪之。

大德六年，從參知政事張文彪言：「海道運糧萬户府官屬，聽本府自行舉保。」文彪，瑄之子也。是年，户部言：「船户節次逃亡，究其源由，蓋因漕司失於拘鈐。縱綱官人等恣意侵漁，或將有力之家影占，不令上船當役，或將招伏逃户不申官起遣，以致靠損在船人户。合令漕司取勘實在船户，委官點勘，有缺役者先行著落。綱官雇人代替，須拘本户到官斷罪，受贓者驗贓追斷，仍除名。」中書省議從之。七年，張瑄、朱清坐飛語論死，並籍其家，事詳瑄等傳。中書省奏：「前者海道運糧，立萬户府四，復並爲二，置委付萬户六員，前孛可孫札剌兒解沙的爲之長，建康路達魯花赤阿里之子曰忽都魯撤剌兒次之。餘萬户四員以先所委色目、漢人、南人内謹慎有才者如舊。仍帶虎符。」又奏：「萬户下，合委千户，鎮撫、首領七十員内，受宣命金牌六十有七員，就帶者三十有九，創降金牌者二十有八，受敕者三員。」並從之。

至大二年，江浙行省言：「曩者朱清、張瑄歲漕四五十萬石至百餘萬石，時船多糧少，僱直均平。比歲賦斂横出，漕户困乏，逃亡者有之。今歲運糧三百萬石，漕船不足，遣人於浙江、福建等處和僱民船，百姓騷動。本省左丞沙不丁言其弟合八失及馬合謀但的、澉浦楊家等皆有船，且深知漕事，宜以爲海道運糧都漕萬户府，以私力輸運官糧。萬户、千户並如軍官例承襲，寬恤漕户，增給僱直，庶有成功。」詔以馬合謀但的爲遥授右丞、海外諸番宣慰使都元帥，領海道運糧萬户府事。設千户、百户所十，每所設達魯花赤一，千户三，副千户二，百户四。

三年，以朱清子虎，張瑄子文龍往治海漕，以所籍定一區田百頃給之。

四年，中書省奉皇太子旨，遣刑部田侍郎、萬户王仲温至江浙行省議海運事。時江東寧國、池、饒、太平等處及湖廣、江西等處運糧至真州泊水灣〔三〕，勒令海船從揚子江逆流而上，至泊水灣裝發。海船重大底小，江流湍急，又多石磯，走沙漲淺，糧船損壞歲歲有之。於是以嘉興、松江二屬秋糧並江淮、江浙二總管府歲辦糧充運，而免寧國、池、饒及湖廣、江西等糧運，惟辦運香糯米。舊例在直沽交卸後，萬户朱虞龍將香糯米船直赴大都醴源倉送納轉交。河船般剥、偷竊，攙雜，交割短少，船户困於賠累，請仍在直沽交卸。部議以醴源倉收納行之已久，難於更易，沮其事不行。

至正八年，漕運使賈魯陳便宜二十餘事，從其八事：一曰京畿和糴，二曰優恤漕司，三曰接運委官，四曰通州總治預定委員，五曰船户困於壩夫，漕糧壞於壩户，六曰疏浚運河，七曰臨清運糧萬户府當隸漕司，八曰宜以宣忠船户付本司節制。蓋歷歲久，積弊深，公私困憊，魯之所言區區補綴而已，無當於運漕之本計也。

凡歲運之數：

至元二十年，運糧四萬六千五十石，運到四萬二千一百七十二石，事故糧八百七十七石。

二十一年，運糧一十萬石，運到九萬七百七十一石，事故糧九千二百二十八石。

二十三年，運糧五十七萬八千五百二十石，運到四十三萬三千九百五石，事故糧一十四萬四千六百一十四石。

二十四年，運糧三十萬石，運到二十九萬七千五百四十六石，事故糧二千四百五十三石。

二十五年，運糧四十萬石，運到三十九萬七千六百五十五石，事故糧二千三百四十四石。

二十六年，運糧九十三萬五十石，運到九十一萬九千九百四十三石，事故糧一萬五千五十七石。

二十七年，運糧一百五十九萬五千石，運到一百五十一萬三千八百五十六石，事故糧八萬一千一百四十三石。

二十八年，運糧一百五十二萬七千二百五十石，運到一百二十八萬一千六百一十五石，事故糧二十四萬五千六百三十五石。

二十九年，運糧一百四十萬七千四百石，運到一百三十六萬一千五百一十三石，事故糧四萬五千八百八十六石。

三十年，運糧九十萬八千石，運到五十萬三千五百三十四石，事故糧一萬九百九十九石。

元貞元年，運糧三十四萬五百石俱到。

二年，運糧三十四萬五百石，運到三十三萬七千二十六石，事故糧三千四百七十三石。

大德元年，運糧六十五萬八千三百石，運到六十四萬八千一百三十六石，事故糧一萬一百六十三石。

二年，運糧七十四萬二千五百一十石，運到七十萬五千九百五十四石，事故糧三萬六千七百九十六石。

三年，運糧七十九萬四千五百石俱到。

四年，運糧七十九萬五千五百石，運到七十八萬八千九百十八石，事故糧六千五百八十一石。

五年，運糧七十九萬六千五百二十八石，運到七十六萬九千六百五十石，事故糧二萬六千八百七十八石。

六年，運糧一百三十八萬三千八百八十三石，運到一百三十二萬九千一百四十八石，事故糧五萬四千七百三十五石。

七年，運糧一百六十五萬九千四百九十一石，運到一百六十二萬八千五百八石，事故糧三萬九百八十二石。

八年，運糧一百六十七萬二千九百九石，運到一百六十六萬三千三百一十三石，事故糧九千五百九十六石。

九年，運糧一百八十四萬三千三石，運到一百七十九萬五千三百四十七石，事故糧四萬七千六百五十六石。

十年，運糧一百八十萬八千一百九十九石，運到一百七十九萬七千七十八石，事故糧一萬一千一百二十一石。

十一年，運糧一百六十六萬五千四百二十二石，運到一百六十四萬四千六百七十九石，事故糧二萬七百四十三石。

至大元年，運糧一百二十四萬一百四十八石，運到一百二十萬二千五百三石，事故糧三萬七千六百四十五石。

二年，運糧二百四十六萬四千二百四石，運到二百三十八萬六千三百石，事故糧七萬七千九百四石。

三年，運糧二百九十二萬六千五百三十三石，運到二百七十一萬六千九百一十三石，事故糧二十萬九千六百一十九石。

四年，運糧二百八十七萬三千二百十二石，運到二百七十七萬三千一百六十六石，事故糧九萬九千九百四十五石。

皇慶元年，運糧二百八萬三千五百五石，運到二百六萬七千六百七十二石，事故糧一萬五千八百三十二石。

二年，運糧一百三十一萬七千二百二十八石，運到六十五萬四千三十六石，事故糧一十五萬八千五百四十三石。舊志，至者二百一十五萬八千六百八十五石。

延祐元年，運糧二百四十萬三千二百六十四石，運到二百三十五萬六千六百六石，事故糧四萬六千六百五十八石。

三年，運糧二百四十五萬八千五百十四石，運到二百五十三萬七千七百四十四石。

四年，運糧三十七萬五千三百四十五石，運到二百三十六萬八千一百一十九石，事故糧七千二百二十五石。

五年，運糧二百五十五萬三千七百一十四石，運到二百五十四萬三千六百一十一石，事故糧一萬一百二石。

六年，運糧三百二萬一千五百八十五石，運到二百九十八萬六千七百一十七石，事故糧三萬四千八百九十一石。

七年，運糧三百二十六萬四千六石，運到三百二十四萬七千九百二十八石，事故糧一萬六千七十八石。

至治元年，運糧三百二十六萬九千四百五十一石，運到三百二十三萬八千七百六十五石，事故糧三萬六百八十五石。

二年，運糧三百二十五萬一千一百四十石，及帶起附餘香白糯米一萬八千九百四十三石，運到三百二十四萬六千四百八十三石，事故糧二萬三千五百九十九石。

三年，運糧二百八十一萬一千七百八十六石，運到二百七十九萬八千六百一十三石，事故糧一萬三千一百七十二石。

泰定元年，運糧二百八萬七千二百三十一石〔四〕，運到二百七萬七千二百七十八石，事故糧九千九百五十三石。

二年，運糧二百六十七萬一千一百八十四石，運到二百六十三萬七千七百五十一石，事故糧三萬三千四百三十二石。

三年，運糧三百三十七萬五千七百八十四石，運到三百三十五萬一千三百六十二石，事故糧二萬四千四百二十一石。

四年，運糧三百一十五萬二千八百二十石，運到三百一十三萬七千五百三十二石，事故糧一萬五千二百八十七石。

天曆元年，運糧三百二十五萬五千二百二十石，運到三百二十一萬五千四百二十四石，事故糧三萬九千七百九十六石。

二年，運糧三百五十二萬二千一百六十三石，運到三百三十四萬三百六石，事故糧一十八萬一千八百五十六石。舊紀：是年運至京師者一百四十萬九千一百二十石。虞集《學古録》亦云，是年不至者七十萬石，均與此不合。

元統以後，歲運之可考者：至正元年，益以江南之米，通計所運得三百八十萬石。

二年，又令江浙行省及中正院財賦總管府撥賜諸人寺觀之糧，盡數起運，得二百六十萬石。

十五年，江浙行省臣乞減海運，以甦民力。户部定議，本年税糧除免之外，其寺觀并撥賜田糧，十月開倉盡行拘收，其不敷糧，撥至元折中統鈔一百五十萬錠，於産米處糴一百五十萬石以補之。

十九年，遣兵部尚書伯顔帖木兒、户部尚書齊履亨徵海運於江浙行省，命張士誠輸米，方國珍具舟運米十有一萬石至京師。

二十年，又遣户部尚書王宗禮等至江浙，二十一年運米如十九年之數，九月又遣兵部尚書徹徹不花、侍郎韓祺往徵海運。

二十二年，運米十三萬石，是年遣户部尚書脱脱察兒〔五〕、兵部尚書帖木兒至江浙。二十三年，又運米十三萬石，九月又遣户部侍郎博羅帖木兒〔六〕、監丞賽因不花徵海運於張士誠，士誠託辭拒之，海運遂止於是歲云。

至元二十二年，定江南民田税石，每石帶鼠耗分例五升，官田減半。二十五年，定省倉、馬頭、倉站車、壩河船運合添耗糧例。南糧元破每石帶耗一斗四升，海運至直沽每石四斗，直沽每石一升三合，船運至河西務每石七合，河西務每石一升三合，船運至通州每石七合，通州每石一升三合，壩河運至大都每石一升，站車運至大都每石七合，省倉每石三升。今議每石帶耗一斗七升五合，除元破外添三升五合。依舊破耗海運至直沽每石破四升，直沽一升三合。添破耗糧搬運至直沽，至河西務每石一升二合，元破七合，添破五合。河西務破耗二升，元破一升三合，添破七合。船運河西務至通州每石破耗一升五合，元破七合，添破八合。通州倉二升，元破一升二合，添破七合。壩河、站車運至大都，每石破耗一升五合，元破一升，添破五合。省倉每石四升，元破三升，添破一升。北糧元破每石運至大都，通破耗米七升，河船運至河西務，每石破五合，河西務每石破一升二合，盤船河西務運至通州，每石破耗三合，通州倉每石破一升三合，站車運至大都每石五合，壩河運至大都每石七合，省倉每石二升五合。合議每石帶耗八升二合，内除元破外，添一升二合。船運自唐村等處運至河西務，每石破七合，元破五合，添破二合。河西務倉每石一升五合，元破一升二合，添破三合。船運河西務至通州，每石破五合，元破三合，添破二合。通州倉每石破一升五合。壩河、站車運至大都，每石破耗一升，元破七合，添破三合。省倉每石破三升，元破二升五合，添破五合。

至元二十六年閏十月，省臣奏：「各倉官員言，往歲定鼠耗分例數少，倉官賠償，破其家産，鬻其妻小者有之，因此多欠糧數。臣等圖議，去年奏添南糧，自直沽裏運至河西務，每石元破七合，今添五合；河西務運至通州，每石元破七合，今添八合；河西務倉内，每石元破一升三合，今添七合；通州倉内，每石元破一升三合，今添七合；壩河、站車運至大都，每石元破一升，今添五合；省倉内每石元破三升，今添一升。北糧内，自唐村等處運至河西務，每石元破五合，今添二合；河西務倉每石元破一升三合，今添三合；河西務船運至通州，每石元破二合，今添二合；通州倉每石元破一升三合，今添二合；壩河、站車運至大都，每石元被七合，今添三合；省倉每石元破二升五合，今添五合。」奏可。

至元二十九年八月，完澤丞相等奏：「通州河西務倉官告説各倉收糧，前省官定擬鼠耗分例數少，至有鬻其妻子家産，尚賠納不完，至今辛苦。臣等議得，前省官所定鼠耗分例不匀，如今南北耗各年分例，比在先斟酌再定之。」上曰：「如卿所奏，雖然，亦合用心，雀鼠能食多少，休因此教觧人作弊爲盜欺詐，依舊聽耗。」唐村等處船運至河西務北糧，每石破七合。直沽船運至河西務，每石破一升二合。河西務船運至通州李二寺，南糧每石一升五合，北糧每石五合。壩河、站車運至大都省倉，南糧每石一升五合，北糧每石一升。今議擬聽耗例，大都省倉元定破南糧每石四升，北糧每石三升，今議擬限年聽耗，初年聽耗南糧每石二升，北糧每石一升五合；次年聽耗南糧每石三升，北糧每石二升三合。貯經三年以上，依元定聽耗南糧每石四升，北糧每石三升。河西務、通州李二寺元定破耗南糧每石二升，北糧每石一升五合，今擬限年聽耗，初年依元定破耗南糧每石二升，北糧一升五合，次年聽耗南糧每石二升，北糧一升五合；次年聽耗南糧每石三升，北糧每石二升三合；貯經三年以上，聽耗南糧每石四升，北糧每石三升。直沽倉除對船交裝不須破耗外，今擬一年須要支運盡絶，南糧每石聽耗二升，元定破耗一石三合，今擬添七合香糯、白粳破耗。大德三年，中書省准户部呈，依糙米例，定奪緑糙、粳米俱各散裝，白粳、香莎糯米終用來布袋盛，以此參詳，擬比附散裝糙米破耗定例，三分中量減一分。海運至直沽，每石破耗八合，河西務至通州李二寺，每石破耗一升。如直沽裝船經由通惠河徑赴大都交卸，止依至通州李二寺，每石破耗一升八合。

海運不給脚鈔，就用係官海船，官司召顧水手起運至楊村馬頭交卸。自開洋上海等處至楊村馬頭，計一萬三千三百五十里。

至元二十一年，始依千斤百里脚價，每石支脚錢中統鈔八兩五錢九分。近海有力人户自行造船顧募梢水，定每石支鈔八兩五錢。至元二十九年，減作每石七兩五錢。元貞元年十二月二十八日，奏：「朱、張海運糧，在先每石脚錢八兩五錢，減爲七兩五錢。如今糧食諸物比在先甚賤，脚價亦合減少。臣等議每石宜減去一兩，爲六兩五錢。」從之。糙白粳米就直沽交卸，每石支中統鈔六兩五錢，香糯直赴大都醴源倉交納，每石增鈔五錢，計七兩。

大德七年，起運稻穀二十萬石，每石脚錢中統鈔五兩。

至大元年四月初十日，奏過海運糧脚價，每石六兩五錢，如今糧食諸物湧貴，量添五錢爲七兩，已後不與照依先體例與六兩五錢。

至大三年，准尚書省咨，本省至大三年海運脚價每石添作至元鈔一兩六錢。春運每石量添至元鈔三錢，通該至元鈔一兩六錢，夏運止依舊例不須添支，糙白粳每石至元鈔一兩六錢，香糯每石至元鈔一兩七錢。至大四年准中書省咨，該尚書省准本省咨，至大三年十月二十九日奏准運糧脚價每一石支至元鈔一兩六錢，如今添爲二兩，稻穀一石元支至元鈔一兩，如今添爲一兩四錢至元鈔，本年爲頭脚價糙白糧每石至元鈔二兩，香糯每石至元鈔二兩八錢，稻穀每石一兩四錢。

皇慶二年十月二十五日，奏准斟酌地理遠近，比元價之上添與脚錢，福建遠船運糙粳每石一十三兩，温、台、慶元船運糙粳每石一十一兩五錢，香糯每石一十一兩五錢，紹興、浙西船運石一十一兩，白糧價同，稻穀每石八兩，黑豆每石依糙白糧例支鈔一十一兩，已後年分至今起運糙白粳香糯稻穀，依前支價年例預支，每歲八九月間。海道府權依上年運糧額數爲則，扣算先支六分脚價，差官起省平江、慶元、温、台官庫寄收，候都省坐到糧數，委定提調省官職名，或十月、十一月内海道府差官禀請省官，親臨平江路提調給散。除慶、紹、温、台、兩浙合該脚價，海道府差官前去與各路所委官一同給散外，本省提調官或有事故，改委左右司官前去海道府分派定春夏二運糧數，差官赴省貼支四分脚價，次年正月間咨請提調官親詣海道府裝發糧斛，給散貼支脚價，直至五六月間夏運開洋了畢還省。

據天曆二年海運正糧三百萬石，脚價不等，散過中統鈔六十四萬九千七百二十八定二十八兩五錢，並增運附餘香白糯正糧三千四百七石三斗六升九合，鈔七百三十八定三十四兩七錢四分三釐，通計支散脚價鈔六十五萬五百一十二定一十三兩二錢四分三釐。

海運，每歲糧船於平江路劉家港等處聚𦨭，由揚州路通州海門縣黄連沙頭萬里長灘開洋，沿山捉嶼至淮安路鹽城縣，歷西海州、海寧府、東海縣、密州、膠州界，放靈山洋投東北，取成山路，多有淺沙，行月餘才抵成山。羅璧、朱清、張瑄講究水程，自上海等處開洋，至揚州村馬頭下卸處，徑過地名山川，經直多少迂回，計一萬三千三百五十里。

至元二十九年，朱清等建言：「此路險惡，踏開生路，自劉家港開洋，遇東南風疾，一日可至撐脚沙。彼有淺沙，日行夜泊，守伺西南便風，轉過沙嘴，一日到於三沙洋子江。再遇西南風，一日至匾擔沙大洪抛泊。來朝探洪行駕，一日可過萬里長灘，透深才方開放大洋。先得西南順風，一晝夜約行一千餘里，到青水洋。得值東南風，三晝夜過黑水洋，望見沿津島大山。再得東南風，一日夜可至成山，一日夜至劉家島，又一日夜至芝罘島，再一日夜至沙門島。守得東南便風，可放萊州大洋，三日三夜方到界河口。前後俱係便風，經直水程約半月可達。如風水不便，迂回盤折，或至一月四十日之上方能到彼。倘值非常風阻，難度程限。明年又以糧船自劉家港開洋，過黃連沙，轉西行駛至膠西，投東北取成山，亦爲不便。繼委千户殷明略，踏開生路，自劉家港開洋，至崇明州三沙放洋，望東行駛入黑水大洋，取成山轉西，至劉家島，取䑸取薪水畢，到登州沙門島，於萊州大洋入界河，至今爲便。皆行北道，風水險惡。至元十九年爲始，年例糧船聚於劉家港入海，由黃大郎觜、白茆撐脚、唐浦等處一帶，率皆沙淺，其洪道闊卸，無千丈長之潮，兩向俱有白水潮，退皆露沙地。候得西南風順，過匾擔沙東南大洪，過萬里長灘，透深開放大洋，至青水內，經陸家等沙，下接長山並西南鹽城一帶趙鐵沙觜，及半洋沙、嚮沙、匾擔等沙淺。及至蘇州洋，又有三沽洋山下八山補陀山，到於黑水大洋，過成山北面一帶並芝罘島登州一路木極島等處，近沙門島山或鐵山嘴開放萊州大洋，又有三山茅頭觜、大姑河、小姑河，兩頭河等灘，及北有曹婆沙、梁河沙。南有劉姑蒲灘。至界河海口，復有灘淺狹洪沙硬，潮汎長落不常。但遇東南風，本處船聚稠密，則有妨礙之虞。」

延祐三年正月，海道萬户府據慶元紹興所申：「紹興路三江陡門至下蓋山一帶〔七〕，沙淺一百餘里名鐵板沙，潮汎猛惡，温、台船隻尖底食水深浚，船户梢水不識三江水脈〔八〕，避怕險惡，直至四月中旬，尚於烈港等處停泊，不敢前來。差人搜究斷罪，催趕顧覓剥船般剥，緣剥船數少，急不能尋顧，尚於海岸屯貯，委實靠損船户不便。據紹興六路下年海運糧斛，如照依皇慶二年例，就用本路船料裝發，若有不敷，於慶元路標撥小料，海運貼裝。其温、台、福建船隻起發劉家港交割，依舊於平江路倉裝糧，官民兩便。又準本府副萬户抄兒赤目擊艱難，必須改擬，若台州有裝官糧，先儘本路船隻，不敷於温州船內貼撥，紹興路糧亦用本路船隻裝發，不敷用慶元路小料海船貼裝。其慶元府港深闊，臨近路倉，脚夫徑直擔米上船，就將船舶並温、台所用不盡船料支裝，倘有剩下船料及慶元路船隻，差官押發劉家港交割。」省議從之。

【校勘記】

〔一〕「麥朮丁」，原作「麥兀丁」，據上文及《元史》卷六五志第十七上《河渠二》改。

〔二〕「稍工」，趙世延《大元海運記》卷上作「運梢工」。

〔三〕「等處」，原倒作「處等」，據文意及趙世延《大元海運記》卷上改。

〔四〕「二百八萬」，「二」原作「三」，據《元史》卷九三志第四十二《食貨一》改。

〔五〕「户部尚書」，「户」字原脱，據《元史》卷九七志第四十六《食貨五》補。又「脱脱察兒」，《元史》作「脱脱歡察爾」。

〔六〕「遣」，原作「遺」，據《元史》卷九七志第四十六《食貨五》改。

〔七〕「陡門」，原作「徙門」，據文意改。《永樂大典》卷一五九〇〇五十《運・元漕運二》二處亦誤，《大元海運記》卷下四有誤有不誤。

〔八〕「船」，原作「般」，據《大元海運記》卷下改。

新元史卷之七十六　志第四十三

食貨志九

官俸

世祖中統元年，始給内外官吏俸鈔。二年，定六部官吏俸。是年十月，定諸路州縣官吏俸。

至元二年，定官俸當月支付例。三年，定上任過二日、罷任過五日並給當月俸鈔例。六年，定提刑按察司官吏俸。是年，又分上中下縣爲三等。七年，增按察司經歷以下俸，定轉運司官吏及諸匠官俸。八年，以阿合馬言，減百官俸。九年，定告假停俸期限例。十七年，定奪俸禄，凡内外官吏皆住支。十八年，更命公事畢而無罪者給之，公事未畢而有罪者奪之。二十二年，重定百官俸，始於各品分上中下三例，視職事爲差，事大者依上例，事小者依中例。二十三年，詔：「近年諸物增價，俸禄不能養廉，以致侵漁百姓，公私俱困。

自今内外官吏俸給，以十分爲率，添支五分。」二十九年，定諸路儒學教授俸，視蒙古、醫學。

大德三年，增小吏俸米。六年，又定行省、宣慰司、致用院、宣撫司、茶鹽運司、鐵冶都提舉司、淘金總管府、銀場提舉司等官俸例。七年，加給内外官吏俸米，俸十兩以下人員依小吏例每十兩給米一斗，十兩以上至二十五兩每員給米一石，餘上之數每俸一兩給米一升，無米則驗其時值給價，俸三定以上者不給。内外官吏，一年約支二十八萬餘石米。十一年，定官吏病百日作闕，所支俸米除全月回納還官外，支過破月俸鈔如已過初五日者，免其回納。

至大二年，詔隨朝衙門官吏及軍官等俸鈔改給至元鈔，往支俸米，外任宣慰司軍官雜職等官，俸鈔十分中減三分，餘七分改支至元鈔，隨朝衙門、行省、宣慰司吏員俸鈔減，加二餘鈔與，至元鈔十兩以下，每月與俸米五斗。

延祐七年，定隨朝官吏俸，以十分爲率，給米三分。軍官差出者，許借俸，歿者借俸免徵，各投下達魯花赤其俸與王官等。

至治二年，定職官罰俸者以中統鈔爲則。

凡百官俸例，各品分上中下三等：

從一品：上六錠，下五錠。
正二品：上四錠二十五兩，下四錠十五兩。
從二品：上四錠，中三錠三十五兩，下三錠二十五兩。
正三品：上三錠二十五兩，中三錠十五兩，下三錠。
從三品：上三錠，中二錠三十五兩，下二錠二十五兩。
正四品：上二錠二十五兩，中二錠十五兩，下二錠。
從四品：上二錠，中一錠四十五兩，下一錠四十兩。
正五品：上一錠四十兩，下一錠三十兩。
從五品：上一錠三十兩，下一錠二十兩。
正六品：上一錠二十兩，下一錠十五兩。
從六品：上一錠十五兩，下一錠十兩。
正七品：上一錠十兩，下一錠五兩。
從七品：上一錠五兩，下一錠。
正八品：上一錠，下四十五兩。
從八品：上四十五兩，下四十兩。

正九品：上四十兩，下三十五兩。

從九品：三十五兩。

內外官俸數：

太師府：

太師，俸一百四十貫，米十五石。

咨議、參軍，俸四十五貫，米四石五斗。長史，俸三十四貫六錢六分，米三石。

太傅、太保府同。監修國史、長史同。

中書省：

右丞相，俸一百四十貫，米十五石。左丞相同。

平章政事，俸一百二十八貫六錢六分六釐，米十二石。

右丞，俸一百十八貫六錢六分六釐〔一〕，米十二石。左丞同〔二〕。

參知政事，俸九十五貫三錢三分三釐，米九石五斗。

參議，俸五十九貫，米六石。

郎中，俸四十二貫，米四石五斗。

員外郎，俸三十四貫六錢六分六釐，米三石。

都事，俸二十八貫，米三石。
承發管勾，俸二十五貫三錢三分三釐，米二石。照磨、省架閣庫管勾、回回架閣庫管勾並同。
檢校官，俸二十八貫，米三石五斗。
斷事官，内十八員。俸各八十二貫六錢六分六釐，米八石五斗；十四員，俸各五十九貫三錢三分三釐，米六石，一員，俸四十貫六錢六分六釐，米四石。
經歷，俸二十三貫六錢六分六釐，米二石五斗。
知事，俸二十二貫，米二石。
客省使，俸三十九貫三錢三分三釐，米三石五斗。
副使，俸二十八貫，米三石。
直省舍人，俸三十四貫六錢六分六釐，米三石。
六部尚書，俸七十八貫，米八石。
侍郎，俸五十三貫三錢三分三釐，米五石。
郎中，俸三十四貫六錢六分六釐，米三石。
員外郎，俸二十八貫，米三石。

主事，俸二十六貫六錢六分六釐，米二石五斗。
户部司計，俸二十八貫，米三石。
工部司程，俸十八貫，米二石五斗。
刑部獄丞，俸十一貫，米一石。
司籍提領，俸十一貫二錢二釐，米五斗。
樞密院：
知院，俸一百二十九貫三錢三分三釐，米一十三石五斗。
同知，俸一百六貫，米一十一石。
副樞，俸九十五貫三錢三分三釐，米九石五斗。
僉院，俸九十貫一錢八分六釐，米九石五斗。
同僉，俸五十九貫三錢三分三釐，米六石。
院判，俸四十二貫。米四石五斗。
參議，俸三十九貫三錢三分三釐，米三石五斗。
經歷，俸三十四貫六錢六分六釐，米三石。
都事，俸二十八貫，米二石。

照磨，俸二十二貫，米二石。管勾同。
斷事官，俸五十九貫三錢三分三釐，米六石。
經歷，俸二十五貫三錢三分三釐，米二石。
知事，俸二十貫六錢六分六釐。米一石五斗。
客省使，俸三十一貫三錢三分三釐，米三石。
副使，俸二十二貫，米二石。
右衛都指揮使，俸七十貫，米七石五斗。
副都指揮使，俸五十九貫三錢三分三釐，米六石。
僉事，俸四十八貫六錢六分六釐，米四石五斗。
經歷，俸二十五貫三錢三分三釐，米二石。
知事，俸二十貫六錢六分六釐，米一石五斗。
照磨，俸十八貫六錢六分六釐，米一石五斗。
鎮撫，俸二十貫六錢六分六釐，米一石五斗。
行軍官千户，俸二十五貫三錢三分三釐，米二石。
副千户，俸二十貫六錢六分六釐，米一石五斗。

百户，俸一十七貫三錢三分三釐，米一石五斗。

彈壓，俸一十二貫六錢六分六釐，米一石。

知事，俸一十一貫三錢三分三釐，米一石。

弩軍官千户，俸二十貫六錢六分六釐，米一石五斗。

百户，俸一十二貫六錢六分六釐，米一石。

彈壓，俸一十一貫三錢三分三釐，米五斗。

都目，俸一十貫，米五斗。

屯田千户所同弩軍官例。左衛、前衛、後衛、中衛、武衛、左阿速衛、右阿速衛、左都威衛、右都威衛〔三〕、左欽察衛、右欽察衛、左衛率府、宗仁衛、西域司、唐兀司、貴赤司，並同右衛例。

忠翊侍衛都指揮使，俸一百貫〔四〕。

副使，俸八十三貫三錢三分三釐。

僉事，俸六十六貫六錢六分六釐。

經歷，俸三十三貫三錢三分三釐。

知事，俸二十六貫六錢六分六釐。

照磨，俸二十四貫六錢六分六釐。
行軍官千户，俸三十三貫三錢三分三釐。
副千户，俸二十六貫六錢六分六釐。
百户，俸二十三貫三錢三分三釐。
彈壓，俸一十六貫六錢六分六釐。
知事，俸一十五貫三錢三分三釐。
弩軍官千户，俸二十六貫六錢六分六釐。
百户，俸一十六貫六錢六分六釐。
彈壓，俸一十三貫三錢三分三釐。
右手屯田千户所千户，俸二十六貫六錢六分六釐。
百户，俸一十六貫六錢六分六釐。
左手屯田千户所同。
隆鎮衛、右翊蒙古侍衛，並同忠翊侍衛例。
御史臺：
御史大夫，俸一百一十八貫六錢六分，米一十二石。

中丞，俸一百六貫，米一十一石。
侍御史，俸九十六貫三錢五分，米九石五斗。
治書侍御史，俸九十貫一錢八分，米九石五斗。
經歷，俸三十四貫六錢六分，米三石。
都事，俸二十八貫，米三石。
殿中，俸四十八貫六錢六分，米四石五斗。
知班，俸一十四貫，米一石五斗。
監察御史，俸二十八貫，米三石。
奎章閣學士院：
大學士，俸一百一貫三錢三分三釐，米一十石五斗。
侍書學士，俸九十五貫三錢三分三釐，米九石五斗。
承制學士，俸七十八貫，米八石。
供奉學士，俸五十九貫三錢三分三釐，米六石。
參書，俸三十四貫三錢三分三釐，米三石。
典籤，俸二十八貫，米三石。

鑑書博士，俸四十一貫，米四石五斗。
授經郎，二十八貫，米三石。
太禧宗禋院：
院使，俸一百一十八貫六錢六分六釐，米一十二石。
同知，俸一百貫，米一十石。
副使，俸九十五貫三錢三分三釐，米九石五斗。
僉院，俸九十貫一錢八分，米九石。
同僉，俸五十九貫三錢三分三釐，米六石。
院判，四十二貫，米四石五斗。
參議，俸三十九貫三錢三分三釐，米三石五斗。
經歷，俸三十四貫六錢六分六釐，米三石。
都事，俸二十八貫，米三石。
照磨，俸二十二貫，米二石。管勾同。
斷事官，俸五十九貫三錢三分，米六石。
經歷，俸二十五貫三錢三分，米二石。

知事，俸二十貫六錢六分，米一石五斗。
客省使，俸三十一貫三錢三分，米三石。
副使，俸二十二貫，米二石。
宣政院：
院使，俸一百一十八貫六錢六分，米一十二石。
同知，俸一百六貫，米一十一石。
副使，俸九十五貫三錢三分，米九石五斗。
僉院，俸九十貫一錢八分，米九石五斗。
同僉，俸五十九貫三錢三分，米六石。
院判，俸四十二貫，米四石五斗。
參議，俸三十九貫三錢三分，米三石五斗。
經歷，俸三十四貫六錢六分，米三石五斗。
都事，俸二十八貫，米三石。
照磨，俸二十二貫，米二石。管勾同。
斷事官、客省使，並同太禧宗禋院。宣徽院同。

翰林國史院：

承旨，俸一百一十八貫六錢六分，米一十二石。

學士，俸一百六貫，米一十一石。

侍讀學士，俸九十五貫三錢三分，米九石五斗。侍講學士同。

直學士，俸五十九貫三錢三分三釐，米六石。

經歷，俸三十四貫六錢六分六釐，米三石。

都事，俸二十八貫，米三石。

待制，俸三十九貫三錢三分三釐，米三石五斗。

修撰，俸二十八貫，米三石。

應奉，俸二十五貫三錢三分三釐，米二石。

編修，俸二十二貫，米二石。檢閱同。

典籍，俸二十貫六錢六分六釐，米一石五斗。

翰林院、集賢院，大學士同承旨。餘並同上例。

中政院：

院使，俸一百一貫三錢三分三釐，米一十石五斗。

同知，俸八十二貫六錢六分六釐，米八石五斗。
僉院，俸十七貫，米七石五斗。
同僉，俸五十九貫三錢三分三釐，米六石。
院判，俸四十三貫，米四石五斗。
司議，俸三十四貫六錢六分六釐，米三石。
長史，俸二十八貫，米三石。
照磨，俸二十二貫，米二石。管勾同。
太醫院、典瑞院、將作院、太史院、儲政院並同。
太常禮儀院：
院使，俸八十二貫六錢六分，米八石五斗。
同知，俸七十二貫，米七石五斗。
僉院，俸四十八貫六錢六分六釐，米四石五斗。
同僉，俸四十二貫，米四石五斗。
院判，俸三十七貫三錢三分三釐，米四石。
經歷，俸二十八貫，米三石。

都事，俸二十五貫三錢三分，米二石。
照磨，俸二十二貫，米二石。
太祝，俸二十貫六錢六分，米一石五斗。奉禮、協律同。
通政院：
院使，俸八十二貫六錢六分六釐，米八石五斗。
同知，俸七十貫，米七石五斗。
副使，俸五十九貫三錢三分三釐，米六石。
僉院，俸四十八貫，米四石五斗。
院判，俸三十九貫三錢三分三釐，米三石五斗。
經歷，俸三十四貫六錢六分六釐，米三石。
都事，俸二十六貫六錢六分六釐，米二石五斗。
照磨，俸二十二貫，米二石。
大宗正府：
也可扎魯忽赤，內一員，俸一百一十八貫六錢六分六釐，米一十二石；二十七員，俸八十二貫六錢六分六釐，米八石；五員，俸六十七貫三錢三分三釐，米六石五斗。

郎中，俸三十六貫，米三石五斗。
都事，俸二十六貫六錢六分六釐，米二石五斗。
照磨，俸二十二貫，米二石。管勾同。
大司農司：
大司農，俸一百一十八貫六錢六分，米一十二石。
大司農卿，俸一百三貫，米一十一石。
大司農少卿，俸九十五貫三錢三分，米九石五斗。
大司農丞，俸九十貫一錢八分，米九石五斗。
經歷，俸三十四貫六錢六分，米三石。
都事，俸二十八貫，米三石。
照磨，俸二十二貫，米二石。管勾同。
內史府：
內史，俸一百四十三貫三錢三分。
中尉，俸一百一十六貫六錢六分六釐。
司馬，俸八十三貫三錢三分三釐。

咨議，俸四十六貫六錢六分六釐。
記室，俸四十貫。
照磨，俸三十貫。
大都留守司：
留守，俸一百一貫三錢三分，米一十石五斗。
同知，俸八十二貫六錢六分，米八石五斗。
副留守，俸五十九貫三錢三分三釐，米六石。
留判，俸四十二貫，米四石五斗。
經歷，俸三十四貫六錢六分六釐，米三石。
都事，俸二十八貫，米三石。
照磨，俸二十二貫，米二石。
都護府：
大都護，俸八十二貫六錢六分六釐，米八石五斗。
同知，俸七十二貫，米七石五斗。
副都護，俸五十九貫三錢三分三釐，米六石。

經歷，俸二十八貫，米三石。
都事，俸二十六貫六錢六分六釐，米二石五斗。
照磨，俸二十二貫，米二石。
崇福司：
司使，俸八十二貫六錢六分六釐，米八石。
同知，俸七十貫，米七石五斗。
副使，俸五十九貫三錢三分，米六石。
司丞，俸三十九貫三錢三分，米三石五斗。
經歷，俸二十八貫，米三石。
都事，俸二十六貫六分六釐，米二石五斗。
照磨，俸二十二貫，米二石。
給事中，俸五十三貫三錢三分三釐，米五石。
左右侍儀、俸御，俸四十八貫六錢六分六釐，米四石五斗。
武備寺：
卿，俸七十貫，米七石五斗。

同判，俸五十九貫三錢三分三釐，米六石。
少卿，俸四十二貫，米四石五斗。
寺丞，俸三十九貫三錢三分三釐，米三石五斗。
經歷，俸二十五貫三錢三分三釐，米二石。
知事，俸二十四貫，米二石。
照磨，俸二十二貫，米二石。
太僕寺：
卿，俸七十貫，米七石五斗。
少卿，俸四十二貫，米四石五斗。
寺丞，俸三十九貫三錢三分三釐，米二石。
知事，俸二十二貫，米二石。
照磨，俸二十貫六錢六分，米一石五斗。
光禄、長慶、長新、長秋、承徽、長寧、尚乘、長信等寺並同。
尚舍寺：
太監，俸四十八貫六錢六分，米四石。

少監，俸三十九貫三錢三分，米三石五斗。
監丞，俸三十一貫三錢三分，米二石。
知事，俸二十二貫，米二石。
侍儀司：
侍儀使，俸七十貫，米七石五斗。
引進使，俸四十八貫六錢六分，米四石五斗。
典簿，俸二十五貫三錢三分，米二石。
承奉班都知，俸二十六貫六錢六分，米二石五斗。
通事舍人，俸二十五貫三錢三分，米二石。
侍儀舍人，俸一十七貫三錢三分，米一石五斗。
拱衛司：
都指揮使，俸七十貫，米七石五斗。
副都指揮使，俸五十九貫三錢三分三釐，米六石。
僉事，俸四十八貫六錢六分六釐，米四石五斗。
經歷，俸二十五貫三錢三分三釐，米二石。

知事，俸二十貫六錢六分六釐。米一石五斗。

內宰司：

內宰，俸七十貫，米七石五斗。

司丞，俸四十五貫，米四石五斗。

典簿，俸二十五貫三錢三分，米二石。

照磨，俸二十貫六錢六分，米一石五斗。翊正司同。

延慶司：

延慶使，俸一百貫。

同知，俸六十三貫三錢三分三釐。

副使，俸四十六貫六錢六分六釐。

司丞，俸三十四貫六錢六分六釐，米三石。

典簿，俸二十五貫三錢三分三釐，米二石。

照磨，俸二十貫六錢六分六釐，米一石五斗。

內正司：

司卿，俸七十貫，米七石五斗。

少卿，俸四十七貫，米四石五斗。
司丞，俸三十九貫三錢三分三釐，米三石五斗。
典簿，俸二十五貫三錢三分三釐，米二石。
照磨，俸二貫六錢六分，米一石五斗。中瑞司同。
京畿運司：
運使，俸五十六貫，米六石。
同知，俸三十九貫三錢三分，米三石五斗。
運副，俸三十四貫六錢六分，米三石。
運判，俸二十六貫六錢六分，米二石五斗。
經歷，俸二十貫六錢六分，米一石五斗。
知事，俸一十四貫，米一石五斗。
提控案牘，俸一十四貫六錢六分，米一石。
太府監：
卿，俸七十貫，米七石五斗。
太監，俸五十九貫三錢三分，米六石。

少監，俸四十二貫，米四石五斗。
監丞，俸三十九貫三錢三分，米三石五斗。
經歷，俸二十五貫三錢三分，米二石。
知事，俸二十四貫，米二石。
照磨，俸二十二貫，米二石。
秘書、章佩、利用、中尚、度支等監並同。
國子監：
祭酒，俸五十九貫三錢三分，米六石。
司業，俸三十九貫三錢三分，米三石五斗。
監丞，俸三十貫三錢三分，米三石。
典簿，俸一十五貫三錢三分，米二石。
博士，俸二十六貫六錢六分，米二石五斗。太常博士、回回國子博士同。
助教，俸二十二貫，米二石。教授同。
學録，俸一十一貫三錢三分，米五斗。蒙古國子監同。
經正監：

卿，俸七十貫，米七石五斗。
太監，俸五十貫，米五石。
少監，俸四十二貫，米四石五斗。
監丞，俸三十四貫六錢六分六釐，米三石。
經歷，俸二十五貫三錢三分三釐，米二石。
知事，俸二十二貫，米二石。
闌遺監：
太監，俸四十八貫六錢六分，米四石。
少監，俸三十九貫三錢三分三釐，米三石。
監丞，俸三十一貫三錢三分，米三石。
知事，俸二十二貫，米二石。
提控案牘，俸二十貫六錢六分，米一石五斗。
司天監：
提點，俸五十九貫三錢三分，米六石。
司天監，俸五十三貫三錢三分，米五石。

監丞，俸三十一貫三錢三分，米三石。
知事，俸二十貫六錢六分六釐，米一石五斗。
教授，俸一十貫六錢六分，米一石。管勾同。
司辰，俸八貫六錢六分，米五斗。學正、押宿並同。
回回司天監：
少監，俸四十二貫，米四石五斗。餘同上。
都水監：
都水卿，俸五十三貫，米六石。
少監，俸三十九貫三錢三分，米三石五斗。
監丞，俸三十貫，米三石。
經歷，俸二十五貫三錢三分，米二石。
知事，俸二十二貫，米二石。
大都路：
達魯花赤，俸一百三十貫。總管同。
副達魯花赤，一百二十貫。

同知，八十貫。治中同。
判官，五十五貫。
推官，五十貫。
經歷，四十貫。
知事，三十貫。
提控案牘，二十五貫。照磨同。並中統鈔。
行省：
左丞相，俸二百貫。
平章政事，一百六十六貫六錢六分六釐。右丞、左丞同。
參知政事，一百三十三貫三錢三分三釐。
郎中，四十六貫六錢六分六釐。
員外郎，三十貫。
都事，二十六貫六錢六分六釐。檢校同。
管勾，二十三貫三錢三分三釐。
理問所理問，俸四十六貫六錢六分六釐。

副理問，俸三十貫。

知事，俸一十六貫六分六釐。提控案牘同。

宣慰司：

腹裏宣慰使，俸中統鈔五百八十貫三錢三分。

同知，五百貫。

副使，四百一十六貫六錢六分。

經歷，四百貫。

都事，一百八十三貫三錢三分。

照磨，一百五十貫。

行省宣慰使，俸至元鈔八十七貫五錢。

同知，四十九貫。

副使，四十二貫。

經歷，二十八貫。

都事，二十四貫。

照磨，一十七貫五錢。

廉訪司：
廉訪使，俸中統鈔八十貫。
副使，四十五貫。
僉事，三十貫。
經歷，二十貫。
知事，一十五貫。
照磨，一十二貫。
鹽運司：
腹裏運使，俸一百二十貫。
同知，五十貫。
副使，三十五貫。
判官，三十貫。
經歷，二十貫。
知事，一十五貫。
照磨，一十三貫。

行省運使，八十貫。
同知，五十貫。
運副，四十貫。
判官，三十貫。
經歷，二十五貫。
知事，一十七貫。
提控案牘，一十五貫。
上路：
達魯花赤，俸八十貫。總管同。
同知，四十貫。
治中，三十貫。
判官，二十貫。
推官，十九貫。
經歷，一十七貫。
知事，一十二貫。

提控案牘，一十貫。
下路：
達魯花赤，俸七十貫。總管同。
同知，三十五貫。
判官，二十貫。
推官，一十九貫。
經歷，一十七貫。
知事，一十二貫。
提控案牘，一十貫。
散府：
達魯花赤，俸六十貫。知府同。
同知，三十貫。
判官，一十八貫。推官同。
知事，一十二貫。
提控案牘，一十貫。

上州：
達魯花赤，俸五十貫。州尹同。
同知，二十五貫。
判官，一十八貫。
知事，一十二貫。
提控案牘，一十貫。
中州：
達魯花赤，俸四十貫。知州同。
同知，二十貫。
判官，一十五貫。
提控案牘，一十貫。
都目，八貫。
下州：
達魯花赤，俸三十貫。知州同。
同知，一十八貫。

判官，一十三貫。
吏目，四十貫。
上縣：
達魯花赤，俸二十貫。縣尹同。
縣丞，一十五貫。
主簿，一十三貫。
縣尉，一十二貫。
典史，三十五貫。
巡檢，一十貫。
中縣：
達魯花赤，俸一十八貫。縣尹同。
主簿，一十三貫。
縣尉，一十二貫。
典史，三十五貫。
下縣：

達魯花赤，俸一十七貫。縣尹同。
主簿，一十二貫。
典史，三十五貫。
舊志所遺者補於左方：
管軍府所：
上萬户府：
達魯花赤，鈔八十兩。中統鈔一兩與一貫同。萬户同。
副萬户，七十兩。
鎮撫，四十兩。
經歷，十七兩。
知事，十二兩。
中萬户府：
達魯花赤，鈔七十兩。萬户同。
副萬户，六十兩。
鎮撫，三十兩。

經歷，十七兩。
知事，十二兩。
下萬户府：
達魯花赤，鈔六十兩。萬户同。
副萬户，五十兩。
鎮撫，二十兩。
經歷，十七兩。
知事，十二兩。
上千户所：
達魯花赤，鈔五十兩。千户同。
副千户，四十兩。
彈壓，十三兩。
中千户所：
達魯花赤，鈔四十兩。千户同。
副千户，三十兩。

彈壓，十二兩。
下千户所：同中千户。
百户所：
百户，鈔十七兩。
彈壓，十二兩。
諸色衙門：
鹽課提舉司：正提舉，鈔六十兩。同提舉，三十兩。副提舉，十八兩。知事，二十兩。
宣撫司：達魯花赤，鈔二錠。宣撫使司同。同知，六十兩。經歷，二十兩。
安撫司：達魯花赤，鈔二錠。安撫使同。僉事，一錠。經歷，二十兩。
各場管勾：正管勾，鈔十二兩。同，十兩。副，八兩。
蒙古提舉司：提舉，鈔一錠。同提舉，三十五兩。
人匠提舉司：提舉，十八兩。副同。都目，八兩。
警巡院：達魯花赤，二十兩。大使同。院副，十七兩。警判，十三兩。
蒙古教授：路，十二兩。府，十一兩。州，十兩。
儒學教授：路，十二兩。府，十一兩，上州同。中州，十兩。

醫學教授：路，十二兩。江南路分，十一兩。府，十一兩。州，十兩。

脱脱禾孫：正，五十兩。副，四十兩。

各路院務司：提領，十八兩。都監，十兩。大使，上路十五兩，下路十三兩。副使，上路十二兩，下路十兩。

平準行用庫：提領三十五兩，大使二十五兩，副使十五兩。

大軍庫：提領二十兩，大使十二兩，副使十兩。

軍器庫：提領二十兩，大使十二兩，副使十兩。

司獄：路十二兩，散府十兩。巡檢司官，鈔十兩。

凡諸署、諸局、諸庫等官，俸數多寡，皆依品級爲則，志所不載者可以類推。

至元三年定隨路府州縣官員職田：

上路，達魯花赤，一十六頃。總管同。同知，八頃。治中，六頃。府判，五頃。

下路，達魯花赤，一十四頃。總管同。同知，七頃。府判，五頃。

散府，達魯花赤，一十頃。知府同。同知，六頃。府判，四頃。

上州：達魯花赤，一十頃。州尹同。同知，五頃。州判，四頃。

中州：達魯花赤，八頃。知州同。同知，四頃。州判，三頃。

下州：達魯花赤，六頃。知州同。州判，三頃。

警巡院：達魯花赤，五頃。

警使司：警副，四頃。警判，三頃。

録事司：達魯花赤，三頃。録事同。録判，二頃。

縣達魯花赤，四頃。縣尹同。縣丞，三頃。主簿，二頃。縣尉、主簿兼尉並同。經歷，四頃。

十四年，定按察司職田：

各道按察使，一十六頃。副使，八頃。僉事，六頃。

二十一年，定江南行省及諸司職田，比腹裏減半。

上路：達魯花赤，八頃。總管同。同知，四頃。治中，三頃。府判，二頃五十畝。

下路：達魯花赤，七頃。總管同。同知，三頃五十畝。府判，二頃五十畝。經歷，二頃。知事，一頃。提控案牘同。

散府：達魯花赤，六頃。知府同。同知，三頃。府判，二頃。提控案牘，一頃。

上州：達魯花赤，五頃。知州同。同知，二頃。州判同。提控案牘，一頃。

中州：達魯花赤，四頃。知州同。同知，二頃。州判，一頃五十畝。都目，五十畝。

下州：達魯花赤，三頃。知州同。同知，二頃。州判，一頃五十畝。

上縣：達魯花赤，二頃。縣尹同。縣丞，一頃五十畝。主簿，一頃。縣尉同。

中縣：同上。無縣丞。

下縣：達魯花赤，一頃五十畝。縣尹同。主簿兼尉，一頃。

録事司：達魯花赤，一頃五十畝。録事同。録判，一頃。司獄，一頃。巡檢同。

按察使，八頃。副使，四頃。僉事，三頃。經歷，二頃。知事，一頃。

運司官：運使，八頃。同知，四頃。運副，三頃。運判同。經歷，二頃。知事，二頃。提控案牘同。

鹽司官：鹽使，二頃。鹽副，二頃。鹽判，一頃。各場正同。管勾，各一頃。

至大二年，中書省臣奏：「外任有職田官員，三品請給禄米一百石，四品六十石，五品五十石，六品四十五石，七品四十石。將職田改收入官。」從之。皇慶二年，詔外任職官公田俸鈔，並依舊制。延祐三年，外官無職田者，量給粟米。

【校勘記】

〔一〕「俸」，原作「相」，據《元史》卷九六志第四十五上《食貨四》改。

〔二〕「左丞同」，原作「左丞相」，據《元史》卷九六志第四十五上《食貨四》改。

〔三〕「右都威衛」，「威衛」原倒作「衛威」，據《元史》卷九六志第四十五上《食貨四》乙正。

〔四〕「俸一百貫」，「俸」字原脱，據《元史》卷九六志第四十五上《食貨四》補。

新元史卷之七十七　志第四十四

食貨志十

賜賚上

賜賚之類有三：

一曰五户絲。太宗八年，以真定路民户奉太后湯沐，中原諸路民户分賜諸王、外戚、功臣。耶律楚材言其非便，乃命本位止設達魯花赤，其賦則五户出絲一斤，並隨路絲綫顔色皆輸於有司，如其額以畀之。《太宗本紀》載諸王貴戚分地：斡魯朵、拔都平陽府，即志之太祖長子朮赤位。斡魯朵，朮赤長子也。茶合帶太原府，即志之茶合鯓，皆察合台之異譯。皇子古余克大名府，即志之定宗。孛魯台邢州，即志之右手萬户三投下孛羅台。邢州，太宗改邢洺路，至元中改廣平路，故志云分撥廣平邢水縣也。果魯干，河間府，即志之闊列堅。孛魯古帶廣寧府，即志之孛羅古鯓。也苦益都、濟南二府内撥賜，即志之搠只哈撒兒大王淄川王位，也苦封淄川王也。按赤帶濱、棣二州，即志之哈赤温大王子濟南王位，按赤帶封濟南王也。斡陳平涼州，即志之魯國公主位，魯國大長公主也速不花尚斡陳駙馬也。皇子闊端，即志之闊端太子。駙馬赤古，即志之鄆國公主位，禿滿倫公主適赤古駙馬也。公主阿剌海，即志之趙國公主位，阿剌海封趙國大長公主。公主果真，即志之昌國公主位，太祖女火臣封昌國大長公主，火臣、果真，譯音之異也。國王查剌即木華黎國王，木華黎孫塔思一名查剌。茶合帶，即志之帶孫郡王，茶合帶，帶孫子也。鍛真即志之朮志台郡王；鍛真，朮赤台孫也。蒙古寒札即志之愠裏答兒位，愠裏答兒即畏答兒，蒙古寒札即畏答孫忙哥，《親征録》作木哥漢札也。按只那顔即按陳那顔，又作阿勒赤那顔，即志之按察兒官人，按察兒，按陳之孫也。折那顔即册那顔，阿勒赤之弟也。火斜木思即志之和斜温。憲宗二年至五、六年，均續有分撥。

一曰江南户鈔。世祖平江南，分民户以賜諸王、后妃，每户折支中統鈔五錢。至成宗，復益以官帑爲中統鈔二貫。

一曰歲賜。諸王、后妃金銀鈔幣始於世祖中統元年，自是歲以爲常，所謂歲例也。而歲例之外，諸王后妃又時有賜與，縻款鉅萬，廷臣屢言之，雖曰篤親親之義，然亦濫矣。今並考其數之多寡，著於篇。

五户絲、江南户鈔之數：

太祖叔答里真官人位：

五户絲：丙申年，分撥寧海州一萬户。延祐六年，實有四千五百三十一户，計絲一千八百十二斤。

江南户鈔：至元十八年，撥南豐州一萬一千户，計鈔四百四十錠。

太祖弟搠只哈撒兒大王子淄川王位：

五户絲：丙申年，分撥般陽路二萬四千四百九十三户。延祐六年，實有七千九百五十四户，計絲三千六百五十六斤。

江南户鈔：至元十三年，分撥信州路三萬户，計鈔一千二百錠。

太祖弟哈赤温大王子濟南王位：

五户絲：丙申年，分撥濟南路五萬五千二百户。延祐六年，實有二萬一千七百八十五户，計絲九千六百四十八斤〔一〕。

太祖弟斡真那顔位：

五户絲：丙申年，分撥益都路等處六萬二千一百五十六户。延祐六年，實有二萬八千三百一户，計絲一萬一千四百二十五斤。

江南户鈔：至元十八年，分撥建寧路七萬一千三百七十七户，計鈔二千八百五十五錠。

太祖弟孛羅古解大王子廣寧王位：

五户絲：丙申年，分撥恩州一萬一千六百三户。延祐六年，實有二千四百二十户，計絲一千三百五十九斤。

江南户鈔：至元十八年，分撥鉛山州一萬八千户，計鈔七百二十錠。

太祖長子朮赤大王位：

五户絲：丙申年，分撥平陽四萬一千三百二户。戊戌年，真定普州一萬户。

江南户鈔：至元十八年，分撥永州六萬户，計鈔三千四百錠。

太祖次子茶合䚟大王位：

五户絲：丙申年，分撥太原四萬七千三百三十户。戊戌年，真定深州一萬户。延祐六年，實有一萬七千二百十二户，計絲六千八百三十八斤。

江南户鈔：至元十八年，分撥澧州路六萬七千三百三十户，計鈔二千六百九十三錠。

太祖第三子太宗子定宗位：

五户絲：丙申年，分撥大名六萬八千五百九十三户。延祐六年，實有一萬二千八百三十五户，計絲五千一百九十三斤。

太祖第四子睿宗子阿里不哥大王位：

五户絲：丙申年，分撥真定路八萬户。延祐六年，實有一萬五千二十八户，計絲五千十三斤。

江南户鈔：至元十八年，分撥撫州路十萬四千户，計鈔四千一百六十錠。

太祖第五子兀魯赤太子。無嗣。

太祖第六子闊列堅太子子河間王位：

五户絲：丙申年，分撥河間路四萬五千九百三十户。延祐六年，實有一萬一百四十户，計絲四千四百七十九斤。

江南户鈔：至元十六年〔二〕，分撥衡州路五萬三千九百三十二户〔三〕，鈔二千一百五十七錠。

太宗子合丹大王位：

五户絲：丁巳年，分撥汴梁在城户。至元三年，改撥鄭州。延祐六年，實有二千三百五十六户，計絲九百三十六斤。

江南户鈔：至元十八年，分撥常寧州二千五百户，計鈔一百錠。

太宗子滅里火王位：

五户絲：丁巳年，分撥汴梁在城户。至元三年，改撥鈞州一千五百八十四户。延祐六年，實有二千四百九十六户，計絲九百九十七斤。

太宗子合失大王位：

五户絲：丁巳年，分撥汴梁路在城户。至元三年，改撥蔡州三千八百十六户。延祐六年，實有三百八十八户，計絲一百五十四斤。

太宗子闊出太子位：

五户絲：丁巳年，分撥汴梁路在城户。至元三年，改撥睢州五千二百十四户。延祐六年，實有一千九百三十七户，計絲七百六十四斤。

太宗子闊端太子位：

五户絲：丙申年，分撥東京路四萬七千八百二十五户，計絲三千五百二十四斤。

江南户鈔：至元十八年，分撥常德路二千五百二十〔四〕。

睿宗長子憲宗子阿速台大王位：

五户絲：癸丑年，查過衛輝路三千三百四十二户。延祐六年，實有二千三百八十户，計絲九百十六斤。

睿宗子世祖次子裕宗位：

裕宗妃伯藍也怯赤：

江南户鈔：延祐六年分撥江州路德化縣二萬九千七百五十户，計鈔一千一百九十錠。

裕宗子順宗子武宗：

五户絲：丁巳年，分撥懷孟一萬一千二百七十二户。

江南户鈔：大德八年，分撥瑞州路六萬五千户，計鈔二千六百錠。

睿宗子旭烈大王位：

五户絲：丁巳年，分撥彰德路二萬五千五十六户。延祐六年，實有二千九百二十九户，計絲二千二百一斤。

睿宗子末哥大王位：

五户絲：丁巳年，分撥河南府五千五百五十二户。延祐六年，實有八百六户，計絲三百三十三斤。

江南户鈔：至元十八年，分撥茶陵州八千五十二户，計鈔三百二十四錠。

睿宗子撥綽大王位：

五户絲：丁巳年，分撥真定蠡州三千三百四十七户。延祐六年，實有一千四百七十二户，計絲六百十二斤。

江南户鈔：至元十八年，分撥耒陽州五千三百四十七户，計鈔二百十三錠。

睿宗子歲都哥大王位：

五户絲：壬子年，元查認濟南等處五千户。延祐六年，實有五十户，計絲二十斤。

世祖長子朵兒只太子位：腹裹、江南無分撥户。

世祖次子裕宗后位：

江南户鈔：至元十八年，分撥龍興路十萬五千户。計鈔四千二百錠。

又，四怯薛班當江南户鈔：至元十八年，撥瑞州上高縣八千户，計鈔三百三十錠。

世祖次子安西王忙哥剌位：

江南户鈔：至元十八年，分撥吉州路六萬五千户，計鈔二千六百錠。

世祖次子北安王那木罕位：

江南户鈔：至元二十二年，分撥臨江路六萬五千户，計鈔二千六百錠。

世祖次子平遠王闊闊出位：

江南户鈔：太定元年，分撥永福縣一萬三千六百四户，計鈔五百四十四錠。

世祖次子西平王奥魯赤位：

江南户鈔：大德七年，分撥南恩州一萬三千六百四户，計鈔五百四十四錠。

世祖次子愛牙赤大王位：

江南户鈔：皇慶元年，分撥邵武路光澤縣一萬三千六百四户，計鈔五百四十四錠。

世祖次子雲南王忽哥赤位：

江南户鈔：皇慶元年，分撥福州路福安縣一萬三千六百四户，計鈔五百四十四錠。

世祖次子忽都帖木兒太子位：
江南户鈔：皇慶元年，分撥泉州路南安縣一萬三千六百四户，計鈔五百四十四錠。
裕宗長子晉王甘麻剌位：
五户絲：闊闊不花所管益都二十九户。
江南户鈔：皇慶元年，分撥南康路六萬五千户。
又，迭里哥兒湘寧王，分撥湘鄉縣六萬五千户，計鈔二千六百錠。
順宗子阿木哥魏王位：
江南户鈔：皇慶元年，分撥慶元路六萬五千户，計鈔二千六百錠。
順宗子武宗子明宗位：
江南户鈔：延祐二年，分撥湘潭州六萬五千户，計鈔二千六百錠。
合丹大王：
五户絲：戊午年，分撥濟南漏籍二百户。延祐三年，實有五户，計絲二斤。
霍歷極大王：
五户絲：丁巳年，分撥廣平等處一百五十户。延祐三年，實有八十七户，計絲三十四斤。

阿剌忒納失里豫王：天曆元年，分撥江西行省南康路。
太祖四大斡耳朵：
大斡耳朵：
五户絲：乙卯年，分撥保定路六萬户。延祐六年，實有一萬二千六百九十二户，計絲五千二百七斤。
江南户鈔：至元十八年，分撥贛州路二萬户，計鈔八百錠。
第二斡耳朵：
五户絲：丁巳年，分撥河間青城縣二千九百户。延祐六年，實有一千五百五十六户，計絲六百五十七斤。
江南户鈔：至元十八年，分撥贛州路一萬五千户，計鈔六百錠。
第三斡耳朵：
五户絲：壬子年，察認過真定等處畸零三百十八户。延祐六年，實有一百二十一户，計絲四十八斤。
江南户鈔：至元十八年，分撥贛州路二萬一千户，計鈔八百四十錠。
第四斡耳朵：

五户絲：壬子年，分撥真定等處二百八十三户。延祐六年，實有一百六户，計絲四十六斤。

又，不別及妃子位，至元二十五年，分撥河間清州五百十户，計絲二百四斤。

世祖四斡耳朵：

大斡耳朵：

江南户鈔：大德三年，分撥袁州路宜春縣一萬户，計鈔一千六百錠。

第二斡耳朵：

江南户鈔：至元二十一年，分撥袁州路分宜縣四千户，計鈔一百六十錠。大德四年，分撥袁州路萍鄉州四萬二千户，計鈔一千六百八十五錠。

第三斡耳朵：

江南户鈔：大德十年，分撥袁州路宜春縣二萬九千七百五十户，計鈔一千一百九十錠。

第四斡耳朵：

江南户鈔：大德十年，分撥袁州萬載縣二萬九千七百五十户，計鈔一千一百九十錠。

順宗后位：

江南户鈔：大德二年，分撥三萬五千五百户。

武宗斡耳朵：

江南户鈔：延祐二年，分撥湘陰州四萬二千户，計鈔一千六百八十錠。

完者台皇后位：

江南户鈔：延祐二年，分撥潭州路衡山縣二萬九千七百五十户。

阿魯倫公主位：

至元六年，分撥葭州等處種田三百户。

趙國公主位：

五户絲：丙申年，分撥高唐州二萬户。延祐六年，實有六千七百二十九户，計絲二千三百九十九斤。

江南户鈔：至元十八年，分撥柳州路二萬七千户，計鈔一千八十錠。

魯國公主位：

五户絲：丙申年，分撥濟寧路三萬户。延祐六年，實有六千五百三十户，計絲二千二百九斤。

江南户鈔：至元十八年，分撥汀州四萬户，計鈔一千六百錠。

昌國公主位：

五户絲：丙申年，分撥一萬二千六百五十二户。延祐六年，實有三千五百三十二户，計絲二千七百六十六斤。

江南户鈔：至元十八年，分撥廣州路三萬七十户，計鈔一千八十錠。

鄆國公主位：

五户絲：分撥濮州三萬户。延祐六年，實有五千九百六十八户，計絲一千八百三十六斤。

江南户鈔：至元十八年，分撥横州等處四萬户，計鈔一千六百錠。

塔出駙馬：

五户絲：壬子年，元查真定等處畸零二百七十户。延祐六年，實有二百三十二户，計絲九十五斤。

帶魯罕公主：

五户絲：延祐六年，實有代支户六百二十户，計絲二百五十四斤。

大雷公主位：

五户絲：丙申年，分撥延安府九千七百九十六户。延祐六年，實有代支户一千八百九户，計絲七百二十二斤。

齊忒古兒駙馬：

五户絲：庚辰年，分撥眼户五百七十三户。延祐六年，實有五十六户，計絲二十二斤。

獨木干公主位：

五户絲：十二年，分撥平陽一千一百户[五]。延祐六年，實有五百六十户，計絲二百二十四斤。

江南户鈔，至元十八年，分撥梅州程鄉縣一千四百户，計鈔五十六錠。

木華黎國王：

五户絲：丙申年，分撥東平三萬九千十九户。延祐六年，實有八千三百五十四户，計絲三千三百四十三斤。

江南户鈔：至元十八年，分撥韶州等路四萬一千十九户，計絲一千六百四十斤。

孛羅先鋒：

五户絲：丙申年，分撥廣平等處種田一百户。延祐六年，實有七十二户，計絲二十八斤。

行丑兒：

五户絲：丙申年，分撥大名種田一百户。延祐六年，實有三十八户，計絲十五斤。

闊闊不花先鋒：

五户絲：壬子年，元查益都等處畸零二百七十五户。延祐六年，實有一百二十七户，計絲十五斤。

撒吉思不花先鋒：

五户絲：壬子年，元查汴梁等處二百九十一户。延祐六年，實有一百二十七户，計絲十五斤。

阿里侃斷事官：

五户絲：元查濟寧等處三十五户，計絲十四斤。

乞里歹拔都：

五户絲：丙申年，分撥東平一百户，計絲四十斤。

孛羅海拔都：

五户絲：壬子年，元查德州等處一百五十三户，計絲六十一斤。

拾得官人：

五户絲：壬子年，元查東平等處畸零一百十二户，計絲八十四斤。

伯納官人：

五户絲：壬子年，元查東平三十二户。延祐六年，實有四十户，計絲十八斤。

笑乃帶先鋒：

五户絲：丙申年，分撥東平一百户。延祐六年，實有七十八户，計絲三十一斤。

帶孫郡王：

五户絲：分撥東平東阿縣一萬户。延祐六年，實有一千六百七十五户，計絲七百二十斤。

江南户鈔：至元十八年，分撥韶州樂昌縣一萬七千，計鈔四百二十八錠。

愠里答兒薛禪：

五户絲：丙申年，分撥泰安州二萬户。延祐六年，實有五千九百七十一户，計絲二千四百二十五斤。

江南户鈔：至元十八年，分撥桂陽州二萬一千户，計鈔八百四十錠。

朮赤台郡王：

五户絲：丙申年，分撥德州二萬户。延祐六年，實有七千一百四十六户，計絲二千九百四十八斤。

江南户鈔：至元十八年，分撥連州路二萬一千户，計鈔八百四十錠。

阿爾思蘭官人：

江南户鈔：至元十八年，分撥潯州路三千户，計鈔一百二十錠。

孛魯台妻佟氏：

五户絲：丙申年，分撥真定一百户。延祐六年，實有三十九户，計絲十五斤。

八答子：

丙申年，分撥順德路一萬四千八十七户。延祐六年，實有四千四百四十六户，計絲二千四百斤。

江南户鈔：至元十八年，分撥欽州路一萬五千八十七户，計鈔六百二錠。

右手萬户三投下孛羅台萬户：

五户絲：丙申年，分撥廣平路洺水州一萬七千三百三十三户。延祐六年，實有四千七百三十三户，計絲一千七百三十八斤。

江南户鈔：至元十八年，分撥全州路清湘縣一萬七千九百十九户，計鈔七百一十六錠。

忒木台駙馬：

五户絲：丙申年，分撥廣平路磁州九千四百五十七户。延祐六年，實有一千四百七户，計絲九百八十九斤。

江南户鈔：至元二十二年，分撥全州路録事司九千八百七十六户〔六〕，計鈔三百九十五錠〔七〕。

斡闊烈闍里必：

五户絲：丙申年。分撥廣平路一萬五千八百七户。延祐六年，實有一千七百三户，計絲八十斤。

江南户鈔：至元二十年，分撥全州路灌陽縣一萬六千一百五十七户，計鈔六百四十六錠。

左手九千户合丹大息千户：

五户絲：丙申年，分撥河間路齊東縣一千二十三户。延祐六年，實有三百六十六户，計絲一百六十斤。

江南户鈔，至元十八年，分撥藤州蒼梧縣一千二百四十四户，計鈔九錠。

也速不花等四千户：

五户絲：丙申年，分撥河間路陵州一千三百一十七户。延祐六年，實有五百五十九户，計絲二百三十三斤。

也速兀兒等三千户：

五户絲：丙申年，分撥河間路寧津縣一千七百七十五户。延祐六年，實有七百二十二户，計絲二百八十八斤。

江南户鈔：至元十八年，分撥藤州等處三千七百三十二户，計絲二百八十八斤。

帖柳兀秃千户：

五户絲：丙申年，分撥河間路臨邑縣一千四百五十户。延祐六年，實有三百五十四户，計絲二百六十斤。

江南户鈔：至元十八年，分撥藤州一千二百四十四户，計鈔四十九錠。

和斜温兩投下一千二百户：

五户絲：丙申年，分撥曹州一萬户。延祐六年，實有一千九百二十八户，計絲七百四十八斤。

江南户鈔：至元十八年，分撥貴州一萬五千户，計鈔四百二十錠。

忽都虎官人：

五户絲：壬子年，查認過廣平等處四千户。

江南户鈔：至元十八年，分撥韶州曲江縣五千三百九户，計鈔二百十三錠。

滅古赤：

五户絲：丙申年，分撥鳳翔府。實有二百三十户。

江南户鈔：至元二十二年，分撥永州路祁陽縣五千户，計鈔二百錠。

塔思火兒赤：

五户絲：丙申年，分撥東平種田户，并壬子年續查户，共六百八十户。延祐六年，實有三百八十九户，計絲一百五十五斤。

塔丑萬户：

五户絲：壬子年，元查平陽等處一百八十六户。延祐六年，實有八十一户，計絲三十七斤。

察罕官人：

五户絲：壬子年，元查懷孟等處三千六百六户。延祐六年，實有五百六十户，計絲三百二十四斤。

孛羅渾官人：

五户絲，壬子年，元查保定等處四百一十五户。丁巳年，分撥衛輝路淇州一千一百户。延祐六年，實有一千九十九户，計絲四百四十九斤。

江南户鈔：至元二十七年、大德六年分撥四千户，計鈔一百六十錠。

速不台官人：

五户絲：丁巳年，分撥汴梁等處一千一百户。延祐六年，實有五百七十七户，計絲二百三十斤。

江南户鈔：至元二十年，分撥欽州靈山縣一千六百户，計鈔六十四錠。

宿敦官人：

五户絲：丁巳年，分撥真定一千一百户。延祐六年，實有六十四户，計絲二十八斤。

也苦千户：

五户絲：丁巳年，分撥東平等處一千一百户。延祐六年，實有二百九十五户，計絲一百一十八斤。

江南户鈔：至元十八年，分撥梅州一千四百户，計鈔五十六錠。

阿可兒：

五户絲：癸丑年，分撥益都路高苑縣一千户。延祐六年，實有一百九十六户，計絲七十八斤。

伯八千户：

五户絲：癸丑年，分撥太原一千一百户。延祐六年，實有三百五十一户，計絲一百四十斤。

兀里羊哈歹千户：

五户絲：戊午年，分撥東平等處一千户。延祐六年，實有四百七十九户，計絲一百九十斤。

秃薛官人：

五户絲：丁巳年，分撥興元等處種田六百户。延祐六年，實有二百户，計絲八十斤。

塔察兒官人：

五户絲：壬子年，元查平陽二百户。延祐六年，實有二百户，計絲八十斤。

忻米思拔都兒：

五户絲：丙申年，分撥懷孟等處一百户。延祐六年，實有五十户，計絲二十斤。

猱虎官人：

五户絲：丁巳年，分撥平陽一千户。延祐六年，實有六百户，計絲二百四十斤。

孛哥帖木兒：

五户絲：丁巳年，分撥真定等處五十八户，計絲二十三斤。

也速魯千户：

五户絲：壬子年，分撥真定路一百六十九户。延祐六年，實有四十户，計絲一十六斤。

鎮海相公：

五户絲：壬子年，元查保定九十五户。延祐六年，實有五十三户，計絲二十一斤。

按察兒官人：

五户絲：壬子年，分撥太原等處五百五十户。延祐六年，實有九十八户，計絲二十九斤。

按攤官人：

五户絲：中統元年，查平陽路種田户六十户。延祐六年，實有四十户，計絲一十六斤。

阿朮魯拔都：

五户絲：壬子年，查大名等處三百一十户。延祐六年，實有三百一户，計絲一百二十斤。

孛羅口下裴大納：

五户絲：壬子年，元查廣平等處八十二户。延祐六年，實有三十户，計絲一十二斤。

忒木台行省：

五户絲：壬子年，元查大同等處七百五十一户。延祐六年，實有二百五十五户，計絲一百一十斤。

撒禿千户：

江南户鈔：至元二十年，分撥潯州三千户，計鈔一百二十錠。

也可太傅：

五户絲：壬子年，元查上都五百四十户。延祐六年，實有三百户，計絲一百二十斤。

迭哥官人：

五户絲：丙申年，分撥大名清豐縣一千七百十三户。延祐六年，實有一千三百七户，計絲五百七斤。

卜迭捏拔都兒：

五户絲：壬子年，元查懷孟八十八户。延祐六年，實有四十户，計絲一十六斤。

黄兀兒塔海：

五户絲：丙申年，分撥平陽一百四十四户。延祐六年，實有一百户，計絲四十斤。

怯來千户：

江南户鈔：至元二十年，分撥潯州路三千户，計鈔一百二十錠。

哈剌口温：

五户絲：壬子年，元查真定三十二户。

曳剌中書兀圖撒罕里：

五户絲：壬子年，元查大都等處八百七十户。延祐六年，實有四百九十九户，計絲一百一十七斤。

欠帖木：

五户絲：壬子年，元查曹州三十四户。延祐六年，實有三十四户。

欠帖温：

江南户鈔：至元十九年，分撥梅州安仁縣四千户，計鈔一百六十錠。

魚兒泊八剌千户：

五户絲：大德元年，分撥真定等處一千户。延祐三年，實有六百户，計絲二百四十斤。

昔寶赤：

江南户鈔：至元二十一年，分撥衡州路安仁縣四千户，計鈔一百六十錠。

八剌哈赤：

江南户鈔：至元二十一年，分撥台州路天台縣四千户，計鈔一百六十錠。

阿塔赤：

江南户鈔：至元二十一年，分撥常德路、沅江路四千户，計鈔一百六十錠。

必闍赤：

江南户鈔：至元二十一年，分撥袁州路萬載縣三千户，計鈔一百二十錠。

貴赤：

江南户鈔：至元二十一年，分撥和州歷陽縣四千户，計鈔一百六十錠。

厥列赤：

江南户鈔：至元二十一年，分撥婺州永康縣五十户，計鈔二十七錠。

八兒赤、不魯古赤：

江南户鈔：至元二十一年，分撥衡州路酃縣六百户，計鈔二十四錠。

阿速拔都：
江南户鈔：至元二十一年，分撥廬州等處三千四百九户，計鈔一百三十六錠。
也可怯薛：
江南户鈔：至元二十一年，分撥武岡路臨武縣五千户，計鈔二百錠。
忽都答兒怯薛：
江南户鈔：至元二十一年，分撥武岡路新寧縣五千户，計鈔二百錠。
怯克迭兒怯薛：
江南户鈔：至元二十一年，分撥常德路龍陽縣五千户，計鈔二百錠。
月赤察兒怯薛：
江南户鈔：至元二十一年，分撥武岡路綏寧縣五千户，計鈔二百錠。
玉龍帖木兒千户：
江南户鈔：至元二十年，分撥潯州三千户，計鈔一百二十錠。
别苦千户：
江南户鈔：至元二十年，分撥潯州三千户，計鈔一百二十錠。
幢兀兒王：

江南户鈔：延祐二年爲始，支中統鈔二百錠，無城池。
霍穆梅：
五户絲：壬子年，元查大名等處三十三户。
哈剌赤秃秃哈：
江南户鈔：至元二十一年，分撥饒州路四千户，計鈔一百六十錠。
添都虎兒：
五户絲：丙申年，分撥一百户。
賈答剌罕：
五户絲：壬子年，元查大都一十四户。
阿剌博爾赤：
五户絲：壬子年，元查真定五十五户。
忽都那顔：
五户絲：壬子年，大名二十户。
忽辛火者：
五户絲：壬子年，元查真定二十七户。

大忒木兒：
五户絲：壬子年，元查真定二十二户。
布八火兒赤：
五户絲：壬子年，元查大都八十四户。
塔蘭官人：
五户絲：壬子年，元查大寧三户。
憨剌哈兒：
五户絲：壬子年，元查保定二十一户。
昔里吉萬户：
五户絲：壬子年，元查大都七十九户。
清河縣達魯花赤也速：
五户絲：元查大名二十户。
塔剌罕劉元帥：
五户絲：壬子年，元查順德一十九户。
怯薛台蠻子：

五户絲：壬子年，元查泰安州七户。
必闍赤汪古台：
五户絲：壬子年，元查汴梁等處四十六户。
阿剌罕萬户：
五户絲：壬子年，元查保定一户。
徐都官人：
五户絲：壬子年，元查大都十一户。

【校勘記】

〔一〕「絲」，原作「鈔」，據《元史》卷九五志第四十四《食貨三》及《續文獻通考》卷二〇七《封建考》改。「九千六百四十八斤」，「斤」字原脱，據同上補。句下，《元史》又有「江南户鈔：至元十八年，分撥建昌路六萬五千户，計鈔二千六百錠」，當補。
〔二〕「十六年」，《元史》卷九五志第四十四《食貨三》作「十八年」。
〔三〕「户」，原作「斤」，據《元史》卷九五志第四十四《食貨三》改。
〔四〕「二千五百二十」，疑涉上文「計絲三千五百二十四斤」而訛。《元史》卷九五志第四十四《食貨三》云：「分撥常德路四萬七千七百四十户，計鈔一千九百九錠。」《續文獻通考》卷二〇七《封建考》云：「江南户鈔：一千九百九錠。」

〔五〕「分撥」，原作「分投」，據《元史》卷九五志第四十四《食貨三》改。

〔六〕「録事司」，「事」原作「市」，據《元史》卷九五志第四十四《食貨三》改。

〔七〕「鈔」，原作「絲」，據《元史》卷九五志第四十四《食貨三》改。

新元史卷之七十八　志第四十五

食貨志十一

賜賚下

歲賜之數：

答里真官人位：

歲賜銀三十錠，緞一百匹。

淄川王位：

歲賜銀一百錠，緞三百匹。

濟南王位：

歲賜銀一百錠，綿六百二十五斤，小銀色絲五十斤，緞三百匹，羊皮一千張。

斡真那顏位：

歲賜銀一百錠，絹五千九十八匹，綿五千九十八斤，緞三百匹，諸物折中統鈔一百二十錠，羊皮五百張，金一十六錠四十五兩。

廣寧王位：

歲賜銀一百錠，緞三百匹。

朮赤大王位：

歲賜緞三百匹，常課緞一千匹。

茶合䚟大王位：

歲賜銀一百錠，緞三百匹，綿六百二十五斤，常課金六錠六兩。

定宗位：

歲賜銀一十六錠三十三兩，緞五十匹。

阿里不哥大王位、河間王位：

俱歲賜銀一百錠，緞三百匹。

合丹大王位、滅里大王位：

俱歲賜銀一十六錠三十三兩，緞五十匹。

闊出太子位：

歲賜銀六十六錠三十三兩，緞一百五十匹。

闊端太子位：

歲賜銀一十六錠三十三兩，緞五十匹。

阿速台大王位：

歲賜銀八十二錠，緞三百匹。泰定二年，晃兀帖木兒大王改封并王。增歲賜銀一十六錠。

班秃大王：

銀八錠。

泰定三年明里忽都魯皇后位下：

添歲賜中統鈔一千錠，緞五十匹，絹八十匹。

裕宗妃伯監也怯赤：

歲賜銀五十錠。

旭烈大王位：

歲賜銀一百錠，緞三百匹。

末哥大王位、撥綽大王位：

俱歲賜銀五十錠，緞三百匹。
裕宗后位、安西王位、北安王位：
俱歲賜緞一千匹，絹二千匹。
平遠王位、西平王位：
俱歲賜緞匹物料，折鈔一千六百五十六錠；銀五十錠，折鈔一千錠。
雲南王位、忽都帖木兒太子位：
俱歲賜銀五十錠，緞匹物料折鈔一千六百五十錠。
晉王甘剌麻位：
歲賜緞一千匹，絹一千匹。
又朵兒只：
延祐元年爲始，年例支中統鈔一千錠。
太祖大斡耳朵：
歲賜銀四十三錠，紅紫羅二十匹，染絹一百匹，雜色綫五千斤，針三千個，緞七十五匹，常課緞八百匹。
第二斡耳朵：

歲賜銀五十錠，緞七十五匹，常課緞一千四百九十匹。
第三斡耳朵：
歲賜銀五十錠，緞七十五匹，常課緞六百八十二匹。
第四斡耳朵：
歲賜銀五十錠，緞七十五匹。
世祖大翰耳朵：
歲賜銀五十錠。
第二斡耳朵：
歲賜銀五十七錠，緞一百五十匹。
第三、第四斡耳朵：
俱歲賜銀五十錠。
順宗后位：
歲賜緞五百匹。
武宗真哥皇后位：
歲賜銀五十錠，鈔五百錠。

完者台皇后位：

歲賜銀五十錠。

帶魯罕公主位：

歲賜銀四錠八兩，緞一十二匹。

欠帖温：

歲賜絹一百匹，絃一千條。

札八忽娘子：

歲賜常課緞四百七十匹。

西川城左翼蒙古漢軍萬户脱力赤：

歲賜常課緞三十二匹。

伯要歹千户：

歲賜緞二十四匹。

典迭兒：

歲賜常課緞六十四匹。

太平王：

歲賜，天曆元年定金十錠，銀五十錠，鈔一萬錠，分撥汝東道太平路地五百頃。

歲例外之賜與：

中統二年，賜諸王塔齊爾金千兩、銀五千兩、幣三百匹。

四年，賜公主巴古銀五萬兩、哈剌哈納銀千兩。

至元二年，賜諸王合必赤、亦怯烈，金素幣各四；拜行，金幣一；賜諸王只必帖木兒銀二萬五千兩、鈔千錠。

四年，賜諸王玉龍答失銀五千兩、幣三百匹，歲以爲常。

五年，賜諸王木忽及八剌合幣帛六萬匹。

七年，賜皇子南朮合馬六千、牛三千、羊一萬。

十二年，賜皇子安西王幣帛八千匹，絲萬斤。

十九年，賜諸王塔海帖木兒、忽都帖木兒等金銀、幣帛有差。

二十五年，賜諸王火你赤銀五百兩、珠一索、錦衣一襲；玉都，銀千兩、珠一索、錦衣一襲。賜諸王阿赤吉金二百兩、銀二萬二千五百兩、鈔四千錠及紗羅絹布有差。賜拔都不倫金百五十兩、銀五千兩及幣帛紗羅等萬匹。賜諸王朮伯金銀皆二百五十兩，幣帛紗羅萬匹，又賜朮伯銀二萬五千兩、幣帛紗羅萬匹。賜諸王也里千金五十兩、銀五千兩、鈔千錠、幣帛紗羅等二千匹。賜按搭兒禿等金二百五十兩、銀十二萬五千兩、鈔二萬五千錠、幣帛布氎布二萬三千六百六十六匹。賜諸王愛牙合赤等金千兩、銀一萬八千三百六十兩、絲萬兩、綿八萬三千二百兩、幣一千二百匹〔一〕、絹五千九十八匹。

三十一年，成宗即位，中書省臣言：「陛下新即大位，諸王、駙馬賜與宜依往年大會之舊例，賜金一者加四爲五，銀一者加二爲三。又江南分土之賦，初止按其版籍令户出鈔五百文，今亦當有加。然不宜增賦於民，請因五百文加二貫，從今歲官給之。」從之。是年，賜駙馬蠻子帶銀七萬六千五百兩，闊里吉思一萬五千四百五十兩，高麗王昛三萬兩〔二〕。賜國王和童金二百五十兩，月兒魯百五十兩，伯顔、月赤察兒各五十兩，鈔錦各有差。賜亦都護金五百五十兩、銀七千四百兩，合迷里的斤帖林金五十兩、銀四百五十兩。西平王奥魯赤、寧遠王闊闊出、鎮南王脱顔及也先帖木兒大會賜例，金各五百兩、銀五千兩、鈔二千錠，幣帛各二百匹。諸王帖木兒不花、也只里不花等，金各四百兩、銀四千兩、鈔二千六百錠，幣帛各一百六十匹。賜雪雪的斤公主鈔千錠，諸王伯答罕、察合兒三千錠，伯牙兀真、赤里、由柔伯牙伯剌麻、闊怯倫、忙哥真各金五十兩，銀鈔幣有差。賜不魯花真公主及諸王阿只吉女弟伯禿銀鈔有差，賜諸王亦思麻殷金五十兩。

元貞元年，賜諸王忽剌出金五十兩、珠一串。諸王阿失罕來朝，賜金五十兩、銀四百五十兩。賜諸王木顏帖木兒、阿八也不干金各五百兩，銀五千兩，鈔二千錠，幣帛各二百匹。其幼者減五分之一。

二年，賜諸王合班妃鈔千二百錠，雜幣帛千匹，駙馬塔海鐵木兒鈔三千錠。賜八撒、火而忽答孫、禿剌三人鈔五千錠。賜諸王鐵木兒金二百五十兩，銀二千五百兩、鈔五千錠，以旌其戰功。定諸王朝會賜與：太祖位，金千兩、銀七萬五千兩；世祖位，金各五百兩，銀二萬五千兩；餘各有差。

大德元年，增諸王要木忽而〔三〕、兀魯忽不花歲賜各鈔千錠。賜晉王甘剌麻鈔七萬錠，孛阿班答三萬錠，賜葯木忽兒金一千二百五十兩、銀一萬五千兩，鈔一萬二千錠。賜諸王葯木忽兒金一千二百五十兩，兀魯忽不花賜併其母一千兩，銀鈔各有差。賜諸王亦憐真等金銀鈔有差。

大德三年，賜諸王六十、脱脱等鈔一萬三千餘錠。

四年，賜諸王也孫等鈔一萬八千五百錠。合丹之孫脱歡自北境來歸，賜鈔一千四百錠。

六年，賜諸王八撒兒等鈔八萬六千三百餘錠，賜諸王揑苦迭兒等鈔五千八百四十錠。

七年，賜皇姪海山及安西王阿難答，諸王脱脱、八不沙，駙馬蠻子台等，各金五兩，銀珠飾幣等物有差。賜諸王納忽里鈔千錠、幣二千匹。

八年，賜安西王阿難答，諸王阿只吉、也速不干等鈔一萬四千錠。

九年，給還安西王積年所減歲賜金五百兩、絲一萬五千九百斤。賜諸王脱脱鈔二千錠，奴兀倫、索羅等金五百兩、銀千兩、鈔二萬錠。賜察八而、朵瓦所遣使者銀千四百兩、鈔七千八百餘錠。賜安西王阿難答、月魯鐵木兒鈔五千錠，以金千兩、鉛七萬五千兩、鈔十三萬錠，賜興聖太后出居懷州。駙馬按替不花來自朵瓦，賜銀五十兩、鈔二百錠。諸王忽剌出及昔兒吉思來賀立皇太子，賜鈔及衣服、弓矢等有差。賜安西王阿難答，西平王奥魯赤、不里亦鈔三萬錠，南哥班萬錠，從者三萬三千錠。賜梁王松山鈔千錠。賜西寧王出伯鈔三萬錠，賜皇姪阿木哥鈔三萬錠。

武宗即位，命中書省臣議諸王朝會賜與，依成宗例，比世祖所賜金五十者增至二百五十兩，銀五十兩者增至百五十兩，以金二千七百五十兩、銀十二萬九千二百兩、鈔萬錠，幣帛二萬二千二百八十匹奉興聖宫，賜皇太子亦如之。賜越王秃剌鈔萬錠。

至大元年，中書省臣言：「朝會應賜者爲錠，總三百五十萬錠，已給者百七十萬，未給者猶百八十餘萬，兩都所儲已罄。自今特奏乞賞者宜暫停。」從之。晉王也孫鐵木兒以詔賜萬錠，止給八千錠爲言，敕給晉王鈔千錠，餘移陝西省給之。賜國王和童金二百五十兩、銀七百五十兩，賜鎮南王老章金五百兩、銀五千兩、鈔二千錠、幣帛八百匹，也先不花、牙兒赤金各二百五十兩，銀七百五十兩，鈔二千錠。賜諸王八亦忽，金百五十兩，銀七百五十兩。復賜八不沙，金五百兩。賜晉王所部五百四十七人，鈔五萬二千九百五十錠，定王葯木忽兒金千五百兩、銀三萬兩、鈔萬錠。賜諸王木南子金五十兩、銀千兩、鈔千錠。賜皇太子鷹坊鈔二十萬錠。賜諸王脱歡金三百兩、銀二千五百兩、鈔二千錠，阿思不花金百兩、銀千兩、鈔千錠。賜皇太子金千兩。

二年，以諸王老的代梁王鎮雲南，賜金二百五十兩、銀七百五十兩，從者幣帛有差。

三年，賜諸王那木忽里等鈔萬二千錠。

仁宗即位，以諸王朝會，普賜金三萬九千六百五十兩、銀百八十四萬九千五十兩、鈔二十二萬三千二百七十九錠、幣帛四十七萬二千四百八十八匹。己巳，衛王阿木哥入朝，賜鈔二萬錠。以朝會恩賜諸王禿滿金百五十兩、銀五千三百兩、幣帛三千匹。以朝會恩賜，月赤察兒、床兀兒金二百兩、銀二千八百兩；賜諸王阿不花等金二百兩、銀七百五十兩、鈔一萬三千六百三十錠，幣帛各有差；賜皇姊大長公主鈔萬錠。

皇慶元年，賜安王完澤及其子金三百兩、銀一千三百五十兩、鈔三千五百錠。賜安遠王醜漢金百兩、銀五百兩、鈔千錠。賜諸王闊闊出金束帶一、銀百五十兩、鈔二百錠。賜諸王寬徹、忽都迷失金百五十兩、銀一千五百兩、鈔三千錠，幣帛有差。

二年，賜諸王按灰金五十兩、銀七百五十兩、金束帶一，幣帛各四十匹。賜宣寧王鐵木兒不花幣帛百二十匹，安遠王亦思丹等各百匹。敕衛王阿木哥歲賜外，給鈔萬錠。賜駙馬脱鐵木兒金百五十兩、銀七百五十兩、幣帛五十匹。賜諸王火羅思迷、脱歡、南忽里，駙馬忙兀帶，金二百兩、銀一千二百兩、鈔一千六百錠，幣帛各有差。

延祐元年，賜衛王阿木哥等鈔七千錠。

二年，賜諸王納忽答兒金五十兩、銀二百五十兩、鈔五百錠。賜宣寧王鐵木兒不花及其弟鈔萬錠。

三年，賜諸王迭里哥兒不花等金三百五十兩、銀一千二百兩、鈔三千二百錠。幣帛有差。賜周王從衛鈔四十萬錠。

四年，賜諸王宗戚朝會者金三百兩、銀二千五百兩、鈔四萬三千九百錠。賜趙王阿魯禿金五十兩、銀五百兩、鈔千錠。安遠王醜漢、趙王阿魯禿，爲叛王脱火赤所掠，各賜金銀幣帛。賜皇姑大長公主忙哥台金百兩、銀千兩、鈔二千錠，幣帛各百匹。

五年，賜諸王桑哥班金束帶一、銀百兩、鈔五百錠。賜安王兀都思不花等金束帶及金二百兩、銀一千五十兩、鈔二千二百錠、幣帛二百八十匹。賜諸王八里帶等金二百兩、銀八百五十兩、鈔二千錠、幣帛二百匹。諸王雍吉剌帶、曲春鐵木兒來朝，賜金二百兩，銀一千兩，鈔五千錠、幣帛一百匹。

六年，英宗即位，賜諸王也孫鐵木兒、脱脱那顔等金銀幣帛有差。賜諸王鐵木兒不花鈔萬五千貫。賜諸王阿朮里台宴服珠帽。賜諸王曲魯不花鈔萬五千貫。賜諸王買奴等鈔二十五萬貫。賜公主札牙八剌等鈔七萬五千貫。以登極大賚諸王、百官，計金五千兩、銀七十八萬兩、鈔一百二十一萬一千貫、幣五萬七千三百六十四匹。帛四萬九千三百二十二匹、木棉九萬二千六百七十二斤、布二萬三千三百九十匹、衣八百五十九襲、鞍勒弓矢有差。賜壽寧公主鈔七萬五千貫，給武宗皇后鈔七十五萬貫，賜公主札牙八剌從者鈔七十五萬貫，賜公主買的鈔五萬貫，駙馬滅憐鈔二萬五千貫，賜晉王也孫鐵木兒鈔百萬貫，賜公主速哥八剌鈔五十貫。

二年，賜諸王案忒不花鈔七萬五千貫。駙馬脱脱卒，賜鈔五萬貫。遣親王闊闊禿總兵北邊，賜金二百五十兩、銀二千五百兩、鈔五十萬貫。

三年，遣諸王忽剌出往雲南，賜鈔萬五千貫。賜諸王喃荅失言鈔二百五十萬貫。

泰定帝即位，大賚后妃、諸王、百官金七百餘錠、銀三萬三千錠，錢及幣帛稱是。

泰定元年，賜諸王徹徹禿金一錠、銀六十錠、幣帛各百匹。塔思不花金一錠、銀四十錠、幣帛二百匹，阿忽鐵木兒等金銀各有差。賜壽齊公主金十錠、銀五十錠、鈔一萬錠。遣諸王闊闊出鎮畏兀，賜金銀鈔千計。諸王阿木哥卒，賜鈔千錠。諸王阿馬卒，賜鈔五千錠。賜雲南王王禪鈔二千錠，諸王阿都赤鈔三千錠，諸王伯顔帖木兒二千錠。

三年，諸王薛徹禿、晃火帖木兒來朝，賜金銀鈔幣有差。賜諸王寬徹不花、買奴各三千錠，賜諸王孛羅鐵木兒、阿剌忒納失里各鈔二千錠。賜壽寧公主田百頃、鈔三萬錠。賜梁王王禪鈔五千錠，賜王禪及諸王徹徹禿幣帛各二百匹。賜綏寧王阿都赤鈔四千錠，賜湘寧王八剌失里鈔三千錠。

四年，諸王買奴來朝，賜金一錠、銀十錠、鈔二千錠，幣帛各四十匹。賜諸王阿剌忒納失里等鈔六千錠〔四〕。親王也先鐵木兒鎮北邊，賜金一錠、銀五錠、鈔五百錠，幣帛各千匹。諸王火沙、阿榮、答里鎮北邊，賜金銀幣鈔各有差。諸王搠思班、不賽因等以文豹、名馬等物來獻，賜金銀鈔萬計。賜諸王火兒灰、月魯帖木兒、八剌失里及駙馬買住罕鈔一萬五千錠，金銀幣帛有差。賜壽寧公主鈔五千錠。賜營王也先帖木兒鈔三千錠。賜公主不答吉你鈔千錠。諸王孛羅遣使貢硇砂，賜鈔二千錠。

致和元年，賜遼王脱脱鈔五千錠，梁王王禪鈔二千錠。

天曆元年，賜諸王阿剌忒納失里、帖木兒不花、寬徹不花、買奴等金各五十兩、銀各五百兩，幣各三千匹。賜阿剌忒納失里及齊王月魯帖木兒等金各五百兩，銀各一千五百兩，鈔各萬錠，諸王朵列帖木兒金五十兩、銀五百兩、鈔千錠。二年，中書省臣言：「恩賚諸王、百官，請如武宗之制，凡金銀五錠以上，減三之一，五錠以下全畀之。又以七分爲率，其二分準時值給鈔。」制可。賜武寧王徹徹禿金百兩、銀五百兩，西域諸王燕只吉台金一千五百兩、銀萬五千兩，鈔幣有差。

至順元年，敕有司供明宗后八不沙、宫人幣帛二百匹，及阿梯里，脱忽思幣帛有差。賜魯國大長公主鈔萬錠，賜諸王養怯帖木兒、孛欒台、徹棘斯、察阿兀罕等金鈔幣有差。賜諸王朵列鐵木兒銀千兩、幣二百匹。

二年，賜燕帖木兒及公主察吉兒各金百兩、銀五百兩、鈔二千錠。定功賞。諸王各金百兩，銀五百兩，金縢帶一，織金等幣各十八匹。三年，賜公主月魯金五百兩、銀五千兩。遣使往西域，賜諸王不賽因繡綵幣帛二百四十匹。

三年，寧宗即位，賞賚諸王金幣如文宗即位之制。以諸王忽剌台貧乏，賜鈔五百錠。賜諸王寬徹幣帛各二千匹。

至元二年，賜宗王火兒灰母答里鈔一千錠。賜吴王搠失江鈔五千錠。命宗王不蘭奚、駙馬月魯不花等鎮薛連可、怯魯、速速地，各賜鈔六百錠及銀牌。

四年，賜宗王王里不花鈔千錠、金一錠、銀十錠。

【校勘記】

〔一〕「幣」字上，《元史》卷一五本紀第十五《世祖十二》有「金素」二字。

〔二〕「高麗王昛」，「昛」原作「眶」，據《元史》卷一八本紀第十八《成宗一》改。

〔三〕「增」，原作「贈」，據《元史》卷一九本紀第十九《成宗二》改。

〔四〕「阿剌忒納失里」，原倒作「阿忒剌納失里」，據上文及《元史》卷三〇本紀第三十《泰定帝二》改。